FELIX STEINER

Die Freiwilligen

der Waffen-SS

Idee und Opfergang

Die Freiwilligen

Der Waffen – SS

- Idee und Opfergang -

or

The Volunteers of the Waffen – SS

by Felix Steiner

First published in 1958
by Verlag K. W. Schültz KG – Preuss.Oldendorf

This Printing in November, 2011
by Ishi Press in New York and Tokyo
with a new introduction by Sam Sloan

ISBN 4-87187-919-4
978-4-87187-919-4

Ishi Press International
1664 Davidson Avenue, Suite 1B
Bronx NY 10453-7877
USA

1-917-507-7226

Printed in the United States of America

Introduction by Sam Sloan

Felix Steiner

Die Freiwilligen

Der Waffen – SS

- Idee und Opfergang -

or

The Volunteers of the Waffen - SS

Introduction by Sam Sloan

Felix Steiner was a German Reichswehr and Waffen-SS officer who served in both World War I and World War II. On 1 December 1940, SS-Brigadeführer Felix Steiner was appointed to command the new Wiking Division of the Waffen-SS. This unit was mainly manned by non-German volunteers, primarily from Holland, Denmark and Sweden, motivated by a desire to fight the Bolsheviks. Steiner proved to be a skilful divisional commander and was popular with his men. Steiner commanded this division during the first two years of the fighting in the Soviet Union and was awarded the Oakleaves to the Knight's Cross on 23 December 1942.

Until recently, the name of Felix Steiner has been largely unknown among English language speakers, mainly because he never faced an English speaking army. Most of his World War II years were spent fighting the Russians and, earlier, the French.

However, the name of Felix Steiner has suddenly become

well-known to millions of youtube.com viewers on the Internet because of videos taken from the movie "***DOWNFALL: Hitler and the End of the Third Reich***" which have now been added with English language sub-titles. The original title of the movie was Der Untergang.

The section most watched on Youtube is based in the last meeting Der Führer had with his top commanders on April 22, 1945. When his top generals, including Krebs and Jodl, first inform Hitler that Berlin is surrounded by Russian troops, Hitler brushes them off, saying that Steiner is about to attack and will clear the area of Russians.

Krebs and Jodl then inform Hitler that Steiner could not launch an attack because he did not have enough men, in the face of the overwhelming force of the Russian Army. Hitler then goes into a mad rage in which he screams "That was an Order" and screams that he has been betrayed.

Numerous parodies of this youtube video continue to pop-up. They get erased but pop-up again. These have been watched by millions of viewers. One popular video is entitled "***Hitler finds out that Pokemon are't real***" with 1.2 million viewers thus far. Another one is "***Hitler is Informed His Pizza Will Arrive Late***". There is also a site that allows the user to write in his own subtitles to create a new parody.

The great proliferation of these parodies has also brought awareness to the fact that Hitler expected a man with the obviously Jewish name of Steiner to rescue him.

What the average youtube viewer probably does not realize is that the words on the original video are the actual words of Hitler. At all of these meetings, Hitler had stenographers present who took down every word. The Germans attempted to burn and destroy these records in the concluding days and hours of the war, but they were substantially recovered by a team of Americans headed by George R. Allen, who found the burned and buried but not totally destroyed transcripts and then hired back almost the entire stenographic team that had worked for Hitler, except for one who was executed as a war criminal. Thus, the group that had originally recorded these conferences were given their old jobs back to re-create these same records.

Introduction by Sam Sloan

Hitler's last secretary, Traudl Junge, published her memoirs in 2002 just before her death at age 81. This plus the memoirs of Albert Speer and Prof. Dr. Ernst-Günter Schenck plus the transcripts give us a clear picture of what was happening during the final hours of the war.

In this movie, great effort was taken to be historically accurate. Thirty-seven named real life people are featured as characters in the film. Everything said by Hitler is believed to be an exact quote of words actually uttered by Hitler, but not always at the same time as depicted in the movie. Most of Adolf Hitler's lines of are historically accurate, based on accounts from Albert Speer and Traudl Junge. Some of them however are from earlier dates. Here are direct quotes from the movie, as spoken by Hitler:

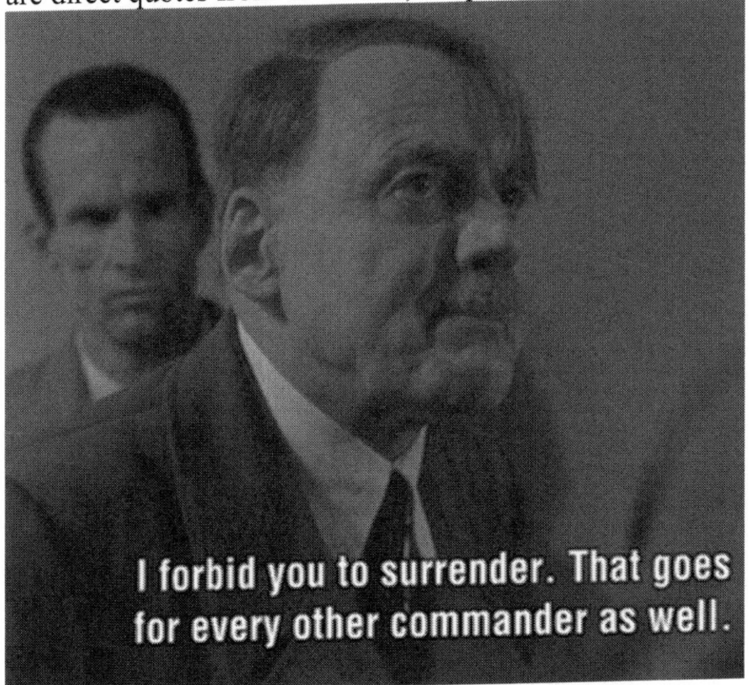

That was an order! Steiner's assault was an order! Who do you think you are to dare disobey an order I give? So this is what it has come to! The military has been lying to me. Everybody has been lying to me, even the SS! Our generals are just a bunch of contemptible, disloyal cowards... Our generals are the scum of the German people! Not a shred of honor! They call themselves generals. Years at military academy just to learn how to hold a knife and fork! For years, the military has hindered my plans! They've put every kind of obstacle in my way! What I should have done... was liquidate all the high-ranking officers, as

Introduction by Sam Sloan

Stalin did!

Adolf Hitler [dictating to secretary] My political statement. Since 1914, when I invested my modest strength in the First World War, which was forced upon the Reich, over 30 years have passed. In those three decades, all my thoughts, actions and my life were dictated by my love for and loyalty to the German people. Centuries will pass, but from the ruins of our cities and cultural monuments our hatred will be renewed for those who are responsible, the people to whom we owe all this: The international Jewry and its supporters.

Adolf Hitler [Screaming after Steiner didn't attack after giving an order] Traitors! I've been betrayed and deceived from the very beginning! What a monstrous betrayal of the German people, but all those traitors will pay. They'll pay with their own blood. They shall drown in their own blood!

SS-Gruppenführer Hermann Fegelein: Yeah? What do you expect from a teetotal, non-smoking vegetarian?

Generalfeldmarschall Wilhelm Keitel: The Führer has lost all sense of reality.

Generaloberst Alfred Jodl: He moves divisions that only exist on his map. Steiner's scattered unit can hardly defend itself and yet, Steiner is ordered to attack! It's pure madness!

Introduction by Sam Sloan

Hitler would not allow smoking in his Bunker. As a result, we have the anomaly of men and women at the point of death being told not to smoke.

One of the first things that happened when the Russians discovered and broke into the Führerbunker was the Russian women were trying to find Eva Braun's clothing.

Probably at that time they were trying to find any woman's clothing. Until the break-up of the Soviet Union in 1990, stylish, beautiful dresses that Western women wore were almost impossible to obtain in the Soviet Union.

One great mystery is why did Frau Goebbels kill her six beautiful children on May 1, 1945. Hanna Reitsch, a famous pilot who set many flying and gliding records both before and after the war, flew into the Führerbunker and landed there just before the Downfall. She offered to fly the six Goebbels children out to safety in Bavaria. Frau Goebbels, who had apparently already decided to kill her children, refused this offer. Hanna Reitsch then took off in her airplane on April 28, 1945 and escaped in spite of Russian efforts to shoot her down. Hitler and his new wife, Eva Braun, committed suicide on April 30, 1945.

Rochus Misch, Hitler's bodyguard, was one of the last men to leave the Führerbunker and is the only one of the 37 men portrayed in the movie who is still alive today. He is the last known person alive to have known Hitler personally. For many years, his role was not generally known. Recently he has become something of a celebrity and has published his memoirs.

Steiner ranks as one of the most innovative commanders of the Waffen-SS. He skillfully commanded the SS-Deutschland Regiment through the invasions of Poland, France and the Low Countries. He was then chosen by

Himmler to oversee the creation of, and then command the volunteer SS Division, SS-Division Wiking. In 1943, he was promoted to the command of III (Germanic) SS Panzer Corps.

On 28 January 1945, Steiner was placed in command of the 11th SS Panzer-Army. His army was part of Army Group Vistula.

On 21 April, during the Battle for Berlin, Steiner was placed in command of Army Detachment Steiner. On 22 April, the Russians outnumbered Steiner's worn out and exhausted unit by ten to one. Hitler gave orders for Steiner's forces through a pincer attack to envelop 1st Belorussian Front, advancing from north of Berlin. Later in the day, Steiner made it plain that he did not have the divisions to do this. On 22 April, at his afternoon situation conference, Hitler fell into a tearful rage when he realized that his plans of the day before were not going to be realised.

Imprisoned until 1948, Steiner was cleared of all charges of War Crimes and after writing several books, died on May 12, 1966.

Felix Martin Julius Steiner was born on May 23, 1896 in Stallupönen, East Prussia.

In 1914, on the eve of war, Steiner joined the Prussian Officer Corps as a cadet. During the course of the war, he earned the Iron Cross first and second class and finished the war as an Oberleutnant.

After the war, Steiner led a unit of Freikorps in the East Prussian city of Memel. He rejoined the army in 1922 and by 1933 had attained the rank of Major.

Introduction by Sam Sloan

After the NSDAP takeover, Steiner joined the Reichswehr staff and began work developing new training techniques and tactics.

During this time he was exposed to the training and doctrines of the Schutzstaffel and Sturmabteilung. He was intrigued by the training techniques of the SS-Verfügungstruppen (SS-VT, precursors to the Waffen-SS), which placed emphasis on unit cohesion and trust, with an informal relationship between the enlisted and commissioned ranks. In 1935, Steiner took command of a Battalion of SS-VT troops, and within a year had been promoted to SS-Standartenführer and was in command of the SS-Deutschland Regiment.

The outbreak of war saw Steiner as an SS-Oberführer and still in charge of the SS-Deutschland. He led his regiment well through Invasion of Poland and the Battle of France, earning the Knight's Cross of the Iron Cross on 15 August 1940.

After the early war campaigns, Steiner was chosen by SS-Reichsführer Heinrich Himmler to oversee the creation of, and then command the new volunteer SS Division, SS-Division Wiking. The Wiking was made up of Non-German volunteers, and at the time of its creation consisted mostly of Dutch, Walloons, and Scandinavians including the Danish regiment Frikorps Danmark.

In the Wiking Division, Steiner created a capable formation from disparate elements, and he commanded them competently through the many battles in the east from 1941 until his promotion to command of the III (Germanic) SS Panzer Corps.

While there are several incidents documented by historians in which the division engaged in massacres, the Wiking's official combat record is clear of any specific War Crimes prosecutions. Steiner said of the Commissar Order "No rational unit commander could comply with such an Order". He felt that it was incompatible with soldierly conduct and would result in a breakdown in military discipline, and that it was incompatible with giving combat its moral worth. Even if it was on utilitarian grounds, Steiner felt that the Commissar Order was to be ignored, as detrimental to good order and discipline.

In January 1945, Steiner along with the III (Germanic) SS Panzer Corps was transferred from the Courland Pocket to help with the defence of the German homeland.

The III (Germanic) SS Panzer Corps was assigned to Army Group Vistula and put under the new Eleventh SS Panzer Army, although this army really only existed on paper. Once the Soviets reached the Oder, Eleventh SS Panzer Army became inactive and the III (Germanic) SS Panzer Corps was re-assigned to the German Third Panzer Army as a reserve during the Soviets' Berlin Offensive Operation. During the Battle of Halbe, the first major battle of the offensive, General Gotthard Heinrici, the commander of Army Group Vistula, transferred most of the III SS Panzer Corps's divisions to General Theodor Busse's German Ninth Army.

Steiner had always been one of Hitler's favourite commanders, who admired his 'get the job done' attitude and the fact that he owed his allegiance to the Waffen SS, not the Prussian Officer Corps. Joseph Goebbels also praised Steiner. "He is energetic and purposeful and is attacking his job with great verve," Goebbels wrote on 1 March 1945.

By 21 April, Soviet Marshal Zhukov's 1st Belorussian Front had broken through the German lines on the Seelow

Heights. Adolf Hitler, ignoring the facts, started to call the ragtag units that came under Steiner's command Army Detachment Steiner (Armeeabteilung Steiner). An army detachment was something more than a corps but less than an army.

Hitler ordered Steiner to attack the northern flank of the huge salient created by the 1st Belorussian Front's breakout. In conjunction with Steiner's attack, the Ninth Army under General Theodor Busse, was to attack from the south in a pincer attack. The Ninth Army had been pushed to south of the 1st Belorussian Front's salient. To facilitate this attack, Steiner was assigned the three divisions of the Ninth Army's CI Army Corps: the 4th SS Polizei Division, the 5th Jäger Division, and the 25th Panzergrenadier Division. All three divisions were north of the Finow Canal on the Northern flank of Zhukov's salient. Weidling's LVI Panzer Corps, which was still east of Berlin with its northern flank just below Werneuchen, was also to participate in the attack.

The three divisions from CI Army Corps were to attack south from Eberswalde on the Finow Canal towards the LVI Panzer Corps. The three divisions from CI Army Corps were 24 kilometres (about fifteen miles) east of Berlin and the attack to the south would cut the 1st Belorussian Front's salient in two.

Steiner called Heinrici and informed him that the plan could not be implemented because the 5th Jäger Division and the 25th Panzer Grenadier Division were deployed defensively and could not be redeployed until the II Naval Division arrived from the coast to relieve them. This left only two battalions of the 4th SS Police Division available and they had no combat weapons.

Introduction by Sam Sloan

Based on Steiner's assessment, Heinrici called Hans Krebs, Chief of Staff of the German General Staff of the High Command of the Army (Oberkommando des Heeres or OKH), and told him that the plan could not be implemented. Heinrici asked to speak to Hitler, but was told Hitler was too busy to take his call.

On 22 April 1945, at his afternoon conference, Hitler became aware that Steiner was not going to attack and he fell into a tearful rage. Hitler declared that the war was lost, he blamed the generals, and announced that he would stay on in Berlin until the end and then kill himself.

On the same day, General Rudolf Holste was given what few mobile forces Steiner commanded so that he could participate in a new plan to relieve Berlin. Holste was to attack from the north while General Walther Wenck attacked from the west and General Theodor Busse attacked from the south. These attacks amounted to little and, on 27 April, the Soviet forces attacking to the north and to the south of Berlin linked up to the west of the city.

After the surrender, Steiner was incarcerated until 1948. He faced charges at the Nuremberg Trials, but they were all dropped and he was released. He dedicated the last decades of his life to writing his memoirs and several books about the war, the most important of which was Die Armee der Geächteten published in 1963. He died on 12 May 1966.

Ishi Press has been publishing books on Hitler and World War II, first because these books are popular and people buy them and secondly because of the need to study and be alert to the possibility of a new Hitler arising right here in the USA. Not to beat around the bush, but several would-be Hitlers have come close to becoming US President.

Introduction by Sam Sloan

These books can be found at almost every bookseller by searching their "**International Sign of the Beast Number**". The current Ishi Press titles about Hitler and World War II, including the War in Japan, and their ISBN numbers, are:

Hiroshima **ISBN 092389165X**

Inside the Third Reich **ISBN 0923891730**

Guests of the Kremlin **ISBN 0923891811**

Crusade in Europe by Dwight D. Eisenhower
ISBN 4871873137

Infiltration: How Heinrich Himmler Schemed to Build an SS Industrial Empire **ISBN 4871878775**

Spandau The Secret Diaries **ISBN 4871878791**

The Loneliest Man in the World The Inside Story of the Thirty Year Imprisonment of Rudolf Hess
ISBN 4871878805

Berlin Diary **ISBN 4871878813**

Reminiscences by Douglas MacArthur
ISBN 4871878821

Mit Hitler im Westen or With Hitler in the West
ISBN 487187883X

Speeches by Hitler in 1938 **ISBN 487187897X**

Tales of the South Pacific **ISBN 4871878988**

Jugend um Hitler : 120 Bilddokumente aus der Umgebung des Führers **ISBN 4871879100**

Triumph of the Will or Der Triumph des Willens
ISBN 4871879119

The Kersten Memoirs 1940-1945 **ISBN 4871879127**

A Life for Hungary: Memoirs of Admiral Nicholas Horthy Regent of Hungary **ISBN 4871879135**

Introduction by Sam Sloan

Hitler Directs His War The Secret Records of His Daily Military Conferences ISBN 4871879143

Escape from Freedom ISBN 4871879151

The Rising Sun: The Decline and Fall of the Japanese Empire 1936-1945, Volume One ISBN 4871879178

The Rising Sun: The Decline and Fall of the Japanese Empire 1936-1945, Volume Two ISBN 4871879186

Felix Steiner Die Freiwilligen Der Waffen – SS ISBN 4871879194

Hitler's Strategy ISBN 4871879208

The Private Life of Adolf Hitler The Intimate Notes and Diary of Eva Braun ISBN 4871879216

Sam Sloan
San Rafael California
October 30, 2011

Original Side Flaps

Felix Steiner

Die Freiwilligen

- Idee und Opfergang -

Der Name des Verfassers ist aufs engste mit der Freiwilligenbewegung des zweiten Weltkrieges verbunden. An dem Beispiel der von ihm geschaffenen und durch ihre Waffentaten weltbekannt gewordenen SS-Division Wiking" hat der Autor erstmalig den Beweis geführt, daß es möglich war, aus soldatischen Menschen verschiedenartigster Nationalität und Mentalität einen innerlich homogenen, untereinander kameradschaftlich verbundenen und militärisch integrierten, operativen Verband zu schaffen, der sich den sowjetischen Massen immer und in jeder Situation überlegen zeigte. Die Leistungen der Freiwilligen-Verbände des zweiten Weltkrieges haben diese Tatsache erhärtet. Der Verfasser zeigt die psychologischen Methoden auf, mit denen es gelang, solche integrierten Verbände mit einer geistigen Idee zu erfüllen und schildert die innere Kraft, die die Freiwilligen befähigt hat, den sowjetischen Massenmenschen und Massensoldaten mit souveräner Überlegenheit gegenüberzu-treten. An den soldatischen Leistungen der Freiwilligenverbände weist der Verfasser nach, daß sie sich in den härtesten Kriegszeiten und in schweren militärischen und seelischen Krisen bewährt haben, und zeigt in spannenden Schilderungen auf, daß gerade in solchen Zeiten ihre innere Geschlossenheit wuchs und das die gemeinsame europäische Aufgabe dabei von allen Freiwilligen immer klarer erkannt wurde.

Original Side Flaps

Der Verfasser schildert weiter an dramatischen Beispielen die Blindheit von Zeitgenossen gegenüber einem neuen Faktor in der Geschichte und gibt dem Leser Anlaß, über bestimmte Kurzsichtigkeiten nachzudenken. Mit seiner Thematik sprengt das Buch den bisherigen Rahmen militärischer und zeitgeschichtlicher Betrachtungsweise, in dem es dem Leser über die zeitgeschichtliche Darstellung hinaus in die Zukunft hineinführt und dadurch Probleme von aktueller Bedeutung aufwirft. Auch der zeitgeschichtlich interessierte Leser findet in dem Werk eine Anzahl unbekannter Einzelheiten von dokumentarischem Wert, mögen es Gespräche mit Hitler und führenden Männern des Dritten Reiches oder mit ausländischen Staatsmännern und Militärs sein, denen der Verfasser begegnet ist.

Das Buch ist nicht nur ein wesentlicher militärischer und politischer Beitrag zur Geschichte des zweiten Weltkrieges, sondern in seinen psychologischen und menschlichen Betrachtungen auch ein Werk, dem es gelungen ist, wertvolle Erkenntnisse aus der Vergangenheit mit der Problematik unserer Epoche zu verbinden.

VERLAG K.W. SCHUTZ KG
4994 PREUSS OLDENDORF

Dem Andenken
aller gefallenen Freiwilligen

INHALT

VORWORT

Über eine halbe Million Freiwilliger fremder Nationalität standen während des zweiten Weltkrieges neben Hunderttausenden von deutschen Freiwilligen in den Reihen des deutschen Heeres, der Marine, Luftwaffe und Waffen-SS und teilten mit ihren deutschen Kameraden die Mühen und Gefahren eines harten Krieges.

Schränkte das Gesetz der allgemeinen Wehrpflicht bei den Deutschen den freiwilligen Kriegsdienst aber ein, so zwang kein Gesetz die Freiwilligen fremder Nationalität dazu, sich in das deutsche Feldheer einzureihen. Für sie galt ausschließlich der Befehl ihres Gewissens. Freiwillig haben sie Familie, Beruf und Leben aufs Spiel gesetzt. Tausende von ihnen sind im Kampf gegen den Bolschewismus gefallen. Einer großen Idee haben sie ihr Leben geopfert.

Nach dem Kriege verfiel ein Teil von ihnen bei ihrer Heimkehr dem Haß ihrer Landsleute. Vielfach wurden sie wegen Landesverrat vor Gericht gestellt und bevölkerten die Kerker ihrer Heimatländer. Ihr Nachkriegsschicksal war nicht weniger hart als dasjenige ihrer deutschen Kameraden. Niemand konnte es wagen, sich damals vor sie zu stellen und von ihrem hochgemuten Geist, ihren Leistungen und ihrem Opfergang zu berichten. In der haßerfüllten Welt von damals waren sie allein auf sich gestellt und den Verleumdungen ihrer Gegner schutzlos preisgegeben. Auch ihre deutschen Kameraden konnten ihnen nicht zu Hilfe kommen. Bei der Haßpsychose der Nachkriegszeit hätte man sie doch nicht gehört oder ihren guten Willen in Zweifel gezogen.

Alle diese Umstände haben den Verfasser dazu bewogen, dieses Buch erst heute der Öffentlichkeit zu übergeben. Als Befehlshaber großer Verbände von Freiwilligen fremder Nationalität hatte er am meisten Gelegenheit, einen Blick in die Seele seiner Soldaten zu tun. Er konnte ihre militärischen Leistungen wohl am besten beurteilen. Ihm lag deshalb auch als erstem die Verpflichtung ob, vor den Zeitgenossen für sie einzutreten und vor der Geschichte über sie Zeugnis abzulegen.

In diesem Buch bemüht er sich, dieser Pflicht nunmehr nachzukommen und gibt sich der Hoffnung hin, daß eine beruhigte öffentliche Meinung jetzt leichter dazu bereit sein wird, die vorgelegten Ausführungen, die Tatsachen und Dokumente sachlich zu prüfen und sich daraus ein eigenes Urteil zu bilden, das nicht mehr durch die Propaganda der Nachkriegszeit oder durch persönliche Rachegefühle beeinflußt ist. Die hohe Anzahl der Freiwilligen fremder Nationalität, die anerkannt tapferen Leistungen ihrer operativen Verbände und die Standhaftigkeit bis zur letzten Stunde des Krieges sind ein so ungewöhnliches Phänomen, daß es sich lohnt, die geistigen Grundlagen dieser Freiwilligenbewegung zu prüfen und ihre militärischen Leistungen aufzuzeigen, zumal die sich heute im ganzen Soldatentum anbahnende Entwicklung vom Pflichtsoldaten zum Freiwilligen und vom nationalen Wehrpflichtigen zum supranationalen Kämpfer dieselben Probleme aufzuwerfen scheint, vor denen die Freiwilligen des zweiten Weltkrieges schon einmal gestanden haben und bemüht waren, sie damals im Rahmen ihrer Kräfte und der damaligen Zeitverhältnisse zu lösen.

Es wäre nicht sinnvoll gewesen, in den Freiwilligen des zweiten Weltkrieges eine Einzelerscheinung ohne geschichtliches Vorbild und geschichtliche Bindungen zu sehen. Sind sie doch nur ein Glied in einer Kette, die das freiwillige Soldatentum von anderthalb Jahrhunderten miteinander verbindet und die konsequente Fortsetzung einer soldatischen Entwicklung, die vom nationalen Vorkämpfer über den Schrittmacher nationaler Solidarität und Erneuerung zum supranationalen Kämpfertum hinführt und sicherlich auch im zweiten Weltkriege noch nicht ihr Ende gefunden hat.

Das Schicksal des freiwilligen Soldatentums ist — wie die Geschichte zeigt — fast immer ein Opfergang gewesen. Es hat nur selten Dank für seinen selbstlosen Einsatz geerntet, wurde oftmals verkannt und vielfach geschmäht; aber schließlich hat es sich immer wieder gezeigt, daß die dargebrachten Opfer nicht umsonst gewesen sind. Einmal kam doch die Stunde, in der sein Denken und Handeln verstanden worden ist. Was sich aber auf dem Wege bis dahin abspielte und in den Schicksalen der Freiwilligen widerspiegelt, zeigt oftmals das Bild antiker Tragik.

Der weitgespannte Rahmen des Themas ließ es nicht zu, die Leistungen aller Freiwilligenverbände außerdeutscher Nationalität lückenlos zu schildern. Lag es doch gar nicht in der Absicht des Verfassers, eine Kriegsgeschichte der Freiwilligenverbände zu schreiben. Das mag einmal einer späteren Zeit vorbehalten bleiben. Hier sollen die Freiwilligen im Kampf geschildert werden. Deshalb mußte und konnte sich der Verfasser bei der Fülle des Stoffes auch nur auf einige markante Taten von ausschlaggebender Bedeutung für die militärischen Operationen oder von eindringlicher Beweiskraft für den Kampfgeist der Freiwilligen beschränken. Manche heroische Einzelleistung mußte dabei unerwähnt bleiben. Aus den geschilderten Kampfhandlungen spricht aber ein so einheitlicher, kämpferischer Geist und eine so bewunderungswürdige Gemeinschaftsleistung, daß darin der gemeinsame Anteil der Freiwilligen vom General bis zum Grenadier sichtbaren Ausdruck findet.

Wo in diesem Buch Kritik an der deutschen Kriegführung oder Kriegspolitik des zweiten Weltkrieges geübt wird, ist diese nicht etwa das Ergebnis später Einsichten, sondern schon während des Krieges, oft bis an die Grenze des Möglichen, geübt worden.

Zahlreiche ehemalige Freiwillige haben den Verfasser mit Dokumenten, Bildern und Material aller Art versorgt, denen er dafür seinen Dank abstattet. Von ihnen haben der lettische Oberleutnant a. D. Redelis, der estnische Oberstleutnant a. D.

Riipalu, der holländische ehemal. Oberleutnant Doffegnies, der deutsche Oberst a. D. v. Schultz und zahlreiche finnische Freunde an der Gestaltung des Buches wesentlichen Anteil.

Mit besonderem Dank aber gedenkt der Verfasser all der Tausende von Freiwilligen fremder Nationalität und der mit ihnen kameradschaftlich verbundenen deutschen Kameraden, die im Kriege unter seinem Kommando gestanden und ihm ein weit über das normale Maß hinausgehendes Vertrauen in guten und in bösen Tagen geschenkt haben. In Ehrfurcht verneigt er sich vor all ihren Toten, die in fremder Erde ruhen.

München, den 1. August 1958

Der Verfasser

DIE IDEE

Vom nationalen Vorkämpfer zum Schrittmacher nationaler Solidarität

Siebzehn Jahre hindurch waren Napoleons Grenadiere von Sieg zu Sieg geeilt und hatten die ruhmbedeckten Heere der alten Militärstaaten Europas in zahlreichen Schlachten überwunden. In ganz Europa gab es keine Armee mehr, mit der sie nicht die Klingen gekreuzt hätten, und keinen Soldaten, dem sie nicht überlegen gewesen wären. War es zunächst der nationale Elan des revolutionären Frankreich, der sie dazu befähigt hatte, so war es nach der Schlacht von Marengo das Feldherrngenie Napoleons und seine persönliche Magie, die sie so fasziniert hatte, daß aus dem französischen Nationalheer in wenigen Kriegsjahren die imperiale Armee Napoleons geworden war. In den eroberten Ländern waren die französischen Soldaten Repräsentanten der kaiserlichen Macht geworden, die auch die Besiegten blendete. Fürsten beugten vor ihr das Knie. Standesherren, Adelige und Intellektuelle bewunderten sie und hatten vielfach den Wunsch, sich in ihrem Glanz zu sonnen. Die landeseigenen Hilfskontingente der zwangsverbündeten Kleinstaaten nahmen sich an dem französischen Vorbild ein Beispiel, obwohl sie doch nur der militärische Tribut des Besiegten an die Siegermacht waren.

Das einfache Volk aber leistete nur widerwillig Gefolgschaft, und die Söhne gebildeter bürgerlicher Mittelschichten rebellierten insgeheim. Sie verachteten die Soldaten der Hilfskontingente, spotteten über das würdelose Treiben ihrer führenden Stände und waren nicht bereit, sich mit der Besatzungsmacht auszusöhnen oder gar mit ihr zu paktieren. Fichtes Reden „An die deutsche Nation“ wanderten in ihren Reihen von Hand zu Hand.

Das Gerücht von den Absichten des preußischen Staatsministers v. Stein und von der Tätigkeit der preußischen Generale Scharnhorst und Gneisenau machte die Runde. Schills Losschlagen im Jahre 1810 und die Streifzüge des schwarzen Herzogs ließen ihre Herzen höher schlagen. Deren Untergang steigerte ihre Erbitterung gegen den verhaßten französischen Kaiser. Ob in Berlin oder Braunschweig, Dresden oder Hannover, überall dachte die gebildete Jugend ähnlich und wurde damit erstmalig zum Träger eines erwachenden deutschen Nationalgefühls. Als der Kaiser mit einer geschlagenen, dezimierten und demoralisierten Armee im Jahre 1812 von Rußland zurückkehrte, ging es wie ein stiller Alarm durch ihre Reihen. Ihre Hoffnungen richteten sich auf Preußen. Der Aufruf Friedrich Wilhelms III. vom 3. Februar 1813 zur Bildung von freiwilligen Jägerdetachements fand deshalb bei ihnen weiten Widerhall.

Der Gedanke, Freiwillige aufzurufen, wenn einmal die Stunde der Freiheit schlagen sollte, war schon im Jahre 1810 von der preußischen Konscriptionskommission erwogen worden. Der König hatte damals dazu gesagt: „Freiwillige aufrufen, gute Idee. Aber keine kommen." Im Frühjahr 1813 hatte er aber dennoch das Freiwilligen-Manifest unterschrieben, weil er erwartete, daß die Freiwilligen „die richtigeren Begriffe der gebildeten Stände, vor allem aber das Prinzip der Ehre in den Reihen der Krieger verbreiten würden". Mit seinem nüchternen Verstand sah er voraus, daß die breite Masse der Wehrpflichtigen ohne große Begeisterung zu den Fahnen kommen würde. In der Tat glorifiziert die preußische Geschichtsschreibung die Ereignisse der Freiheitskriege, wenn sie von einem spontanen Aufbruch des Volkes berichtet. Das berühmte Wort „Der König rief und alle, alle kamen", stimmt mit der geschichtlichen Wahrheit nicht überein. Die preußischen Reservisten und Landwehrmänner leisteten ihren Gestellungsbefehlen illusionslos und genauso unpathetisch Folge wie die französischen Soldaten; aber als treue Untertanen dienten sie dem König auch als Soldaten mit ihrer ganzen Kraft, ohne daß sie dabei ein besonderer Elan oder gar eine andere

Idee als die des militärischen Gehorsams geleitet hätte. Anders war das bei den freiwilligen Jägern. Bei ihnen verband sich ihr urtümlicher Haß gegen die Fremdherrschaft mit dem Ziel der nationalen Freiheit, die romantische Erinnerung an die deutsche Vergangenheit mit dem Streben nach neuer, nationaler Einheit und der Stolz auf die großen Schöpfungen des deutschen Geistes mit der Hoffnung auf ein neues gemeinsames Staatswesen, in dem gesundes Nationalgefühl und hochfliegender, schöpferischer Geist eine gemeinsame Heimat haben würden. Zu den ersten preußischen Freiwilligen stießen jene aus den deutschen Kleinstaaten, die ihre angestammten Dynastien verachteten, weil sie würdelos um die Gunst des Kaisers gebuhlt und sich ihre Unterwürfigkeit durch kaiserliche Gunstbezeugungen hatten entgelten lassen. Am Beispiel ihres eigenen Staates hatten sie zudem die Ohnmacht erlebt, die aus der Zersplitterung Deutschlands in viele Einzelstaaten entstanden war. Von Anfang an erwuchs daher in den Reihen dieser Jugend eine neue Ethik des politischen Kämpfertums, die später auch auf die preußischen Linientruppen abfärbte. Denn zum ersten Male trugen freiwillige Soldaten verschiedener Staatsangehörigkeit die gleiche Uniform und standen in einem Gliede zusammen. In der gemeinsamen Gefahr des Kampfes zerbrachen bei ihnen die kleindeutschen Schranken, die bisher Preußen und Braunschweiger, Sachsen, Westfalen und Hessen voneinander getrennt hatten. Inmitten ihrer soldatischen Kameradschaft erinnerten sie sich daran, daß sie alle Söhne eines Volkes und Enkel einer gemeinsamen Vergangenheit seien, und fanden so nicht nur als Soldaten, sondern auch als Deutsche den Weg zueinander. Was lag also näher, daß sie sich im Rock der freiwilligen Jäger als Kämpfer für eine deutsche Einheit betrachteten und das Ziel hatten, zukünftig als freie Menschen in einer gemeinsamen Nation zusammenzuleben und damit der so bitter erlebten politischen und militärischen Ohnmacht für immer ein Ende zu machen! Was die Zeit an moralischen, politischen und nationalen Impulsen in sich barg, das fand in den Reihen der Freiwilligen von 1813 seinen Niederschlag, machte sie zu Vorkämpfern einer deutschen Freiheits- und Einigungsidee und zu Gesinnungsgenossen der führenden preußischen Soldaten und Staatsmänner. Von diesem Ziel redeten sie in ihren Briefen und predigten sie in ihren Kriegsliedern. Dafür kämpften sie mit wunderbarem Elan, überschritten mit diesen Gedanken den Rhein und streiften als erste bis Paris[1].

Der Wiener Kongreß aber tat ihre Hoffnungen und Erwartungen als „Ideen fanatischer Freiwilliger, Literaten und Poeten jeden Schlages"[2] leichthin ab und versuchte, eine Zeit noch einmal festzuhalten, die entwicklungsgeschichtlich der Vergangenheit angehörte. Die Freiwilligen gingen nach dem Kriege enttäuscht nach Hause, wurden als politische Narren verlacht und heimlich sogar als Verräter verleumdet[3]. Doch die Idee eines deutschen Nationalstaates lebte in den Herzen der Deutschen weiter. Sie wurde Wirklichkeit, als ihre realen politischen Voraussetzungen vorhanden waren. Das freiwillige Soldatentum, das 1813 aus der Taufe gehoben wurde, stand von nun an aber während des ganzen Jahrhunderts auch weiterhin dort Pate, wo unterdrückte Völker um ihre Freiheit und Einheit kämpften.

*

Sechs Jahre nach den Freiheitskriegen lebte es in romantischer Form wieder auf, als Griechenland um seine Freiheit kämpfte[4]. Die Engländer, Italiener, Deutschen und Russen, die

---

[1] Im Mai 1813 waren bereits 7000 Freiwillige Jäger zu Fuß und 3000 Jäger zu Pferde unter Waffen. Ein Teil von ihnen war den regulären Linientruppen unterstellt, der andere in Freikorps zusammengefaßt.

[2] Ausspruch Metternichs auf dem Wiener Kongreß.

[3] Die westdeutschen Kleinstaaten standen auf der Seite Napoleons; die bei den freiwilligen preußischen Jägern kämpfenden Landeskinder waren also zunächst Gegner ihres Heimatstaates.

[4] Nach dreihundertjähriger Fremdherrschaft der Türken standen die Griechen 1821 gegen die Fremdherrschaft auf; ihr Kampf dauerte bis 1829 und wurde durch das Eingreifen der Großmächte zu ihren Gunsten entschieden.

Lützows Freiwillige Jäger 1815 vor Paris

Das lettische Freiheitsdenkmal in Riga

Lettischer Ehrenfriedhof für die Gefallenen des Befreiungskrieges von 1918

sich unter Lord Byrons Führung in einer Freiwilligenbrigade sammelten, trieb nur die Idee der Freiheit nach Griechenland. Ihre Truppe war militärisch wenig brauchbar und hatte keine bemerkenswerten Leistungen aufzuweisen. Denn: Lord Byron war kein Soldat. Zu einem militärischen Führer integrierter Truppen fehlten ihm alle Voraussetzungen. Seine Freiwilligen haben es aber dennoch gewagt, den Griechen zu einer Zeit zu Hilfe zu eilen, als die ganze Welt noch tatenlos abseits stand. Byrons Unternehmen scheiterte. Er selbst starb dabei. „Bei Missolunghi führte Lord Byron nichts zu Ende, außer seiner Selbstaufopferung. Aber durch diese einzige heroische Tat sicherte er die Befreiung Griechenlands. Hätte Byron dem Drängen nachgegeben und die hellenische Sache 1824 im Stich gelassen, so würde es kein Navarino [5] gegeben haben. Die ganze Geschichte des südöstlichen Europa hätte einen anderen Verlauf genommen.[6]"

*

Fünfundzwanzig Jahre später standen in Italien unter Guiseppe Garibaldi neue Freiwillige auf, die zu Vorkämpfern für die Freiheit und die nationale Einheit Italiens wurden. Dieser Freiwilligentypus hatte die romantischen Züge seiner geschichtlichen Vorgänger bereits abgelegt. Er besaß ein klares politisches Ziel, das er unbeirrbar und trotz zahlreicher Rückschläge beständig verfolgte.

In Guiseppe Garibaldi fand der nationale Freiwillige Italiens seinen bewunderten militärischen Führer und politischen Repräsentanten, in dem sich alle Eigenschaften verkörperten, die auch den Freiwilligen-Generalen späterer Zeiten zu eigen gewesen sind und sie von den Kommandeuren stehender Truppenkörper unterschieden haben. Er war ein glühender Patriot

---

[5] In der Schlacht von Navarino wurde die türkische Flotte von englischen, französischen und russischen Kräften vernichtet.

[6] Zitat aus Harold Nicolson „Lord Byrons letzte Reise", S. 10.

und besaß die seltene Gabe, Menschen zu begeistern und jungen Soldaten seinen Geist einzuhauchen. Seine Erziehungsmethoden waren hart und schenkten den Freiwilligen nichts. Aber der jüngste von ihnen fühlte, daß der General in ihm den Kameraden sah, dem er sich persönlich verbunden fühlte und dem er verpflichtet war. „Ich kann Euch nichts anderes bieten als Durst und Hitze am Tage, Kälte und Hunger zur Nachtzeit, zu jeder Stunde Gefahren. Aber das Ziel aller dieser Leiden ist die Unabhängigkeit Italiens. Diebe lasse ich ohne Erbarmen erschießen. Ungehorsam bestrafe ich aufs strengste. Handelt mir so gut, als ihr es vermöget und laßt Euch nicht gefangen nehmen. Es liegt ganz an Euch, ob ihr wie die Hunde von einem Zuge Kroaten erschossen werdet oder mit dem Säbel in der Faust und dem Rufe ‚es lebe Italien' sterben wollt [7]." Diese Sprache verstanden die Freiwilligen, zumal sie wußten, daß es nicht leerer Pathos war, sondern daß ein Mann diese Worte sprach, der alle Entbehrungen und Gefahren mit ihnen teilen würde und an sich selbst die größten Anforderungen stellte.

Die Freiwilligen kamen aus allen Teilstaaten und Gegenden Italiens. Der Glaube an dessen kommende Einigung war ihre Triebfeder. Oftmals mußten sie sich mit einer flüchtigen Ausbildung begnügen; aber im Kriege gewannen sie bald eine so große Kampfroutine und besaßen einen solch starken Ehrgeiz, sich an Tapferkeit und Wagemut von niemanden übertreffen zu lassen, daß sie sowohl den französischen und neapolitanischen Regulären, als auch den österreichischen Liniensoldaten dadurch überlegen waren. Trotz ihres leidenschaftlichen Nationalgefühls waren sie dennoch keiner politischen Richtung verschworen. Unter ihnen gab es keine Mazzinisten [8], keine Republikaner und keine

---

[7] Ansprache Garibaldis an die Freiwilligen des piemontesischen Alpenkorps vor ihrem Aufbruch in den oberitalienischen Feldzug von 1859.

[8] Mazzini war ein toskanischer Politiker, der die gesamtitalienische Einigung anstrebte.

Sozialisten. Selbst Garibaldiner durften sie nicht sein; denn der General wollte nur Soldaten und nur Italiener aus innerer Überzeugung. So wurden die Freiwilligen die ersten Soldaten eines Gesamtitaliens, als es noch toskanische, neapolitanische und piemontesische Armeen gab. Sie fühlten sich nur als solche und ahnten es nicht, daß sie deshalb und um ihre militärischen Erfolge und Beliebtheit bei den Italienern von den regulären Armeen der italienischen Teilstaaten beneidet wurden. Sie wehrten sich nicht und glaubten an einen Irrtum, als piemontesische Soldaten 1862 auf sie feuerten [9], während sie Rom von den Franzosen Napoleons III. befreien wollten und standen vor einem Rätsel, als jene sie wie die Hunde zusammenschlugen und ihnen Uhren und Wertsachen raubten.

Ihre Tapferkeit war so sprichwörtlich, daß ihnen der schweizerische Oberstleutnant v. Hofstetter beim Kampf gegen die Truppen des französischen Generals Oudinot bestätigen müßte: „Die jungen Freiwilligen siegten über Kriegswissenschaft, Disziplin und Mut ihres Gegners." Im oberitalienischen Feldzuge [10] waren sie oftmals auf sich allein angewiesen und wurden von der piemontesischen Armee über Gebühr ausgenutzt. Ein unparteiischer Kronzeuge, der preußische Oberstleutnant Rüstow, berichtet darüber: „Wenn man nicht ganz und gar den offiziellen Versicherungen Glauben schenken will, so kann man sagen, Garibaldi wird vorausgeschickt. Wird er das Opfer seiner Kühnheit, so hat er damit wahrscheinlich viele österreichische Kräfte auf sich gezogen. Es ist dann nichts an ihm gelegen; aber er hat der Hauptarmee damit ihre Operation sehr erleichtert. Gelingt es

---

[9] Viktor Emanuel v. Savoyen war über Garibaldis Absicht, Rom zu befreien, unterrichtet und insgeheim einverstanden. Offiziell aber war er dagegen und verhinderte die Unternehmung mit Waffengewalt, um Frankreich gegenüber das Gesicht zu wahren.

[10] 1859 schlugen die verbündeten Armeen Frankreichs und Piemonts die Österreicher bei Magenta und Solferino. Österreich mußte die Lombardei an Napoleon III. abtreten, der sie Viktor Emanuel v. Sardinien überließ.

ihm in der Lombardei Fortschritte zu machen, ohne daß er erliegt, so hat er die Operation der Hauptarmee ebenso erleichtert. Man muß ihn dann freilich auf dem Halse behalten und nur dafür sorgen, daß er nicht etwa den besten Teil des Ruhmes wegbekommt, den Napoleon III. und Viktor Emanuel dringend brauchen." Dennoch blieben die Freiwilligen sich selbst treu, als Viktor Emanuel 1860 wieder auf sie zurückgriff und von ihnen die Befreiung Siziliens von der bourbonischen Herrschaft erwartete. Doch als sie es von den neapolitanischen Streitkräften gesäubert und nach der Kapitulation der feindlichen Truppen, vor denen sie dabei ritterlich das Gewehr präsentierten, Neapel im kühnen Handstreich erobert hatten, wurde ihnen der Dank dafür vorenthalten. Denn die Einigung Italiens sollte nicht als das Werk der Freiwilligen in die Geschichte eingehen, sondern nach dem Willen des sardinischen Ministerpräsidenten Graf Cavour der piemontesischen Armee zu verdanken sein. Zwar versuchte man Garibaldi mit dem Patent eines Kommandierenden Generals zu belohnen und mit einer hohen Gelddotation abzuspeisen, wollte aber seiner Bitte, die Dienstgrade seiner Offiziere zu bestätigen, nicht entsprechen: „Man hat uns schlecht behandelt. Man hat einen Gegensatz zwischen dem regulären Heer und den Freiwilligen, welche sich so tapfer schlugen, erzeugen wollen. Man versuchte Zwietracht zu säen. Sie haben zwei so kostbare und für die gegenwärtigen Verhältnisse höchst notwendige Elemente zu trennen versucht. Doch lassen wir das. Es ist Schmutz, mit dem wir uns nicht besudeln wollen. Italien vor Allem, Allem." Das war die Antwort, die Garibaldi in einem Tagesbefehl an seine Truppen seiner Regierung gegeben hat. Schließlich gab man nach. Er selbst aber verzichtete auf jede Auszeichnung und ging in sein heimatliches Dorf zurück.

Dreiundzwanzig Jahre hatten Garibaldi und die Freiwilligen für die Einheit Italiens gekämpft. Einen Dank dafür haben sie nicht geerntet. Aber im Herzen des Volkes lebten sie als Vorkämpfer für ein nationales Italien. Über dessen politische Struktur haben sie sich niemals Gedanken gemacht. Von jeher betrachteten sie Viktor Emanuel v. Savoyen als Italiens zukünftigen König und haben ihm die Treue gehalten, obwohl er sie mehrfach im Stich ließ. Von innerpolitischen Wünschen und Forderungen hat sich Garibaldi stets fern gehalten und den inneren Ausbau des gesamtitalienischen Staatswesens ausschließlich den politischen Instanzen überlassen. Er begnügte sich damit, während seiner Kampf- und Kriegszeit schnell wieder Ordnung zu schaffen, wo diese darniederlag, und das Recht wieder herzustellen, wo es mit Füßen getreten worden war. In diesem Geiste hat er auch seine Freiwilligen erzogen. Am Ende seines Lebens hat er sich darüber Sorgen gemacht, wie man die unter großen Opfern errungene Freiheit vor kommenden Gefahren schützen könne. „Die von dem größten Teil der Bevölkerung erworbene politische Freiheit“, so schreibt er, „ist für die ganze Masse des Volkes nicht ausreichend, wenn es physisch ihrer Segnungen nicht teilhaftig werden kann und nicht jenen Grad von Bildung besitzt, der es allein von den erniedrigenden Vorurteilen erlösen kann, in welchen es ein verbrecherischer Teil der Menschheit zu erhalten versucht. Arbeit, Brot und Erziehung, das ist das Ziel, nach dem edle Seelen für das Volk streben müssen. Lasset die Mächtigen dieser Erde dem armen Volk näher treten und aus der menschlichen Gesellschaft wird dann die ungeheure Scheidewand verschwinden, welche die Armen von den Reichen trennt, sie oft zu Feinden macht und die arbeitenden Klassen den Umsturz der allgemeinen Ordnung wünschen läßt.“

*

Was dieser Freiwilligen-General hier mit mahnenden Worten ausspricht, mutet uns heute wie eine Vision an. Fünfzig Jahre später ist all das eingetreten, was er befürchtet hatte. Krieg und Revolution haben die allgemeine Ordnung in Europa so gründlich zerstört, daß es seitdem nicht mehr gelungen ist, sie zu erneuern. Auch die übrige Welt ist nicht mehr zur Ruhe gekommen, seitdem die Weltrevolution von Moskau aus den Vormarsch angetreten, anders denkenden Völkern und anders gearteten Ordnungen den Kampf angesagt und ihn mit allen Mitteln der Zersetzung, des Umsturzes und des Krieges begonnen hat. Hätten die Regierenden von 1914 diese Folgen auch nur geahnt, so hätten sie die Kräfte des Nationalismus, die den Krieg von 1914 angefangen haben, in ihre Schranken verwiesen.

Doch nun war es das letztemal, daß die Flamme des Nationalismus die Freiwilligen begeistern konnte, die sich 1914 zu Hunderttausenden als Kriegsfreiwillige zu den deutschen Fahnen drängten und in wenigen Monaten schon am Feinde standen.

GROSSES HAUPTQUARTIER, den 11. November 1918

„Westlich Langemarck brachen junge Regimenter unter dem Gesang, ‚Deutschland, Deutschland über alles' gegen die erste Linie der feindlichen Stellungen vor und nahmen sie. Etwa 2000 Mann französischer Linien-Infanterie wurden gefangen und sechs Maschinengewehre erbeutet."

Zum letzten Male stürmten diese ungeübten und unfertigen Jungen, die ein Vierteljahr vorher noch auf der Schulbank gesessen oder das bunte Band des Studenten getragen hatten, damals, im Überschwange der Begeisterung und in blutiger Verschwendung jeden Schutz verachtend, gegen die Macht des Materials. Noch im Tode erschallte das Lied des alten Deutschlands, das ihre Väter und Großväter nach tönenden Reden und im Rausch des Hurra-Patriotismus gesungen hatten, von ihren Lippen, bis es schließlich in Blut und Schlamm erstickte.

Bei Langemarck brach nicht nur eine Offensive zusammen, von der die Generale eine Wendung des Schlachtenschicksals erwartet hatten. Hier ging eine politische Romantik zu Ende, der das Wilhelminische Zeitalter eine Epoche hindurch gehuldigt hatte. Mit ihr verschwand der heroische Kriegsfreiwillige nach diesem nutzlosen Opfer vom Kampffelde und ging in der breiten Soldatenmasse auf. Er wurde von einem neuen Freiwilligentypus abgelöst, der sich nicht im Rausch nationalistischer Begeisterung zum Waffendienst gemeldet, sondern sich im Kampfgeschehen durch freiwillige Taten überall an der langen Front ganz von selbst aus der Soldatenmasse herausgehoben hatte und keine bürgerlichen Konturen trug, wie sie bei den Kriegsfreiwilligen von 1914 zu erkennen waren. Er war nüchtern, hart und kühn. Wenn es not tat, sprang er freiwillig in die Bresche und wurde zum Vorkämpfer der Masse. Er verstand sein Soldatenhandwerk. Seine sittlichen Stützen waren das Verantwortungsgefühl, sein Pflichtbegriff und das Bewußtsein seines eigenen inneren Wertes. Ihn zwang kein Befehl und hielt kein Verbot, wenn es galt, Beispiel, Vorbild und Helfer in der Gefahr zu sein. Er fragte nicht nach den Folgen für sich selbst, sondern handelte in eigener Verantwortung, wie es ihm sein inneres Gesetz und die Not der Stunde vorschrieb. Er machte sich die Technik untertan und wandte sie mit List und Kühnheit an, um den Massen und dem Material des Gegners entgegenzutreten. Um ihn scharten sich die wankenden Kameraden und richteten sich an seinem Beispiel auf. „Jetzt und hier," so läßt Ernst Jünger den freiwilligen Stoßtruppführer und Sturmsoldaten des ersten Weltkrieges in seinem Buch „Waldgänger" wieder auferstehen, „er ist der Mann der freien, unabhängigen Aktion", der nicht in Dumpfheit dahinlebt, sich nicht vor der Macht der Tatsachen beugt und vor ihnen vorzeitig und fatalistisch kapituliert, sondern in strenger Selbstzucht, aber auch in großem Selbstbewußtsein Verantwortung auf sich zu nehmen bereit ist. Er konnte den Staat, dem er damals diente, nicht mehr retten, weil er nicht mehr zu retten war. Aber sein Volk und dessen neue Regierung, die er respektierte, hat er vor dem Versinken im Chaos zu bewahren vermocht, als sich der Kommunismus ihrer bemächtigen wollte.

In logischer und gradliniger Entwicklung wird er nunmehr, ob Soldat oder Zivilist, zum Antipoden aller Kräfte der Zersetzung und des Aufruhrs und tritt von nun an immer wieder, gleichviel welcher Nation er auch angehören mag, entschlossen dem Massensoldaten der Weltrevolution entgegen, der 1917 das rote Banner über der Hälfte der Welt entfaltet hat und es seitdem über den ganzen Erdball zu tragen bereit und bemüht ist.

*

Mehr als hundert Jahre hatte das kleine Finnland unter der Zarenherrschaft gelitten. Das Volk hatte gegen seine Unterdrücker protestiert, auf Zwang mit passivem Widerstand geantwortet und den Fronvogt des Zaren mit Gewalt beseitigt. Aber alle diese Waffen blieben gegenüber den Machtmitteln der Russen wirkungslos. Denn das finnische Volk war wehrlos. Seine männliche Jugend wurde nicht eingezogen und war deshalb im Wehrdienst ungeübt. War unter solchen Umständen an eine Befreiung nicht zu denken, so wuchs das kleine Volk unter fremdem Druck im Haß gegen den Unterdrücker innerlich zusammen und wurde dabei zu einer harten Kampfgemeinschaft, welche die Hoffnung auf Freiheit niemals aufgegeben hatte. Da gab das Schicksal dem Lande eine winzige Chance, als der russische Koloß nach den ersten Niederlagen seiner Armeen im Jahre 1914 erstmalig erbebte. Nur wenige kühne Männer und Frauen erkannten sie und nahmen sie entschlossen wahr. Das Schicksal meinte es gut mit den Finnen, als sie in dem damaligen deutschen Kriegsminister Generalleutnant Wild v. Hohenborn den Mann fanden, der ihren Wünschen nach Aufstellung einer finnischen Truppe im Rahmen des deutschen Heeres stattgab [11]. Unter unsäglichen Schwierigkeiten gelang es zunächst einigen fünfzig jungen Finnen, auf Schleichwegen und unter falschem Namen nach Deutschland zu gelangen, wo sie – als Pfadfinder getarnt – im Lager Lockstädt die erste militärische Ausbildung erhielten. Aus fünfzig wurden hundertsiebzig, dann mehrere

---

[11] Wild v. Hohenborn wollte Ende 1915 seine Zusage zurückziehen und die Freiwilligen nach Finnland zurückschicken. Doch der deutsche Generalstab, insbesondere General Ludendorff, halfen den Finnen und setzten die Aufstellung des 27. Jägerbataillons durch.

hundert und endlich zweitausend Mann, Studenten und Landwirte, Polizisten, Kaufleute und Arbeiter, also junge Männer aller Stände, die Heimat, Familie und Beruf freiwillig aufgegeben hatten, um ins feindliche Ausland zu gehen und dort fremde Uniform anzuziehen. Das ganze finnische Volk hatte dabei mitgeholfen. Dank seiner nationalen Disziplin und seiner einzigartigen Verschwiegenheit war es ihm gelungen, das Verschwinden zahlreicher seiner Söhne vor der russischen Geheimpolizei zu verbergen.

Trotz aller Schwierigkeiten und Mißverständnisse wurde aus kümmerlichen Anfängen eine vorzügliche Truppe. Im Juni 1916 legte sie als „preußisches Jägerbataillon Nr. 27“ an der Kurlandfront ihre Bewährungsprobe vor dem Feinde ab. Dann aber drängten die Freiwilligen zur Heimat, obwohl die Zeit für ein freies Finnland noch längst nicht gekommen war. Vertrauenskrisen zwischen deutschen Kommandobehörden und Freiwilligen waren die unvermeidliche Folge. Schließlich fand man doch bei allseitigem guten Willen eine befriedigende Lösung für beide Teile. Das Jägerbataillon wurde von der Front zurückgezogen und zu einer Kadertruppe gemacht [12], in der die Freiwilligen auf zukünftige Führeraufgaben planmäßig vorbereitet wurden und die Wartezeit damit sinnvoll überbrückten. Erst als die Zarenherrschaft zusammenbrach, war Finnlands große Stunde gekommen. Schon im November 1917 begleitete ein Zug freiwilliger Jäger ein deutsches Waffenschiff nach Wasa, um das in Finnland in aller Heimlichkeit entstandene Bauernschutzkorps zu bewaffnen. Jetzt wußten die Finnen, daß sie in ihrem kommenden Freiheitskampf nicht allein sein würden.

Am 13. Februar 1918 wurde das preußische Jäger-Bataillon Nr. 27 in Libau feierlich aufgelöst. Am gleichen Tage schworen die Freiwilligen als erste finnische Soldaten den Fahneneid auf

[12] Der Vorschlag dazu wurde von dem damaligen Hauptmann Ausfeld gemacht, der bald darauf zum Kommandeur des Jägerbataillons 27 ernannt wurde.

eine zukünftige freie finnische Regierung. Die Schiffe, die sie einen Tag später nach Finnland trugen, führten am Heck bereits das Löwenbanner des jungen finnischen Staates. Als die Freiwilligen am 25. Februar 1918 in Wasa landeten, dort von Tausenden ihrer Landsleute begrüßt wurden, mit ihnen gemeinsam das Lied „Ein' feste Burg ist unser Gott" sangen und der erste finnische Oberbefehlshaber, General Gustav Mannerheim ihnen seinen Gruß entbot, in dem er sagte: „Ich heiße Euch, Jäger, willkommen im Vaterland. In einer Zeit, da des Vaterlandes Geschick am dunkelsten schien, glaubtet ihr, die ihr jung waret, an seine Zukunft. Ihr opfertet Euer Heim, Euer Glück, ja Alles, um unserm unglücklichen Land eine bessere Zukunft aufbauen zu können, und Euer Stern hat Euch nicht in die Irre geführt. Das Vaterland begrüßt in Euch die besten seiner Söhne. Die junge, zukünftige Armee Finnlands sieht in Euch ihre Lehrer und zukünftigen Führer[13]," da wußten die Jäger, daß nichts umsonst gewesen war und daß ihr freiwilliges Soldatentum reiche Früchte tragen werde. In wenigen Wochen sollten sie nunmehr aus ungeschulten Bauernformationen des Schutzkorps Kampftruppen schaffen, die Finnland von der roten Herrschaft befreien konnten. Mit frischem Mut gingen die jungen Soldaten ans Werk. Sie traten als Führer an die Spitze von Kompanien, Bataillonen und Regimentern. Mit diesen konnte Mannerheim den Waffengang gegen die Roten wagen. Als der General am 16. Mai 1918 nach errungenem Sieg in Helsinki einzog, war Finnland nach mehr als hundertjähriger Fremdherrschaft frei. Die Jäger begannen nunmehr die gewonnene Freiheit durch den Aufbau der finnischen Wehrmacht zu sichern und sie in einem freiheitlichen Staat zu verankern.

Die finnische Armee ist aus dem Geist der Freiwilligen entstanden. Freiheitsliebe und Opfergeist waren und blieben ihre höchsten Güter. Damit wurde sie zu einem Hort der Freiheit,

---

[13] Aus Hans Halter: „Preußisches Jägerbataillon 27", ein Tatsachenbericht aus dem Weltkrieg (1928).

die sie unter der Führung Mannerheims und der zu Generalen gewordenen Freiwilligen im Winterkrieg von 1940 und im zweiten Weltkrieg bewahrt hat. Ihr Geist spricht auch aus dem Geleitwort, das der finnische Reichspräsident Kekkonen am 25. September 1957 einer Soldatenzeitung auf den Weg mitgegeben hat [14]:

„Nachwelt, stehe hier auf eigenem Boden und verlasse dich nicht auf fremde Hilfe."

Diese Worte Augustin Ehrensvärds, die über dem Portal der Festung Sveaborg in Stein gemeißelt sind, sollen uns Richtschnur für unser Dasein als unabhängiger Staat sein. Oftmals in der Geschichte scheint es so, als ob ein Staat seine Freiheit fremder Hilfe zu verdanken hat. Doch ebenso oft hat es sich gezeigt, daß nur der eigene Wille und die eigene Opferbereitschaft das Leben einer Nation retten können.

Als Ehrensvärd diese Worte sprach, wußte er nur zu gut, daß die Verteidigung des Landes nicht auf den Mauern von Sveaborg beruhe; denn auch stärkste Mauern können zerbröckeln und stärkste Kanonen einmal schweigen. Deshalb hat er die Nachwelt aufgefordert, den Schutz des Landes der Verteidigungsbereitschaft des Volkes anzuvertrauen und es stets daran zu erinnern, daß es durch Pflichterfüllung in Krieg und Frieden am besten gesichert sei. Das ist die starke Idee unserer heutigen Landesverteidigung: Unser Vaterland und unseren Heimatboden wollen wir uns erhalten. Dabei verlassen wir uns auf unser Recht und auf unsere eigene Kraft. Im Wettrüsten der großen Völker haben kleine Länder nur geringe Möglichkeiten darin wettzueifern. Umso wichtiger ist aber die geistige Festigung unseres Volkes und die Erziehung zur unbedingten Selbstbehauptung, deren erste Voraussetzung der Wille zur eigenen Verteidigung ist. Die Landes-

---

[14] Geleitwort des finnischen Reichspräsidenten Kekkonen für die Zeitschrift „Peitsi", Organ für die Landesverteidigung Finnlands.

verteidigung ist ein wichtiger Teil unserer ganzen nationalen Politik, die Vorbedingung für unsere Selbständigkeit, die auf der geistigen und tatsächlichen Verteidigungsbereitschaft des ganzen Volkes beruht.

*

Die harten Kämpfe, die Finnland um seine Freiheit führen mußte, schienen den baltischen Völkern und den Ukrainern zunächst erspart zu bleiben; denn die roten Truppen gingen nach dem Frieden von Brest-Litowsk im Süden hinter den Don und im Norden hinter die Narva zurück. Deutsche Soldaten folgten ihnen auf dem Fuße. Aber alle Hoffnungen, die man in den besetzten Ländern nunmehr auf das Reich setzte, trogen. Deutschland überhörte zwar nicht die Selbständigkeitswünsche der besetzten Länder, paktierte aber so offensichtlich mit jenen restaurativen Kreisen, welche die Verbindung mit dem Volk verloren hatten, daß es sich die vom Vertrauen ihrer Völker getragenen demokratischen Männer zum Gegner machte.

Der blutige Kampf um die Freiheit entbrannte zwischen dem Schwarzen Meer und der Ostsee erst, als die Deutschen nach dem 9. November 1918 abmarschierten und die Bolschewisten nachstießen, um die verloren gegangenen Gebiete wieder zu besetzen. Sie trafen überall auf den erbitterten Widerstand junger nationaler Truppen.

In Estland hatte die provisorische estnische Regierung schon am 16. November 1918 Freiwillige aufgerufen. Anfang Januar 1919 kamen ihr zweitausend Finnen, ein freiwilliges dänisches und ein schwedisches Detachement zu Hilfe. Noch im gleichen Monat konnte der fähige General Laidoner gegen die tief in Estland eingedrungenen roten Truppen zum Gegenangriff antreten und sie aus dem Lande herauswerfen. Aus diesen ersten Freiwilligenkräften formierte der General die Armee, die Estlands Selbständigkeit erkämpft hat und in wenigen Monaten zu einem militärischen Faktor im ganzen Baltikum geworden war. Zwar sind auch im estnischen Freiheitskriege gefährliche Krisen nicht ausgeblieben. Aber Laidoner hat sie mit Tatkraft gemeistert und war dann schließlich so sehr Herr der Lage im baltischen Raum geworden, daß er sogar dem gefährdeten lettischen Nachbarstaat zu Hilfe kommen und dessen bedrohte Existenz retten konnte.

Diesem fehlte zunächst eine starke soldatische Persönlichkeit von jener Autorität, wie sie die Finnen in Mannerheim und die Esten in Laidoner besaßen. Die rechtzeitige Aufstellung landeseigener Verbände hatte die deutsche Besatzungsmacht abgelehnt. Mit den improvisierten Freiwilligen-Kompanien, die im Dezember 1918 während des Rückzuges der Deutschen in wenigen Tagen aus ehemaligen Offizieren, Studenten und Schülern zusammengerafft worden waren, ließ sich Lettland gegen die anrückenden Bolschewisten aber nicht verteidigen. Als Land ohne Armee wäre es dem anrückenden Gegner schutzlos preisgegeben gewesen, wenn nicht in dieser Stunde der Not ein politisch weitblickender Mann helfend eingegriffen hätte. Der deutsche Gesandte in Riga, August Winnig, setzte die Aufstellung von Freiwilligen-Verbänden aus Truppen der heimkehrenden 8. Armee bei dem Reichswehrminister Gustav Noske durch. Mit der zurückbleibenden Eisernen Division und der baltischen Landeswehr, also Freiwilligen aus deutschen und deutschbaltischen Männern, konnte der gefährliche Einbruch der Roten Schulter an Schulter mit den lettischen Freiwilligen an der kurländischen Aa in letzter Stunde aufgehalten werden. Mit dieser Waffenbrüderschaft zwischen deutschen und lettischen Freiwilligen war es aber vorbei, als Generalmajor Graf von der Goltz zum Kommandeur der deutschen Truppen in Lettland ernannt worden war. Goltz war zwar ein guter Soldat, aber kein Freiwilligen-General oder gar ein politischer Mensch, der den verworrenen politischen Verhältnissen im Baltikum gewachsen war. Er lebte noch in den Vorstellungen des kaiserlichen Deutschlands und fühlte sich nicht als Bundesgenosse des jungen lettischen Staates gegen den damals schon gemeinsamen Feind. Vielmehr paktierte er offenkundig mit dem deutsch-baltischen Adel, der bis zur bolschewistischen Revolution in Kurland und Livland führend gewesen war und seine verloren gegangene Stellung mit Hilfe der baltischen Landeswehr wiederzugewinnen hoffte. So geriet der General unwillkürlich in einen immer schärferen Gegensatz zur provisorischen lettischen Freiheitsregierung, den lettischen Freiwilligen und dem ganzen lettischen Volk. Im Hin und Her des Kampfes zwischen deutschen Freiwilligen und roten Invasoren war der junge lettische Staat nur noch zum Spielball einander bekriegender Kräftegruppen geworden, bis es den Esten und den in Livland aufgestellten lettischen Freiwilligen-Verbänden schließlich gelang, nach kurzem Kampf mit den Truppen des Grafen von der Goltz die Gefahr der Restauration zu bannen und den bolschewistischen Gegner aus dem Lande zu jagen. Nun schritten auch die abwartenden Engländer und Amerikaner ein und beendeten mit der Rückführung der deutschen Freiwilligen den Kampf aller gegen alle, als die bolschewistische Gefahr im wesentlichen schon beseitigt war.

*

Die damaligen finnischen und baltischen Freiwilligen haben das Glück gehabt, am Aufbau ihrer Staaten und Armeen mitzuarbeiten. Ihr freiheitlicher und sozialer Geist spiegelt sich in den jungen Demokratien wieder, für die ihr Blut geflossen war.

Die deutschen Freiwilligen aber, die ihnen dabei halfen, ernteten keinen Dank. Sie wurden in ihrer eigenen Heimat vielmehr als Landsknechte beschimpft oder als gefährliche Reaktionäre verdächtigt. Solche Vorwürfe gegenüber den „Baltikumern“ mögen – zeitgeschichtlich betrachtet – hier und da Berechtigung gehabt haben, zumal die Konturen dieses freiwilligen Soldatentums vor dem flammenden Hintergrund der Kämpfe zwischen Weiß und Rot an Klarheit und Reinheit verloren hatten. Aber geschichtlich muß es als ein Verdienst angesehen werden, daß sich diese Freiwilligen, ganz allein auf sich gestellt, erstmalig der zerstörenden Macht des Weltbolschewismus entgegengeworfen haben und dieses zu einer Zeit taten, als die Mehrzahl der

Staatsmänner und Politiker die Größe dieser Gefahr, die ihre Völker bedrohte, noch gar nicht erkannten.

Auch Josef Pilsudski hat sie zunächst gering eingeschätzt und wurde erst eines Besseren belehrt, als die Armeen des roten Marschalls Tuchatschewski vor den Toren von Praga standen. Von Jugend an hatte er die russischen Unterdrücker seines Volkes gehaßt und für dessen Freiheit zunächst mit den Mitteln des Sozialismus und den scharfen Waffen eines fanatischen Volksaufwieglers jahrzehntelang gekämpft. Dann aber begriff er, daß nur der Soldat die Grundlagen für eine zukünftige polnische Unabhängigkeit schaffen könne und suchte nach Wegen, um diese Erkenntnis zu verwirklichen. Hatte er sich Jahrzehnte hindurch als der Hüter der erwachenden Seele seines Volkes gefühlt, so wurde er nunmehr der erste Soldat seiner nationalen Freiheit. 1905 kehrte er aus der Londoner Emigration nach dem österreichischen Galizien zurück, schuf in Krakau zunächst eine winzige Kampforganisation von knapp zwei Dutzend Männern und sechs Jahre später eine breitere Wehrorganisation in Form einer Schützengilde, die wegen der aufgekommenen Spannungen zwischen Rußland und Österreich von der K.u.K.-Armee geduldet wurde.

Der 1. August 1914 wurde für ihn zum Freiheitsfanal. Mit einem kleinen Freikorps von zweihundert Freiwilligen marschierte er den Österreichern voraus, verjagte in Kielce die dortigen russischen Sicherungen und betrat nach vierzehn Jahren erstmalig wieder polnischen Heimatboden. Der K.u.K.-Generalstab war ob dieser Eigenmächtigkeit ratlos. Pilsudski aber hatte damit den wirksamsten Appell an das polnische Volk gerichtet. Grauhaarige Männer und sechzehnjährige Knaben ohne Unterschied von Rang, Namen und Beruf strömten ihm von allen Seiten zu, um sich als Freiwillige zum Kampf für die Befreiung Polens zu melden. Sie, die ihr Leben schon allein dadurch aufs Spiel setzten, daß sie versuchten, sich der Einstellung in das russische Heer zu entziehen, bildeten später nicht nur einen Teil irgendeiner Armee von Freiwilligen, sondern waren bereits die lebendige Dokumentation eines künftigen polnischen Staates. Durch scheinbares Eingehen auf die K.u.K.-polnischen Interessen gelang es Pilsudski, die Genehmigung zur Aufstellung der polnischen Legion und die Zusicherung ihrer Löhnung, Bewaffnung, Ausrüstung und Verpflegung durch die österreichischen Behörden zu erhalten. In wenigen Monaten hatte er zwei polnische Freiwilligenbrigaden aufgestellt, deren erste er selbst befehligte.

In den hohen K.u.K.-Truppenstäben, die mit ihm zusammenarbeiteten, erkannte man damals noch nicht den eigentlichen Sinn dieser polnischen Freiwilligen, betrachtete sie gewissermaßen als quantité negligeable und behandelte sie danach. Als Pilsudski sie dann aber im Rahmen der Armee des Generals Dankl gegen die Weichsel auf Demblin führte, sahen die österreichischen Offiziere mit Staunen, daß diese Truppe, die sie bisher immer über die Achsel angesehen hatten, schwungvoll angriff und daß die polnischen Freiwilligen-Offiziere, die bisher einem zivilen Beruf nachgegangen waren, inzwischen vollwertige militärische Führer geworden waren.

Am zweiten Jahrestag des Krieges gab Pilsudski an seine Truppen einen Tagesbefehl heraus, der den Geist der Freiwilligen charakterisiert:

Kolonie Dubniaki, den 6. August 1916

Soldaten!

Zwei Jahre sind seit dem unserem Herzen denkwürdigen Datum des 8. August 1914 verflossen, als wir auf polnischem Boden mit unseren Händen das lange vergessene Banner der polnischen Armee aufrichteten, die sich zum Kampfe stellte, um das Vaterland zu verteidigen.

Als ich damals als Euer Führer ins Feld zog, war ich mir der gewaltigen Hemmungen bewußt, die sich uns in den Weg stellen würden. Als ich Euch aus den Mauern Krakaus führte, das zu Eurer Kraft kein Vertrauen hatte, als ich mit Euch in die Städte und Städtchen des Königreiches einzog,

o. l.: Marschall Mannerheim, 1939/44 Oberster Befehlshaber d. finn. Wehrmacht. - o. r.: Generallt. Österman, finn. Oberbefehlshaber ehem. Freiwilliger im 27. Jägerbtl. - u. l.: General Heinrichs, finn. Generalstabschef, ehem. Angehöriger des Jägerbtl. 27 - u. r.: Generallt. P. Talvela, Verbindungsgeneral z. dtsch. Hauptquartier u. ehem. Freiwilliger des Jägerbtl. 27.

Generalleutnant Seyffardt, Kgl. niederländischer Generalstabschef von 1929 bis 1936. Freund, Förderer und Inspekteur der Freiwilligen. — † Februar 1943 durch Attentat

Leutnant Bruns van Houten, † im Regiment „Westland“ vor Budapest

sah ich immer die Erscheinung vor mir, die aus den Gräbern der Väter und Vorväter emporstieg, die Erscheinung des S o l d a t e n o h n e V a t e r l a n d.

Sollen wir auch als solche in die Geschichte eingehen? Werden wir nur das kurze Weinen der Frauen und die langen nächtlichen Unterhaltungen mit den Landsleuten hinterlassen? Die Zukunft wird es erweisen.

Wir, die wir mitten im Kampf stehen, haben einen Schatz zu verteidigen, den wir zweifellos schon errungen haben. In schweren Kämpfen, unter blutigen Opfern haben unsere Soldaten dem feindlichen Schicksal das entrissen, was wir noch nicht besaßen, als wir in den Krieg zogen: D i e E h r e d e s p o l n i s c h e n S o l d a t e n, dessen Schlagkraft und innere Disziplin heute schon nirgends mehr angezweifelt wird.

Solange ich Euer Führer bin, werde ich bis in den Tod und ohne ein Opfer zu scheuen, das verteidigen, was nunmehr unser Eigentum ist und was wir unsern Nachfolgern ganz und unangetastet hinterlassen müssen: Unsere Ehre als polnische Soldaten. Das verlange ich von Euch, Soldaten, mit ganzer Strenge. Im Feuer auf dem Schlachtfeld oder im Zusammenleben mit der Umgebung sollen sich Offizier und Soldat so verhalten, daß sie mit keiner Handlung die Ehre des Soldatenrockes, den sie tragen und die Ehre der Fahne, die uns vereint, gefährden. Dafür müssen blutige und unblutige Opfer gebracht werden.

Zwei Jahre sind verflossen. Das Schicksal unseres Vaterlandes liegt noch auf der Waagschale. Ich darf Euch und mir wünschen, daß mein nächster Befehl zu unserem Jahrestag den freien polnischen Soldaten auf freiem polnischen Boden vorgelesen werden kann[15].

gez. J. P i l s u d s k i

---

[15] Siehe „Erinnerungen und Dokumente" von Josef Pilsudski.

Das ist fast die gleiche Sprache, die einst Garibaldi in den Tagesbefehlen an seine Freiwilligen gebrauchte, und Worte, die spätere Freiwilligen-Generale in ähnlicher Weise an ihre Soldaten gerichtet haben. Im Mittelpunkt aller dieser Befehle und Ansprachen steht immer und überall der Appell an die Ehre und der Hinweis auf das gemeinsame Schicksal und Ziel, das General und Freiwillige miteinander verbindet und zu dem gleichen Opfer veranlaßt. Eine verblüffende Ähnlichkeit haben die Freiwilligen Pilsudskis auch in ihrem äußeren Erscheinungsbild mit allen Freiwilligen vor ihnen und nach ihnen. In einer seiner späteren Reden schildert Pilsudski den Typus seiner Freiwilligen nach einem Bilde von Kossak, das dieser „Ein Legionär" genannt hat. Es stellt einen Jungen in der Uniform der Legion dar, der sich selbstbewußt auf sein Gewehr stützt. Hinter ihm sind Gefangene in grauen Mänteln sichtbar, die den jungen Soldaten mit dem Kindergesicht und den stolzen, in die Ferne blickenden Augen um Kopfeslänge überragen.

„Ich beachtete", so sagt Pilsudski in seinen „Erinnerungen und Dokumenten", „besonders das Gesicht des jungen Soldaten auf dem Bilde. Ausdruck und Blick, wie ich sie täglich bei meinen Soldaten sah, waren ausgezeichnet getroffen. Das waren die Augen eines unschuldigen Kindes, eines Jünglings, der das Leben noch nicht kannte. In diesen Augen aber war schon der harte Abglanz eines starken Willens von Standhaftigkeit und Entschlossenheit sichtbar, ein Merkmal dafür, daß in dieser Seele die Soldatentugenden frühzeitig erwacht waren."

Auch Josef Pilsudski hat bei den Österreichern Mißtrauen und Undank für seine Waffenbrüderschaft geerntet. Die Gründung einer polnischen Erfassungskommission, deren Kosten die Freiwilligen aus ihrem Sold bestritten, schien den Österreichern verdächtig, und die nationalpolnische Tendenz in der Legion widersprach den politischen Absichten der Mittelmächte, die sich nicht als Verbündete des polnischen Volkes, sondern als Besatzungsmächte betrachteten. Sie vereinigten die polnischen Legionen in einem polnischen Hilfskorps unter einem österreichischen General. Pilsudski erbat sofort den Abschied, erhielt ihn auch Ende Dezember 1916, wurde aber schon im Januar 1917 von dem deutschen Generalgouverneur in Polen, General v. Beseler, zum Chef der polnischen Militärmission ernannt, nachdem die Mittelmächte im Zweikaiser-Akt vom 5. November 1916 ein fragwürdiges polnisches Staatswesen geschaffen hatten.

„Der Akt vom 5. November 1916 ist die Krönung des Werkes des großen polnischen Patrioten Josef Pilsudski. Er ist der Schöpfer der polnischen Legion und wird ohne Zweifel auch der Vater der neuzuschaffenden polnischen Armee sein," so schrieb General v. Beseler. Aber Pilsudski gab seinen Auftrag schon nach wenigen Monaten zurück:

„Zuerst versuchte man", so schreibt er in seinem Rücktrittsgesuch, „die polnische Legion in die österreichische Armee einzugliedern und jetzt will man sie dem deutschen Heer unterstellen. Immer ist das Recht der Entscheidung über polnische Soldaten in fremden Händen gewesen. Polen hat eine fiktive Armee erhalten, die gestern österreichisch und heute deutsch sein soll."

Das erste Regiment der Legion verweigert den Eid. 5200 Mann von 6000 Legionären ziehen die Internierung einem Eide vor, der den Deutschen gelten soll. Gelassen bittet Pilsudski den deutschen Gouverneur, ihn der Ehre würdig zu befinden, das Schicksal der Gefangenschaft mit seinen Kameraden zu teilen. Am 21. Juli 1917 wird er als Gefangener in die Festung Magdeburg eingeliefert. Aber der deutsche Kaiser macht ihn, trotz seiner Auflehnung gegen die Mittelmächte, einige Zeit später dennoch zum General.

Ein Leben hindurch hatte Pilsudski für die Freiheit seines Volkes gestritten. Er hatte entscheidenden Anteil an der Aufrichtung der Republik Polen und wurde ihr erster Marschall. Seine Freiwilligen haben den Geist der Legion bewahrt, solange er die schützende Hand über dem Lande hielt. Als er die Augen für immer schloß, sah er die große Gefahr des Weltbolschewismus, die er 1921 noch einmal hatte bannen und vor den Toren von Warschau abwehren können, erneut anbranden. Sie aufzuhalten, war es für ihn zu spät. Seine Nachfolger in Staat und Armee scheiterten dann an demselben nationalistischen Geist, welcher zwanzig Jahre vorher der Legion die Kraft zum Kampf für die Freiheit gegeben hatte, in dieser Epoche der Geschichte aber keinen Segen mehr gebracht hat.

Mit Josef Pilsudskis Tod ist ein wechselvoller Abschnitt in der Geschichte des freiwilligen Soldatentums zu Ende gegangen. Aber der Typus des Freiwilligen hat seine Eigenschaften weiter vererbt: „Er erfüllt die harte Soldatenpflicht; aber er fordert immer sehr entschieden Achtung für sich, für seine Arbeit und für seine Führer. Überall, wo dieser Mensch in langen und in schweren soldatischen Anstrengungen tätig war, hinterläßt er seinen Mitbürgern das Bild eines Mannes, der über die irdischen Werte leicht hinweg geht und die moralischen Werte vorzieht, das Vorbild eines Mannes, der die Veränderlichkeit des Schicksals leicht erträgt, um nur den besten Teil seiner Seele bewahren zu können – die Achtung vor sich selbst und seiner eigenen Ehre.

Eine ehrliche Arbeit auf bescheidenem Posten genügt ihm. Ein ständiges Streben nach Einklang mit dem eigenen Gewissen, diesen Charakterzug hat er aus der Verbrüderung mit dem Tode behalten [16].“

---

[16] Aus Josef Pilsudskis „Erinnerungen und Dokumente“, Bd. IV.

Die supranationale Freiwilligen-Bewegung des 2. Weltkrieges und ihr politisch-geistiger Hintergrund

Im 19. Jahrhundert und in der Anfangsphase des ersten Weltkrieges war der Nationalismus das Leitmotiv des freiwilligen Soldatentums gewesen. Seine ganze Gedankenwelt war auf die nationale Zukunft des eigenen Volkes gerichtet. Damit strebte es dem gleichen Ziele zu, das als dumpfe Sehnsucht oder reale Absicht im ganzen Volk lebendig war. Der Unterschied bestand nur darin, daß der Freiwillige davon stärker durchdrungen war und manchmal stürmischer etwas zu verwirklichen versuchte, was erst in einem längeren Entwicklungsprozeß erreicht werden konnte. Immer befand er sich im gedanklichen und seelischen Gleichklang mit den Gefühlen seines Volkes und wurzelte deshalb auch in dessen Herzen.

So hatte das Volksbewußtsein recht, wenn es in allen Freiheitskriegen die Freiwilligen als Vorkämpfer seiner nationalen Wünsche betrachtet hat. Theodor Körner wurde in der Geschichte ebenso zu einer nationalen Figur bei den Deutschen, wie Garibaldi bei den Italienern, die 27. Jäger bei den Finnen, Laidoner bei den Esten und Pilsudski bei den Polen, obwohl an der endgültigen Verwirklichung der nationalen Ziele viele andere, vielleicht wesentlichere Kräfte und Umstände mitgewirkt haben. Die Zahl der nationalen Freiwilligen war damals klein und überstieg niemals die Zehntausend-Grenze. Im Verlauf des ersten Weltkrieges überschritt sie die Millionenzahl. Die Ziele der Freiwilligen waren irrationaler, sicherlich aber irrealer Natur. Sie wurden zunächst nur gefühlsmäßig geahnt, dann erst gesehen und blieben im Volk umstritten. Deshalb sind sie auch bei den Freiwilligen nicht so unbedingt, wie bei ihren nationalen Vorgängern. Je länger der Krieg dauerte, umso geringer wurde die Zahl der Vorkämpfer. Als er verloren war, blieben nur noch Reste.

Im zweiten Weltkriege sind die Dinge noch subtiler. Die Hunderttausende von außerdeutschen Freiwilligen hatten keineswegs alle die gleiche Vorstellung von den Problemen der Zeit. Die freiwilligen Niederländer, Dänen und Norweger dachten darüber anders, als die Finnen, Esten, Letten und Ukrainer, die Spanier anders als die Volksdeutschen aus dem Donauraum oder aus Polen und Südtirol. Die zahlreichen Nationalitäten hatten zunächst vorwiegend eigene Ziele und waren sich nur im Kampf gegen den Bolschewismus einig. Aber im Laufe des Krieges gegen die Sowjets kamen sie sich nicht nur kameradschaftlich näher, sondern fanden auch im Endziel eine gemeinsame Grundlage, so daß ihre Gedanken und Gefühle sich schließlich in seltener Harmonie vereinigten und ein reines und klares Leitmotiv für die Zukunft hinterlassen haben.

Die zahlreichen sowjetischen Kriegsgefangenen, die von den deutschen Truppen als „Hilfswillige" eigenmächtig eingestellt und später zu Truppenverbänden im Rahmen des deutschen Heeres zusammengefaßt worden waren, sind allerdings aus einem inneren Konflikt nur selten herausgekommen. Ihre Freiwilligkeit war problematisch. Das Experiment, das man mit ihnen versuchte, hätte vielleicht gelingen können, wenn die deutsche Überlegenheit über die sowjetischen Streitkräfte erhalten geblieben wäre und der Versuch auf einer andern psychologischen und politischen Basis hätte begonnen werden können. Unter den gegebenen Umständen und der Skepsis der obersten deutschen Führung, die niemals geschwunden ist, war es für seine Befürworter im deutschen Generalstab nur unter größten Anstrengungen möglich, ein kleines Teilergebnis zu erreichen. In der Stunde der letzten Bewährung haben die beiden Wlassow-Divisionen eine zwiespältige Rolle gespielt.

Im Gegensatz dazu haben sich die Hunderttausende von Freiwilligen, die aus Ländern außerhalb des sowjetischen Bereiches kamen und durchweg aus eigenem Entschluß und ideellen Gründen deutsche Uniform angezogen haben, durchweg bis zur letzten Stunde des Krieges am Feind bewährt. Die Mehrzahl von ihnen diente in der Waffen-SS, in deren Rahmen sie eine Anzahl von Divisionen bildeten. Von ihnen gingen starke, dynamische Impulse aus. Schließlich wurde ihr geistiger Einfluß auf ihre reichsdeutschen und österreichischen Kameraden so groß, daß er die ganze Waffen-SS durchdrang, ihr eine Art supranationalen Charakter gab und damit eine Aufgabe gestellt hat, deren säkulare Bedeutung nicht geleugnet werden kann. Allerdings waren die psychologischen Voraussetzungen bei diesen Freiwilligen besonders günstig. Die Mannschaft war von Natur aus idealistisch gesonnen und begegnete sich mit den reichsdeutschen und österreichischen Kameraden nicht nur darin, sondern auch in ihrer menschlichen und soziologischen Struktur, so daß es keine grundsätzlichen Schwierigkeiten bereitete, sie gleichmäßig auszurichten, zumal nirgends Unterwertigkeitsgefühle bestanden und die geistige und soldatische Leistungsfähigkeit auf gleicher Höhe stand.

Am schnellsten vollzog sich der Einschmelzungsprozeß bei jenen Freiwilligen aus dem Bereich der volksdeutschen Gruppen auf dem Balkan, deren Väter und Vorväter jahrhundertelang Staatsbürger der Donaumonarchie gewesen waren. Im ganzen südöstlichen Raum waren im Laufe der Jahrhunderte deutsche Siedlungen entstanden, die sich um ein organisch gewachsenes, bauernähnliches Städtetum gruppierten. Sie hatten sich dort eine hohe Stufe der Selbstverwaltung geschaffen, lebten mit den Wirtsvölkern harmonisch zusammen und waren zu deutschen Kultur- und Geisteszentren von weitreichender Bedeutung geworden [17]. Die Volksdeutschen in Ungarn, im Banat und in Kroatien waren seit jeher treue Untertanen der K.u.K.-Monarchie gewesen. Ein Pangermanismus, den ihnen der Engländer Sir Eyre Crowe erstmalig im Jahre 1907 unterzuschieben ver-

---

[17] Siehe dazu Dr. Hermann Ullmann: „Die volksdeutsche Bewegung und ihr Leben" (1954).

sucht hat, lag ihnen ebenso fern, wie dem deutschen Reich Bismarckscher Prägung, das sich auf den kleindeutschen Raum beschränkte und gar keinen Blick für das Volksganze besaß. Er fand allenfalls eine Stütze in gelegentlichen Äußerungen einer kleinen alldeutschen Gruppe, die damit den Argwohn des Auslandes wachgerufen hatte. Nach der Neuordnung des südöstlichen Raumes durch den Versailler Vertrag änderte sich in der grundsätzlichen Einstellung der Volksdeutschen auf dem Balkan und in ihrer Loyalität zu den neuen Herren nichts Wesentliches. Erst das nationalistische Eiferertum der Wirtsvölker zwang die ansässigen Deutschen zur Selbsthilfe und zum Schutz ihrer jahrhundertealten Eigenrechte. Politisch aber richteten sich ihre Hoffnungen auf eine kommende Neuordnung in Europa, wozu sie in dem feierlich proklamierten Selbstbestimmungsrecht der Völker begründeten Anlaß zu haben glaubten und die einzige Chance zur Erhaltung ihres Eigenlebens erblickten. So vage die Hoffnung auch war, angesichts des sich verschärfenden Sprachenkampfes und den dauernden Versuchen der Wirtsvölker, die Deutschen in die Isolation zu drängen und in eine zweitklassige, staatsbürgerliche Stellung hineinzuzwingen, war sie verständlich.

Als die Erwartungen sich als Utopie erwiesen, wuchs die Depression in den deutschen Enklaven. Die junge Generation hatte in ihrem eigenen Heimatlande keine Chance des Vorwärtskommens. Die wirtschaftlichen Schwierigkeiten nahmen zu und konnten nur durch stärkere Assimilation im Wirtsvolk gemildert werden. Der bodenständige, erdverbundene und deutschbewußte Teil der Bevölkerung suchte deshalb eine stärkere, seelische Anlehnung an das Reich, obwohl der Wunsch nach Verständigung mit den Gastvölkern ungeschmälert erhalten blieb. Er fand seine Bestätigung in einer Erklärung des deutschen Reichskanzlers Adolf Hitler vom 21. Mai 1935: „Es ist weder unser Wunsch, noch unsere Absicht, fremden Volksteilen das Volkstum, die Sprache und die Kultur wegzunehmen, um ihnen dafür eine fremde deutsche aufzuzwingen. Im Gegenteil, wir wünschen dieses nicht. Unser völkisches Leben sieht zudem in jedem Kriege zur Unterjochung und Beherrschung eines fremden Volkes einen Vorgang, der früher oder später den Sieger innerlich verändert und schwächt und damit in der Folge zum Besiegten macht."

1939 sind diese Grundsätze in Vergessenheit geraten, aber mehr und mehr durch eine Bündnispolitik [18] – meist unter dem Druck des Stärkeren – ersetzt worden, wobei der Gedanke einer mitteleuropäischen Einigung propagandistisch immer stärker durchklang. Mit vollem Recht konnten alle Freiwilligen aus dem balkandeutschen Volkstum, die sich im Kriege freiwillig zum Waffendienst in der deutschen Armee, vorwiegend der Waffen-SS meldeten, annehmen, daß die Zukunft ihrer angestammten Heimat durch die Garantie der Selbstverwaltung und Kulturautonomie bei den verbündeten Gastvölkern des Südostens gesichert werden würde und knüpften damit an die Gedankengänge eines kommenden föderativen Europa an, das ihnen schon früher als erstrebenswertes Ziel gegolten hatte.

In Jugoslawien, in der Batschka kam hinzu, daß die deutschen Siedlungen nach dem Zusammenbruch der jugoslawischen Armee und dem Entstehen einander heftig befehdender Partisanengruppen dem ständigen Terror der Soldateska beider Seiten ausgesetzt waren. Hier war es also noch ein Akt primitivster Notwehr, daß sich die wehrfähige Jugend den deutschen Truppen anschloß, wo sie, vornehmlich in der SS-Division „Prinz Eugen" zusammengefaßt, in ihrem Heimatraum eingesetzt wurde und in der Person des aus Siebenbürgen stammenden Gene-

[18] Am 27. September 1940 hatten Deutschland, Italien und Japan den Dreimächtepakt abgeschlossen. Er galt für zehn Jahre und hatte das Ziel, in Europa und Ostasien eine neue Ordnung zu schaffen. Am 20. November trat Ungarn dem Pakt bei. Am 23. November folgte Rumänien, am 24. die Slowakei, am 1. März 1941 Bulgarien.

rals der Waffen-SS Phleps einen ebenso tatkräftigen wie fähigen und allgemein anerkannten Führer fand[19].

*

Das geistige Problem der Westfreiwilligen war unzweifelhaft das schwierigste. Es ist doch mehr als seltsam und für das alltägliche Denken befremdend, daß junge Männer eines besiegten Volkes in die Wehrmacht des Siegerstaates eintraten, der sie selbst oder ihre Brüder und Väter noch wenige Monate zuvor als Feinde gegenüber gestanden hatten.

Das Problem mit „nazistischer Gesinnung" oder Opportunismus abzutun, ist so billig, daß diese Behauptung nur für Ausnahmefälle Gültigkeit haben kann. Denn die Freiwilligen haben ja noch mitten im Zusammenbruch des nationalsozialistischen Staates wie die Löwen gegen die Bolschewisten gekämpft und sind nicht von der Seite ihrer pflichtbewußten, deutschen Kameraden gewichen. Vergessen wir es nicht! Kolberg wurde von Franzosen und Berlin neben Deutschen auch von Dänen und Norwegern, Schweden, Letten und Franzosen verteidigt. So handeln keine Opportunisten oder Landsknechte.

Das Phänomen der Westfreiwilligen hatte also tiefere psychologische Gründe. In ihm spiegelte sich die ganze geistige Krisis der europäischen Jugend überhaupt wieder. Es läßt sich deshalb auch nur vor dem Hintergrund der geistigen Zerfallsstruktur des Vorkriegseuropa erklären.

Die Großväter und Väter der Freiwilligen waren in einer Welt des üppig wuchernden Nationalismus aufgewachsen. War

---

[19] Der General war mit den Verhältnissen infolge seiner langjährigen Verwendung als Generalstabsoffizier der K.u.K.-Armee auf dem Balkan eng vertraut. Als seine Heimat Siebenbürgen 1919 an Rumänien abgetreten wurde, war er in die rumänische Armee übergetreten und dort im Laufe der Zeit zum Kommandierenden General der rumänischen Gebirgstruppen aufgestiegen. 1941 hatte er in der Division „Wiking" eine Kampfgruppe geführt.

noch einige Generationen vorher das Bewußtsein einer europäischen Gemeinsamkeit lebendig und die europäische Solidarität im Zeitalter Napoleons I. die Voraussetzung für die Überwindung des Korsen gewesen, so hatte die spätere politische Entwicklung bei allen europäischen Völkern nach Erstarkung des nationalistischen Geistes dazu geführt, eher zu betonen, was sie von den Nachbarn unterschied, anstatt hervorzuheben, wodurch sie mit den andern verbunden war. Darüber war auch das Bewußtsein, daß die charakteristischen Leistungen der europäischen Kultur durch Zusammenarbeit der europäischen Völker zustande gekommen waren und einer gemeinsamen Wurzel entstammten, verloren gegangen. Die Jugend wuchs in der Auffassung heran, daß die eigene Geschichte, Literatur und Kunst eigene Ganzheit und nicht Ergebnis und Teil einer größeren geistigen Einheit sei. Obwohl sich auf der Ebene der wirtschaftlichen, technischen und sozialen Entwicklung gerade im europäischen Westen ein Zeitalter neuer Gemeinsamkeit und zukünftiger Verbundenheit deutlich anzubahnen schien, stellten sich ihm bei allen Nationen unüberwindliche Schranken entgegen, die aus engem Nationalismus errichtet wurden. Im innerpolitischen Leben haderten konkurrierende Parteien um Grundsätze, die einem vergangenen Weltbild anzugehören schienen, und in der äußeren Politik blieb der fast pathologische Argwohn gegenüber dem Nachbarn Trumpf. Es kam hinzu, daß die zivilisierte Menschheit die technischen Kräfte, die sie selbst geschaffen und die sie um die Jahrhundertwende mit Optimismus erfüllt hatten, nicht mehr zu meistern verstand und daß die Entwicklung von Spezialisten der einzige Ausweg aus diesem Dilemma zu sein schien und tatsächlich war. Diese aber verband keine gemeinsame Kultur mehr miteinander, sondern nur noch gemeinsames Wissen einseitiger Art. Wissenschaftliche, technische und militärische Fachleute hatten das geistige Erbe der gemeinsamen Vergangenheit angetreten und die alten Ideale der abendländischen Kultur als einer freien Gemeinschaft der Geister vergessen. Sie dienten nur noch dem vereinheitlichten Machtapparat ihres eigenen nationalistischen Staates, der in dem Nachbarn den Konkurrenten sah. Der Versailler Vertrag hatte zudem die großen europäischen Mittelmächte zwar vernichtet, eine neue stabile Ordnung in Zentraleuropa aber nicht geschaffen. So war Europa zum Herd ewigen Unfriedens geworden. Die freigewordenen revolutionären Kräfte verloren sich entweder in einem giftigen, ressentiment-geladenen Nationalismus oder konzentrierten sich in einem militanten, totalitären Massenstaat von internationalem Charakter und in der ökonomischen Ordnung eines eigentumfeindlichen Staatssozialismus, der zur Gefahr für die Freiheit der Welt geworden war.

Alle diese Krisenerscheinungen und Fehlentwicklungen waren der heranwachsenden Jugend nicht verborgen geblieben und hatten das Vertrauen zur führenden Generation und den Regierenden erschüttert. Bei einer solchen skeptischen Geistessituation der westlichen Welt mußte der politische Umbruch des deutschen Volkes vom Jahre 1933 wie ein elementares Naturereignis wirken, das nicht nur die Jugend, sondern auch kühl denkende Staatsmänner seltsam verwirrte. Sie standen vor der plötzlichen sozialen Solidarität des deutschen Volkes wie vor einem Rätsel, das sie sich nicht erklären konnten. Die Ablehnung der bolschewistischen, weltrevolutionären Ziele entsprach ihrem eigenen Fühlen und Denken. Die wirtschaftliche Gesundung, die sich in Deutschland anzubahnen schien, machte tiefen Eindruck auf sie. Die häufigen Friedensbeteuerungen erschienen ihnen glaubhaft. Einige der politisch Führenden sahen allerdings tiefer und erkannten die gegensätzlichen geistigen Richtungen, die im Nationalsozialismus zunächst durch die Gegnerschaft zum Versailler Vertrag geeint waren. Deshalb blieben sie skeptisch, während die Jugend mehr dazu neigte, die Entwicklung in Deutschland mit idealistischen Hoffnungen zu begleiten.

Der Einmarsch Deutschlands in Dänemark, Norwegen und später in Holland und Belgien zerschlug über Nacht alle sich anbahnenden Sympathien und hoffnungsfrohen Erwartungen. Nicht minder groß war aber auch die tiefe Enttäuschung über den schnellen Zusammenbruch der anscheinend so starken Heere der westlichen Welt und über ihr Unvermögen, Neutrale zu schützen und das eigene Land wirksam zu verteidigen. Die Jugend neigte dazu, ihren eigenen Regierungen die Schuld an diesem Versagen zu geben. Deren Ausweichen in die Emigration betrachtete sie nicht als eine politische Notwendigkeit, sondern als ein Im-Stichlassen des eigenen Volkes. Der Zusammenbruch ganzer Staaten hatte bei ihr einen seelischen Schock verursacht und die Bevölkerung zunächst in einen Zustand innerer Hilflosigkeit versetzt. Vielen deutschen Soldaten eröffnete sich bei ihrem Einmarsch in die west- und nordeuropäischen Länder eine neue Welt. Von Anfang an empfanden sie keinen Haß gegen Dänen und Norweger, Holländer, Belgier oder Franzosen und bedauerten im Innersten ihres Herzens den Waffengang, der ihnen um so widersinniger und mehr und mehr als eine Art von Bruderkrieg erschien, je stärker sie mit der jeweiligen Bevölkerung in Verbindung kamen und mit Staunen feststellen mußten, wie ähnlich ihre eigenen Sitten, Lebensgewohnheiten und Empfindungen denen der Besiegten waren. Auch der Krieg gegen England war bei ihnen nicht populär. In den ersten Monaten der Besatzungszeit war der deutsche Soldat bemüht, die nationalen Gefühle der Besiegten zu schonen und menschliche Rücksichten zu nehmen, soweit es nur irgendwie möglich war. Auch den Besiegten öffnete der Schock über ihre schnelle Niederlage die Augen. Sie erkannten die Ordnung und Disziplin der deutschen Truppen an und begannen Vergleiche anzustellen, die nicht zum Nachteil der Deutschen ausfielen. Alle diese psychologischen Momente und die Sorge um das zukünftige nationale Schicksal ihres Heimatlandes sind damals zusammengekommen, um in Teilen der Jugend den Entschluß reifen zu lassen, als Freiwillige in die deutsche Wehrmacht einzutreten. Dieser Entschluß vollzog sich bei den meisten im inneren Widerstreit der Gefühle und reifte erst nach Überwindung starker innerer Hemmungen. Aber wie wäre 1940 die Wiederherstellung der eigenen Selbständigkeit anders denkbar gewesen, als nach einer Aussöhnung mit

Deutschland, das dazu anscheinend bereit war? Denn England war auf die Insel zurückgegangen und schien um seine eigene Existenz zu ringen und Amerika war fern. Die Jugend der besetzten Länder jener Tage befand sich damals in genau demselben Konflikt, wie die jungen Deutschen von 1954, als die westlichen Besatzungsmächte erstmalig an ihre Wehrbereitschaft appellierten. Sie ging den gleichen Weg, der zwölf Jahre später der deutschen Jugend bevorzustehen schien, zumal sie instinktiv empfand, daß die deutsche Wehrmacht damals der einzige noch vorhandene Garant gegenüber der Gefahr war, die ihren Völkern im Bolschewismus entstanden war. Während des ganzen ersten Teiles des Krieges sind die Freiwilligen aber ihre seelischen Hemmungen nicht losgeworden, bis sie am Schicksal des russischen Volkes die diabolischen Folgen der bolschewistischen Diktatur erlebten und in der fanatischen Kampfführung der roten Soldaten den unerbittlichen Willen der Moskauer Gewalthaber erkannten, der Weltrevolution ohne Rücksicht auf Menschenopfer den Weg zum Siege über die frei Welt zu bahnen. Erst das Kriegserlebnis im Osten zeigte ihnen, daß ihr Weg richtig war und vor dem eigenen Gewissen und der Geschichte verantwortet werden konnte, wie es auch immer kommen möge.

Mit welchem Ernst und welch innerer Verantwortung die Freiwilligen um ihren Entschluß gerungen haben, möge man aus einem Brief erkennen, den der am 5. Januar 1945 an der Spitze seines Zuges vor Budapest gefallene blutjunge Leutnant der Waffen-SS Bruns van Houten vor seinem Ausrücken an die Ostfront an seine Eltern geschrieben hat.

Krakau, den 23. März 1942

Liebe Eltern!

Da ich demnächst an die Front gehe, muß ich mir noch etwas vom Herzen schreiben. Ich gehe umso ruhiger, wenn ich weiß, daß Ihr Euch nicht zu sehr um mich sorgt. Denn es hat keinen Zweck, sich über etwas Sorgen zu machen, was man selbst nicht ändern kann. Natürlich wäre es Selbstbetrug zu verheimlichen, daß die bisherigen Verluste unserer Division groß gewesen und viele meiner holländischen Kameraden gefallen sind. Auch mich kann wohl einmal eine Kugel treffen. Doch das liegt in eines Höheren Hand. Sollte ich mein geliebtes Vaterland nicht mehr wiedersehen, dann werden meine zurückkehrenden Kameraden unsere Aufgabe vollenden.

Aus dem Felde richtete Bruns van Houten einen Appell an seine Altersgenossen, sich nur aus reinstem, selbstlosem Idealismus und aus bewußter Liebe zum holländischen Volk und Vaterland freiwillig zu melden, da es sonst zu schwer sei. Niemals dürfe Abenteuerlust oder Freude am Soldatenleben der Beweggrund für einen so harten und weittragenden Entschluß sein.

Welche Gründe diese jungen Menschen aber im Einzelnen zu diesem Entschluß bewogen haben, zeigt nachfolgender Brief der Mutter dieses Freiwilligen:

Auszug aus einem Brief

der Frau Dora van Houten[20]

Den Haag, den 1. September 1955

Unser Sohn Bruns van Houten und seine mir bekannten Schicksalsgefährten stammten aus den Reihen des „Nationale Jeugdstorm", einer Jugendorganisation, die Vaterlandsliebe, Ehre und Treue auf ihre Fahne geschrieben hatte. Ihre Mitglieder waren stolz darauf, Niederländer zu sein und knüpften an die geschichtliche Vergangenheit unseres Volkes und ihre großen Traditionen an. Sie pflegten unsere Kultur und die Bräuche ihrer Heimat. Sie zogen hinaus in unsere schöne Natur und hingen mit ihrem ganzen Herzen an

[20] Mit Genehmigung der Verfasserin veröffentlicht.

Holland und dem, was unsere Geschichte bewunderungswert macht.

Dann kam der Krieg. Im Jeugdstorm hat es wohl keinen Jungen gegeben, der nicht zutiefst über den deutschen Angriff auf Holland entrüstet war. Meinem Sohn rollten damals die Tränen der Empörung über sein Gesicht. Als es aber galt, Europa gegen den Bolschewismus zu schützen, meldeten sich doch viele aus ihren Reihen für den Kampf an der Ostfront. Man hatte es ja auch den jungen Leuten versprochen, daß sie mit ihrer Teilnahme am Kampf gegen die Bolschewisten ihrem eigenen Vaterlande einen besseren Platz in einem zukünftigen Europa erobern würden, und daß es dann gleichberechtigt in einen europäischen Staatenbund aufgenommen werden würde. Wie dem auch sei, diese jungen Männer sind zum deutschen Heer, zur Kriegsmarine und zur Waffen-SS gegangen, um ihrem eigenen Lande damit zu dienen. Viele von ihnen haben eine sorglose Jugend und ihr Studium bewußt dafür geopfert und Jahre voller Entbehrung und des Grauens dagegen eingetauscht.

Solchen Widerstreit der Gefühle gab es bei der Jugend der östlichen Randvölker nicht, als die deutschen Truppen im Juni 1941 ihre Landesgrenzen überschritten. Sie hatte die Sowjets in ihren eigenen Ländern erlebt und während der sowjetischen Besatzungszeit, in der sie ihre Freiheit verloren hatte, die leidvollste und opferreichste Zeit ihrer ganzen völkischen Geschichte durchgemacht. In Lettland, Estland und in der Westukraine hatten die Sowjets nach der Besetzung ihrer Länder ein Terrorregime errichtet, in dem jeder freiheitliche Gedanke der Bevölkerung mit Gewalt unterdrückt wurde. Jede eigene geistige Regung wurde mit Stumpf und Stiel ausgerottet und die arteigene Bildung und Kultur in Acht und Bann getan. Wer nur eine Miene verzog, galt als Aufrührer und verschwand über Nacht auf Nimmerwiedersehen. Die Armeen oder Sicherheitsorgane wurden liquidiert, die jungen Männer zum Dienst in der

Niederländischer Freiwilliger

Norwegischer Freiwilliger

Roten Armee gezwungen. Alle wichtigen Stellungen waren sofort mit zuverlässigen Kommunisten oder Sowjetrussen besetzt worden, welche sich der Aufgabe, das Land zu bolschewisieren mit Haß gegen die bürgerliche Gesellschaft und leidenschaftlichem Eiferertum unterzogen. Am 14. und 15. Juni 1941 erreichte der sowjetische Terror in den Randstaaten seinen Höhepunkt. In Lettland wurden in einer Nacht sechsunddreißigtausend Einwohner verhaftet und deportiert, in Estland die ganze Jugend von der Sowjet-Armee in das Innere Rußlands abbefördert, in der Westukraine Tausende in Gefängnisse gesperrt. Als sie nach dem Einmarsch deutscher Truppen geöffnet wurden, türmten sich die Leichen zu Bergen. Man fand nur noch Tote.

So wurden die deutschen Truppen von der aufatmenden Bevölkerung ehrlichen Herzens als Befreier begrüßt. In wenigen Stunden hatten die Menschen Ehrenpforten an den Eingängen ihrer Dörfer und Städte errichtet. Mädchen und Kinder warfen Blumen. Aus Wäldern und Sümpfen strömten zahllose Männer zusammen, die sich dort verborgen hatten, um sich den deutschen Truppen anzuschließen und bei der Säuberung der Heimat von sowjetischen Funktionären und Soldaten behilflich zu sein. Spontan entstanden fast über Nacht Freiwilligen- und Selbstschutzformationen. Alle Voraussetzungen für eine starke Freiwilligenbewegung, wenn nicht gar für eine Volkserhebung, waren in den baltischen Staaten und in minderem Maße auch in der Westukraine vorhanden. Daß Deutschland diese einmalige Bereitschaft damals nicht ausgenutzt hat, ist eine jener Überheblichkeiten, durch die sich das Reich manche Chance verscherzt und viele Gegner gemacht hat. Allerdings hätte Deutschland diesen Ländern dann auch die Freundeshand entgegenstrecken und ihnen ihre Unabhängigkeit versprechen müssen, auf die sie einen moralischen, rechtlichen und geschichtlichen Anspruch besaßen. Heute erscheint es uns kaum faßbar, daß das Dritte Reich nicht ein freies Baltikum wünschte und eine unabhängige Ukraine grundsätzlich abgelehnt hat. Schon bald nach ihrem Eintreffen im Baltikum ordnete die deutsche Zivilverwaltung die Entwaffnung der Freiwilligen-Formationen an und der deutsche Gebietskommissar in Wolmar äußerte in einer offiziellen Rede:

„Wir brauchen Ihre Männer nicht. Die deutsche Wehrmacht ist selber stark. Wir brauchen nur Ihr Brot.[21]"

In der Westukraine wurden alle Hinweise von Truppen-Kommandeuren, daß die Sicherheit des Landes auf die Dauer nur durch nationale ukrainische Soldaten verbürgt werden könne, von den obersten Reichsbehörden mit der Begründung abgelehnt, daß die Ukrainer 1918 den Feldmarschall v. Eichhorn in Kiew ermordet hätten[22].

Die Tragik in der Geschichte der Ostfreiwilligen liegt nicht in seelischen Konflikten, wie sie die Westfreiwilligen zu bestehen hatten, sondern darin, daß sie tatenlos warten mußten, bis die Not sie rief, als die russische Armee erneut über ihre Landesgrenzen drang. Trotz aller Bitterkeiten, die Esten, Letten und Westukrainer von deutscher Seite ertragen mußten, haben sich in der Stunde höchster Gefahr nationale Freiwillige genug gefunden, um sich der roten Flut an der Seite der deutschen Armee entgegenzuwerfen und haben mit ihr später auch ohne Zögern das Schicksal der Niederlage und des Zusammenbruches geteilt.

Estland, Lettland und die Westukraine haben sich immer als ein Teil Europas betrachtet. Nach ihrer ganzen Lebensauffassung und ihrer geschichtlichen Entwicklung waren sie die vordersten Bastionen Europas. Nirgends kommt das klarer zum Ausdruck, als an den Ufern der Narwa, wo die breitgeduckte russisch-asiatische Iwangorod gegenüber der hochragenden Hermannsburg, die in ihrem Baustil völlig europäisch anmutende

---

[21] Aus einem Brief des lettischen Oberleutnants Valdis Redelis an den Verfasser.

[22] Auf zweimalige Vorstellung des Verfassers im Jahre 1941 und Anfang 1943, statt der beabsichtigten und im technischen Zeitalter veralteten Sicherheitskordons eine brauchbare ukrainische Armee zu schaffen, wurde ihm von Heinrich Himmler in scharfer Form die gleiche Antwort gegeben.

Stadt mit ihren düsteren Konturen überschattet. Auch die westukrainische Stadt Lemberg weist soviel Kennzeichen europäischen Geistes auf, daß an der Zugehörigkeit der Westukraine zum europäischen Lebenskreis kein Zweifel möglich ist. Indem die Ostfreiwilligen in erster Linie für die Freiheit und Selbständigkeit ihrer Länder kämpften, haben sie damit vom Anbeginn ihres freiwilligen Soldatentums ein Bekenntnis zu Europa abgelegt. Den deutschen Frontsoldaten aber hielten sie damals allein für fähig, den sowjetischen Massen erfolgreich entgegenzutreten und mit seinem Einsatz Europa und damit ihre eigene Heimat vor dem Versinken im bolschewistischen Barbarismus zu bewahren.

*

So waren die Freiwilligen des zweiten Weltkrieges kein einheitliches Element, wie einst die Garibaldiner, die Legionen Pilsudskis oder die 27. Jäger Finnlands. In ihren Seelen klangen manche verschiedenartigen Saiten. Bei allen war zunächst die eigene nationale Not das Grundmotiv ihres Handelns. Die Furcht vor der Vernichtung ihrer Lebensordnung und Kultur durch den Bolschewismus hat es verstärkt und begann es mit zunehmender Größe der Gefahr zu übertönen. Schließlich erwachte in den Herzen der Freiwilligen im gemeinsamen Kampf wieder das Bewußtsein der europäischen Solidarität und die Überzeugung von der Notwendigkeit des Zusammenschlusses, als die Gefahr der Vernichtung Europas offenbar geworden war und schließlich die roten Massen Budapest, Wien und Berlin bedrohten.

Der Aufbruch der Freiwilligen

Die deutschen Truppen waren im April 1940 beiderseits des Rheins versammelt, widmeten sich der Vervollständigung ihrer Ausbildung und wunderten sich in ihren Mußestunden über die merkwürdige Untätigkeit ihrer obersten Führung und den seltsamen Sitzkrieg an der deutsch-französischen Grenze, als sie am 9. April durch eine Meldung des deutschen Rundfunks aus dem täglichen Einerlei jäh herausgerissen wurden. Deutsche Truppen waren überraschend in Dänemark einmarschiert und deutsche Gebirgsjäger auf Zerstörern bei Narwik in Nordnorwegen gelandet. Fiebernd vor Erwartung saßen Offiziere und Mannschaften in den folgenden Tagen in ihren Quartieren am Rundfunkgerät und vernahmen staunend, daß die dänische Regierung die Waffenstreckung befohlen und sich unter deutschen Schutz gestellt habe, während in Norwegen neue deutsche Truppen gelandet und mit der norwegischen Armee in Kämpfe verwickelt seien, in die auch englische und französische Truppen eingegriffen hätten.

Niemand hatte an eine solche Entwicklung des Krieges gedacht. Nur wenige Eingeweihte hatten von dem Entschluß der englischen Regierung Kenntnis, schon Anfang April mit britischen und französischen Truppen in ganz Norwegen zu landen und das Land zu besetzen, um damit das Reich in seiner Nordflanke zu bedrohen. Der norwegische Feldzug ist Deutschland keineswegs gelegen gekommen und wurde erst durch die englischen Absichten ausgelöst. Eine Festsetzung des Gegners in der Nordflanke aber hätte dem Reich durch Luftoperationen von Norden schweren Schaden zufügen und seine Erzzufuhr aus Nordschweden empfindlich treffen können. Daß die Deutschen dem Gegner in letzter Stunde zuvor kamen und die militärischen Operationen in Norwegen so glatt verlaufen sind, war ein Meisterstück deutscher Strategie und eine große Leistung von Marine und Armee. Nach der gelungenen Besetzung des Landes hegte der deutsche Soldat keine Feindschaft gegenüber dem norwegischen Volk und war bemüht, den vergewaltigten Gegner von der Zwangsläufigkeit der Besetzung seines Landes zu überzeugen und ihn durch einwandfreies Verhalten mit den gegebenen Tatsachen zu versöhnen. Selbst Hitler hatte dem Reichskommissar Terboven die Weisung mit auf den Weg gegeben, sich und ihm das norwegische Volk zum Freunde zu machen [23]. Zunächst schien die Möglichkeit dafür gar nicht einmal so aussichtslos zu sein. Denn das Versagen der Engländer hatte die Norweger tief enttäuscht, die Emigration ihrer Regierung sie führerlos gemacht und das rücksichtsvolle Auftreten der deutschen Soldaten sie beruhigt. Erst die späteren, fortgesetzten Fehlgriffe der deutschen Zivilverwaltung und das Aufflammen einer von England genährten Widerstandsbewegung riß unüberbrückbare Gräben zwischen Norwegern und Deutschen auf. Zunächst aber fand der deutsche Appell an die norwegische Jugend, sich freiwillig zur deutschen Armee zu melden, nach dem siegreichen Ende des Frankreich-Feldzuges keine grundsätzliche Ablehnung, während die Masse der norwegischen Offiziere in eisiger Ablehnung alles Deutschen erstarrte und die norwegischen Soldaten froh waren, daß der Krieg so schnell für sie zu Ende war.

Auch in Dänemark gab es eine Anzahl junger Dänen, die bereit waren, dem deutschen Appell zu folgen, zumal die deutsch-dänischen Verbindungen von jeher enger gewesen waren, das dänische Königshaus im Lande geblieben war und ein erträgliches Verhältnis zur deutschen „Schutzmacht“ hergestellt hatte. Unter ihnen befand sich etwa ein Dutzend älterer und jüngerer Offiziere, die von ihrem König die Genehmigung zur freiwilligen Meldung bei den Deutschen erbaten und sie auch erhielten.

---

[23] Siehe Kurt Assmann: „Deutsche Schicksalsjahre“, S. 162.

In Holland war die Bereitschaft zum freiwilligen Wehrdienst bei der Jugend am größten. Die holländischen Offiziere und Unteroffiziere verhielten sich zwar genau so ablehnend, wie ihre norwegischen Kameraden und waren unter keinen Umständen dazu bereit, unter den Fahnen des Siegers wieder Soldat zu werden. Dazu war ihr soldatischer Stolz zu sehr getroffen und ihr nationales Selbstbewußtsein zu ausgeprägt. Ein Teil von ihnen war nur dazu bereit, in den neugeschaffenen holländischen Arbeitsdienst einzutreten, um dort ein vorläufiges Unterkommen zu finden. Die Mehrzahl aber lehnte auch dieses rundweg ab. Die jungen Menschen dachten anders. Schon seit Jahren hatten sie bewundernd auf die deutsche Jugendbewegung gesehen und diese um die starke staatliche Förderung beneidet, während ihre eigene Regierung nur geringes Interesse an nationalen Jugendfragen zeigte. Das Auftreten und die Haltung der deutschen Soldaten in Holland machten Eindruck auf sie und ließen den Wunsch in ihnen keimen, es ihnen gleichzutun.

Noch ganz unter dem Eindruck eines sich anbahnenden guten Verhältnisses zwischen Holländern und Deutschen erhielt der Verfasser am 1. November 1940 in Hilversum, wo sein Regiment zu der im Herbst geplant gewesenen Landung in England versammelt war, den Befehl zur Aufstellung und Übernahme einer neuen Division, die den Namen „Wiking“ führen sollte und aus jungen Niederländern, Norwegern, Dänen und Deutschen bestehen würde. „Schaffen Sie in einem halben Jahr eine voll verwendungsfähige motorisierte Division bisheriger Qualität“, war die kurze Weisung für die nunmehr beginnende Arbeit.

Die Aufgabe war neuartig und das Vorhaben angesichts der schwierigen psychologischen Grundlagen ein Wagnis. Aber die in Aussicht gestellten Stämme waren gut und stark genug, um einen festen Rahmen für den neuen Verband zu geben. Sie kamen aus der in zwei Feldzügen bewährten SS-Verfügungsdivision und besaßen gute Offiziere und Unteroffiziere mit langjähriger Friedens- und Kriegserfahrung. Beim Eintreffen im Heimatkriegsgebiet wurde bekannt, daß man in München bereits mit der Aufstellung eines motorisierten Infanterie-Regiments aus holländischen Rekruten, des Regiments „Westland“, begonnen habe und in Wien und Klagenfurt das aus jungen Dänen und Norwegern bestehende Regiment „Nordland“ in der Bildung begriffen sei. Es war eine Überraschung, mit der nicht zu rechnen war. Die in Holland liegenden deutschen Truppen hatten von der Werbung von Freiwilligen nichts gemerkt. Die Aufstellungsorte für die jungen Truppen waren gut gewählt. München mit seinem fröhlichen Lebensrhythmus und seinen kulturellen Sehenswürdigkeiten würde den lebensfrohen, jungen Holländern gut gefallen und in Wien begegnete die junge Mannschaft aus Skandinavien der europäisch-abendländischen Kultur auf Schritt und Tritt. Der gemütvolle Münchner Menschenschlag und die weltaufgeschlossene Wiener Bevölkerung würden den jungen Menschen aus dem Westen und Norden sicherlich freundlich begegnen und ihnen die Trennung von der Heimat und den schweren Weg unter fremder Fahne erleichtern. Auch Klagenfurt mit seiner nahen Bergwelt würde den jungen Nordländern gefallen. Alle Unterkünfte waren neu, bequem und modern. Die Persönlichkeiten der neu ernannten Kommandeure bürgten dafür, daß die Freiwilligen mit geschickter Hand in die neue Welt eingeführt werden würden. Oberst Wäckerle, der Kommandeur des Regiments „Westland“ war im ersten Weltkriege in der königlich-bayerischen Armee Offizier geworden und hatte in der SS-Verfügungstruppe eine Kompanie und ein Bataillon geführt. Auch der Regiments-Kommandeur des Regiments „Nordland“, Oberst der Waffen-SS Fritz v. Scholz, war lange erprobt. Als junger Offizier hatte er sich im ersten Weltkriege in der K.u.K.-Armee die große Tapferkeitsmedaille erworben und sich in der Waffen-SS als Bataillons-Kommandeur im Kriege ausgezeichnet. Bei ihnen waren die Freiwilligen in den besten Händen.

Bei der ersten Begegnung mit den jungen Freiwilligen war zu erkennen, daß sie sich in den neuen Verhältnissen wohlfühlten und sich in den ungewohnten soldatischen Rahmen bereits einzufügen begannen. Die anfänglichen Sprachschwierigkeiten waren schon nach wenigen Wochen des Zusammenlebens mit den Deutschen überwunden. Es gab Sprachkundige genug, die zunächst sprachlich vermittelten, und die phonetischen Ähnlichkeiten machten es den Deutschen nicht schwer, die Freiwilligen zu verstehen. Schon nach drei Monaten gab es keine Verständigungsschwierigkeiten mehr.

Der Mangel an ausländischem Führerpersonal zwang dazu, auf Deutsche zurückzugreifen. Für die Freiwilligen war das eine ernste Belastung, für die junge Truppe dagegen ein Vorteil. Denn ohne kampferprobte und in der motorisierten Truppenführung erfahrene Offiziere und Unteroffiziere konnte das Experiment in der kurzen Frist nicht gelingen. Es war schwierig, das den Freiwilligen klar zu machen. Insbesondere die Dänen waren hartnäckige Verfechter einer rein nationalen Truppenorganisation. Ihnen leuchtete die Begründung des Mangels an nationalem Führerpersonal am wenigsten ein. Sie widerlegten sie mit der Behauptung, daß sich die erforderliche Anzahl für ein dänisches Kontingent in Bataillonsstärke bei ihnen zu Hause leicht finden lassen werde. Einen ganzen Nachmittag hindurch rang der Sprecher der Dänen, Hauptmann v. Schalburg, mit dem Divisions-Kommandeur um eine nationale Organisationsform seines Landeskontingents und war erst mit der gewählten integrierten Form einverstanden, als ihm bindend versichert wurde, daß – falls geeignete dänische Offiziere zum Eintritt in die Division bereit sein würden –, diese ihrem Dienstgrad und ihrer Dienststellung entsprechend im dänischen Kontingent Verwendung finden und damit auch automatisch Vorgesetzte deutscher Offiziere und Unteroffiziere werden würden. Ausschlaggebend war dann schließlich doch die Einsicht, daß eine operative Division versagen müsse, wenn sie nicht mit routiniertem Führerpersonal besetzt sei, und daß die andernfalls eintretenden Risiken und die damit verbundenen unnötigen blutigen Verluste gar nicht verantwortet werden könnten. Im Laufe der Unterredung gelang es, den dänischen Sprecher von der unbedingten Ehrlichkeit der deutschen Absichten zu überzeugen, zumal er das feste

Versprechen der weitgehendsten Förderung der ausländischen Freiwilligen und ihrer Ausbildung zu Offizieren im Rahmen ihrer Fähigkeiten erhielt. Anderthalb Jahre später kamen tatsächlich die ersten, nunmehr aber praktisch und theoretisch voll durchgebildeten, fronterfahrenen jungen Offiziere fremder Nationalität an die Front und haben sich als Führer und Vorgesetzte ihrer eigenen nationalen und deutschen Untergebenen voll bewährt.

Angesichts dieser psychologischen Schwierigkeiten war es umso wichtiger, das deutsche Führerpersonal auf seine Eignung für die schwierige psychologische Führung der Freiwilligen zu überprüfen und es zu einer so geschickten Wahrnehmung seiner Ausbildungs- und Führungsaufgaben anzuhalten, daß daraus keine neue zusätzliche Belastung entstehen konnte. Nicht jeder der vorgesehenen deutschen Offiziere und Unteroffiziere war ein Freiwilligenführer, mochte er auch sonst noch so tüchtig sein. So wurden manche Versetzung und mancher Austausch notwendig. Vorbedingung für die Eignung war in erster Linie das Herz, dann die Passion für die Lösung der schwierigen und ungewohnten Aufgaben und das persönliche Vorbild. Kam dann noch eine unermüdliche Fürsorge für das Wohlergehen der jungen Soldaten hinzu, dann konnte man getrost die praktischen Erfahrungen abwarten und auf ihnen weiter aufbauen. Maßgebend waren deshalb schon von Anfang an folgende Grundsätze:

Abschrift

SS-DIVISION WIKING
Kdr. *Div.-Gef.-Stand 22. Januar 1942*

Betr.: Menschenführung und Erziehung im Kriege
U.

Die Division muß mehr als jede andere Truppe darauf bedacht sein, darüber zu wachen, daß die menschliche Führung durch die Vorgesetzten in richtiger Weise gehandhabt wird.

Bei dem vielfältigen Ersatz der Division, der erst allmählich zu einer festen Kameradschaft zusammenwachsen kann, können sich Fehler, die hierbei gemacht werden, mehr auswirken, als bei reichsdeutschen Truppenteilen. Die wichtigste Voraussetzung für eine menschliche Führung ist die unermüdliche und dauernde Fürsorge des Vorgesetzten für seine Untergebenen. Er muß es erreichen, daß alle Untergebenen zu ihm vollstes Vertrauen haben und genau wissen, daß er ihr bester Kamerad ist.

Demnächst ist es die anständige, richtige und menschlich-wohlwollende Behandlung, die der Vorgesetzte allen seinen Untergebenen zukommen lassen muß.

Die Mannschaft soll ihn lieben. Jeder Vorgesetzte muß deshalb mit seiner Truppe fest verbunden sein. Insbesondere müssen Zug- und Kompanie-Führer immer um ihre Mannschaft herum, ihr Vorbild und Beispiel sein, ihre Vertrauten in allen Dingen werden und dürfen ihr niemals menschlich fernstehen.

Je vernünftiger, überlegter und warmherziger eine Truppe geführt wird, umso stärker ist ihr innerer Zusammenhalt und ihr Kampfwert. Gerade im Hinblick auf unsere nordischen Freiwilligen scheint mir die menschliche Führung der Truppe von ganz entscheidender Bedeutung zu sein.

Ich bitte alle Vorgesetzten, sich dauernd und mit tiefem Ernst zu bemühen, ein solches menschliches Verhältnis in ihrer Truppe zu schaffen. Die Arbeit in der Division wird dadurch entscheidend erleichtert und von jedem – Vorgesetzten und Untergebenem – mit umso größerer Freude geleistet.

gez. Steiner

Bei der schon im Frieden vorbildlichen kameradschaftlichen Fürsorge der Offiziere der Verfügungstruppe für ihre Untergebenen, bereitete diese Forderung der Divisionsführung keine besonderen Schwierigkeiten, zumal die höheren Offiziere von Anfang an darauf entscheidenden Wert gelegt hatten und die

Freiwilligen grundsätzlich persönlich ansprachen, ihnen die Hand drückten und mit ihnen einen unmittelbaren menschlichen Kontakt hergestellt hatten. So gelang es allmählich, in allen Teilen der Division das menschliche Vertrauen herzustellen, das der Division die erste Voraussetzung für die innere Geschlossenheit der Truppe zu sein schien. Es wurde im Laufe des Krieges zur entscheidenden und unzerstörbaren Grundlage für alle großen Erfolge der Division „Wiking" am Feinde.

Diese Voraussetzungen hätten nach Ansicht der Division ausgereicht, um der jungen Truppe auch in Krisenzeiten einen festen Halt zu geben, wenn man von Seiten des Reiches bereit gewesen wäre, an Stelle der bisher unverbindlichen Andeutungen einer späteren Regelung der staatlichen Beziehungen zwischen Deutschland und den besetzten Ländern die eindeutige Zusicherung der Wiederherstellung ihrer verlorengegangenen, nationalen Souveränität auf der Grundlage der Gleichberechtigung – wenn auch im Rahmen eines Bündnissystems – zu geben. Dann wäre auch der Mangel einer höheren verbindenden Idee, wie sie die nationalen Heere besitzen, nicht weiter ins Gewicht gefallen. Denn die Holländer sollten auch in deutscher Uniform, ebenso wie die Dänen und Norweger, in erster Linie ihrer eigenen Nation verpflichtet sein. Keinesfalls war die nationalsozialistische Weltanschauung dazu geeignet, um die verschiedenen Nationalitäten ein einiges Band zu schlingen, da nur ein kleiner Prozentsatz der Freiwilligen aus den politischen Gruppen ihrer Länder stammte, die ihr verbunden waren und nur ein geringer Teil der Gesamtbevölkerung ihr anhing. Bei dieser Sachlage blieb es auch nicht aus, daß die Freiwilligen aus der Anhängerschaft der holländischen Mussertpartei an dem integrierten Charakter der jungen Truppe am stärksten Anstoß nahmen und von der anstatt der erwarteten politischen Schulung dargebotenen, harten militärischen Ausbildung nicht befriedigt waren. Schon im Dezember 1940 erbaten deshalb etwa einhundert Mussert-Anhänger ihre Entlassung aus dem Regiment „Westland" und kehrten in ihre Heimat zurück. Im Winter 1941 folgten neunzig Norweger.

Doch die Sorge, daß die junge Truppe nur mehr nach rein soldatischen Gesichtspunkten und Ansichten erzogen werden könne, ließ die Berliner Dogmatiker, insbesondere Himmler, nicht ruhen. Dieser hatte schon immer an der gradlinigen soldatischen Entwicklung innerhalb der SS-Verfügungstruppe Anstoß genommen und sie mit einem gewissen Argwohn verfolgt. Mehrfach war er mit seinen sprunghaften und widerspruchsvollen Ideen der Skepsis und Kritik der Truppe begegnet, die zu nüchternem soldatischem Denken erzogen war und von hohen soldatischen Idealen geleitet wurde. Die Kriegserlebnisse zweier Feldzüge hatten die inneren Gegensätze weiter vertieft. Nirgends war die Kluft zwischen frontfremden Heimatstäben und der ständig in schwerem Kampf stehenden Fronttruppe größer, als gerade in der Waffen-SS. Deshalb nahm sie auch die von Berlin als verbindende Ideologie zwischen den Freiwilligen proklamierte germanische Idee zunächst zurückhaltend auf. Denn geschichtlich und politisch war sie reinste Romantik, aber als verbindende kulturelle Brücke konnte man sie anerkennen, wenn sie darauf beschränkt blieb und nicht in verworrene, mythische oder gar rassische Vorstellungen abglitt. Diese Besorgnis jedoch war grundlos, da eine solche Entartung dem gesunden Sinn einer frischen und jungen Fronttruppe zuwiderlief. Als sie aber später imperialistische Tendenzen enthüllte, war die Waffen-SS die erste, vielleicht sogar einzige Institution, die laut widersprach. Der Gedanke eines germanischen Ostreiches fand bei ihr scharfe Ablehnung. Das war keine aus den Erfahrungen des Ostfeldzuges entstandene Erkenntnis, wie der Schriftsteller Jürgen Thorwald in seinem Buch „Wen sie verderben wollen“ meint[24], sondern die gesunde Reaktion einer natürlich denkenden Menschengruppe, die das Wesensfremde der russischen Landschaft empfand und sich dagegen wehrte, bei der Verwirklichung solcher Ideen in ihr unterzugehen. Als man im Jahre 1942 und 1943 daran ging, Freiwilligen-Verbände der östlichen Rand-

[24] Siehe Jürgen Thorwald: „Wen sie verderben wollen“, S. 350 ff.

völker aufzustellen, war die germanische Idee damit bereits begraben. So entstand schon nach wenigen Monaten und in fortschreitendem Maße im Denken und Sprachgebrauch der Fronttruppe die historisch und politisch richtige Idee einer europäischen Schicksalsgemeinschaft, die alle europäischen Freiwilligen umfaßte und sie miteinander innerlich verband. Schon am 31. Dezember 1941 fand sie ihren Niederschlag in dem Tagesbefehl der Division „Wiking" zum neuen Jahre:

SS-DIVISION WIKING
Ia *Div.-Gef.-Stand, 31. Dezember 1941*

Wikinger!

Das neue Jahr bricht an. Es ist ein weiteres Jahr des Kampfes.

Wir Freiwilligen der Division „Wiking" werden in ihm gegen die Mächte der Finsternis weiterkämpfen. Unser Ziel ist die gerechte Ordnung in einem freien Europa, die Erhaltung unserer Gesittung und Kultur und der Sieg des freien und adeligen Geistes über die zerstörenden Kräfte in der Welt.

Wir alle schützen in diesem Kriege wahrhaft unsere Familien und unsere Heimat vor der inneren und äußeren Zerstörung, kämpfen für die Sicherung unserer sozialen Lebensauffassung und für die Entfaltung der schöpferischen, gesunden und leistungsfähigen Kräfte unserer Völker ohne Rücksicht auf Herkunft, Stand und Stamm, in einer kraftvollen, kulturtragenden Schicksalsgemeinschaft.

Im neuen Jahre grüße ich Euch und sehe voller Vertrauen auf meine kampferprobte, ruhmreiche Wikinger-Division.

Heil Euch, Wikinger!
gez. Steiner

Im Jahre 1945 hat sie dann vor den Toren von Budapest, Wien und Berlin ihre bittere Bestätigung gefunden, nachdem die europäischen Vorposten von der roten Flut überspült waren und diese ganz Mitteleuropa zu überschwemmen drohte.

Auf soldatischem Gebiet galt es, die Passion der Freiwilligen anzuregen und den Dienst von Anfang an so interessant zu gestalten, daß er ihnen Spaß machte. Deshalb wurde keine schematische Form geduldet, sondern der natürliche Instinkt angesprochen, die Findigkeit, Gewandtheit und Entschlußkraft ständig gefördert und auf diese Weise trotz der beschränkten Zeit ein Sturmsoldat geschaffen, der sich im Gelände zu Hause fühlte und auf jede Kampfsituation blitzschnell zu reagieren gewohnt war. Damit bekamen die Freiwilligen ein Überlegenheitsgefühl und eine kämpferische Sicherheit, die ihnen später im Kampf mit den Sowjetsoldaten zugute kamen und kostbares Blut gespart haben. Um der Division einen allgemein integrierten Charakter zu geben, wurden nach Abschluß dieser Ausbildung eine Anzahl Holländer, Dänen und Norweger zu den Spezialtruppen der Division versetzt und einzelne ausländische Offiziere zum Divisionsstabe kommandiert, so daß alle Truppenteile der Division gezwungen waren, die nationalen deutschen Tendenzen dem neuen Gemeinschaftsgeist unterzuordnen. Nach intensiver Verbandsausbildung wurde die Division von ihrem damaligen Kommandierenden General, Freiherr Geyr v. Schweppenburg, gründlich besichtigt, als feldverwendungsfähig gemeldet und vom Oberkommando des Heeres in die Feldverbände erster Welle eingereiht.

Mit ruhiger Zuversicht konnte sie nunmehr allen zukünftigen Ereignissen entgegensehen. Die Freiwilligen hatten sich miteinander eingelebt. Das Vertrauen zu ihren Offizieren war gewachsen. Die Truppe war schwungvoll und in bester seelischer und körperlicher Verfassung. Die Holländer hatten sich zu prächtigen Soldaten entwickelt. Sie waren immer humorvoll und optimistisch, sowohl jene, die aus den Reihen des Jeugdstorms gekommen waren und wie die deutschen Wandervögel dachten, mit ihrem realen Idealismus und idealem Realismus, welche die Welt in ihren Gegensätzen begriffen hatten, aber fest und unbeirrt dem Ideal dienten, ebenso wie die anderen, die von der Unruhe des Herzens getrieben, die Ferne suchten, weil ihnen ihre Heimat geistig zu eng geworden war. Die Dänen waren harte, feste Kämpfer, erdverbunden, auch dem Genuß des Essens und Trinkens zugeneigter, um dann mit Ruhe und Gelassenheit den Kampf zu bestehen, und schließlich die Norweger, schlank und zäh, in ihrem Wesen zurückhaltender als die anderen, doch von klarer und sauberer Gläubigkeit, die fest standen, wo sie hingestellt wurden. Dazu kamen die kampferprobten und treuen deutschen Männer, die den Krieg kannten, um seine Tücken und Gefahren wußten und sich mit fast brüderlicher Fürsorge der jungen außerdeutschen Kameraden annahmen. Ein besseres Soldatentum konnte sich die Division gar nicht wünschen. Zu ihnen kamen später noch die Finnen, deren Tapferkeit sprichwörtlich wurde, eisenharte Soldaten, kameradschaftlich und freimütig, die bereit waren, selbst den Teufel aus der Hölle zu holen. Sie haben dem Namen der finnischen Armee auch im deutschen Soldatenrock hohe Ehre gemacht. Kurz vor dem Abtransport der Division nach dem Osten waren sie auf dem Truppenübungsplatz Heuberg in Württemberg bei der Division eingetroffen und vom Divisions-Kommandeur mit Handschlag begrüßt worden. Vierhundert Mann gutausgebildeter, kerniger Soldaten, darunter zahlreiche Unteroffiziere und junge Offiziere, waren ein wertvoller Zuwachs für die Division, der hoch willkommen war. Allerdings bereitete die Eingliederung in die Division infolge des Zeitmangels gewisse Schwierigkeiten. Es war nicht möglich, die Finnen geschlossen in einem Verband zusammenzufassen, wie es ihr Wunsch war. Man einigte sich schließlich auf den Kompromiß, sie als besondere Stoßtrupps unter eigener Führung auf das Regiment „Nordland" zu verteilen. Eine finnische Kommission prominenter Persönlichkeiten ließ es sich nicht nehmen, ihre Freiwilligen kurz vor Ausbruch der Feindseligkeiten aufzusuchen und alle anfallenden Probleme mit dem Divisions-Kommando zu

Dänischer Freiwilliger

Flämischer Freiwilliger

besprechen. Zunächst war sie mit der aufgegliederten Verwendung ihrer Landsleute nicht einverstanden, ließ sich aber doch von der Notwendigkeit und Zweckmäßigkeit der ergriffenen Maßnahmen überzeugen und war besonders davon befriedigt, daß kein Deutscher es versucht hatte, in der Truppe nationalsozialistische Propaganda zu treiben. Gerade die Finnen haben immer und auch nach dem Kriege allen deutschen Stellen die politische Loyalität gegenüber den Freiwilligen bestätigt.

Im Juni 1941 waren die Division „Wiking" und die 9. Panzer-Division im Verbande des XIV. Panzerkorps unter dem Befehl des Generals der Infanterie Gustav v. Wietersheim südlich Breslau versammelt. Das Panzerkorps gehörte zur Panzergruppe Kleist, deren Befehlshaber die Waffen-SS im Frankreichfeldzuge kennen und schätzen gelernt hatte.

Sowohl General v. Wietersheim als auch Generaloberst v. Kleist waren der neuartige Charakter dieser jungen, integrierten Division zunächst nicht bekannt. Sicherlich haben sich beide über ihre operative Brauchbarkeit ernste Gedanken gemacht. Einige Wochen später aber hatte sich die Division am Feinde bewährt, in General v. Wietersheim einen wohlwollenden und in hohem Maße verständnisvollen Förderer gefunden und sich das Vertrauen des Oberbefehlshabers errungen. Mitte Juni wurde die Division in den Raum südlich Lublin verlegt. Die erste Welle der Freiwilligen stand damit am Feinde.

*

Die Division „Wiking" hatte im Sommer 1941 den Feind im Süden der Ostfront in wochenlangen Kämpfen ständig geschlagen, Hunderte von Kilometern im schnellen Siegeslauf zurückgelegt und war im September am Dniepr angekommen, als sich in den Heimatländern die zweite Welle der Freiwilligen zu regen begann.

Die Erfolge der Division am Feinde hatten gezeigt, daß das Experiment der Aufstellung eines großen, integrierten operativen Verbandes aus Menschen verschiedener Nationalität und unterschiedlicher Mentalität gelungen war. Bei den kampferprobten Panzer- und motorisierten Divisionen der Panzergruppe hatte sich die Division „Wiking“ den Ruf einer Truppe erworben, auf die man sich verlassen konnte. Holländische, dänische, norwegische und finnische Soldaten hatten sich in den hohen deutschen Stäben einen Namen gemacht. Was lag näher, daß man sich bei der Aufstellung der zweiten Welle an das Vorbild der Bahnbrecher gehalten hätte?

Gewiß war der kämpferische Ruf der ersten Freiwilligen und ihre Bewährung im Felde auch in ihre Heimat gedrungen und hatte Alt und Jung – selbst den innerlich Widerstrebenden – Achtung abgenötigt. Aber von einer Integration ihrer Landsleute mit deutschen Soldaten wollte die öffentliche Meinung nicht viel wissen. Das Nationalbewußtsein lehnte sich dagegen auf. Die Forderung nach der Aufstellung eigener nationaler Truppen wurde immer lauter. Es kam hinzu, daß die deutschen Behörden den Verwaltungsorganen und den deutsch-freundlichen Parteigruppen der besetzten Länder bedeutet hatten, daß sich die Stärke ihrer zukünftigen Friedensstreitkräfte nach ihren militärischen Anstrengungen an der Seite Deutschlands im Kampf gegen den Bolschewismus richten würde. So kam es zur Aufstellung von nationalen Legionen, von denen man sich eine größere Popularität versprach. Sie trugen zwar ebenfalls die deutsche Uniform, entweder des Heeres oder der Waffen-SS, besaßen aber nationale Symbole in Gestalt von Fahnen und Wappen, führten nationale Bezeichnungen und sollten, wo es ging, von eigenen Offizieren geführt werden. Allerdings reichten die vorhandenen eigenen Führungskräfte auch jetzt noch nicht aus und waren nur für kleine Verbände in Bataillons- oder Regimentsstärke vorhanden, deren militärische Bedeutung mit der eines operativen Großverbandes nicht zu vergleichen war und die mangels eigener schwerer Waffen auch nur im Verbande reichsdeutscher Großverbände kämpfen konnten.

So wurde im Frühjahr 1941 die „Niederländische Legion“ in

Regimentsstärke aufgestellt und in die Waffen-SS übernommen. Zur gleichen Zeit erfolgte in Belgien die Gründung der Legion „Wallonie“, diese ausschließlich unter der Führung von belgischen Offizieren im Rahmen des Heeres. In Flandern entstand die Legion „Flandern“ innerhalb der Waffen-SS. In Dänemark wurde das Freikorps „Danmark“ geschaffen, in Norwegen die „Norwegische Legion“, beide innerhalb der Waffen-SS. Schließlich wurde noch die „Legion Volontaire Française“ in Regimentsstärke im Rahmen des Heeres aufgestellt. Sie wurde von französischen Offizieren befehligt und trug neben ihrer Legionsbezeichnung die Nr. des Infanterie-Regiments 638. Schon nach wenigen Monaten wurden die Legionen unter den schwierigsten Verhältnissen und bei eisigem Winter und brennender Front im Osten eingesetzt.

Der Krieg gegen die Sowjet-Union befreite die neuen Freiwilligen aus den Gewissensnöten, die ihre Vorgänger der ersten Welle noch quälten. In Schulen und Universitäten, öffentlichen Versammlungen und in der Presse, ja von der Kanzel herab hatte man in den westlichen Ländern den Kommunismus jahrelang als Weltgefahr bezeichnet. Seit jeher dachte die Mehrzahl der Legionäre antibolschewistisch und war deshalb fest davon überzeugt, sich im Einklang mit der Meinung ihres Volkes zu befinden und mit ihrer freiwilligen Meldung weitblickend und patriotisch zu handeln. Im Kampf der deutschen Armee gegen die Sowjet-Union sahen sie die erste greifbare Möglichkeit, dem ständigen Wühlen der bolschewistischen Idee ein Ende zu machen und damit auch ihr Land vor dieser Gefahr zu schützen. Aus dem gleichen Grunde hatte General Franco die Freiwilligen-Division „Azul“ an die Ostfront entsandt. Sie wurde auf dem Truppenübungsplatz Grafenwöhr mit deutschen Waffen umgerüstet, erhielt deutsche Uniformen, traf im Spätherbst 1941 südlich Leningrad ein und hatte am Wolchow erstmalig Feindberührung. Die finnische Regierung ließ zur gleichen Zeit in Finnland Freiwillige anwerben, die nach dem Truppenübungsplatz Groß-Born geschickt, dort zu einem motorisierten Bataillon zusammengefaßt wurden und die nach Finnland heimberufenen ersten Freiwilligen vom Frühjahr 1941 bei der Division „Wiking“ ersetzen sollten. Als geschlossener finnischer Verband, aber in der deutschen Uniform der Waffen-SS mit finnischen Nationalabzeichen, Fahne und Symbolen und mit integrierter finnisch-deutscher Führung traf die wohlgeschulte Truppe im Februar 1942 im Süden der Ostfront ein und hat dort der deutsch-finnischen Waffenbrüderschaft und Solidarität im Kampf gegen den Bolschewismus überzeugenden Ausdruck verliehen.

In der zweiten Welle der Freiwilligen war das Streben nach stärkerer Betonung der nationalen Gefühle zum Ausdruck gekommen. Sprach aus der ersten Welle der Freiwilligen die spontane Bereitschaft einer idealistischen Jugend der besiegten Völker zur Aussöhnung mit dem deutschen Gegner, so sollte in der Aufstellung der Legionen der Wille der politischen Kreise der besetzten Länder zum Ausdruck kommen, sich ihre nationale Selbständigkeit zu erhalten, dafür Opfer zu bringen und sie sich durch die Gestellung militärischer Hilfskontingente zu verdienen. Trotz der in den besetzten Ländern wachsenden Mißstimmung gegen die Besatzungsmacht und des vereinzelten Auftretens nationalistischer Widerstandskräfte hätte die deutsche Regierung es noch in der Hand gehabt, durch das Eingehen auf die nationalen Wünsche der Besiegten die politischen Voraussetzungen für eine Freiwilligenbewegung auf breiterer Basis zu schaffen. Aber was nützten alle Vertröstungen der territorialen Repräsentanten des Reiches auf eine zukünftige gerechte Ordnung, wenn sich die Reichsregierung selbst darüber ausschwieg und die drängenden Fragen nach der Wiederherstellung der staatlichen Souveränität und der territorialen Grenzen unbeantwortet ließ. Unter diesen Umständen mußte eine verstärkte Bereitschaft zur militärischen Unterstützung des Reiches ausbleiben. Die Freiwilligen selbst gerieten damit schuldlos in eine zwiespältige Situation gegenüber ihren eigenen Landsleuten und in den Verdacht, Opportunisten zu sein und eigene Interessen ohne Rücksicht auf die nationalen Belange zu verfolgen. So wurden die Freiwilligen die Prügelknaben sowohl ihrer enttäuschten Völker, als auch die Opfer einer zwiespältigen Politik des Reiches, auf die sie keinen Einfluß hatten und von der sie nicht weniger getroffen waren, wie jeder andere Staatsbürger ihrer Länder. Etwa 6000 Dänen, die gleiche Anzahl von Norwegern, 15 000 Wallonen, 25 000 Flamen, 22 000 Franzosen und 50 000 Holländer, zu denen später noch etwa 800 Schweizer kamen, haben ihr mutiges Bekenntnis nicht nur mit hohen blutigen Verlusten, sondern nach dem Kriege auch mit dem Verlust ihrer materiellen Existenz und ihren Opfergang mit langer Kerkerhaft und dem Verlust ihrer Heimatrechte bitter bezahlen müssen. Sie teilten das Los mit ihren geschichtlichen Vorgängern, denen man einst, wie den ersten Soldaten Gesamt-Italiens, ihr Soldatentum abzusprechen versucht hat. Sie wurden gebrandmarkt, verleumdet und verhöhnt. Doch erst die Geschichte unserer und der kommenden Zeit wird zeigen, ob ihr Stern sie damals in die Irre geführt hat; denn wer als Soldat sein Leben selbstlos und treu für ein Ideal in die Schanze schlägt, dessen Gesicht bleibt klar und rein, selbst wenn es einmal bis zur Unkenntlichkeit verunglimpft worden ist.

Bei den osteuropäischen Randvölkern dagegen war die Bereitschaft züm gemeinsamen Kampf gegen den gemeinsamen Feind in weitestem Maße vorhanden. Sie blieb auch bestehen, als man von deutscher Seite die gebotene Hilfe zunächst hoffärtig ablehnte. Auch die baltischen Völker hatten angenommen, daß die Deutschen nach Vertreibung der Bolschewisten den früheren freiheitlichen Zustand in ihren Ländern wieder herstellen und sie als Verbündete betrachten würden. Sie waren bereit, sich an dem Kampf des Reiches gegen ihren Erzfeind nach Kräften zu beteiligen. Als die Reichsregierung ihr Angebot abgelehnt hatte, bemühten sich Esten und Letten darum, wenigstens die Aufstellung größerer nationaler Truppeneinheiten durchzusetzen, ohne damit die eigene Wehrhoheit als Vorbedingung zu fordern. Sie waren sogar damit zufrieden, zunächst mit Polizeitruppen zu beginnen. Denn es kam ihnen nicht auf den Charakter ihrer Verbände an. Sie wollten nur landeseigene Bewaffnete haben. 1942 kämpften schon zehn estnische Polizeiformationen in vorderster Linie. Sie waren schlecht bewaffnet, unzulänglich ausgerüstet, wurden als Lückenbüßer willkürlich und wahllos in entstandenen Frontlücken eingesetzt und als Truppen minderer Güte behandelt. Aber sie ließen sich durch diese unwürdigen Verhältnisse nicht von ihrem Ziel abbringen. Denn sie wußten, daß die militärische Form nebensächlich und das erstrebte Ziel nur auf Umwegen zu erreichen war. Auch die militärische Hilfsbereitschaft der Letten hatten die Deutschen verschmäht. Doch schon am 22. Oktober 1941 wurde sie benötigt und das 16. Schutzmannschafts-Bataillon Riga in der Front eingesetzt. Im Februar wurden neue Polizei-Bataillone aufgestellt und das 21. Bataillon bei Leningrad in den Kampf geworfen. Zwei weitere Bataillone folgten. Ein Jahr später zwangen Einsicht und Bedarf, die bisherigen Vorbehalte aufzugeben und den Wunsch der baltischen Völker nach Aufstellung geschlossener Großverbände zu erfüllen.

Es scheint eine allen Siegermächten gemeinsame Eigenschaft zu sein, sich über die Empfindungen der Besiegten bedenkenlos hinwegzusetzen und sich von ihnen ein vorgefaßtes Bild zu machen, das in die eigenen politischen Absichten hineinpaßt. Im Jahre 1945 und in den folgenden Jahren taten das die Amerikaner und Engländer in Westdeutschland genau so, wie die Deutschen im Jahre 1941 und 1942, als sie die Ukraine eroberten. Sie regierten ebenfalls mit harter Siegerfaust und betrachteten die Besiegten als Menschen von minderem Wert. Dabei übersahen sie, daß die Ukraine zwar Jahrhunderte lang im russischen Staatsverband gelebt hatte und in dieser Zeit russifiziert worden war, sich aber die eigene Sprache und Volkskultur zäh bewahrt hatte und sich nach dem Zusammenbruch der Zarenherrschaft gegen die Sowjets erhoben, unter ihrem bewunderten Führer Petljura in kurzer Zeit einen eigenen Staat und eine eigene Armee geschaffen und eine unabhängige Regierung errichtet hatte. Das Andenken an diese Zeit der Eigenstaatlichkeit war in der ukrainischen Bevölkerung noch lebendig, als die deutschen Truppen in die Ukraine einmarschierten. Nirgends trat sie den Deutschen feindselig entgegen. Zwar wagte die Masse des Volkes noch nicht, auf eine volle Souveränität zu hoffen, aber sie erwartete von den Deutschen doch eine fühlbare Erleichterung ihres bisherigen Helotendaseins. Die Bauern glaubten an die Wiederherstellung ihres früheren Bauerntums. Die ganze Bevölkerung hoffte auf eine mildere Regierungsform und auf die Wiederherstellung ihrer Kultur, die älteren Menschen besonders auf die Wiedereröffnung ihrer Kirchen. Überall da, wo die deutschen Truppen während des Stellungskrieges den Bauern ihres Frontbereiches das Land zur Bebauung und Ausnutzung zurückgegeben hatten, die Kirchen wieder öffneten und die Bevölkerung dazu ermunterten, ihre dörflichen Bräuche wieder zu pflegen, ernteten sie echte Dankbarkeit. Doch einige Kilometer weiter rückwärts, wo der Machtbereich der Zivilverwaltung begann, lastete die Hand der Reichs-, General- und Gebietskommissare schwer auf dem ukrainischen Volk und vernichtete alle diese Hoffnungen. Die brutale Aushebung von Arbeitskräften für das Reich und ihr Abtransport nach Westen waren ein schwerer, psychologischer Fehlgriff und erinnerte an die sowjetischen Verschleppungsmethoden. Er löste in der Bevölkerung die schlimmsten Befürchtungen aus. 1941 wäre das ukrainische Volk noch ein ehrlicher Partner der Deutschen im Kampf gegen den Bolschewismus gewesen. Ein Jahr später war es dazu nicht mehr bereit. Es kam hinzu, daß den Ukrainern die im Winter 1941/42 auftretenden Frontkrisen nicht verborgen geblieben waren. Sie fürchteten, daß die Sowjets jeden Tag zurückkehren könnten und wurden vorsichtig, teilweise sogar ablehnend. Tatsächlich hatte nicht nur Hitler die militärische Kraft der Sowjets unterschätzt, sondern auch sein Generalstab. Der deutsche Generalstabschef Halder hatte noch 1941 gemeint, daß „die bei ausreichender Sicherung aller übrigen Fronten für den Osten verfügbar zu machenden deutschen Streitkräfte etwa ausgereicht hätten, das gegenüberstehende russische Aufgebot, das praktisch die Masse der europäischen Streitkräfte Rußlands darstellte, entscheidend zu schlagen und damit für geraume Zeit eine militärische Aktivität auszuschließen“ [25]. Die Größe dieses Irrtums haben die deutschen Soldaten schon im Winter 1941/42 an allen Fronten, wo es überall brannte und überall die Reserven fehlten, bitter erleben müssen. Das vorhandene ukrainische Menschenpotential hätte einen solchen Mangel voraussichtlich beheben können. Selbst eine Anzahl von Freiwilligen-Verbänden hatte schon Hilfe gebracht. Auf diesem Ohr aber blieb die deutsche Führung taub. 1941, 1942 und 1943 wurde kein ukrainischer Freiwilliger aufgerufen. Dabei war es ganz offensichtlich, daß Deutschland den weiten Raum von Lemberg bis zum Kaukasus und zum Don ohne die Hilfe der Einheimischen gar nicht behaupten konnte. Das beabsichtigte System der Errichtung befestigter Plätze, das an die alte Habsburger Militärgrenze erinnerte, war im technischen Zeitalter vorsintflutlich und unbrauchbar. Alle Vorstellungen dieser Art seitens der Truppe wurden ständig und mit zunehmender Heftigkeit zurückgewiesen, bis auch hier wieder die Not zur Aufgabe des eingenommenen Standpunktes zwang. So kam es erst Ende 1943 zur Aufstellung der ersten ukrainischen Freiwilligen-Division, die der Waffen-SS unterstellt wurde. Jetzt aber war es für großzügige Freiwilligenaufstellungen zu spät. Die halbe Ukraine war bereits verloren.

*

Die Aufstellung kleiner nationaler Legionen hatte sich bereits Anfang 1943 als militärischer Fehlgriff erwiesen. Gewiß hatten die Freiwilligen in den Legionen die hohen Erwartungen, die man in sie gesetzt hatte, voll erfüllt. Sie hatten sich tapfer geschlagen und waren deshalb auch mehrfach rühmend im Heeresbericht erwähnt worden. Aber ihre kleinen Verbände waren nur allzuoft dazu verwandt worden, örtliche Frontkrisen

---

[25] Zitat aus Franz Halder: „Hitler als Feldherr“, S. 37.

zu bannen. Sie forderten solche Methoden geradezu heraus, da sie sich ohne Schwierigkeiten schnell aus einer Front herausziehen und an anderer kritischer Stelle wieder einsetzen ließen. Da ihnen aber Artillerie und andere schwere Waffen fehlten, waren sie immer auf fremde Hilfe angewiesen, die in zahlreichen Fällen unzulänglich war. So waren ihre Verluste ungeheuer. Mehrfach hatten sie die Hälfte ihres Mannschaftsbestandes und darüber hinaus verloren und mußten immer wieder mit jungem Ersatz aufgefüllt werden. So entschloß man sich, beeindruckt durch die Rückschläge an den Fronten, bei den Neuaufstellungen des Jahres 1943 auch zu einer Neuorganisation der Freiwilligen und zur Aufstellung operativer, teils nationaler, teils integrierter Großverbände. Die dritte Welle der Freiwilligen kam in Bewegung.

Nacheinander entstanden so die Sturmbrigade „Wallonie“, die Kosaken-Division, die estnische Freiwilligen-Brigade, die wenige Monate später zu einer Infanterie-Division umgebildet wurde, die 15. und 19. lettische Division und die Sturmbrigade „Flandern“. Aus Teilen der bewährten Panzer-Division „Wiking“ und aus den Resten der Niederländischen, Dänischen und Norwegischen Legion wurde das III. SS-Panzerkorps mit der 11. SS-Panzergrenadier-Division „Nordland“ und der 23. SS-Panzergrenadier-Brigade „Nederland“, die nach wenigen Monaten in eine Division umgewandelt wurde, aufgestellt. Auf dem Balkan hatte die bewährte Gebirgs-Division „Prinz Eugen“ nicht genügt. Eine weitere Division aus Volksdeutschen sollte hinzukommen und ebenfalls dem General Phleps unterstellt werden.

Viele Zehntausende von Freiwilligen aus Siebenbürgen schlossen die Lücken der alten Frontverbände der Waffen-SS und ergänzten die Reihen des jungen III. SS-Panzerkorps, dem als Aufstellungsraum der von Partisanen durchsetzte nordkroatische Raum zugewiesen worden war, wo es zunächst mit völlig unzulänglicher Bewaffnung seine Ausbildung unter ständiger Sicherung gegen die Partisanen, vollenden mußte.

Bis zum Jahre 1943 hatten die Siebenbürger in der rumänischen Armee dienen müssen. Nun erhielten sie auf Grund eines zwischenstaatlichen Abkommens mit Rumänien erstmalig das Recht zuerkannt, sich zum Wehrdienst bei deutschen Verbänden zu melden. In langer Generationsfolge im fremden Volkstum gewachsen, besaßen die siebenbürgischen Freiwilligen jene innere Selbstsicherheit von Menschen, die von jeher auf sich selbst angewiesen waren. Die geistigen Schichten waren von einer inneren Weite, die nur in einem fremden Raum und auf dem Boden einer sicheren, langsam gewachsenen und reifen Kultur gedeihen kann. Sie waren in ihrem Herzen kerndeutsch, dachten aber darüber hinaus schon längst in größeren Bezirken. Infolge der isolierten Insellage im fremden Volkstum fehlte ihnen jeder deutsche Nationalismus. Umso größer war ihr Verständnis für eine europäische Entwicklung, die auch für den freiheitlichen Bestand ihres eigenen Volkstums entscheidend war. So wurden diese Freiwilligen sowohl ein militärisch wertvolles Element – der Siebenbürger Bauer konnte praktisch alles, vom Haareschneiden bis zur Pflege und Instandsetzung eines Kraftfahrzeuges – als auch ein geistig belebender Faktor im Sinne der Herstellung eines gemeinsamen europäischen Kulturbewußtseins und ein glücklicher Ausgleich gegenüber den in die jungen Divisionen des III. Panzerkorps einströmenden niederländischen, dänischen und norwegischen Legionsfreiwilligen. Die aus der Ostfront kommenden Stämme der Division "Wiking" gaben den neuen Verbänden nicht nur ein kämpferisch festes, sondern auch innerlich klares Gesicht. Sie kamen mit einem neuen Geist, der in den Reihen jener bewährten Ostdivision langsam und organisch gewachsen und schon zur inneren Überzeugung gereift war. Als die Freiwilligen am 22. Juni 1941 die sowjetische Grenze überschritten, waren sie noch in ihrer Mehrzahl glühende Nationalisten gewesen. So gut sie sich kameradschaftlich aneinander gewöhnt hatten hier gab es einen trennenden Graben zwischen ihnen, der nicht so leicht zu überwinden war. Denn die Niederländer waren überzeugte niederländische Patrioten, wie die Dänen dänische und die Norweger norwegische waren. Auch die Deutschen ließen sich in ihrem Nationalgefühl nicht übertreffen. Daraus ergaben sich mitunter Streitigkeiten und Konflikte. Nur in der Gegnerschaft gegen den Bolschewismus waren sie sich alle einig. Als die Freiwilligen aber in der Ukraine und im Kaukasus – also in einem großen Teil des europäschen Rußlands – die ganze Dürftigkeit des Lebens der Menschen, ihre soziale Primitivität und innere Unfreiheit mit eigenen Augen gesehen hatten, als sie selbst erlebten, daß die Bauern die letzten Reste ihrer früheren Kultur und Religion in der dunkelsten Ecke ihrer Kate ängstlich versteckt hielten, da ergriff sie alle zusammen eine Dankbarkeit, daß dieses Schicksal ihren eigenen Landsleuten bisher erspart geblieben war. Alle Probleme, die ihre Völker in der Heimat bewegten und sie selbst bedrückten, erschienen ihnen demgegenüber gering. Auf einmal begriff der Freiwillige im tiefen Rußland, daß Niederländer, Dänen, Norweger und Deutsche hier für ihre gemeinsame Heimat kämpften. Er erkannte in dem Kameraden neben sich den Menschen gleicher Lebensart und gleicher geschichtlicher Herkunft und begriff angesichts der enormen Massen des Gegners die zwingende Notwendigkeit der gemeinsamen Front. Angesichts der Einförmigkeit der riesigen, gelben Maisfelder in der Ukraine, der meilenweiten Steppen am Don und im Kubangebiet, der kahlen grauen Berge des Kaukasus, über welche die dunklen Klötze des Elbrus und Kasbek auf ihn herabsahen, erlebte der Freiwillige mit großer Intensität die Vielgestaltigkeit und das blühende, schöpferische Leben seiner eigenen heimischen Welt, die Großartigkeit ihrer Kultur und die Gemeinsamkeit aller europäischen, schöpferischen Menschen wie eine neue Offenbarung. Am Gegenteil der russischen Landschaft und ihrer stumpfen Menschenmasse erkannte er in seinen nachdenklichen Stunden die Bedeutung seiner Heimatländer für die Geschichte der europäischen Menschheit. Was man in Europa in den anderthalb Jahrhunderten der Trennung vergessen hatte, das erwachte in ihm als großes Erlebnis des Krieges wieder. Mitten im Bruderkampf der europäischen Völker wurde an der Front gegen den europafeindlichen und seine eigene Volkskultur hassenden, alles nivellierenden und die Freiheit vernichtenden Bolschewismus der europäische Schicksalsgedanke geboren, geistig begriffen und im Kampf verwirklicht.

Während auf der westlichen Front der Alliierten noch der Nationalismus üppig wucherte und beim östlichen Partner die Weltrevolutionsidee die rechtlosen Massen zu immer neuen Blutopfern antrieb, erlebte der europäische, vielleicht sogar der abendländische Gedanke in den Herzen der Freiwilligen eine wunderbare Renaissance.

Viele dieser Jungen waren nach diesem inneren Erlebnis auf die Kriegsschulen gekommen und hatten ihre Erkenntnisse dort an die Kameraden weitergegeben. Das Samenkorn, das sie legten, wuchs und trieb Früchte. Hier war nichts mehr von künstlicher Konstruktion oder verschwommener Romantik übrig geblieben. Im gegenseitigen Gedankenaustausch und in nationaler Wechselwirkung entstand hier, befruchtet von den ersten Bannerträgern, ein junges Soldatengeschlecht, das europäisch dachte und von dieser Idee nicht mehr los kam. Und von ihnen in der letzten Phase des Kampfes geführt, erlebte auch der einfache Soldat der Waffen-SS, wo er immer stand, diese Idee mitten im Verlust der europäischen Mitte und bei der Verteidigung ihrer materiellen und kulturellen Werte. Am Ende des Krieges hatte die ganze Waffen-SS infolge der vor wenigen Jahren von ihr übernommenen Aufgabe der Aufstellung ausländischer Freiwilligen-Einheiten selbst ein neues Gesicht bekommen, und dieses Gesicht hatte gemeinsame europäische Züge gewonnen. In ihr standen deutsche und ausländische Offiziere nebeneinander im Gliede und wußten nicht mehr, daß sie einmal verschiedenen Nationen angehört hatten. Dem jungen Leutnant niederländischer Herkunft gehorchten und folgten nun die deutschen Soldaten ebenso bereitwillig, wie die niederländischen, dänischen, flämischen, schweizerischen, estnischen Freiwilligen oder wie auch immer einstmals dem deutschen Offizier gefolgt waren. Die innere und äußere Integration war grundsätzlich und praktisch schon vollzogen. Es hätte nur noch weniger Jahre bedurft, um sie auf einer breiten und allgemeinen Grundlage durchzuführen.

*

Im Jahre 1944 wurde die Aufstellung ausländischer Großverbände von Freiwilligen fortgesetzt. Als Kommandostab wurde auf dem Balkan das V. SS-Gebirgskorps unter General Phleps geschaffen. Im Norden der Ostfront entstand das VI. (lettische) Armeekorps unter General Walter Krüger, in Kroatien das Kosaken-Kavalleriekorps unter General v. Pannwitz. Nach Formierung einer zweiten Kosaken-Division wurde das Korps unter Beibehalt seiner bisherigen Truppen- und Dienstgradbezeichnungen in die Waffen-SS eingegliedert. In Ungarn entstand die 22. SS-Kavallerie-Division aus Volksdeutschen, die in Ungarn beheimatet waren und die 18. SS-Freiwilligen-Panzergrenadier-Division. Die Aufstellung der 14. (ukrainischen) Division wurde abgeschlossen. Das Skibataillon Norge kam in Finnland zum Einsatz, in Italien entstand die 29. Division aus italienischen Freiwilligen. Auch ein turkestanischer und ein kaukasischer Waffenverband in jeweils Brigadestärke wurde formiert. Die Umbildung der Sturmbrigaden „Wallonie" und „Langemarck" zu Divisionen wurde in Angriff genommen und die Französische Legion mit der französischen Sturmbrigade zu einer Division vereinigt. Die Aufstellung war noch nicht beendet, als der Einbruch der Sowjets in das Reichsgebiet dazu zwang, Teile von ihnen an die Front zu werfen, wo sie in Pommern und in Berlin heldenhaft gekämpft haben.

Ende 1944 waren sämtliche, im Rahmen des Heeres aufgestellten ausländischen Freiwilligen-Einheiten in die Waffen-SS überführt worden. In allen ihren dreiunddreißig Divisionen standen nun ausländische Freiwillige. Vierzehn von ihnen waren Freiwilligen-Divisionen, die vorwiegend aus Mannschaften fremder Staatsangehörigkeit bestanden.

Das Heer hatte inzwischen die Hunderttausende ehemaliger Hilfswilliger russischer Nationalität zu Verbänden zusammengefaßt und den ehemaligen sowjetischen General Wlassow für deren Führung in Aussicht genommen. Nach anderthalb Jahren ständigen Ringens um dieses Problem war es endlich gelungen, hierfür die Genehmigung der obersten Führung zu erreichen. Es gelang noch, unter schwierigsten Verhältnissen zwei Divisionen zu formieren. Die Mehrzahl – in einzelnen Bataillonen im Westen und in Italien eingesetzt – geriet in den Strudel der Invasionskämpfe und ging dort größten Teils verloren.

DER OPFERGANG

Bewährung 1941/42

Das dumpfe Grollen des Trommelfeuers von Tausenden von Geschützen dröhnte in den frühen Morgenstunden des 22. Juni 1941 am Bug und verkündete der ganzen Welt, daß die schicksalhafte Auseinandersetzung mit dem Bolschewismus begonnen hatte. In rascher Folge flogen Fliegergeschwader nach Osten und überquerten die Waldstücke und Dörfer südostwärts Lublin, in denen die 5. SS-Division „Wiking“ bereitgestellt war, um der Infanterie nach gelungenem Durchbruch durch die russischen Grenzstellungen zu folgen und im Rahmen der Panzergruppe 1 im weiten russischen Raum zur Operation anzutreten. Die Meldungen von vorn waren spärlich. Das Warten stellte die Geduld der sprungbereiten Truppe auf eine harte Probe. Gegen Mittag meldete das vorne eingesetzte Artillerie-Regiment 5 endlich, daß die Infanterie in die feindliche Stellung eingedrungen und harte Kämpfe im Gange seien. Am Abend des 22. Juni war es der wartenden Division bekannt geworden, daß der Durchbruch gelungen und nunmehr die Stunde der schnellen Verbände gekommen sei. Noch einige Tage vergingen, ehe die Spitze der Division in Richtung Luck antreten konnte. Die Panzerverbände waren inzwischen in harte Kämpfe mit russischen gepanzerten Kräften verwickelt. Das III. und XXXXVIII. Panzerkorps waren im Begriff, den Gegner niederzuringen, als das XIV. Panzerkorps noch im Anmarsch auf das Schlachtfeld der Panzerschlacht war. Rechtzeitig hatten die Sowjets ihre bei Berditschew bereitgestellten Panzertruppen den hervorbrechenden deutschen Panzer-Divisionen entgegengeworfen, die das Bestreben hatten, über Shitomir auf den Dniepr vorzugehen und die sowjetische

Südfront des Marschalls Budjenny zwischen Dniestr und Dniepr zu umfassen.

Schon bei der Meldung des Divisions-Kommandeurs der Division „Wiking“ beim Oberbefehlshaber der Panzergruppe, Generaloberst v. Kleist, hatte dieser den General beim Arm genommen, ihn an seine auf dem Schreibtisch ausgebreitete Lagekarte geführt und ihm die Aufstellung des Feindes gezeigt: „Sehen Sie doch einmal hier die starken Panzeransammlungen bei Berditschew und oben bei Brest-Litowsk. Das sieht ja fast nach offensivem Aufmarsch aus.“

Der junge Aufklärungsflieger der Division hatte schon ein paarmal den Anmarsch unabsehbarer feindlicher Panzerkolonnen gemeldet und dabei Modelle von ungewöhnlicher Größe beobachtet. Diese Kräfte waren nun bei Luck aufgetreten. Aber die schnellen deutschen Panzer und ihre routinierten Besatzungen behielten die Oberhand. Zahlreiche rote Kampfwagen blieben auf der Strecke oder wurden das Opfer der auf sie herabstürzenden Stukas. Inzwischen säuberten die rückwärtigen motorisierten Divisionen, darunter auch die Division „Wiking“, das noch von starken Feindresten besetzte Zwischengelände und mußten um jedes Waldstück und jedes Gehöft erbittert kämpfen. Der Gegner war härter als die Polen von 1939 und die Franzosen von 1940. So kam die operative Bewegung der Panzergruppe nicht so schnell in Fluß, wie man erwartete. Der Feind leistete in rückwärtigen Stellungen Widerstand, der großen Zeitverlust verursachte.

Dagegen hatte die 17. Armee das alte österreichische Galizien schnell in Besitz genommen und kämpfte noch um Lemberg, als die Division „Wiking“ den Befehl erhielt, nach Süden abzudrehen und über Rawa-Ruska, Lemberg, Zlotschow Anschluß an die auf Tarnopol vorgehende 9. Panzer-Division des XIV. Panzerkorps zu gewinnen. Die Bewegung vollzog sich reibungslos und flüssig. Während noch Gebirgsjäger der 1. Gebirgs-Division auf den Höhen hart ostwärts Lemberg gegen den zähen Feind kämpften, fuhr die Division „Wiking“ am 1. Juli durch

Verleihung der niederländischen Fahne durch Generalleutnant Seyffardt an die im Herbst 1941 an die Ostfront abfahrende Niederländische Legion

Niederländische Freiwillige vor dem Ausrücken an die Ostfront

Lettisches Freiwilligen-
Regiment bei der Ausbildung

Rudofis Bangerskis
lettischer Kriegsminister und Generalinspekteur
der lettischen Freiwilligen

Lettischer freiwilliger
Fliegerverband 1944 an der
Nordfront

Lemberg hindurch, hörte von den grauenvollen Massakers der Sowjets vor dem Abzuge ihrer Truppen, sah die aufgeschreckten und verstörten ukrainischen Menschenschwärme auf den Straßen und die ersten bewaffneten Bürgerwehren mit ihren Armbinden in den ukrainischen Farben, hörte das Knallen ihrer Gewehre in den Seitenstraßen, konnte aber dennoch im zügigen Vormarsch bleiben und hatte gegen Abend die Hälfte der Marschstrecke nach Zlotschow zurückgelegt. Sie war entlang der Marschstraße für die Nacht zur Ruhe übergegangen. Die Aufklärung ergab Feind überall. Als die Vorhut der Division im Morgengrauen des

Skizze 1

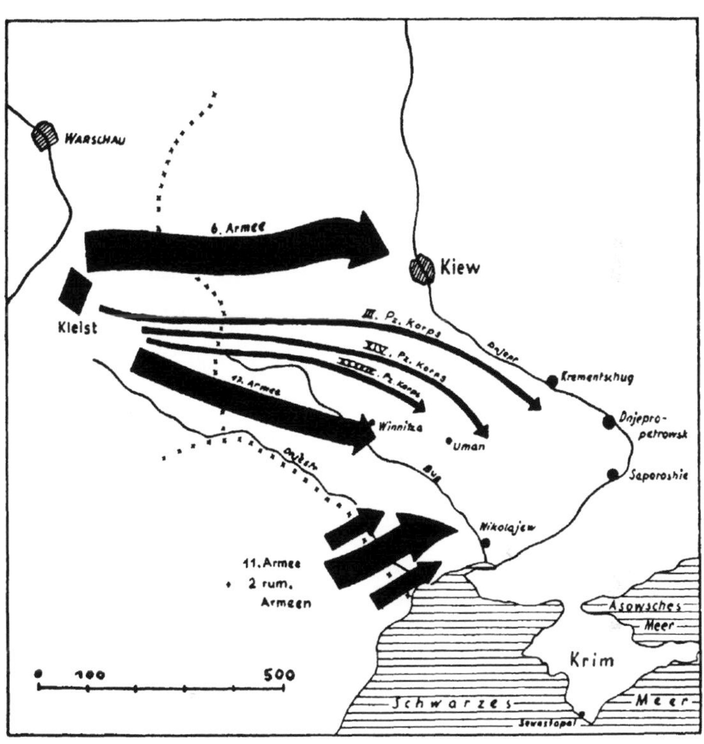

Operativer Kräfteeinsatz der Heeresgruppe Süd, Juni bis August 1941

nächsten Tages antrat, bemerkte sie in ihrer Nordflanke Bewegung, gewann aber rasch nach Osten Raum. Erst in den Mittagsstunden des heißen Tages ertönte vorne Gefechtslärm. „Westland“ war auf starken Feind gestoßen, der nach Süden durchbrechen wollte und das Regiment in seiner nördlichen Marschflanke angegriffen hatte. Blitzschnell war das Regiment abgesessen und hatte sich zum Gefecht zu Fuß entfaltet. Der Gefechtsgruppen-Kommandeur, Oberst der Waffen-SS Wäckerle, sah dem Kampf mit Ruhe entgegen. Sein Regiment empfing die fanatisch angreifende 32. rote Schützen-Division mit dem wohlgezielten Feuer seiner holländischen und deutschen Panzergrenadiere. Stundenlang rannte der Gegner gegen die Front des Regiments an, bis er schließlich erschöpft liegen blieb. Da befahl Oberst Wäckerle den Angriff und setzte die ihm unterstellte Aufklärungsabteilung 5 mit ihren schnellen Panzerwagen und Kradschützen zum Stoß in den Rücken des Gegners an. Am Abend war der Weg nach Zlotschow freigekämpft, der Gegner zersprengt und Tausende von Gefangenen eingebracht. Das Regiment rastete für die Nacht auf dem Gefechtsfelde. Als der Regiments-Kommandeur am nächsten Morgen seine Sicherungen einziehen wollte, wurde er von Versprengten beschossen und fiel als erster der Division einer feindlichen Kugel zum Opfer.

Vorwärts! Doch der Vormarsch stockte nach wenigen Kilometern. Die 9. Panzer-Division konnte sich nur mühsam den Weg durch das Defilée von Zlotschow bahnen, so daß „Wiking“ erst am nächsten Tage den Ort passieren konnte. Halbwegs zwischen Zlotschow und Tarnopol in der Nordflanke des Korps feindliche Panzer! Die 9. Panzer-Division drehte auf sie ab und machte den Weg nach Tarnopol für die hinter ihr folgende Division „Wiking“ frei. Die Lage in der Nordflanke war kritisch. So mußte das Regiment „Nordland“ nach Norden abgedreht werden und stieß dem Gegner in seine Südflanke. Infanterie gegen Panzer ist ein ungleicher Kampf. Aber die Norweger und Finnen des III. Bataillons „Nordland“ greifen zur Handgranate und Tellermine. Die III. Abteilung des Artillerie-Regiments 5 unter ihrem tapferen Kommandeur Schlamelcher schießt vierzig Panzer in direktem Schuß ab. Da weicht der Feind.

Rasch vorwärts! Tarnopol wird durchschritten. Die Division nähert sich dem Slutsch. Am nächsten Tage heftige Gefechte! Neben dem zur Vorhut vorgefahrenen Divisions-Kommandeur fällt der blutjunge Leutnant der Waffen-SS Graf v. Wedel bei einem Feuerüberfall aus einem Maisfeld. Die Vorhut unter dem neuen Kommandeur des Regiments „Westland", Oberst der Waffen-SS Phleps gen. Stolz, marschiert nach Südosten auf Hysiatin, während die Division im Vormarsch nach Osten bleibt. Am Abend des Kampftages steht sie bei Satanow vor einer starken Stellung und stellt sich in der Nacht zum Angriff bereit. Am nächsten Tage, dem 6. Juli, greifen die Regimenter „Germania" unter dem Befehl des Obersten der Waffen-SS Reichsritter v. Oberkamp und „Nordland" unter Oberst der Waffen-SS v. Scholz den Gegner überfallartig an, kämpfen ihn im Stoßtruppkampf in seinen Stützpunkten und Gräben nieder, ehe er zur Besinnung kommt und gewinnen einen Brückenkopf über den Slutsch. Auf dem jenseitigen Ufer entwickeln sich harte Kämpfe. Feindliche Flugzeuge greifen in den Kampf ein, können aber Freund und Feind nicht von einander unterscheiden und werfen ihre Bomben in die eigenen Reihen. Der Artillerie-Kommandeur der Division, Oberst der Waffen-SS Gille, zermürbt den Feind mit ständig wechselnden, rasanten Feuerüberfällen. Doch der Gegner ist zäh, und erst am nächsten Tage gelingt es, den Widerstand zu brechen. Die zu früh angesetzte Verfolgung der Kampfgruppe von Oberkamp mißlingt jedoch unter schmerzlichen Verlusten. Erst am Nachmittag kann die Division, vor sich den flüchtenden Feind, aufsitzen und unter Heranziehung der bei Hysiatin zunächst eingeschlossenen, dann aber von Gebirgsjägern der 1. Gebirgs-Division frei gekämpften und schließlich erfolgreichen Gefechtsgruppe Stolz auf Proskurow antreten und dort wieder Anschluß an die nördlich von ihr angesetzte 9. Panzer-Division gewinnen. Jetzt erst hat die Panzergruppe Kleist Bewegungsfreiheit und kann zu der angestrebten Umfassungsschlacht zwischen Dniestr und Dniepr antreten. Erstmalig fällt das Wort Uman, wohin das XXXXVIII. Panzerkorps abgedreht worden ist.

Shitomir, Skwira! Doch der Vormarsch geht langsam vonstatten. Durch Kämpfe mit zurückgehenden feindlichen Nachhuten aufgehalten, verliert die 9. Panzer-Division kostbare Zeit. Erst am 15. Juli nimmt sie Biala-Zerkow nach hartem Kampf. Nördlich davon ist das III. Panzerkorps bei Fastow von starken Feindkräften in der Nordflanke angefallen und in Bedrängnis geraten. Die Gefechtsgruppe v. Scholz wird daraufhin dem III. Korps zugeführt und unterstellt. In heißen Kämpfen bewähren sich Dänen, Norweger, Finnen und Deutsche erneut in der Abwehr des Feindes und in schweren Nahkämpfen. Die Gefechtsgruppe steht wie ein Fels im Meer.

Der Kommandeur des XIV. Panzerkorps, General der Infanterie Gustav v. Wietersheim, steht vor einem schwierigen Entschluß. Der Befehl weist ihn nach Südosten zur Verstärkung der dünnen Einschließungsfront bei Uman. Dort ist die Lage kritisch geworden. Das XXXXVIII. Panzerkorps wird von zurückgehenden Russenmassen schwer bedrängt. Die Panzergruppe benötigt das XIV. Korps dort unten an schlachtentscheidender Stelle. Doch auch im Osten ist Feind gemeldet und nördlich des XIV. Panzerkorps steht das III. Korps in harter Abwehr gegen überlegene Feindkräfte. General v. Wietersheim nimmt „Wiking“ nunmehr an die Spitze, um die Division über Biala-Zerkow, Taratscha auf Luka nach Osten anzusetzen und mit der angehaltenen 9. Panzer-Division nach Südosten zur Schlacht von Uman abzumarschieren.

Es ist der 16. Juli. Als die Vorhut der vordersten Gefechtsgruppe von Oberkamp entlang der Vormarschstraße auf Taratscha vorgeht, trifft sie dort auf schwachen Feind, nimmt das breite, langgestreckte Dorf, muß aber bald vor überlegenem Gegner zur Abwehr übergehen. Das folgende Gros erhält starkes Flankenfeuer von Norden, dreht dorthin ab und greift den auf dem Südufer des Rossflusses stehenden Feind schwungvoll an.

Doch nur mit Mühe gewinnen die Kampfgruppen ihre Angriffsziele und müssen sich dort eingraben. Denn der Gegner verstärkt sich dauernd. Auf der ganzen Front zwischen Kargalyk und Biala-Zerkow greift er mit großen Massen an und zwingt die Division zum Einsatz ihrer letzten Kräfte. Die Lage beginnt schwierig zu werden. In Taratscha wehrt sich das zweite Bataillon „Germania“ unter seinem Kommandeur Jörchel mit letzter Kraft gegen Angriffe von Osten und Norden und muß durch die Aufklärungsabteilung 5 unter Führung des Majors der Waffen-SS Freiherr v. Reitzenstein verstärkt werden. Die Gefechtsgruppe v. Scholz ist bei Fastow im Kampf gebunden und die Gefechtsgruppe Stolz als letzte in der Marschfolge der Division noch nicht heran, da die 9. Panzer-Division vor ihr erst nach Südosten abfließen muß, wo die Schlacht bei Uman den Höhepunkt erreicht hat. Alles kommt also auf die Widerstandskraft der Gefechtsgruppe von Oberkamp an. Der Artillerie-Kommandeur Gille tut, was er kann. Er führt den artilleristischen Abwehrkampf meisterhaft wie immer, und zerschlägt mit trommelfeuerartigen Feuerüberfällen einen feindlichen Angriff nach dem anderen. Auf der Straße hinter der Front der Gruppe Oberkamp hasten die schwachen Reserven der Division von einer kritischen Frontstelle zur anderen. Starker Feind dringt in Taratscha ein und wird im Gegenstoß geworfen. Gott sei Dank hat der Gegner bisher noch keine Panzer gezeigt. Die Nacht vergeht bei Stäben und Truppe unter schweren Sorgen. Am nächsten Tage wird es schon frühmorgens gefährlich. Westlich Taratscha hat sich der Feind bis fünfhundert Meter an den Divisionsgefechtsstand herangearbeitet und wird nur noch mühsam von der tapfer kämpfenden Kampfgruppe Walter in Schach gehalten. Im Rükken der Division südlich Taratscha ist feindliche Kavallerie aufgetreten. Eine schwache Sicherung von Pionieren wird dorthin herausgeschoben. Jeder Mann des Divisionsstabes ist längst eingesetzt. Sorgenvoll richten sich die Augen des Divisions-Kommandeurs nach Westen. Wo bleibt nur „Westland“? Doch jeder

Funkspruch wird mit der Meldung beantwortet: „Durchkommen durch Biala-Zerkow nicht möglich."

In der Ferne sieht man die Anfänge der 9. Panzer-Division nach Südosten abmarschieren. Die Front der Gefechtsgruppe Oberkamp droht zu zerbrechen. Als die Dunkelheit hereinbricht meldet sich endlich die Gefechtsgruppe Stolz. Ihre Anfänge werden sofort zur Entlastung des Rückens der Division bis in die Höhe südlich Taratscha vorgeführt und geraten noch in der Nacht in Kampf mit einem Feind unbekannter Stärke. Am nächsten Morgen wirft die Gefechtsgruppe starke feindliche Kavallerie – etwa eine Division – zurück, die sich fluchtartig absetzt, und schwenkt zum Flankenstoß gegen den ostwärts Taratscha stehenden Gegner nach Norden ein. Ostwärts der Division hat das III. Panzerkorps bei Fastow durch herankommende Infanteriekräfte der 6. Armee Luft bekommen. Die bisherige Wucht der feindlichen Angriffe scheint nachzulassen.

Der nächste Tag bringt die Lösung der Krise. Denn die Gefechtsgruppe Stolz geht in zügigem Angriff auf den Rossfluß vor und treibt den weichenden Gegner vor sich her. Auch die Gefechtsgruppe „Nordland" ist bei Fastow frei geworden und trifft mit ihren Anfängen gegen Mittag bei der Division in Taratscha ein. Sie wird sofort auf die Wegegabel bei Luka angesetzt, um von dort aus gemäß einer dringenden Weisung des XIV. Panzerkorps nach Norden auf Boguslaw vorzustoßen, das sie im zügigen Vorgehen noch am gleichen Abend erreicht, ohne den Ort ganz in Besitz zu nehmen. Eine lange Woche schwerer Kämpfe lag hinter der Division. Die Entlastungsangriffe zweier feindlicher Korps waren an ihrer Abwehr gescheitert. Die Einkreisung der roten 6. und 12. Armee bei Uman konnte ohne Störung vollzogen werden. Die Freiwilligen der Division „Wiking" aber wußten von nun an, daß sie dem Gegner turmhoch überlegen waren. An der Straße von Taratscha lagen viele Gräber, auf deren Kreuzen Namen von Holländern, Dänen und Norwegern neben denen von Finnen und Deutschen verzeichnet waren. Das erste große gemeinsame Blutopfer ist bei Taratscha gebracht worden und sinnend weilte nach Ablauf des Kampfes der Kommandierende General v. Wietersheim zusammen mit dem Divisions-Kommandeur an diesen frischen Gräbern.

*

Das III. Panzerkorps hatte inzwischen den Gegner bei Fastow abgeschüttelt und war im Vorgehen auf den Rossübergang bei Boguslaw, als die Division „Wiking“ den Befehl ihrer Unterstellung unter das Korps erhielt, während die Gefechtsgruppe Stolz beim XIV. Panzerkorps verblieb und von ihm zur Verdichtung des Kessels von Uman nach Süden auf Talnoje herangezogen wurde. Durch Funkspruch des III. Panzerkorps wurde die Division über Biala-Zerkow auf das Nordufer des Rossflusses gezogen. Anscheinend traute das Korps der Lage zwischen Ross und Dniepr nicht und rechnete mit weiteren Angriffen. Der Flankenschutz für die 17. und 1. Panzerarmee sollte so tief als möglich sein, um der entscheidenden Operation jede empfindliche Störung zu ersparen. So marschierte die Division in einer hundert Kilometer langen Marschkolonne hinter der 13. Panzer-Division und der 60. motorisierten Infanterie-Division nach Südosten auf Krementschug und Dniepr-Petrowsk, um den Dniepr gegen die von Uman auf ihn zurückgehenden roten Kräfte zu sperren. Die Sowjets erkannten die gefährliche operative Bewegung und versuchten, sie durch ständige Tiefflieger-Angriffe aufzuhalten. Aber von den disziplinierten Panzer- und motorisierten Truppen schlug ihnen immer wieder ein so dichtes Feuer aus allen Waffen entgegen, daß sie respektvoll bald größere Höhen aufsuchten. In der nördlichen Flanke des Korps wimmelte es in den Wäldern beiderseits Kanew von Feindkräften, die das Korps seltsamer Weise seines Weges ziehen ließen. Das Korps nahm von ihnen keine Notiz. Seine Ziele lagen im Süden und hinter ihm folgten, wenn auch mit beträchtlichen Abständen, Infanteriekräfte der 6. Armee. Korsun wurde durchschritten. Mehrere Wolkenbrüche verwandelten die Vormarschstraße in einen unergründlichen Schlamm und nagelten die schnellen Truppen, wo sie standen, bewegungslos am Boden fest. Ebenso schnell aber trocknete auch die aufkommende Sonne den Weg und löste den Schlamm in dichten Staub auf. Bei Korsun entfaltete sich das Korps. Die Masse ging auf Schpola, die Division „Wiking" als nördliche Kolonne auf Smela vor. Am Abend des 5. August durchfuhr die Vorhut unter Führung des Obersten der Waffen-SS v. Oberkamp den Ort Smela und erreichte in nächtlichem Marsch durch die Wälder südostwärts Smela ohne Feindberührung das Dorf Kamenka. Die mittlere Gefechtsgruppe der Division, dabei auch der Divisionsstab, machten Nachtrast in Smela und die Gefechtsgruppe von Scholz als letzte der Division erreichte in der Dunkelheit mit ihrem Anfang Orlowez. Alles schien ruhig zu sein. Die Befehle für den 6. August wurden am späten Abend gegeben. Morgen würde die Division den Dniepr bei Tschigerin erreichen. Doch in der Nacht kommt die Ib-Staffel mit einer alarmierenden Meldung beim Divisionsstab an. Sie war im Westteil des Ortes Smela aus der dortigen Fabrik beschossen worden und hatte mehrere Tote, darunter den finnischen Vikar Pivkala, der sich in kurzer Zeit die Herzen seiner Kameraden erobert hatte. Er war ein junger, freimütiger und fürsorglicher Soldatenpfarrer gewesen, der nicht nur seinen finnischen Landsleuten, sondern auch allen anderen Nationalitäten ein echter Freund und Seelsorger geworden war. In den frühen Morgenstunden brach der Divisionsstab von Smela auf, um dem Regiment Oberkamp auf Kamenka zu folgen. Es herrschte dichter Nebel. Die Morgenmüdigkeit und die kurze Nachtruhe lähmten die Aufmerksamkeit. Da sah der Divisions-Kommandeur in der milchigen Nebelwand ganz nah an der Vormarschstraße dicke Menschenmassen auftauchen. Das waren ja Russen! Die Schrecksekunde war kurz. Im Nu hatten die Fahrzeuge kehrt gemacht. Die ganze Führungsstaffel mit ihren zahlreichen Nachrichtenfahrzeugen raste im Feuer der stürmenden Russen nach Smela zurück. Das Fahrzeug des ersten Generalstabsoffiziers hatte Panne. Die Besatzung flüchtete in ein hohes Maisfeld und erreichte in Smela wieder den Gefechtsstab. Nur einer fehlte. Der erste Generalstabsoffizier selbst. Ihn hatte die tödliche Kugel getroffen. Die ganze Division bedauerte den Tod dieses hervorragend befähigten und liebenswerten Offiziers, des Majors der Waffen-SS Günther Ecke, der am 6. August 1941 in Smela in das kühle Grab gesenkt wurde. Die Schlacht bei Smela hatte damit begonnen. Im Sturmlauf waren die Sowjets von allen Seiten in das langgestreckte Dorf eingedrungen und in Nahkampf mit der gerade marschbereiten und schnell auffahrenden Artillerie geraten, die im direkten Schuß und Schnellfeuer den russischen Sturmkolonnen ihren Eisenhagel entgegenschleuderte. Ein wildes Inferno schien losgebrochen zu sein. Mit aller Macht wollte sich der Gegner den Durchbruch über Smela auf Schpola und Nowo Archangelsk erzwingen, um seinen bei Uman bereits untergehenden Verbänden der 6. und 12. roten Armee noch in letzter Stunde Hilfe zu bringen. Es war vergebens. Gegen Mittag stieß die von Orlowez eintreffende Gefechtsgruppe von Scholz dem Gegner in Flanke und Rücken. Bis tief in die Nacht hinein tobte der erbitterte Kampf um Smela, bis das angreifende russische Korps seine Sache schließlich verloren gab und geschlagen hinter den Dniepr zurückging. Zur gleichen Zeit hatten rote Panzerrudel die Nachschubtruppen der Division bei Korsun überfallen. Die Bäcker und Schlachter wehrten sich verzweifelt und wurden überrollt, bis ein zurückgerufener Panzerverband der 13. Panzer-Division auch diese Gefahr bannte und herankommende Infanterie der 17. Armee die Lage bei Tscherkassy und Kanew in harten Kämpfen endgültig bereinigte, während „Wiking" mit allen Kampfgruppen dem Dniepr zustrebte und ihn am 8. August bei Tschigerin in breiter Front erreichte.

Die Dniepr-Niederungen wurden in den nächsten Tagen vom Feind gesäubert, der Brückenkopf von Krementschug zusammen mit einer Kampfgruppe der 13. Panzer-Division eingeschlagen und zwei schwere Kanonenboote des Feindes, die auf dem Dniepr nach Süden durchbrechen wollten, vernichtet, als der Sieg der deutschen Truppen bei Uman bekanntgegeben wurde. Über

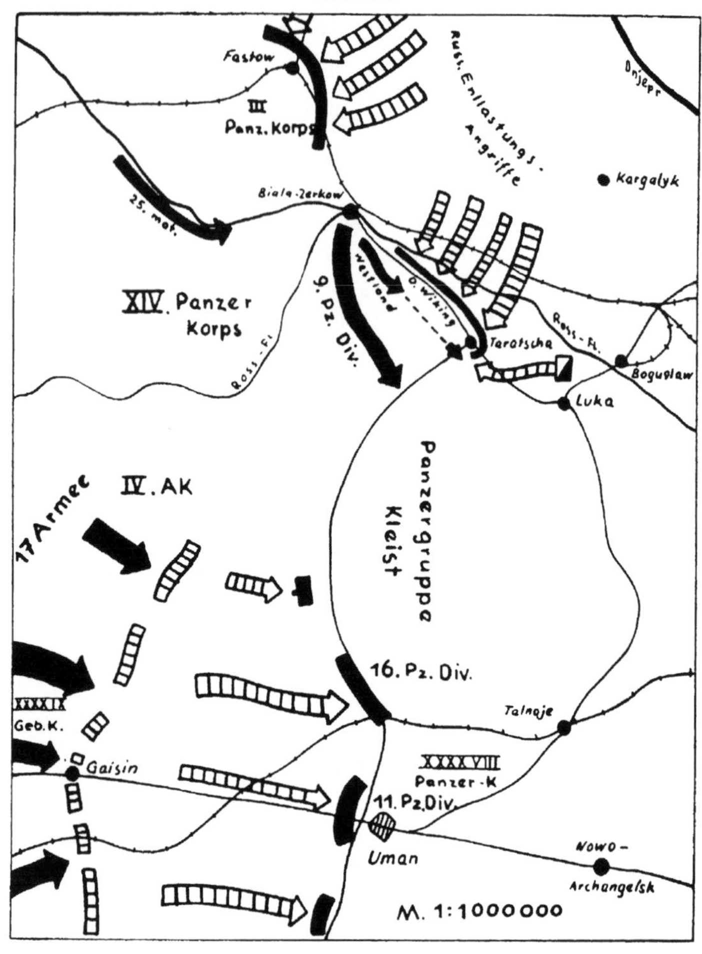

Schlacht bei Uman, Lage am 27. Juli 1941

hunderttausend Mann waren gefangen, riesige Massen von Panzern und Artillerie waren erbeutet. Die freigewordenen deutschen Truppen der 1. Panzerarmee und der 17. Armee strebten dem Dniepr zu. „Wiking“ wurde bei Tschigerin durch die italienische schnelle Division „Pasubio“ abgelöst und ging auf Dniepr-

Skizze 3

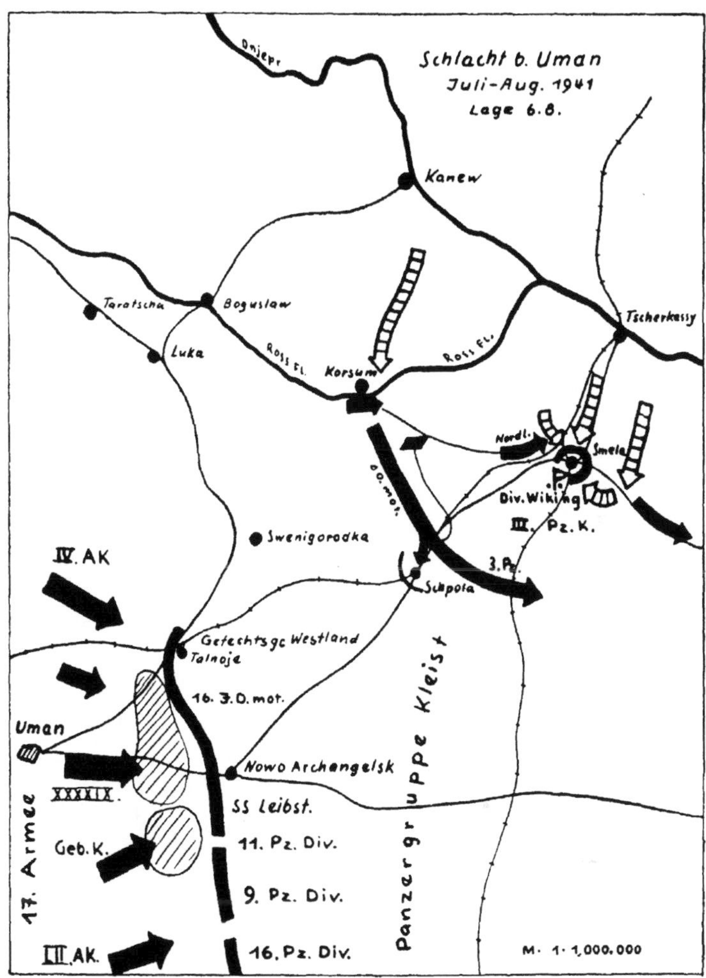

Schlacht bei Uman, Lage am 6. August

Petrowsk. Am 20. August durchstieß das III. Panzerkorps die dortigen feindlichen Stellungen und gewann im Handstreich einen schmalen Brückenkopf auf dem Ostufer des Dniepr, während die Division „Wiking“ inzwischen die Stadt Dniepr-Derschinsk erobert hatte und auf Dniepr-Petrowsk aufgeschlossen war. Schon nach wenigen Tagen wurde die 13. Panzer-Division aus dem Brückenkopf zurückgezogen und durch die Gefechtsgruppe von Scholz, die auf Fähren über den breiten Fluß setzte, abgelöst. Es begannen schwere Tage. Der Kampf im Brückenkopf von Dniepr-Petrowsk war deshalb so nervenaufreibend, weil der kleine Raum ständig unter dem dichten Feuer wohl eingeschossener feindlicher Artillerie lag, die alle Übergänge über den Dniepr beherrschte. Allnächtlich mußten sich die Brückenkopftruppen ihren gesamten Nachschub über einen schmalen Steg vom anderen Ufer herüberholen. In langen Reihen trabten jede Nacht Menschenkolonnen über den schwankenden Steg und kehrten, ständig von wohlgezielten Feuerüberfällen des Gegners bedroht, im Laufschritt mit Lasten von Verpflegung und Munition im Morgengrauen in den Brückenkopf zurück. Täglich griff der Gegner mit Panzern entlang der Steinstraße an, wo die Dänen, Norweger und Finnen in den Sanddünen lagen und sich wild und oft mit letzter Verzweiflung wehrten. Dank ihrer Tapferkeit gelang es dem Gegner nicht, den Brückenkopf aufzuspalten. Der Nacht um Nacht und Morgen um Morgen durch die Stellungen wandernde oder kriechende Oberst der Waffen-SS v. Scholz sprang ihnen dabei mehr als einmal mit Handgranaten zur Seite und wurde ihnen in dieser Zeit ein echtes Vorbild. Von da ab nannten sie ihn nur noch den „Alten Fritz“. Sein Regiment aber wurde in diesen Tagen der feste Pfeiler des schwachen Brückenkopfes, bis die ganze Division am 7. September auf das Ostufer des Dniepr übersetzte, um den Brückenkopf durch Angriff zu erweitern und in ihm dadurch erträglichere Lebens- und Kampfverhältnisse zu schaffen. In zwei dunklen Nächten war die Division auf Flößen und Fähren über den Fluß gesetzt und hatte sich in der Nacht vom 8. zum 9. September zum Angriff bereitgestellt. Daß der Angriff aus engem Raum heraus schwer sein würde, war vorauszusehen. Das Generalkommando und die Division hatten alles getan, um ihn sorgfältig vorzubereiten und durch zusätzliche Batterien des Generalmajors v. Roman und des italienischen Expeditionskorps „Messe“ zu unterstützen. In der Nacht vor dem Angriffstage war der Gegner merkwürdig unruhig. Morgens um fünf war die Führungsabteilung der Division in einem tiefen Granattrichter eingerichtet und gefechtsbereit. Zu ihr gesellte sich der Kommandierende General des III. Panzerkorps, General der Kavallerie v. Mackensen mit seinem Chef des Stabes. Eine halbe Stunde später bricht das Artilleriefeuer los. Die feindlichen Stellungen und das Dorf Kamenka sind in wenigen Minuten in Qualm und Rauch gehüllt. Auch der Gegner ist nicht untätig. Er antwortete mit einer artilleristischen Stärke und Energie, die alles bisherige in den Schatten stellt. Um neun Uhr sollte der infanteristische Angriff beginnen. Doch der Divisions-Kommandeur hatte den festen Eindruck, daß es zu früh sei, weil der Gegner artilleristisch immer stärker wurde. Die heftige feindliche Feuerwirkung auf den engen Brückenkopf stellte die Nerven der Angriffstruppe auf eine harte Probe. Auch die Nerven des Divisions-Kommandeurs waren bis zum Zerreißen gespannt, als der Kommandierende General die Frage an ihn stellte, wann denn nun die Division angreifen werde? „Sobald dies möglich ist“, war die kurze Antwort. Nach einer langen Weile des Schweigens steht der Kommandierende General auf: „Es ist für mich ein ungeheuer schwerer Entschluß. Ich sehe ein, der Gegner scheint zu stark zu sein. Der Angriff wird nicht durchgeführt. Ich muß es mir jetzt aber überlegen, ob wir den Brückenkopf unter diesen Umständen noch länger werden halten können“, und verläßt den Gefechtsstand. Eine weitere bange Stunde vergeht. Das beiderseitige Artillerieduell ist zu einem Feuerorkan angeschwollen. Doch schien es, als wenn der Gegner nunmehr weniger und in größeren Abständen antwortete. Jetzt ist die Zeit des Infanterieangriffes gekommen. Die Befehle dazu werden telefonisch durchgegeben. Noch einmal faßt die gesamte Artillerie ihr Feuer vor den Einbruchsstellen beider Angriffsgruppen zusammen. Eine halbe Stunde später sind die Panzergrenadiere des Regiments „Germania" in Kamenka eingedrungen. Die Meldungen lauten optimistisch. „Westland" hat die feindlichen Stellungen durchbrochen und geht zügig vor. Nachmittags um fünf Uhr sind die Angriffsziele erreicht. Die Division kann dem Korps die Fortnahme des Dorfes Kamenka, die Besetzung der bisherigen feindlichen Beobachtungsstellen und die Erweiterung des Brückenkopfes melden. 5000 Gefangene, zahlreiche Geschütze und Panzer sind in ihre Hand gefallen. Jetzt erst stellte es sich heraus, daß der Gegner am gleichen Tage und zur gleichen Stunde mit drei Divisionen zum Angriff in Kamenka bereit gestanden hatte, um den Brückenkopf nunmehr endgültig zu liquidieren. Das Feuer der deutschen Artillerie hatte diese Absicht zunichte gemacht und seine Angriffsinfanterie zerschlagen. Seitdem verblieb die Division „Wiking" unter nunmehr erleichterten Kampfbedingungen im Brückenkopf. Der Feind hatte seine Versuche, die deutschen Divisionen hinter den Dniepr zurückzuwerfen, endgültig aufgegeben. Am 15. September konnte der Divisions-Kommandeur seinen Dank an die Division mit nachfolgendem Tagesbefehl abstatten:

DIVISION WIKING
KOMMANDEUR

Div.-Gef.-Stand 15. September 1941

Männer der Division Wiking!

Schwere Kampftage liegen hinter Euch.

Die Division hat in heißen Kämpfen täglich feindliche Angriffe abgewiesen, Kamenka genommen, fast 5000 Gefangene gemacht und steht seitdem im Brückenkopf als unerschütterlicher Eckpfeiler dieser wichtigen Position.

Acht feindliche Divisionen sind vor dem Brückenkopf zerschlagen, starke Kräfte gebunden.

So schafft ihr in harter Abwehr die Voraussetzungen für

das Vordringen unserer Kameraden ostwärts des Dniepr, deren Vorstoß sich auch hier bald auswirken wird.

Wie immer hat sich die Division hervorragend geschlagen. Ihre Leistungen und ihr Geist sind in weiten Teilen der Armee auf das Höchste anerkannt.

Auch der Feind hat die Schläge der Division derart verspürt, daß er sie in propagandistischer Weise bereits zum dritten Male öffentlich als vernichtet bezeichnet hat.

Dem gegenüber stehen wir in altem Kampfwillen zu weiteren Taten bereit.

Die Division ist durch die feste Verbundenheit aller Freiwilligen in ihren Reihen zu einem Symbol geworden. Ob deutscher, niederländischer, dänischer, norwegischer oder finnischer Nationalität, uns allen ist die Division „Wiking" ein Wahrzeichen unserer Zusammengehörigkeit und Schicksalsverbundenheit. Die Taten der stolzen Regimenter „Germania", „Westland" und „Nordland", die Leistungen des Artillerie-Regiments 5, der Aufklärer, der Panzerjäger, Sturmpioniere, der Flakartillerie, unserer treuen Nachrichtenmänner und Sanitätsabteilung sind Beweise besten Soldatentums. Sie reihen sich würdig in die deutsche Soldatengeschichte ein und erfüllen mich ebenso mit Stolz wie die unermüdliche Arbeit der gesamten Nachschub- und Versorgungstruppen, denen unser gemeinsamer Dank gilt.

Die Division wird, das weiß ich, auch in den kommenden Zeiten, ihren Ruhm mehren und den Feind schlagen.

Heil Euch, Kameraden!

gez. Steiner

Unter den zahlreichen Kommandierenden Generalen des Heeres, denen die Division während des Ostfeldzuges unterstanden hat, bis sie endlich in einen eigenen Korpsverband eingegliedert werden konnte, waren die Generale Gustav v. Wietersheim und v. Mackensen die markantesten. Als Befehlshaber von Panzerkorps in der 1. Panzerarmee waren sie abwechselnd anderthalb bis zwei Jahre hindurch unmittelbare Vorgesetzte der Division und haben einen wesentlichen Anteil an ihrer militärischen Entwicklung gehabt. Beide hatten lange Zeit dem Generalstabe angehört, dabei aber nicht ihre Verbundenheit mit der Truppe eingebüßt. Wie die Mehrzahl geistig hochstehender Persönlichkeiten, besaßen sie neben überragenden Führereigenschaften auch ein großes Herz, das die Truppe spürte und ihnen deshalb Vertrauen schenkte. Trotz aller Bestimmtheit forderten sie nichts von der Truppe, was diese nicht leisten konnte und waren immer bemüht, Blut zu sparen, wo sie es konnten. Dafür war ihnen die Truppe dankbar und fühlte sich unter ihrer Führung in sicherer Hut. General Gustav v. Wietersheim brachte darüber hinaus den Freiwilligen noch ein unmittelbares und per-

Skizze 4

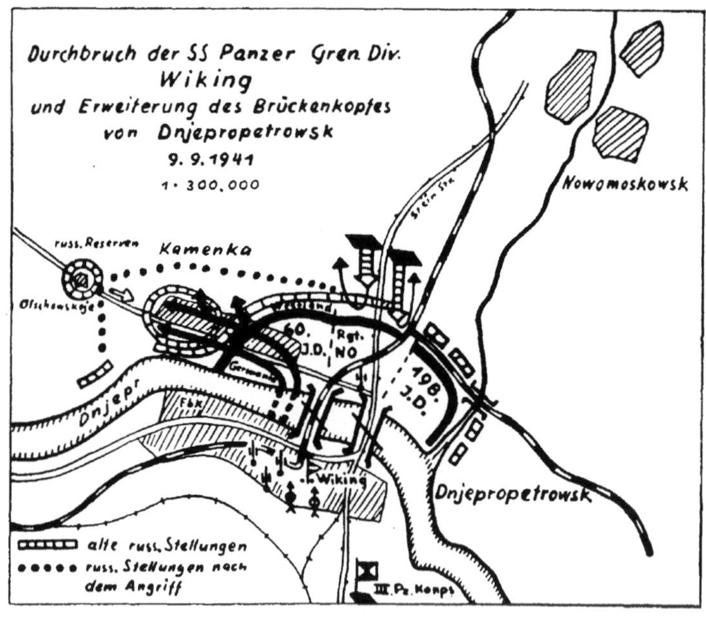

9. September 1941

Estnische Freiwillige beim Marsch durch Dorpat 1943

Estnische Fahne, Symbol der estnischen Freiwilligen

Ein Unteroffizier als erster estnischer Ritterkreuzträger

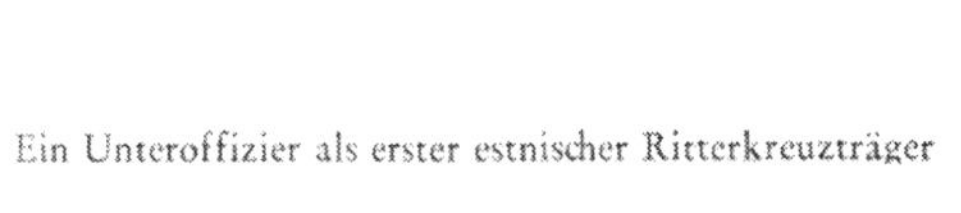

Christian Frederik v. Schalburg

geb. Poltawa 15. 4. 06,
† 2. 6. 42 bei Demjansk
in dänischer und deutscher Uniform

sönliches Interesse entgegen, während die joviale Art des Generals v. Mackensen bei allen seinen Untergebenen eine wohltuende Atmosphäre schuf. Im Verbande des XIV. und des III. Panzerkorps hat die Division „Wiking“ gute und böse Zeiten erlebt.

Unter dem Befehl des Generals v. Mackensen öffnete die Division kurze Zeit nach ihrem Brückenkopfangriff diesen durch Angriff nach Osten und gewann dabei Anschluß an das XIV. Panzerkorps, das nach der Schlacht von Kiew wieder nach Süden abgedreht und auf Nowo–Moskowsk–Pavlograd angetreten war. Einige Tage später wechselte die Division vom XIV. Korps wieder zum III. Panzerkorps herüber und stieß mit diesem auf das Asowsche Meer vor, um die feindlichen Kräfte vor der 11. Armee einzuschließen [26]. Nach geschlagener Schlacht trat sie wieder zum XIV. Panzerkorps über und erreichte, in täglichen Gefechten über den Kalmius vorstoßend, die Krynka. Bei diesen Verfolgungskämpfen kam es oftmals zu den merkwürdigsten Situationen. So traf der Divisions-Kommandeur einmal bei der Fahrt von einer Gefechtsgruppe zur andern auf ein kampfbereites feindliches Bataillon, das sich gerade zum Angriff entfalten wollte. Im Vertrauen auf die Verblüffung, die er bei den Russen hervorrufen würde, fuhr der Begleitoffizier, Hauptmann der Waffen-SS Christian v. Schalburg, in einem Panzerspähwagen auf die Russen zu und forderten sie durch laute russische Befehle dazu auf, sich zur Marschkolonne zu formieren und ihm zu folgen. Zunächst entstand beim Feinde einige Unruhe und es sah nach einem Überfall auf den kühnen dänischen Offizier aus. Dann aber gehorchten die Sowjets dem nochmaligen mit Stentorstimme und drastischen russischen Worten gegebenen Befehl, legten die Waffen nieder und ergaben sich einem einzigen Mann, indem sie sagten: „Gegen einen so großen Gospodin kön-

[26] In der Schlacht am Asowschen Meer zwischen 5. und 10. Oktober wurden die Russen im Raume von Tschernigowka eingekesselt und ließen ostwärts des Dniepr 65 000 Gefangene, 500 Geschütze und zahlreiche Panzer in deutscher Hand.

nen wir ja doch nichts ausrichten und müssen ihm gehorchen." Selbst die Kommissare waren machtlos und verschwanden blitzschnell im hohen Mais.

An der Krynka warf „Nordland" in schwungvollem Angriff eine feindliche Kavallerie-Division zurück. Dann war der Mius erreicht. Bei Golodajewka wurde ein Brückenkopf gebildet; aber das weitere Vorgehen auf Rostow mußte eingestellt werden, da die Schlammperiode jede Bewegung unterband. Erst der nach vierzehn Tagen einsetzende Frost machte die Wege wieder passierbar. Von Panzern und Kraftwagen wurde der gefrorene Schlamm abgehackt, die Fahrzeuge wieder fahrbereit gemacht und der Vormarsch auf Rostow fortgesetzt. Im Süden trat das III. Korps zum Angriff an. Das XIV. Panzerkorps ging in der Mitte und das XXXXIX. Gebirgskorps im Norden auf die Linie Rostow–Schachty vor. Wieder wurde der Feind schnell geworfen und von den Panzer-Verbänden vor sich hergetrieben. Zum ersten Male aber setzte der Gegner starke Flieger-Verbände ein. Frische Kavallerie-Verbände erschienen auf dem Gefechtsfelde, attackierten und wurden zusammengeschossen. Ganze Ortschaften gingen im Feuer neuer sowjetischer Waffen, der Stalinorgeln, in Flammen auf. Das I. Bataillon „Westland" unter dem Befehl des Majors der Waffen-SS Freiherr v. Hadeln hatte dabei schwere Verluste. Doch der Vormarsch konnte nicht aufgehalten werden. Infolge Abhängens des XXXXIX. Gebirgskorps und seiner schweren Kämpfe auf den weit westlich liegenden Höhen von Dariewka dehnte sich die Flanke der auf Schachty vorgehenden Division „Wiking" endlos aus. Auf ihrer Rollbahn kommt es allnächtlich zu kritischen Situationen durch Überfälle von Russenkolonnen, die nach Norden durchbrechen wollen. Doch das waren im Panzer- und motorisierten Kampf alltägliche Erscheinungen. Erst bei Astachowo, westlich von Schachty, stößt die Vorhut der Gefechtsgruppe von Scholz auf härteren Feindwiderstand. In der Flanke der Division wird plötzlich ein neuer Gegner gesichtet. Auf großer Breite klären feindliche Kavallerie-Patrouillen lebhaft auf. Auf allen Bahn-

Skizze 5

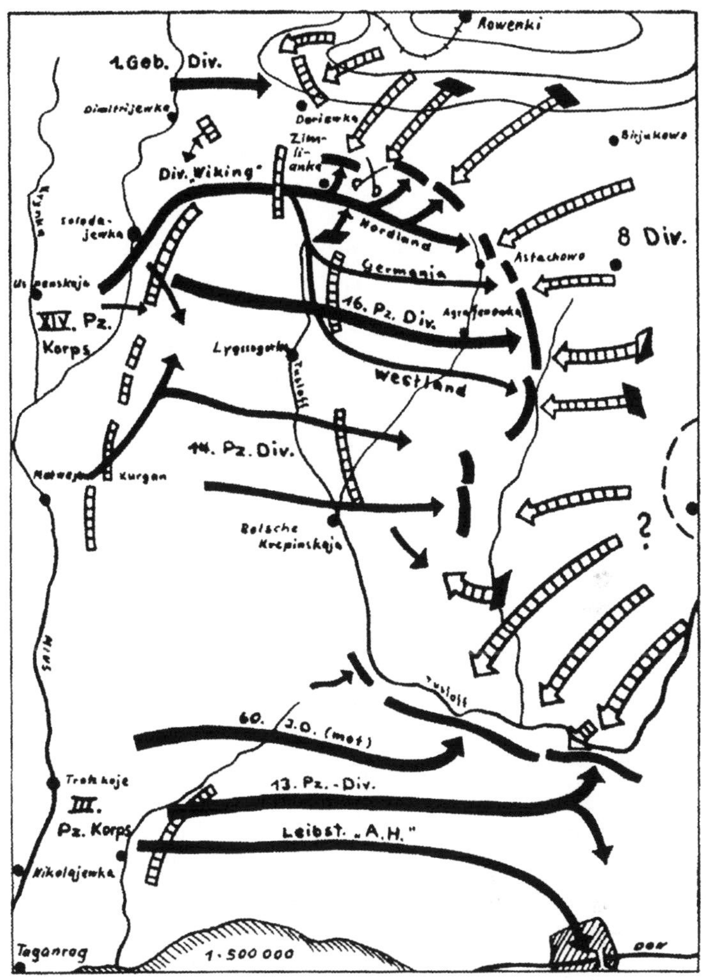

Erster Angriff der 1. Panzerarmee auf Rostow, November 1941

höfen von Schachty bis Rowenki sind lebhafte Eisenbahnbewegungen im Gange. Auf einer Station zählt ein Aufklärungsflieger allein achthundert Waggons. Korps und Division sind in der

Beurteilung der Lage verschiedener Ansicht. Handelt es sich hier um An- oder Abtransporte des Gegners? Die Division richtet sich jedenfalls auf harte Kämpfe ein. Inzwischen ist der Kampf mit neu herangeführten Feindkräften in Stärke von drei Armeen auf der ganzen Front zwischen Rostow, Astachowo und Dariewka entbrannt. Zwar hatte die Leibstandarte im Süden am 21. November Rostow im Sturm genommen, mußte es aber schon am 29. wieder aufgeben. Die ganze erste Panzerarmee befand sich in schwerster Bedrängnis. In ihrer langgestreckten Nordflanke hatte „Wiking“ einen Angriff nach dem anderen abzuwehren und sah sich fünf angreifenden feindlichen Divisionen gegenüber, denen sie nur die Gefechtsgruppe von Scholz entgegenstellen konnte, da „Westland“ zwischen der 14. und 16. Panzer-Division ostwärts Agrafenowka dringend benötigt wurde, um einen feindlichen Durchbruch zu parieren und „Germania“ bei Astachowo frontal gebunden war. Bei der Gefechtsgruppe „Nordland“ kommt es zu schweren Panzerkämpfen und bösen Überraschungen. Die deutsche Pak erweist sich gegenüber den neuen russischen Panzertypen als wirkungslos. Die herangeführten Panzer der 16. Panzer-Division können gegenüber den zahlreichen russischen T 34 nichts ausrichten. Die Panzergrenadiere des Regiments „Nordland“ wehren sich mit geballten Ladungen und Tellerminen. Aber der Kampf ist auf die Dauer zu ungleich. Unter dem Druck der ständig weiter nach Westen ausholenden Feindkräfte entschließt sich Generaloberst v. Kleist zur Zurücknahme der Panzerarmee hinter den Tusloff. In der Nacht vom 26. zum 27. setzt sich das XIV. Panzerkorps mit einem weiten Sprunge vom Gegner ab, der am nächsten Morgen einen Luftstoß macht und erst mittags mit einem Kavalleriekorps und Panzern zur Verfolgung antritt. Bei Balabanow ostwärts des Tusloff trifft es auf die Nachhuten von „Wiking“ und holt sich von der dortigen Gefechtsgruppe eine blutige Abfuhr. Nacheinander fallen in einer Stunde der tapfere Kommandeur des Pionier-Bataillon 5, Albert und die Mehrzahl der Offiziere und Männer seines Stabes. Finnen und Norweger des III. Bataillons

„Nordland“ und die Panzerjäger des Majors Roweder kämpften einen heldenhaften Kampf. Nach heißen Gefechten am Tusloff weicht die Panzergruppe 1 hinter den Mius zurück, krallt sich dort im Boden fest und geht zur Abwehr über.

Nach Abschluß der Kämpfe dankte der Divisions-Kommandeur den Soldaten der Division „Wiking“ mit nachfolgendem Tagesbefehl:

SS-DIVISION WIKING
Kommandeur *Div.-Gef.-Stand, 26. November 1941*

Wikinger!

Nachdem die Kämpfe im Raume Rostow im Großen als abgeschlossen gelten können, ist es mir ein Bedürfnis, Euch allen für Euere große Tapferkeit und Treue zu danken, die Ihr in den vergangenen Großkampftagen bewiesen habt.

Die Division hat Schulter an Schulter mit den Panzern den Stoß der ganzen feindlichen 37. Armee gegen die Flanke von Rostow siegreich abgewehrt.

Die rote 51. Division, die 295. Division, die 96. Division und die 253. Division, die 56. Kavallerie-Division und die II. Panzer-Brigade haben die Nordgruppe der Division unter Führung des Obersten von Scholz angegriffen.

In engster Kameradschaft haben das SS-Regiment „Nordland“, das SS-Pionier-Bataillon 5, das I. und II./SS-Regiment „Germania“, die Artillerie, die Panzerjäger und die SS-Flak-Abteilung 5 in drei heißen Kampftagen den roten Ansturm siegreich abgewiesen und dem Gegner schwerste Verluste beigebracht.

Viele einzelne Heldentaten habt Ihr dabei vollbracht, als deren vorderste ich den Kampf um Ljubimaja, den Einsatz des Oberstleutnants Brasack, die kühne Waffentat des Oberleutnants Faulhaber mit ihren Männern und den per-

sönlichen Vorstoß des Obersten v. Scholz auf Balabanow besonders hervorhebe.

Inzwischen hatte das SS-Regiment „Westland“ unter Oberst Stolz die Angriffe der 150. Infanterie-Division, der 66. Kavallerie-Division und einer Panzereinheit Schulter an Schulter mit dem III./SS-Regiment „Germania“, der I./SS-Artillerie-Regiment 5, Panzerjägern und Flak 5 siegreich abgewiesen.

Mühelos konnte sich die Division und die 16. Panzer-Division nach siegreicher Abwehr vom Gegner lösen und hinter dem starken Tusloff-Abschnitt jede weitere Bedrohung parieren. Diese schwierige Operation habt Ihr in bester Disziplin und Ordnung durchgeführt.

In vollem Vertrauen auf Euere weit überlegene Ausbildung, Euren kriegerischen Geist und Eure sittliche Moral zeigt Ihr dem Gegner täglich Eure kämpferische Haltung und Überlegenheit.

Wenn ich Euch heute für Eure Tapferkeit und Euer Vertrauen zu meiner Führung danke, so tue ich dieses aus tiefem Herzen und in enger Kameradschaft mit jedem Einzelnen von Euch.

Heil Euch, Wikinger!
gez. Steiner

Das Feldzugsjahr 1941 neigt sich dem Ende zu.

*

Zum ersten Male hatte die 1. Panzerarmee gewonnenen Raum preisgeben müssen. Zwar war der kurze Rückzug nur eine gewandte, aber notwendige Parade gegenüber dem ersten sowjetischen Gegenschlag von Bedeutung und hatte keine Rückwirkungen auf die Moral und den Kampfgeist der Truppe, die den fünfmal so starken Gegner in dem Bewußtsein ihrer kriegerischen Überlegenheit sicher in Schach hielt und alle seine Angriffe, durch die er seinen Erfolg zu erweitern versuchte, immer wieder blutig abwies. Aber sie hatte beim Ausweichen auf den Mius dennoch einiges schadhafte Material zurücklassen müssen, das ihr bitter fehlte und dessen Verlust ihre Beweglichkeit einschränkte. Auch rächte es sich nun, daß ihr keine Zeit dazu gelassen war, sich auf den Winter vorzubereiten. Die notwendige Winterausrüstung und die Ersatzteile für die Kraftfahrzeuge konnten nur allmählich herangebracht werden. Stellungen waren zunächst nicht vorhanden. Wo die Truppe hinter dem Mius eintraf, mußte sie Gräben in den gefrorenen Boden aufbrechen oder heraussprengen, um notdürftigsten Schutz gegen das feindliche Feuer und die Unbilden der Witterung zu finden. Die täglichen Angriffe des Gegners ließen sie zudem nicht zur Ruhe kommen, bis der Feind nach wochenlangen Versuchen, die Miusfront mit seinen Massen zu durchbrechen, sich selbst so stark verbraucht hatte, daß er vor den deutschen Stellungen erschöpft liegen blieb und sich dort eingrub. Um die Jahreswende waren die Kämpfe abgeflaut und die Gefahr eines Durchbruches endgültig gebannt. Jetzt erst konnte die Truppe daran denken, ihre Kampf- und Lebensbedingungen zu verbessern. Dank ihrer Energie und Improvisationskunst war ihr das in überraschend kurzer Zeit auch gelungen. Doch ihre Beweglichkeit ließ sich nur langsam wieder herstellen.

Mitten in dieser gefährlichen Schwäche drohte ihr eine erneute Gefahr von dem zweiten Gegenschlage, den die Sowjets aus dem Raum Isjum gegen die nördlich benachbarte 17. Armee führten und einen hundert Kilometer tiefen und siebzig Kilometer breiten Einbruch erreichten. Schon als die ersten Anzeichen des russischen Erfolges sichtbar wurden und die 1. Panzerarmee alle entbehrlichen Kräfte zusammenkratzen mußte, um der 17. Armee zu helfen, war der Kommandierende General des XIV. Panzerkorps zur Division „Wiking“ gekommen und hatte sich seine Sorgen vom Herzen geredet. Ein weiteres erfolgreiches Vorgehen der Sowjets nach Südwesten oder gar ein Einschwenken nach Süden mußte für die 1. Panzerarmee unabsehbare Folgen haben. Ein Rückzug nach Westen in Eis und Schnee wäre bei ihrer beschränkten Beweglichkeit dem sicheren Untergang gleichgekommen. Alle verfügbaren Schmiede und Tischler begannen deshalb Tag und Nacht an der Fertigung von Schlittenkufen zu arbeiten, um wenigstens die unbeweglichen Geschütze damit zu versehen. Die rückwärtigen Dienste bekamen den Auftrag, die notwendige Bespannung sicherzustellen. Erst nach wochenlangen Krisen wurde die 17. Armee Herr der Lage und konnte es verhindern, daß der Gegner einen operativen Erfolg errang. Wie alle anderen Truppen der 1. Panzerarmee, so hatte auch die Division „Wiking" mit einigen Abgaben dazu beigetragen, die Gefahr zu bannen. Die bei Grischino eingesetzte Kampfgruppe des Majors der Waffen-SS Dieckmann hatte sich am dortigen Eckpfeiler der Schlacht hervorragend bewährt. Zum erstenmal war sie dort auf die zweite Welle der Freiwilligen gestoßen, die Legion „Wallonie", die in ihrer Nähe eingesetzt gewesen war.

Schon im Oktober war diese Legion nach kaum viermonatlicher Ausbildung aus Brüssel abgefahren und in Dniepr-Petrowsk ausgeladen worden, um von dort aus ihren Einsatzraum im Donbas im Fußmarsch zu erreichen. Der Beginn der Schlammperiode fesselte sie jedoch an ihren Ausladeraum. Während der Wartezeit bis zum Frosteinbruch wurde sie dazu verwandt, das Sumpfgebiet der Samara von ehemaligen sowjetischen Soldaten zu säubern, die sich nach den Niederlagen am Dniepr dorthin geflüchtet, gesammelt und zu Verbänden zusammengeschlossen hatten. Sie terrorisierten die Bevölkerung, störten den deutschen Nachschub und begannen mehr und mehr eine Partisanentätigkeit zu entfalten, die deutscherseits energische Maßnahmen erforderte. Obwohl die Legion noch keine Kampferfahrung besaß und Kämpfe solcher Art beschwerlich sind, weil sie den vollen Einsatz des einzelnen Mannes verlangen und in der Regel zu Nahkämpfen im unübersichtlichen Gelände führen, haben die wallonischen Freiwilligen diese Zwischenaufgabe erfolgreich gelöst und dabei ihre ersten Kampferfahrungen mit den Sowjets gesammelt. Kurz vor Weihnachten war die

Legion unter Führung ihres energischen Kommandeurs, des belgischen Majors Lucien Lippert nach beschwerlichem Marsch auf tief gefurchten, hart gefrorenen Wegen bei der 17. Armee im Donbas eingetroffen und im Raum Artemowsk eingesetzt worden, wo sie erstmals Bekanntschaft mit der sowjetischen Industriebevölkerung machte. So indifferent sich der russische Bauer gegenüber dem Sowjetsystem verhielt, so fanatisch waren die Industriearbeiter ihm ergeben. Trotz aller deutschen Kontrollmaßnahmen wimmelte es deshalb in den dicht bevölkerten und unübersichtlichen Industriestädten von sowjetischen Agenten, Saboteuren und ehemaligen Kommissaren, die hier untergetaucht waren, die Bevölkerung gegen die Deutschen aufhetzten und eine Quelle ständiger Unsicherheit bildeten. Die im dortigen Raum eingesetzten Italiener waren viel zu gleichgültig und sorglos, um sich dagegen tatkräftig zu schützen. So kam es bei ihnen zu ständigen Überfällen und zum Einsickern russischer Verbände in die Front, die alle Nachbarn ständig in Spannung hielten und die Legion „Wallonie" mit einer ganz neuen Seite sowjetischer Kriegführung bekanntmachten. Doch erst in der zweiten Januarhälfte 1942 erlebte die Legion die ganze Härte des östlichen Weltanschauungskrieges, als die sowjetischen Streitkräfte, von fanatischen Kommissaren vorwärts getrieben, bei Isjum durchgebrochen waren und auch die Legion nach Westen verschoben wurde, um den Durchbruch des Gegners aufzuhalten. Im eisigen Winter mußte sie nunmehr im freien Gelände gegen feindliche Massen kämpfen und ihre ganze körperliche und seelische Widerstandskraft aufbieten, um dem Gegner Stand zu halten. Am 25. Februar war die Legion ostwärts von Grischino im Verbande der 100. Jäger-Division eingesetzt und hat in wochenlangen Kämpfen Beweise ihres Mutes und ihres Kampfgeistes abgelegt, die dem belgischen Soldatentum zur hohen Ehre gereichen. Die Winterkälte, die geringe Kampferfahrung mit der russischen Gefechtstaktik, der Mangel an eigener Artillerie und die Zusammenarbeit mit einem deutschen Großverband, dessen Führung ihr zunächst abwartend, wenn nicht gar ohne besonderes

Vertrauen gegenübertrat[27], haben die Legionäre vor Aufgaben gestellt, bei der eine andere, kampfungewohnte Truppe möglicherweise versagt hätte. Auch die wallonische Legion ist von Kampfkrisen nicht verschont geblieben. Aber ihre hohe Kampfmoral und die Überzeugung, hier die Ehre des ganzen belgischen Soldatentums zu verteidigen, haben ihr die Kraft gegeben, sie zu überwinden, sich gegenüber dem Feind und der kritischen Skepsis der Deutschen zu behaupten und sich schließlich durchzusetzen. Aber die Legion hatte im Januar und Februar schon derart schwere Verluste erlitten, daß sie Anfang März aus ihren Stellungen abgelöst werden mußte. Als Anerkennung für ihre Standfestigkeit wurde sie ehrenvoll im Heeresbericht erwähnt. Die einsetzende Frühjahrsschlammperiode machte den Kämpfen auf der ganzen Front der 17. Armee ein Ende. Die Sowjets hatten nicht einmal einen ordinären Sieg errungen.

Die Wallonische Legion besaß von allen Legionen wohl das stärkste nationale Profil. Sie vereinigte in sich nicht nur alle charakteristischen Eigenschaften des wallonischen Volkstums, sondern hing auch weitgespannten nationalistischen Zielen an, deren Verwirklichung sie durch ihre militärische Partnerschaft mit den Deutschen einmal erreichen wollte. Sie war also nicht nur eine militärsche Kampfgemeinschaft, sondern auch in politischer Hinsicht eine geistige Einheit, deren Mittelpunkt der wallonische Nationalistenführer Léon Degrelle war.

Degrelle diente in der Legion als einfacher Soldat, wurde im Laufe der Zeit Unteroffizier, dann zum Offizier befördert und am Ende des Feldzuges schließlich ihr Kommandeur. Er war ein typischer Wallone, leidenschaftlich, ehrgeizig, kühn und großherzig. Er war leicht zu begeistern und voller Phantasie. Seine hochfliegenden politischen Pläne kulminierten in dem Wunsch nach Stärkung des belgischen Staates und Volkes und nach Vergrößerung ihrer europäischen Bedeutung. So war er der geistige Motor der Legion. Darüber hinaus war er ein soldati-

[27] Siehe Léon Degrelle: „Die verlorene Legion", S. 25.

sches Naturtalent und wurde ein so passionierter und routinierter Soldat, daß seine politischen Eigenschaften schließlich von seiner militärischen Leidenschaft überschattet wurden. In der Überzeugung, daß die beste Garantie für eine belgische Zukunft in der militärischen Leistung wallonischer Soldaten liege, widmete er sich der soldatischen Aufgabe mit großem Ernst und verstand es, seine Landsleute mit glühendem Pathos in ihrer soldatischen Ehre zu packen und sie zu großen militärischen Leistungen anzufeuern. Seine echte soziale Einstellung und sein kameradschaftliches Gefühl öffneten ihm die Herzen der Legionäre, die sich zwar aus allen Ständen und Berufen zusammensetzten, in der Mehrzahl jedoch aus jungen Arbeitern bestanden, die diesem

Skizze 6

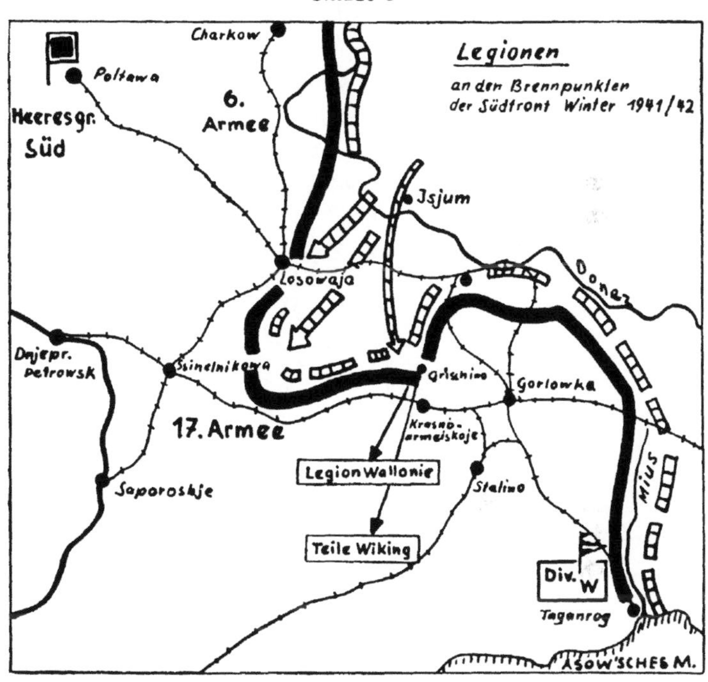

Legion „Wallonie", Winter 1941/42 bei Grischino

Prototyp eines politischen Soldaten und militärischen Führers volles Vertrauen schenkten und es ihm bis zur letzten Stunde des Krieges bewahrt haben.

Während das Abflauen der Kämpfe an der Südfront der Legion „Wallonie“ die Möglichkeit gab, ihre Kampfkraft, wenn auch mit stark gesunkenem Mannschaftsbestande, wieder herzustellen und die Kampfgruppe Dieckmann nach pausenlosem Einsatz an einem Eckpfeiler der Front und schweren Einbußen an Menschen und Material zu der Division „Wiking“ zurückkehrte, wo sie sofort die Möglichkeit zur Erholung und Auffrischung erhielt, waren bei der Division selbst die ersten Ersatztransporte aus Deutschland eingetroffen. Im Februar kam das neu aufgestellte vollmotorisierte finnische Freiwilligen- Bataillon am Mius an. Es war auf dem Truppenübungsplatz Groß-Born gründlich und fachmännisch ausgebildet worden und vortrefflich ausgerüstet. Es sollte nach dem Wunsch des Marschalls von Finnland die ersten finnischen Freiwilligen ersetzen, die inzwischen nach Finnland zurückgekehrt waren. Ihr Ausfall hatte die weitgespannte Abwehrfront der Division bis zur Grenze des Erträglichen geschwächt, zumal auch neunzig norwegische Freiwillige mitten in der größten Krise nach ihrer freiwilligen Dienstverpflichtung von einem Jahr ihre Entlassung forderten und daraufhin nach Norwegen zurückgekehrt waren. Jetzt konnte das finnische Freiwilligen-Bataillon die entstandene Lücke wieder schließen und wurde nach einigen Tagen der Eingewöhnung in die Front an der ruhigen Stelle bei Nowo-Bachmutzki eingeschoben. Über tausend junge finnische Soldaten waren bei ihrem Eintreffen an der Front vom Divisionskommandeur mit Handschlag begrüßt worden. Jeder Divisionsangehörige kam den Finnen sogleich kameradschaftlich entgegen und bemühte sich, ihnen zu helfen, wo er nur konnte. So gewann die junge Truppe gleich das Gefühl, eine soldatische Heimat gefunden zu haben und die unermüdliche Fürsorge des Regiments-Kommandeurs, Oberst der Waffen-SS v. Scholz, in Gemeinschaft mit der Tätigkeit des kernigen finnischen Soldatenpfarrers Major Kurkiala, haben ihr die Aufgabe, Finnlands Armee und Waffenbrüderschaft zu repräsentieren, sehr erleichtert. In den späteren harten Kämpfen des Jahres 1942 hat das Bataillon immer seinen Mann gestanden, wo es auch eingesetzt war und die finnische Armee und ihr Soldatentum ehrenvoll vertreten. Sein Name ist für immer mit dem der Division „Wiking“ unlösbar verbunden.

Unter dem kurz vorher eingetroffenen Einzelersatz befanden sich auch eine Anzahl flämischer und Schweizer Freiwillige, die ihre sichere heimatliche Existenz freiwillig mit den Gefahren des Krieges vertauscht hatten und auf dem Bahnhof Uspenskaja erstmalig ihrem Divisions-Kommandeur in die Augen blickten. Man brauchte nur in die gläubigen Augen dieser Jungen zu sehen, um daraus das große Vertrauen zu erkennen, das sie zu geben bereit waren. Mühelos und freudig gliederten sie sich in die Division ein und verstanden sich schnell mit den alten kampferprobten „Wikingern“. Während die Mehrzahl der Schweizer bei der Artillerie Aufnahme fand, wurden die Flamen meist in das Regiment „Westland“ versetzt, wo sie sich mit Holländern und Deutschen prächtig verstanden. Die Flamen hatten keine profilierten nationalistischen Ziele. Seit jeher hatte sich das flämische Volk im belgischen Staat immer gegen seine wallonischen Mitbürger behaupten müssen, zumal das nationalistische Eiferertum als Folge der nationalistischen Welle, die alle Staaten Europas im 19. Jahrhundert erfaßt hatte, auch das belgische Volk nicht verschont hatte. Voller Stolz auf ihre flämische Eigenart, ihre große geschichtliche Vergangenheit und ihre hohe Kultur setzten sich die Flamen gegen alle Versuche, ein vereinheitlichtes belgisches Staatsvolk zu schaffen, zur Wehr, so daß es zwischen Flamen und Wallonen zu langjährigen, inneren Spannungen gekommen war. Nach dem ersten Weltkriege, in dem die Flamen aus ihrer Sympathie zu den Deutschen keinen Hehl gemacht hatten, waren die Gegensätze gewachsen, zumal damals menschliche und politische Vergeltungsmaßnahmen die Atmosphäre besonders vergifteten. Zwar hatten die Flamen die damalige Unbill nicht vergessen, doch sie dachten nicht so sehr an nationale Eigenlösungen, sondern setzten ihre Hoffnungen auf eine von den Deutschen verkündete europäische Einigung und hofften, auf diesem Wege auch eine Lösung für ihre heimatlichen Schwierigkeiten zu finden. Ihre Gedanken ähnelten darin denen der Volksdeutschen auf dem Balkan, die gleiches erhofften. Die Schweizer kamen größtenteils aus den antibolschewistischen Kreisen ihrer Heimat und wollten bei der Auseinandersetzung mit dem Bolschewismus mit der Tat nicht gegenüber den vielen Worten und Reden zurückstehen, mit denen sie einmal ihre Gegnerschaft zum Kommunismus erklärt hatten. Wie die Gründe bei diesen jungen Männern auch immer gewesen sein mögen, die idealistischen Motive spiegelten sich in ihrem ganzen soldatischen Einsatz wieder und haben ihnen allein die Kraft dazu gegeben, den beschrittenen schweren Weg bis zum bitteren Ende zu gehen.

Je mehr Nationalitäten in die Division hineinströmten, umso mehr wuchs die Verantwortung, welche die Vorgesetzten aller Grade bei der Führung dieser Jugend zu tragen hatten. Der politische Einfluß der Soldaten auf die Entschlüsse der oberen Führung war gleich Null. Bei der Lösung der nationalen Probleme der Freiwilligen hatte ihre Stimme kein Gewicht. So konnten sie dem großen Vertrauen der Freiwilligen nichts anderes entgegensetzen, als den festen Vorsatz, ihrer jungen Mannschaft gute Führer zu sein, ihr das Herz zu öffnen, im Rahmen der geringen Möglichkeiten für sie so gut zu sorgen, als es ging und Blut zu sparen, wo und wie auch immer. Der Grundsatz jenes jungen fridericianischen Offiziers aus dem Siebenjährigen Kriege hat deshalb bei der Mehrzahl ihrer Offiziere besondere Geltung gehabt, der damals schrieb:

„Mir ist die Freude zuteil geworden, von meinen Untergebenen eine außerordentliche Liebe zu genießen. So kann ich auch mit Wahrheit sagen, daß mir bei meinen beschwerlichen Kommandos auf Vorposten, Wachten, während der Führung von Kompanien, überhaupt in dem ganzen so äußerst beschwerlichen Siebenjährigen Kriege niemals ein Mann, weder von den Inländern, noch den Ausländern, de-

sertiert ist. Ich heiße es Glück. Aber zugleich kommt viel darauf an, daß der Offizier sich bei seinen Untergebenen Liebe erwirbt und ihnen alle mögliche Vorsorge zuwendet, zumal der einfache Mann einen so beschwerlichen Dienst hat, in dem er oft von allen Annehmlichkeiten des Lebens entblößt ist und zu niemanden anders als zu seinem Offizier mit seinen Bedürfnissen und Anliegen Zuflucht nehmen kann.[28]"

*

Die obersten Kommandostellen des Heeres haben das Freiwilligenproblem allerdings immer nur als eine Frage von minderer Bedeutung betrachtet und die in ihr verborgenen, weiten Möglichkeiten für die Kriegführung hartnäckig übersehen. Die Freiwilligen waren für sie genau so eine quantité negligeable wie die italienischen Alpini für das piemontesische Oberkommando im Jahre 1859/60 oder die Legionäre Pilsudskis für den K.u.K.-Generalstab im Jahre 1914/15. Selbst die eigenen Experten des Generalstabes haben bei ihrem Versuch, die Aufstellung russischer Freiwilligenverbände durchzusetzen, beim Chef des Generalstabes niemals Gehör gefunden. Schon im Oktober 1941 hatte der einfallsreiche erste Generalstabsoffizier der Heeresgruppe Mitte, Oberst v. Treskow, auf die Möglichkeit einer solchen Verstärkung der deutschen Kampfkraft hingewiesen und den Feldmarschall v. Brauchitsch für das Problem so interessiert, daß er es studierte und schließlich als „schlechthin kriegsentscheidend" bezeichnete. Aber es geschah nichts. Jahre hindurch haben dann die Obersten Graf Stauffenberg und Gehlen eine Entscheidung herbeizuführen versucht. Auch sie scheiterten an dem Widerstand ihrer Vorgesetzten [29]. Erst in letzter Minute gelang es einem ihrer Mitarbeiter, dem Obersten Herre, die Auf-

---

[28] Zitat aus einem Brief des preußischen Lieutnants v. Barsewisch aus dem Jahre 1763.

[29] Siehe Jürgen Thorwald: „Wen sie verderben wollen", S. 83 und 84 und alle folgenden Kapitel des Buches.

stellung zweier russischer Freiwilligen-Divisionen durchzusetzen und den russischen General Wlassow als deren obersten Führer bestätigen zu lassen. Jetzt aber war es zu spät.

Ähnliche Erfahrungen, wenn auch weniger so krasser Art, haben auch die Befehlshaber der Freiwilligen-Verbände der Waffen-SS gemacht, deren Heimatbehörden sich kaum mehr als nötig für die Belange der Freiwilligen beim Oberkommando des Heeres eingesetzt haben. Mit Bestürzung und Erstaunen mußte der Divisions-Kommandeur der Division „Wiking" gelegentlich eines Dienstbesuches im Führerhauptquartier erkennen, daß selbst Hitler keinen Begriff von der Weite und Problematik der Freiwilligenfrage besaß und das großherzige Opfer dieser jungen Männer und ihrer Angehörigen als selbstverständlich betrachtete, ohne sich der Verpflichtung bewußt zu sein, die das deutsche Volk damit übernahm.

*

Während die wallonische Legion im Herbst 1941 an die Südfront rollte, waren auch die Legionen „Flandern" und „Niederlande" wenige Monate später auf dem Wege zur Nordfront und haben fast gleichzeitig mit der Legion „Wallonie" die Feuertaufe erhalten.

Im Mai war die Legion „Flandern" in Hamburg zusammengestellt und nach zweieinhalbmonatiger Grundausbildung auf einen Truppenübungsplatz nach Polen verlegt worden. Die ersten Monate ihres soldatischen Lebens fielen den jungen Flamen nicht leicht. Mit jugendlichem Elan hatten sie sich freiwillig gemeldet. Sie besaßen noch romantische Vorstellungen vom Wehr- und Kriegsdienst und waren zunächst enttäuscht, als das, was sie zuerst in Deutschland erlebten, mit ihren hochgespannten Erwartungen nicht übereinstimmte. Das deutsche Ausbildungspersonal, das sie in Empfang nahm, bestand aus alten Reservisten oder jungen Frontsoldaten, die noch keine Ausbildungserfahrungen besaßen und die fehlende Sicherheit durch billigen Schneid zu ersetzen versuchten. Den Flamen war diese

Der spanische Generalleutnant
und zweite Kommandeur der
„Blauen Division" Esteban-Infantes

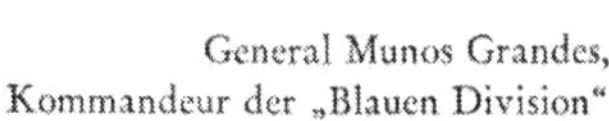

General Munos Grandes,
Kommandeur der „Blauen Division"

Norwegischer Freiwilligen-Offizier und erster Kommandeur der Norwegischen Legion, Hauptmann Jörgen Bakke

Ankunft norwegischer Freiwilliger in Kiel am 29. Juli 1941

mißverstandene „preußische“ Art fremd. Mit Recht fühlten sie sich von ihr abgestoßen, bissen aber die Zähne zusammen und haben alle Mühen bereitwillig, ja mit innerem Humor ertragen. Aber sie waren froh, als sie am 10. November an die Nordfront verladen werden sollten. Die Legion war zwar weder nach ihrer Ausbildung, noch Ausrüstung einsatzbereit. Noch in den letzten sechs Tagen vor dem Abmarsch wurde sie umorganisiert und zu einer motorisierten Truppe umgebildet. Nachdem sie gerade mühsam die ihr gelieferten, halbverhungerten Pferde, von denen ein Teil schon bei der Auslieferung notgeschlachtet werden mußte, aufgefüttert und den Fahrdienst erlernt hatte, erhielt sie statt dessen ein Kraftfahrgerät, das andere Formationen als feldunbrauchbar an den Kraftfahrpark Arys abgegeben hatten. Mit einem Lehrpersonal von acht Fahrlehrern mußte die Legion in einer einzigen Woche hundertundfünfzig Kraftfahrschüler ausbilden, mit denen sie dann den motorisierten Marsch über 2300 Kilometer in Richtung Leningrad antrat. Glücklicherweise wurden sie dort einem erfahrenen Soldaten, dem Generalmajor Klingemann, Kommandeur der 2. SS-Infanterie-Brigade, unterstellt, der ihr an der Front Gelegenheit gab, die fehlenden Kenntnisse in vorsichtigen Kleineinsätzen nachzuholen. Weihnachten 1941 verlebte die Legion in Ruhe westlich Riga, bis sie am 17. Januar 1942 alarmiert, überstürzt verladen und an die Wolchowfront geworfen wurde, wo ihre Kompanien, einzeln und wie sie gerade eintrafen, den angreifenden Sowjets entgegengeworfen wurden.

Der Winter war mit einer unerhörten Härte hereingebrochen, als die Russen am 13. Januar mit massierten, frischen und wintergewöhnten Kräften über den zugefrorenen Wolchowfluß zwischen Nowgorod und Tschudowo zum Angriff angetreten waren. Dort standen nur wenige deutsche Soldaten, in Stützpunkten eingesetzt, einer ganzen feindlichen Armee gegenüber, die sie einfach hinwegfegte, ihren gelungenen Einbruch fieberhaft zu erweitern versuchte und mit massierter Infanterie und Panzern auf die Rollbahn nach Petersburg drückte, um den deutschen

Einschließungskräften von Leningrad in den Rücken zu stoßen. Die 18. deutsche Armee mußte alle irgendwie greifbaren Kräfte zusammenkratzen, um diese Gefahr zu bannen. Kanoniere, Pioniere, Bautruppen von alten Männern, Veterinäreinheiten, Trosse und Polizeiverbände wurden schnell zusammengerafft und marschierten bei eisiger Kälte und tiefem Schnee in tagelangen Märschen von allen Seiten heran, um aus dem Marsch heraus ins Gefecht mit den feindlichen Angriffstruppen zu treten, die sich mit fanatischer Besessenheit unaufhaltsam durch das unwegsame, winterliche Gelände vorwärts wühlten und einen deutschen Stützpunkt nach dem andern niederzuringen versuchten. Die anmarschierende Legion „Flandern" kam also in eine völlig ungeklärte Lage, in der niemand wußte, wo Freund oder Feind stand. Nördlich Nowgorod, also am Südflügel des sowjetischen Einbruchsraumes eingesetzt, hat die Legion in dieser dünnen Riegelstellung erbitterten Widerstand geleistet und keinen Fußbreit Boden preisgegeben, bis die Zeit des deutschen Gegenangriffes gekommen war und sie sich im Angriff mit der Legion „Niederlande" im Kessel die Hand reichen konnte.

Die Anwerbung von Freiwilligen zur Aufstellung der Niederländischen Legion war im Sommer 1941 begonnen worden. Zunächst liefen die Meldungen spärlich ein. Offiziere meldeten sich kaum. Nur dreiundzwanzig ältere Reserve-Offiziere hatten sich bereit gefunden, in die Legion einzutreten, um den jungen aktiven holländischen Offizieren mit ihrem Beispiel voranzugehen. Aber niemand folgte ihnen. Als das erste Kontingent unter Führung des holländischen Obersten Stroink am 13. August 1941 von Holland nach Debica in Polen abfuhr, reichte es gerade aus, um zwei Bataillone zu formieren, zu denen später noch ein drittes kam. Schon in den ersten Tagen in Debica kam es zwischen Oberst Stroink und dem deutschen Aufstellungsstab zu Differenzen, die zum Ausscheiden des Obersten und fünf weiteren holländischen Offizieren aus der Legion führte, während die restlichen nach Ausbildung in der deutschen Kampftaktik in die Offiziersstellen eingewiesen wurden. Ausbildung und Ausrüstung der Legion machten erhebliche Schwierigkeiten und auch hier war es die schlechte Bespannung, welche die Beweglichkeit der Legion stark beeinträchtigte. Als schließlich alle Schwierigkeiten überwunden waren, die Legion an die Nordfront befördert und in Libau eingetroffen war, wurde sie ebenfalls an die Wolchowfront nordwestlich Nowgorod transportiert, wo sie – bataillonsweise eingesetzt – die erste Feindberührung hatte und in wenigen Stunden in erbitterte Kämpfe verwickelt wurde.

Skizze 7

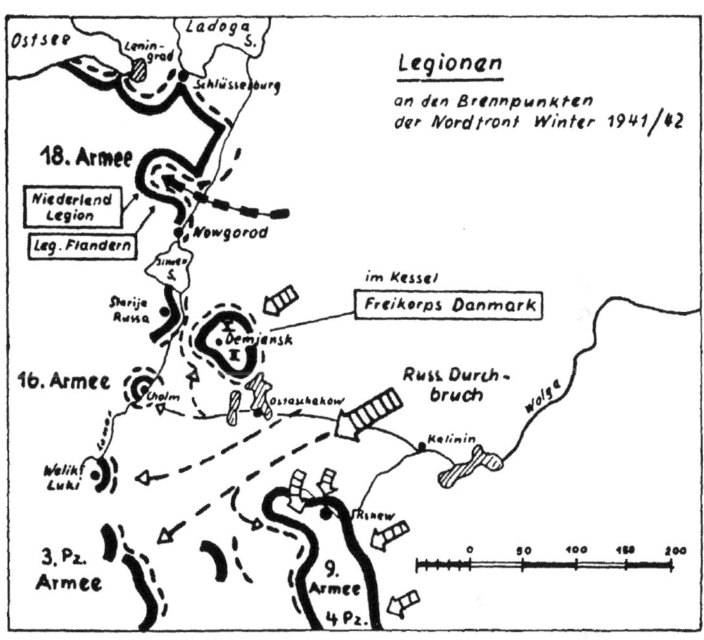

Legionen an den Brennpunkten der Nordfront, Winter 1941/42

Für die deutschen Soldaten und die Freiwilligen der Nordfront sind die Kämpfe am Wolchow zu einem Begriff geworden, der die ganze gnadenlose Härte des Ostkrieges kennzeichnet. Die dort angreifende 2. Stoßarmee war ein sowjetischer, für den

Winterkrieg besonders ausgebildeter Eliteverband, an deren Spitze der sowjetische General Wlassow stand. Dieser galt als fähiger Soldat und leidenschaftlicher Bolschewist. Er war ein Günstling Stalins und so ehrgeizig, daß er seine Soldaten fanatisch vorwärtstrieb und sie zehn Wochen hindurch ohne Rücksicht auf Witterung und blutige Verluste in täglichen und nächtlichen Angriffen gegen die deutschen Sperriegel hetzte. Fast wäre es ihm auch gelungen, seinen nördlichen Angriffskeil bis Ljuban vorzutreiben und sich dadurch die Operationsfreiheit zu erzwingen. Dann wäre die Front der Heeresgruppe Nord in ihrer Mitte aufgerissen und Wlassow der Befreier von Leningrad und Held der Sowjet-Union geworden. Aber die am 15. März einsetzende Gegenoffensive dämpfte seine Siegeshoffnungen.

Mit einbrechender Schneeschmelze und nahendem Frühling wurde aus der eisstarrenden Waldwüste eine wahre Sumpfhölle. Gräben, Schützenlöcher und Bunker versanken jetzt in Schlamm und Wasser. Die Wege wurden unpassierbar. Als die Wärme kam, stiegen Fieberdünste aus den Sümpfen hoch und Millionen von Mücken machten das Leben am Wolchow zur Hölle. Hinter jedem Baum und Busch lauerte der Tod. Denn verzweifelt versuchten die Sowjets noch zu retten, was zu retten war und wehrten sich bis zur letzten Minute, als die Deutschen nunmehr begannen, den Kessel einzudrücken und eine Feindgruppe nach der anderen umfaßten, einkreisten und vernichteten. Im Süden des Kessels konnten sich nunmehr die mit der Legion „Niederlande" von Westen her vorgehende 2. SS-Brigade mit der von Süden angreifenden Legion „Flandern" vereinigen. In den letzten Maitagen war das Schicksal der 2. Stoßarmee besiegelt. Als einer der letzten Gefangenen wurde ihr Oberbefehlshaber, General Wlassow, eingebracht. Es dauerte noch einige Wochen, bis sich die Lage an der Wolchowfront gefestigt hatte. Dann konnte der deutsche Oberbefehlshaber, General der Kavallerie Lindemann, seinen Truppen mit folgendem Tagesbefehl danken:

18. ARMEE
Oberbefehlshaber *Armeehauptquartier, 28. Juni 1942*

Soldaten der 18. Armee!

Am 13. Januar gelang es dem Feinde, mit überlegenen Kräften den Wolchow zu überschreiten und unsere dort nur schwachen Kräfte zurückzudrängen. Sein Ziel war die Befreiung von Leningrad.

Eurer Tapferkeit und Ausdauer ist es in fünfeinhalb Monate langen blutigen Kämpfen und unter schwersten Bedingungen gelungen, die Absicht des Gegners zunichte zu machen. Die Reste der 2. Stoßarmee und starke Teile der 52. und 59. sowjetischen Armee sind vernichtet.

Fast alle Teile der Armee haben Anteil an diesen Kämpfen. Neben den Truppenteilen des Heeres und der Waffen-SS kämpften Spanier, Niederländer und Flamen Schulter an Schulter. Die Luftwaffe griff in hervorragender Weise nicht nur aus der Luft in die Kämpfe ein, sondern stellte auch ihre Bataillone für den Erdkampf zur Verfügung. Zahlreiche Feindpanzer fielen der Flakwaffe zum Opfer.

Ihr wißt, wie weit der Feind unter Aufbietung großer Menschenmassen seinen Angriff vorgetragen hat. Am 19. Februar war er nur noch drei Kilometer von der Rollbahn nach Leningrad entfernt. Die Schlacht erreichte ihren Höhepunkt. Unser Gegenangriff am 20. März führte zu einem entscheidenden Erfolg. Vierzehn Schützen-Divisionen, drei Kavallerie-Divisionen, sieben Schützen-Brigaden und eine Panzer-Brigade wurde von uns westlich des Wolchow eingeschlossen. Im dichten Waldgelände entwickelte sich bei vierzig Grad Kälte und brusttiefem Schnee und später bei Tauwetter und unergründlichem Schlamm an der dünnen Ost- und an der Westfront Kämpfe, an die jeder von Euch sein Leben lang denken wird. Dabei gelang es dem Gegner mit Panzerkräften den Abschnürungsriegel vorübergehend zu öffnen. Ein deutscher Angriff von Norden und Süden in der Nacht vom 30. bis 31. Mai besiegelte das Schicksal des Feindes. Bis zum 28. Juni wurden 32 759 Gefangene und zahlreiches Gerät aller Art eingebracht. Die blutigen Verluste des Gegners betragen schätzungsweise über hunderttausend Mann.

Soldaten des Heeres, der Luftwaffe und der Waffen-SS. Spanier, Niederländer, Flamen!

Ihr könnt stolz darauf sein, diesen Sieg errungen zu haben. Ihr habt Eure Überlegenheit nicht nur gegenüber den sowjetischen Massen bewiesen, sondern auch in der eisigen Kälte des Winters und im Schlamm des Frühjahrs den Unbilden der Witterung getrotzt. Die Heimat wird Euch für Eure Opferbereitschaft ewigen Dank wissen und Eure Taten werden in der Geschichte nie vergessen werden.

Wir senken die Fahne der Trauer vor den Gefallenen der Armee. Neue Taten warten auf Euch. Mit Euch werde ich sie meistern.

gez. Lindemann
General der Kavallerie

An den Kämpfen zur Vernichtung der 2. sowjetischen Stoßarmee waren auch spanische Einheiten beteiligt gewesen, die am 12. Februar 1942 mit der Legion „Flandern“ und einem deutschen Bataillon in der Kampfgruppe Burk zum Angriff gegen die Südfront des Wolchow-Kessels eingesetzt waren. Durch sowjetische Minensperren und Sperrfeuerriegel hatten sich die Spanier den Weg nach Nordosten gebahnt, mit dem III/262 den wichtigen Stützpunkt Mal-Samoskoje genommen und dort die Verbindung mit den von Westen vorstoßenden Kräften hergestellt. Bis zum 30. Juni verblieben die drei spanischen Verbände in diesem Frontabschnitt, machten fünftausend Gefangene und erbeuteten vierundfünfzig Geschütze, hatten allerdings auch hohe blutige Verluste, dabei zweihundertfünfundsiebzig Tote zu beklagen.

Der spanische Divisionskommandeur, General Munoz Grandes war ein kluger und erfahrener Offizier, der seine Truppen mit sicherer Hand führte und ein Vorbild an Tapferkeit war. „Ruhm und Gefahr sind gleichermaßen verteilt", war der Wahlspruch, den er seinem Leben vorangestellt hatte. Als der General nach mehr als zweijährigem Einsatz an der Ostfront nach Spanien zurückgerufen wurde, trat Generalmajor Esteban Infantes an seine Stelle und führte die Division mit Umsicht und Geschick im Sinne seines Vorgängers. Die spanische Division zeichnete sich von Anfang an durch ihren besonderen Angriffsschwung aus. Als sie im Oktober 1941 nördlich des Ilmensees am Wolchow in Stellung gegangen war, hatte sie sich schon damals durch einen kühnen Vorstoß über den Fluß hervorgetan. Damals hatte man noch die operative Absicht aus einem Wolchow-Brückenkopf heraus zum Angriff auf die Waldai-Höhen anzutreten und war bemüht die Voraussetzungen dafür zu schaffen. Die Spanier warfen die Sowjets in ihrem Abschnitt zurück, drangen in das Waldgebiet vor ihrer Front ein und behaupteten es durch vorgeschobene Stützpunkte in wochenlangen harten Kämpfen, die insbesondere um den Ort Possard tobten. Damit hatten sie in ihrem Kampfgebiet die Grundlagen für einen festen Brückenkopf geschaffen. Da aber die Operation infolge der veränderten Gesamtlage nicht durchgeführt wurde, mußte ein Teil des gewonnenen Geländes aufgegeben werden. Das an diesen Kämpfen besonders beteiligte Regiment 269 hatte allerdings dabei fünfhundertsiebzig Tote verloren.

Im September 1942 wurde die Division „Azul" an die Einschließungsfront von Leningrad verlegt, wo gerade die Vorbereitungen für den Angriff der 11. Armee zur Fortnahme der Stadt unter dem Feldmarschall v. Manstein im Gange waren. Da es auch hier zu dem vorgesehenen Angriff nicht kam, verblieb die Division in der Abwehr zwischen Krassnijbor-Puschkin. Während der Schlacht am Ladoga-See schlug sie mehrfach schwere sowjetische Angriffe zurück und behauptete ihre Stellungen, die bei Krassnijbor und an der Ishora von den Sowjets pausenlos berannt wurden. Das Halten von Krassnijbor war ein Verdienst des spanischen Hauptmanns Massip, der dabei dreimal verwundet wurde, an der Spitze seiner Truppe ausharrte und zum viertenmal getroffen, den Tod fand. Der spanische Staatschef hat den toten Offizier mit dem Großkreuz des „Heiligen Ferdinand" ausgezeichnet, einem historischen spanischen Orden, der nur für Verdienste um den spanischen Staat verliehen wird. In den folgenden Kämpfen an der Ishora verhinderten die Spanier jede Lockerung des Einschließungsringes von Leningrad, erwarben sich durch ihre Standhaftigkeit die Anerkennung der hohen deutschen Kommandostellen und ernteten das Vertrauen ihrer benachbarten flämischen und deutschen Waffenbrüder. In diesen harten Kämpfen, die von den Sowjets mit starkem Infanterie-Einsatz und der Unterstützung von fast zweihundert Batterien geführt wurden, haben die Spanier den Sowjets schwerste Verluste zugefügt und sich damit in der Kriegsgeschichte ihrer

Skizze 8

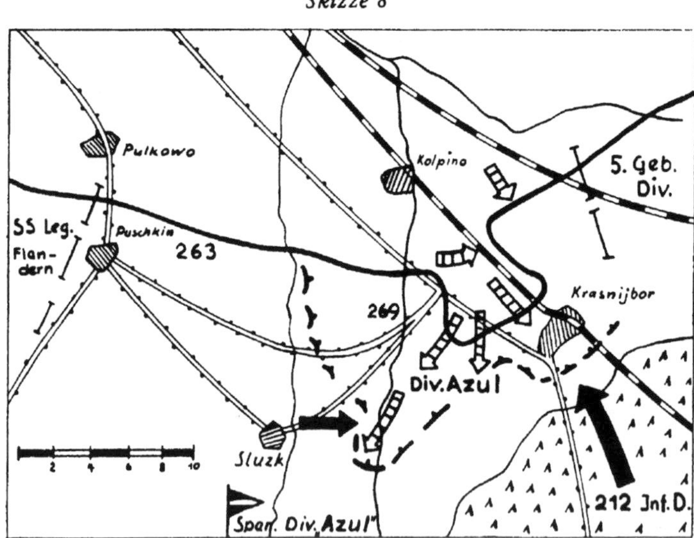

Kämpfe der Division Azul an der Einschließungsfront von Leningrad

Armee ein Denkmal gesetzt. Noch heute sind die Taten der Division „Azul“ in Spanien unvergeßlich. Die spanische Regierung und das spanische Volk haben ihre Freiwilligen bei ihrer Rückkehr in die Heimat mit hohen Ehren empfangen und sind auch heute mit Stolz erfüllt, wenn von der Division „Azul“ gesprochen wird.

Wie die Division „Azul“ so haben sich auch die spanischen Jagdstaffeln unter den Majoren Salas, Salvador und Cuadra hervorragend bewährt. In dreihundertsiebzig Luftkämpfen haben sie achtundachtzig Luftsiege errungen.

Die politische Lage Spaniens zwang den spanischen Staatschef Ende 1943 dazu, die Division „Azul“ in die Heimat zurückzurufen. Statt ihrer verblieben Freiwillige der spanischen Legion unter Oberst Gracia Navarro an der Nordfront, die in den Winterkämpfen 1944 bei Lubjan schwere Kämpfe bestanden haben, dabei aber so zerschlagen wurden, daß sie nach Estland zurückgenommen werden mußten. Im März 1944 folgte die Legion ihrer Division nach Spanien. Nur zwei Kompanien Freiwilliger unter Hauptmann Roca trat zur Waffen-SS über und haben an ihrer Seite bis zum bitteren Ende ausgehalten. Sie standen neben ihren deutschen Kameraden noch in Berlin und haben es bis zum letzten Atemzuge mit verteidigen helfen. Spaniens Verbundenheit mit dem deutschen Schicksal wurde durch diese heroische Tat symbolisch bekräftigt.

*

Im Mittelabschnitt der Ostfront verlief der Winter 1941/42 nicht weniger dramatisch.

Am 17. November war die Heeresgruppe in Übereinstimmung mit den Absichten Hitlers und des Oberkommandos des Herres [30] auf Moskau angetreten, weil sie nach dem Doppelsiege von Wjasma – Briansk [31] den Feind am Ende seiner Kräfte

---

[30] Siehe v. Tippelskirch: „Der zweite Weltkrieg“, S. 208.

[31] Bei Wjasma—Briansk wurden 663 000 Gefangene, 54000 Geschütze und 1200 Panzer eingebracht.

wähnte. Bei der fortgeschrittenen Jahreszeit war die Operation ein Wagnis ersten Ranges. Die Hoffnung auf mildes Frostwetter konnte sich als trügerisch erweisen. Die nördliche Angriffsgruppe der 3. und 4. Panzerarmee, die frontal angesetzte 4. Armee und die von Südwesten heraufstoßende Panzerarmee Guderian standen bereits in Reichweite von Moskau, als die Temperaturen plötzlich auf minus dreißig Grad fielen und Schneefall die Landschaft in ein dichtes Winterkleid hüllte. Gleichzeitig holten die Sowjets mit weit überlegenen, winterbeweglichen Kräften zum Gegenschlag aus, rissen die deutsche Front auf, setzten zur Einkesselung der zurückgehenden Deutschen im Raume Rshew – Dorogobusch an und faßten die 9. Armee und die 4. Panzerarmee im Rücken. Nur der übermenschlichen Leistung der Truppen und der unbeugsamen Energie des Oberbefehlshabers der 9. Armee, General Model, war es zu danken, daß eine Katastrophe verhindert werden konnte. Im Rahmen der 7. Division war auch die französische Legion vor Moskau eingesetzt gewesen und als Infanterie-Regiment 638 in den Wirbel der Kämpfe hineingeraten. Die Legion zeichnete sich durch ihre Standhaftigkeit besonders aus, wurde aber in den Winterkämpfen so hart angeschlagen, daß sie aus der Front zurückgezogen werden mußte. Im rückwärtigen Partisanengebiet aber wurde sie in neue Kämpfe verwickelt und kam dort nicht zur Ruhe.

Inzwischen war eine starke Kräftegruppe des Feindes durch die Lücke zwischen Moskau und dem Seeligersee nach Norden in Richtung Staraja-Russa vorgegangen und hatte sich mit Kräften, die vom Ilmensee nach Süden herunterstießen, die Hand gereicht. So entstand der Kessel von Demiansk, in dem zwei Armeekorps der 16. Armee monatelang eingeschlossen waren, täglich aus der Luft versorgt werden mußten und einen schweren Kampf um ihr Leben zu bestehen hatten. Schlecht verpflegt und unter schwierigsten Lebensbedingungen haben die deutschen Truppen ständige Feindangriffe abgeschlagen, bis im April 1942 eine Angriffsgruppe – darunter auch die besonders bewährte 3. SS-Panzer-Division „Totenkopf“ – ein Loch in den Einschließungsring schlug und eine drei Kilometer breite Verbindung mit der Hauptfront am Lowatfluß herstellte. Am 8. Mai wurde dieser Division das Freikorps „Danmark“ in den Kessel zugeführt. Es wurde von den erfahrenen Verbänden der „Totenkopf-Division“ kameradschaftlich empfangen und lernte von ihnen die Methoden des Kampfes in Moor und Wald. Es hatte das Glück, über eine Anzahl dänischer Offiziere zu verfügen, die von ihrem König die Genehmigung erhalten hatten, am Kampf gegen den Bolschewismus teilzunehmen und durchweg ausgezeichnete Soldaten waren.

Die dänischen Offiziere und Mannschaften waren kernige Menschentypen, die alle Anlagen für einen harten Ostkämpfer besaßen. Sie waren von einer fast bedenkenlosen Tapferkeit und wollten sich darin, wie alle Legionen, von niemandem übertreffen lassen. Aber der Kessel von Demiansk forderte darüber hinaus noch eine Truppe, welche die Nerven behielt, wenn der Feind in Massen und unaufhörlich angriff. Die Dänen haben sich trotz aller Erschwernisse dieses Kesselkampfes vom ersten Tage an bewährt. Ihr Kommandeur, Oberstleutnant der Waffen-SS Frederik Christian v. Schalburg, war ihnen dabei ein Vorbild und zugleich ein fast väterlicher Berater und Erzieher. Er kannte den Kampf an der Ostfront; war er doch schon im Sommerfeldzuge erster Ordonnanzoffizier im Stabe der Division „Wiking“ gewesen, hatte ein Bataillon geführt und sich durch Wagemut, aber auch durch militärische Sicherheit und große Urteilskraft ausgezeichnet. Er kannte den Krieg; denn er hatte am finnischen Winterkriege und am Westfeldzuge von 1940 teilgenommen. Aber er kannte auch die Russen und die Sowjets von Jugend auf.

Auf den Gütern seiner Eltern in der Ukraine hatte er seine Kindheit verlebt. Dann war er in das kaiserlich-russische Kadettenkorps eingetreten und hatte als kleiner Kadett den Ausbruch der Revolution erlebt. Als halber Knabe flüchtete er mit seinen Angehörigen nach Dänemark und wurde infolge verwandtschaftlicher Beziehungen mit höchsten dänischen Hofkreisen später in die dänische Garde aufgenommen, in der er Offizier geworden war. Christian v. Schalburg war ein Edelmann. Er war ritterlich, furchtlos und kühn. Alle Möglichkeiten für eine große Laufbahn standen ihm offen. Er aber wählte den Kampf. Denn er haßte die Bolschewisten, weil sie die besten russischen Eigenschaften zerstört hatten. Er wußte also genau, warum und wofür er kämpfte. Als er an die Spitze des Freikorps trat, übernahm er eine Aufgabe, die ihm besonders am Herzen lag. Er wollte aus den Legionären dänische Soldaten machen, welche die guten soldatischen Qualitäten ihres Volkes unter einer kühnen und schwungvollen Führung zur vollen Entfaltung bringen konnten. Zwar stand er nur kurze Zeit an der Spitze der Legion. Aber diese Zeit hatte schon genügt, um aus der dänischen Legion eine hochwertige Angriffstruppe zu machen und ihren soldatischen Geist vorbildlich zu gestalten. So bewährte sich das Freikorps auf das höchste. Aber Schalburg war ein dynamischer Mensch. „Es ist besser, den Feind zurückzuwerfen, als sich durch seine ständigen Angriffe zermürben zu lassen", das war die Meinung, mit der er einen Gegenstoß des Freikorps begründete. Er erhielt die Genehmigung für einen Angriff mit beschränktem Ziel. Es war ein kühnes Unternehmen, das manchem tapferen Dänen das Leben gekostet hat. Frederik Christian v. Schalburg fiel dabei an der Spitze des Freikorps. Wie er gelebt hatte, so starb er auch, souverän und gelassen. Alle seine Impulse kamen aus seinem Europäertum. So hat er auch sein Leben diesem geopfert.

Die Tapferkeit des Freikorps würdigte der Kommandierende General des II. Armeekorps in folgendem Tagesbefehl:

GENERALKOMMANDO II. A.K.

Korpsgefechtsstand, 1. September 1942

Seit dem 8. Mai 1942 ist das Freikorps „Danmark" in der Festung Demiansk eingesetzt. Getreu Eurem Eide und eingedenk des Heldentodes Eures ersten Kommandeurs habt ihr, Offiziere, Unteroffiziere und Männer der Legion immer wieder erneut Beweise größter Tapferkeit und Opferbereit-

schaft, sowie Zeichen vorbildlicher Härte und Ausdauer gegeben.

Die Kameraden des Heeres und der Waffen-SS sind stolz darauf, mit Euch Schulter an Schulter in treuester Waffenbrüderschaft kämpfen zu können. Ich danke Euch für Eure Treue und Tapferkeit.

Der Kommandierende General
gez. Graf v. Brockdorff
General der Infanterie

*

Bei den Einbruchs- und Kesselschlachten des Winters und Frühjahrs 1942 haben die Legionen hohe Verluste gehabt. Nur die norwegische Legion blieb an der Leningradfront davon verschont.

Sie war im Jahre 1941 von dem norwegischen Hauptmann Jörgen Bakke aufgestellt und im Februar 1942 in der Einschließungsfront von Leningrad eingesetzt worden. Die jungen Norweger waren vortreffliche Soldaten. In der Mehrzahl starke Individualisten, waren die Freiwilligen meist stille zurückhaltende Menschen. Aber sie waren bis zum letzten aufrichtig, treu und kühn. Wenn es galt, eine freiwillige Patrouille zu gehen, waren die Norweger die ersten, die sich meldeten. Diese Erfahrung hatte schon die Division „Wiking“ gemacht. So sind die Kämpfe der Legion bei Leningrad auch meist Einzeltaten besonderer Art, Stoßtruppunternehmen und Patrouillengänge, in denen der Geist der Legion zum Ausdruck kam. Die norwegischen Offiziere waren umsichtig, überlegt und verantwortungsbewußt. Sie repräsentierten bestes Soldatentum.

Von 1942 bis 1945 haben norwegische Krankenschwestern die verwundeten Freiwilligen mit bewunderungswürdiger Opferbereitschaft gepflegt. Mehr als einmal waren sie in Gefahr im Wirbel der Panzerkämpfe an der Südfront in russische Gefangenschaft zu geraten. Mehrere von ihnen wurden später an der baltischen Front mit Kriegsorden, eine von ihnen sogar mit dem Eisernen Kreuz ausgezeichnet. Im Bombenhagel hatten sie furchtlos Verwundete geborgen und schwerverletzte Soldaten trotz heftiger Fliegerangriffe auf ihren Schultern aus brennenden Lazaretten gerettet. Bei der Rückkehr in die Heimat wurden sie ins Gefängnis geworfen und haben ein halbes bis zwei Jahre Zuchthaus abgesessen. Wortlos und stolz haben sie diese Bestrafung auf sich genommen.

Nach Eingliederung der Legion in die Division „Nordland" waren norwegische Freiwillige nunmehr bei drei verschiedenen Verbänden der Division „Wiking", der Division „Nordland" und dem norwegischen Ski-Bataillon eingesetzt, das sich unter der Führung des norwegischen Majors Egil Hoel und seines Nachfolgers des norwegischen Hauptmanns Halle an der Finnenfront auszeichnete und dort als eine Elitetruppe galt. Von den sechstausend Norwegern, die in diesen Verbänden kämpften, waren fünfhundert Mann am Endkampf in Berlin beteiligt, über deren Schicksal bis heute größtenteils keine Nachricht vorliegt.

*

Die Mehrzahl der jungen Legionen traf in dem Augenblick an der Front ein, wo sie wankte, und wurde von Anbeginn in harte Großkämpfe verwickelt. So stand ihr erster Einsatz unter einem unglücklichen Stern. Die deutsche Führung handelte allerdings unter dem Zwang der Not, als sie die Legionen so einsetzte und ihnen nicht die Möglichkeit zur allmählichen Eingewöhnung an einer ruhigen Frontstelle geben konnte. Jetzt rächte sich die Kurzsichtigkeit vom Sommer 1941, als man die bereitwilligst angebotene Partnerschaft der baltischen Völker hoffärtig zurückwies. Lettland und Estland besaßen ausgebildete Offiziere und Soldaten genug, die den Russen kannten und ihn als ihren Erzfeind betrachteten. Ohne große Schwierigkeiten und in kurzer Zeit wäre es möglich gewesen, aus ihnen starke Verbände von etwa hunderttausend Mann aufzustellen und sie mit russischen Waffen aller Art gut zu bewaffnen. Als Rückhalt für die deutsche Front hätten diese zuverlässigen Soldaten unschätzbare Dienste leisten können. Die deutsche Heeresleitung aber focht damals operativ lieber ohne Tiefe, als daß sie die zuverlässigen und kampftüchtigen Völker des Besatzungsbereiches als Bundesgenossen betrachtet hätte. Dreiviertel Jahre nach Kriegsausbruch hatte es sich schon erwiesen, daß die Ansicht des deutschen Generalstabschefs Generaloberst Halder mit den verfügbaren deutschen Streitkräften das gegenüberstehende Aufgebot der Sowjets schlagen und damit eine militärische Aktivität für geraume Zeit verhindern zu können, falsch gewesen war. Während Hunderttausende von ausgebildeten Soldaten der Randstaaten tatenlos abseitsstanden, verbluteten sich die deutschen Truppen und die schwachen Legionen und nur wenige estnische und lettische Schutzmannschafts-Bataillone waren verfügbar, um den Deutschen zu helfen. Sie trugen ihre alten Uniformen ohne Rangabzeichen, wurden kompanieweise eingesetzt und damit von vorneherein mit Mißtrauen empfangen und als zweitrangig abgestempelt. Im Kampf aber zeigten sie, daß sie den deutschen Soldaten gleichwertig waren, so daß ihnen die deutschen Truppenvorgesetzten entgegen allen Weisungen vielfach die deutschen Truppen- und Rangabzeichen verliehen. „Die lettischen und estnischen Polizeiverbände“, so berichtete ein höherer deutscher Offizier, „gehörten unstreitig zu den besten Soldaten meiner Truppe. Sie verbanden mit der raffinierten Geländeanpassung naturverbundener Soldaten und ihrem angeborenen Spürsinn eine unbedingte Zuverlässigkeit, Zähigkeit und Treue zu ihrer deutschen Führung. Als sich später die Idee durchsetzte, an Stelle der bisherigen Polizeieinheiten eigene Truppenverbände der Randstaaten aufzustellen, konnte man diese bewährten Polizeitruppen bedenkenlos in die neuen Freiwilligen-Verbände übernehmen und sie als Kern derselben betrachten.“

Dennoch wurden aus solchen grundlegenden Erfahrungen und den katastrophalen Rückschlägen des Winters 1941/42 weder die politisch noch wehrpolitisch notwendigen Folgerungen gezogen. Politik und Kriegführung folgten weiterhin den alten Bahnen.

*

Mit Beginn des Frühjahres war auch an der Südfront die Kampftätigkeit mit verstärkter Heftigkeit aufgelebt. Im Mai 1942 waren hier die Sowjets mit starken Kräften unter dem Befehl des Marschalls Timoschenko erneut zum Angriff angetreten. Das Ziel ihrer Offensive war Charkow. Es sollte von Norden mit einer starken Stoßgruppe, die über die Linie Bjelgorod – Wolschansk antrat und von Süden durch einen Stoß über Tchugujew umfaßt werden. Nach einigen Erfolgen auf beiden Flügeln wurde der Angriff von der 6. Armee abgefangen, ehe er operativ zur Entfaltung kommen konnte. Schon am 17. Mai erfolgte der deutsche Gegenschlag. Deutsche Panzerkräfte stießen von Slawiansk den Donez entlang nach Norden in Richtung Isjum vor und schlossen Timoschenkos Kräfte ein, während die 17. Armee die roten Kräfte auf den Donez zurücktrieb, wo sie das Tor nach Osten verschlossen fanden [32]. Auch die Legion „Wallonie" trat auf dem ostwärtigen deutschen Angriffsflügel zum Angriff an und erreichte Ende Mai nach lebhaften Kämpfen das westliche Donezufer, wo sie zur Abwehr überging, bis die deutsche Sommeroffensive die ganze Donezfront in Bewegung setzte und auch die Legion „Wallonie" über den Don nach Süden in den Kaukasus führte.

*

An der Miusfront waren die Winterkämpfe abgeflaut. Die Fesselungsangriffe hatten es nicht verhindern können, daß namhafte Kräfte der Panzerarmee zur Stützung der 17. Armee nach

[32] In der Gegenoffensive südostwärts Charkow wurden im Mai 1942 zwanzig russische Schützen-Divisionen, sieben Kavallerie-Divisionen und vierzehn Panzer-Brigaden eingeschlossen. Am 25. Mai meldete der Wehrmachtsbericht 240 000 Gefangene, 2026 zerstörte oder erbeutete Geschütze und 1249 vernichtete russische Panzer.

Zerstörte Eisenbahnbrücke bei Dnjepropetrowsk

Angriffsgelände der Freiwilligen auf dem Ostufer des Dnjepr (rechts Kamenka)

Erika-Schneise nach Vernichtung der 2. sowj. Stoßarmee im Wolchow-Kessel, 28. 6. 1942

Lettische 2. Brigade am Wolchow 1943

Stellungen des lett. Freiwilligen-Regiments 43 im Kriegswald am Wolchow

Norden abgezogen worden waren. Auch vor der Division „Wiking“ hatte die Kampftätigkeit nachgelassen. Beim Gegner hatte es sich herumgesprochen, daß ihm ein harter Feind gegenüberstand. Schon im Herbst des Vorjahres hatte der westlich Kiew gefangengenommene Kommandierende General des sowjetischen XXVII. Armeekorps, Generalmajor Pawel Artemenko [33], die Kampfkraft der Division betont und ausgesagt, daß eine Abteilung dieser Truppe seine besten Regimenter mühelos zerschlagen habe. Das war den Sowjets auch am Mius widerfahren. So ließen sie die Division in Ruhe. Doch die Winterkälte, der eisige Steppenwind und die schier grundlosen Wege hatten den jungen Holländern, Dänen, Norwegern, Flamen, Schweizern und Deutschen stark zugesetzt. Im Winter hatte es Zeiten gegeben, in denen die Versorgungsfahrzeuge tagelang im Schlamm stecken geblieben waren und die Truppe darben mußte. Wer nach vorn fuhr, füllte seinen Wagen mit Brot für die Kampftruppe und selbst der Kommandierende General v. Wietersheim machte darin keine Ausnahme. Wochenlang mußten die Soldaten von Hirse leben, weil der Nachschub ausblieb. Aber die rückwärtigen Dienste waren erfinderisch. Sie nahmen Ölmühlen in Betrieb, bucken Maiskuchen, stellten die sogenannte „Gummiwurst“ her und taten alles, um der Truppe zu helfen. Umso weltfremder mutete die Forderung Himmlers an, der nach einem Besuch bei der 1. Panzerarmee in Mariupol bei der Division vorbeikam, die Wege in Stand zu setzen und zu befestigen. Man konnte ihm nur antworten, daß dazu weder Arbeitskräfte noch Fahrzeuge, Pferde oder Benzin vorhanden wären. Die Truppe sei froh, wenn sie einmal einen Kilometer Weges notdürftig verbessern könne. An den Ausbau eines ganzen Wegenetzes sei überhaupt nicht zu denken.

Als der Frühling kam, waren alle Wintersorgen vergessen. Die Fleckfiebergefahr, die bedrohliche Ausmaße angenommen

---

[33] Siehe Vernehmungsprotokoll Artemenkos vom 28. September 1941, s. Anhang.

hatte und deren Bekämpfung sich der holländische Arzt Dr. van Heuszst mit großer Sachkenntnis, Opferbereitschaft und ständiger Lebensgefahr widmete, schwand, als es wieder genügend Wasser und Seife gab.

In den frontnahen Dörfern entwickelte sich ein buntes dörfliches Treiben. Die bislang so stumpfe Dorfbevölkerung lebte auf und begann den zugeteilten Acker zu bearbeiten und ihn einzusäen. Die den Dörflern zugeteilten Kühe wurden gemeinsam auf die Weide getrieben. Allabendlich sammelten sich die Burschen und Mädchen an den Dorfeingängen, spielten Balalaika oder sangen gemeinsame Lieder, bis die Dorfherde gemächlich heimkehrte und jeder seine Kuh in Empfang nahm, um sie zum heimatlichen Stall zu bringen. Ostern wurde allenthalben nach altrussischer Sitte gefeiert, bunte Fähnchen und seltsam veraltete Bratenröcke aus den Verstecken hervorgekramt und zur Feier des Festes angelegt. Maiskuchen wurde gebacken, Ostereier mit Ziegelstaub rot gefärbt. Branntwein und Tabak der deutschen Soldaten erhöhte die Festesfreude. Schon am frühen Morgen erklangen vor den Quartieren der deutschen Offiziere die pastoralen Ostergesänge der Ortsalten. Der Osterkuß wurde getauscht und ein volles Glas Branntwein mit einem Zuge heruntergekippt. Dann dampften die Zigarren, welche die alten Knaben mit sichtlichem Behagen schmauchten. Auch der feierliche Ostergottesdienst fehlte nicht. Mühsam hatte man einen alten Popen aufgetrieben, der mit einem Truppenfahrzeug von Ort zu Ort gebracht wurde und die Ostermesse las, an der die älteren Ukrainer mit wahrer Inbrunst teilnahmen, während die Jugend mit kindlich lächelnder Verständnislosigkeit daneben stand.

In den Werkstätten und Schmieden herrschte alltäglich ein reges Treiben. Ständig wurde irgendwo gehämmert, geklopft oder geschweißt. Geschütze und Fahrzeuge wurden überholt. Doch Hunderte von Kraftfahrzeugen mußten in die Heimat gebracht und dort wieder hergestellt werden, um zum Sommerfeldzuge wieder gebrauchsfähig zu sein. Endlich traf auch Ersatz an Waffen und Geräten ein. Die lange ersehnte Panzer-Abteilung kam an, die mit einer nagelneuen Sturmgeschützbatterie und sonstigen Panzerfahrzeugen zusammen die Kampfkraft der Division verstärkte. Die Kampftruppe konnte endlich, allerdings nur in kleinen Abteilungen, aus der Stellung abgelöst werden, sich ausschlafen, entspannen, baden und nach einigen Ruhetagen die erprobte Sturmausbildung wiederholen, welche der Division so große Erfolge gebracht und Verluste ge-

Skizze 9

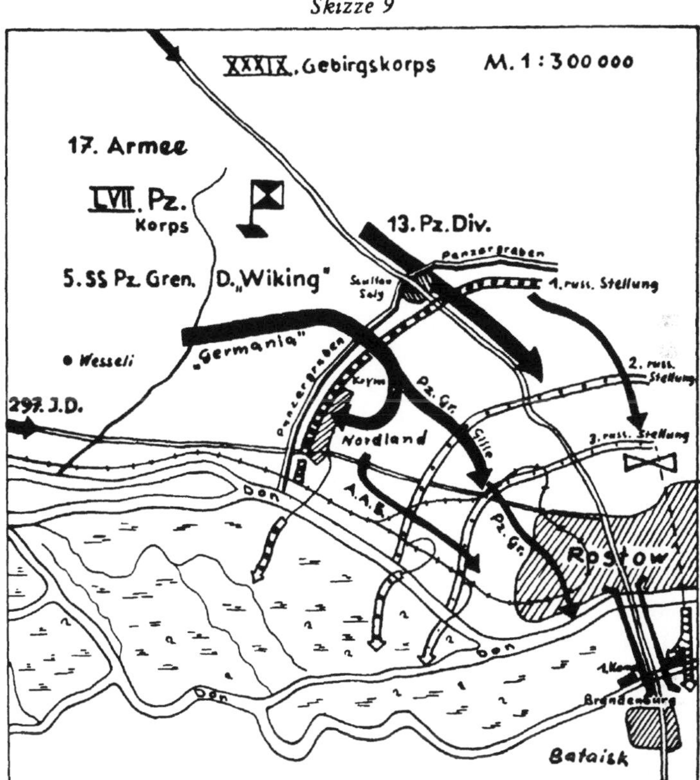

Zweite Schlacht bei Rostow am 20./23. Juni 1942. Freiwillige dringen in die Stadt ein

spart hatte. Die geistige Anregung und Förderung der Truppe wurde dabei nicht vergessen. Sie hungerte nach geistiger Nahrung, die ihr nur aus eigener, schöpferischer Initiative heraus geboten werden konnte. Schließlich wurden auch die Erfahrungen des Krieges in mündlicher Debatte ausgetauscht. Hatte es sich doch gezeigt, daß nur eine denkende, entschlußfreudige und sich ihrer innerlichen Kraft bewußte Truppe der ständigen Kampfbelastung und der raffinierten feindlichen Zersetzungspropaganda widerstehen konnte. Bei dieser Gelegenheit wurden auch die vielen kühnen Einzeltaten hervorgehoben, die in der Division schon gang und gäbe waren, sei es, daß junge Holländer auf Horchposten von einem feindlichen Spähtrupp überfallen wurden und im letzten Moment, als sie schon ergriffen waren, die am Koppel befindlichen Handgranaten zündeten und damit sich und den Gegner vernichteten, oder daß finnische Schleichpatrouillen schon gewohnheitsmäßig diesen oder jenen feindlichen Horchposten im Dunkel der Nacht abholten, ohne dazu den Auftrag bekommen zu haben, und Dänen und Norweger auf eigene Faust eingedrungene sowjetische Kampfgruppen im sofortigen Gegenstoß zur Flucht zwangen. So vergingen die wenigen Wochen, bis die 1. Panzerarmee nach Norden in den Raum Slawiansk – Isjum verschoben wurde und die 17. Armee den Befehl über die Miusfront übernahm. Als Stoßgruppe waren die 13. Panzer-Division und die Division „Wiking“ in ihren alten Stellungen zurückgeblieben und dem neu eingetroffenen Stabe des LVII. Panzerkorps unterstellt worden.

Während an der Charkowfront bereits deutsche Verbände Woronesch genommen hatten und auf den Don zustrebten, die 1. Panzerarmee den Donez überschritten hatte und nach Süden eingedreht war, kam nun auch die Miusfront in Bewegung. Am 19. Juli wurde die feindliche Stellung bei Taganrog durchbrochen. Das LVII. Panzerkorps stieß mit seinen beiden Divisionen in kühnem Raid auf Rostow vor, um es überraschend zu nehmen und die große Donbrücke zwischen Rostow und Bataisk in die Hand zu bekommen. Es war ein kühner Plan. Denn Rostow war zu einer starken Festung ausgebaut und besaß drei Ringstellungen mit breiten Minenfeldern, Panzergräben und Panzersperren. Aber er gelang. Die Panzer der 13. Panzer-Division und der Division „Wiking“ brachen so schnell in die Festung ein, überrumpelten die Besatzungen so überraschend und beseitigten die Widerstandsnester so energisch, daß sie schon nach wenigen hartnäckigen Kampftagen das Ufer des Don erreichten. Dabei hatten sie weder die feindlichen Minen- und Flammölsperren, noch die anlaufenden Minenhunde oder das dichtgespickte Flak- und Panzerabwehrnetz aufgehalten. Gegenüber dem Vorjahr hatte die Sturminfanterie an Routine und Schnelligkeit noch gewonnen. Fast mühelos überwand sie den Gegner und hatte dank ihres Trainings dabei nur geringe Verluste. Das speziell als Sturmbataillon von der Division ausgerüstete Bataillon Dieckmann tat sich dabei besonders hervor. Auch die Gefechtsführung verstand es, kühn und entschlossen zu handeln. Oberst der Waffen-SS v. Scholz und Oberst der Waffen-SS Jürgen Wagner waren bewährte Truppenführer und der Kommandeur der Panzergruppe, Oberst der Waffen-SS Gille, bisher der unermüdliche und erfolgreiche Artillerie-Kommandeur der Division, zeigte sich auch als Panzerführer von der besten Seite und erwies sich in dieser neuen Aufgabe als ein Offizier von Entschlußkraft, Geschick und Schneid. Als die Anfänge der Division den Don erreichten und eine Kompanie „Brandenburg“ im Morgengrauen des nächsten Tages überraschend mit russischen Kraftfahrzeugen über die lange Donbrücke mit allen Anzeichen des Entsetzens, als würde sie von den Deutschen verfolgt und sich in letzter Minute retten wolle, herüberbrauste, dann aber die russischen Brückensicherungen beseitigte und sich am Südausgang der wichtigen Brücke festsetzen konnte, war die Hauptarbeit getan. Das in Eilmärschen herankommende bewährte XXXXIX. Gebirgskorps unter dem General der Gebirgstruppen Conrad brauchte den kleinen Brückenkopf nur noch zu erweitern und Bataisk zu nehmen, um das Tor zum Kuban und Kaukasus vollends aufzustoßen.

Skizze 10

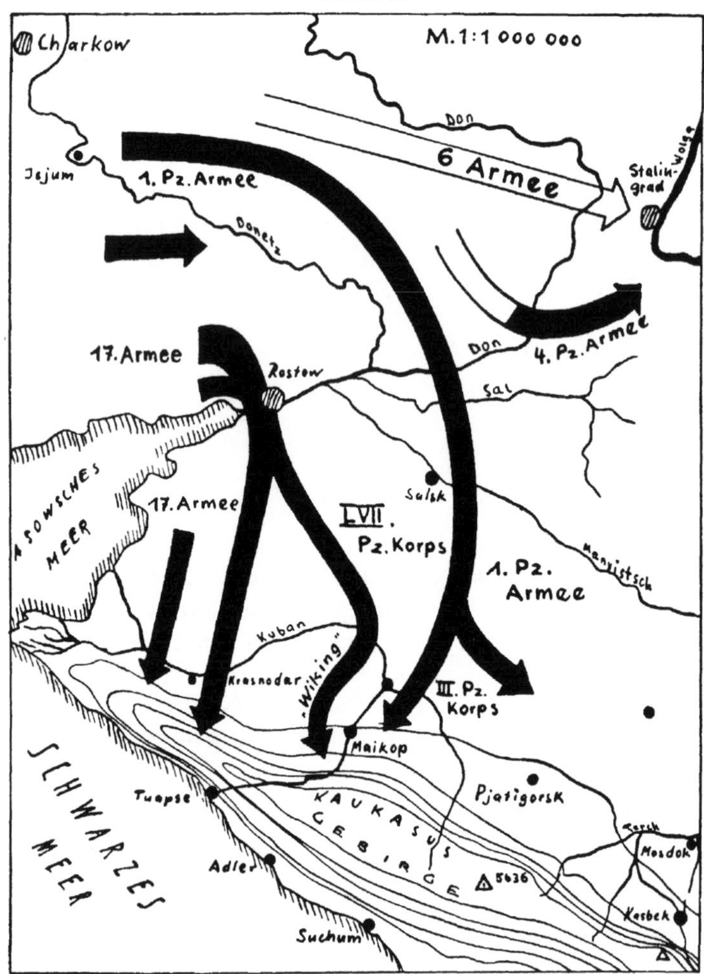

Es begann nunmehr ein Panzerkrieg, wie er in der modernen Kriegsgeschichte zu den Seltenheiten gehört. In weitem Abstande auf gleicher Höhe nach Süden strebend, zerfurchten die Panzer der beiden Divisionen des LVII. Panzerkorps das weite Gelände, zerschnitten die feindlichen Verbände wie mit scharfen Messern und trieben den flüchtenden Feind Tag für Tag vor sich her. Auf halbem Wege zum Kuban schwenkte die 13. Panzer-Division nach Osten ab und öffnete den benachbarten Verbänden der 1. Panzerarmee den Manytsch-Übergang bei Gigant und Salsk, während die 5. SS-Panzergenadier-Division mitten durch den Feind hindurch rastlos weiter nach Süden zog. Zum erstenmal waren ihr Fliegerkampfkräfte unterstellt, deren tatkräftiger Kommandeur, Oberstleutnant Steinert, beim Divisionsstab war, mit einem Beobachtungsbomber die Panzerspitze begleiten ließ und bei feindlichem Widerstand das rückwärts auf der Lauer liegende, startbereite Kampfgeschwader mit Funk herbeiholte, um der Panzergruppe durch Bomben und Tiefangriffe den Weg zu öffnen.

In schmaler Entfaltung durch das offene, mit wogendem Mais bedeckte Gelände fahrend, zogen die Panzer der Gruppe Gille wie Torpedoboote in den Fluten des Meeres ihre Bahn, dichtauf gefolgt von dem Sturmbataillon und der Unterstützungsartillerie, während auf der Feindflanke die Panzerspäh- und Volkswagenschwadronen der Aufklärungs-Abteilung 5 den Vormarsch begleiteten. So stürmte die Division, der Kampfgruppe Gille mit den Gefechtsgruppen Scholz und Wagner folgend und einer riesigen Flotte vergleichbar, durch die reifende Kubansteppe. In schnellen, wuchtigen Flieger-, Panzer- und Artillerieschlägen brach jeder feindliche Widerstand zusammen. „Vorwärts, rastlos vorwärts“, war die Parole dieser Tage. Mehr als einmal meldete der besorgte Fliegerführer, daß sein Aufklärungsbomber, so weit seine Beobachtung reiche, nur erdbraune Kolonnen sehen könne, in denen die Division wie eine lange schmale Klinge erscheine, welche die dicken Feindmassen aufschneiden und zerreißen wolle. In großen Sprüngen geht es über Metschetinskaja, Jegorlykskaja auf Sredny – Jegorlyk. In der Nacht machen die Sowjets verzweifelte Gegenstöße mit Bataillonen und Regimentern, werden aber ein- über das anderemal abgewiesen. An den Wegen stehen verlassene Geschütze, Kraftfahrzeuge, deren Motoren noch laufen und Feldküchen, in denen das Essen noch brodelt. Waffenlose Sowjets marschieren an den Wegerändern nach Norden, um sich hinten irgendwo einem Feldgandarmen gefangenzugeben oder vielleicht auch, wie so oft bei Panzerraids, seitwärts in die Büsche zu schlagen. Sie selbst gefangenzunehmen, hatte die vorstürmende Truppe keine Zeit.

Am 1. August kommt der Kuban in Sicht. Es war wohl das erstemal im ganzen Ostfeldzuge, daß die jungen Freiwilligen der Panzergrenadiere von ihren Fahrzeugen aus einmal in Muße das Land betrachten konnten. Hinter der kämpfenden Panzergruppe folgend, hatten sie Zeit genug, sich umzusehen, ohne damit rechnen zu müssen, jeden Augenblick ins Gefecht zu treten und konnten die weite, reifende Landschaft mit ihren roten Tomatenfeldern, zartgrünen Melonenäckern und wogenden, gelben Maisebenen bewundern. Unansehnliche kleine Dörfer wechselten mit solchen aus Ziegel und Stein, wo einstmals reiche Bauern gewohnt haben mögen. Jetzt schienen sie menschenleer. Die Sonne brannte warm auf die Tarnjacken und tat wohl. Allabendlich biwakierten die Freiwilligen bei ihren Fahrzeugen. Der Schlaf war kurz. Denn schon im Morgengrauen erschien die „Ju" des Fliegerführers und landete beim Divisions-Gefechtsstand, warfen die Panzerfahrer die Motore an und flogen die Funksprüche durch den Äther, um die Division zum Marsch und Gefecht für den angebrochenen Tag neu zu ordnen. Dann gab es meist noch einen schnellen Morgentrunk, den die Panzermänner und Grenadiere mit einem kräftigen Brot und süßen Zuckermelonen auf ihren Fahrzeugen zu sich nehmen konnten. Schon mit den ersten wärmenden Sonnenstrahlen rollten die Kolonnen dem Feinde nach, bis das erste helle Panzerfeuer erklang, die erste Bombe fiel und er erneut gestellt war. Erst am Kuban kommt es zu einem kurzen Halt. Der Befehl des LVII. Panzerkorps forderte von der Division die Fortnahme von Krapotkin und den Übergang dortselbst über den Fluß. Ein kurzer Blick des bei den vorderen Spähtrupps fahrenden Divisions-Kommandeurs auf den weiten Kuban-Abschnitt genügte, um diesen Befehl für unglück-

Skizze 11

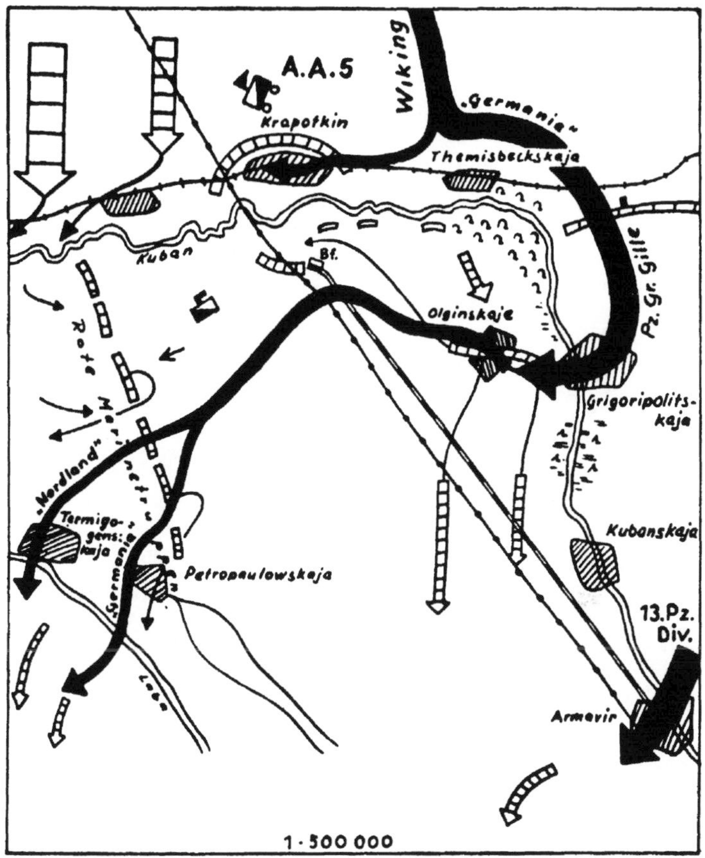

Vorstoß der 5. SS-Panzer-Division „Wiking“ über den Kuban auf den Westkaukasus im August 1942

lich zu halten. Das überhöhte Nordufer fiel zum Flußspiegel steil ab. Das jenseitige Ufer war dicht bewaldet; Furten oder andere Übergangsmöglichkeiten waren auf der Karte nicht verzeichnet. Jenseits aber saß ein Feind unbekannter Stärke in den Büschen. Natürlich mußte Krapotkin genommen werden;

eine Aufgabe, die die Gefechtsgruppe „Nordland“ unter der bewährten Führung des „Alten Fritz“ schon allein schaffen würde, wenn die Division mit Teilen auf dem anderen Ufer wäre und den Feind im Rücken bedrohte. Das Kartenstudium weist auf Grigoripolitskaja, dreißig Kilometer Kubanaufwärts. Die Aufklärung ergibt eine besetzte Sperrlinie nördlich von Grigoripolitskaja, gegen welche die Panzergruppe sofort antritt, den zäh haltenden Gegner durchbricht und bis zum Fluß durchstößt. Sie findet flache Ufer vor und jenseits des Flusses nur schwache Sicherungen. Mit aller Energie wird der Übergang bewerkstelligt. Doch die Sowjets riechen Lunte. Während vor Krapotkin der Kanonendonner der Gefechtsgruppe v. Scholz schwach herübertönt, die Truppe im kühnen Schwung die Stadt nimmt und damit der 17. Armee den Weg zum Kuban ebnet, wirbelt es in hohen Staubwolken auf dem jenseitigen Ufer wild durcheinander. Motorisierte Kolonnen rasen von Westen auf den Übergang zu, andere fahren erschreckt nach Süden ab. Deutlich wird die Nervosität und Ratlosigkeit der feindlichen Führung an den planlosen Truppenbewegungen erkennbar. Doch alles, was sie auf die Übergangsstelle anzusetzen versucht, kommt zu spät. Die ganze Gefechtsgruppe Wagner hat bereits einen Brükkenkopf gebildet, der nicht mehr eingeschlagen werden kann. Einige zaghafte Angriffe werden abgewehrt. Dann ist die Division dazu bereit, das ganze Südufer des Kuban aufzurollen und die vor der 17. Armee zurückflutenden Feindkräfte abzuschneiden. Der Befehl aber heißt: „Vorwärts nach Südwesten.“ Das Ziel der Division soll Tuapse am Schwarzen Meer sein. So ging es also nach Südwesten. Der zur Division vorgefahrene Kommandierende General schwärmt geradezu von Tuapse. Die Ostküste des Schwarzen Meeres mit ihrem milden Klima, den Orangen und Palmen sind seine Sehnsucht. Bei der Division „Wiking“ ist man skeptisch und sieht im Kartenbild Höhenzahlen von tausendfünfhundert Meter und darüber, erkennt Serpentinen und Haarnadelkurven, tiefe Flußtäler und Brücken. Doch vorläufig ist es ja noch nicht so weit. So tritt die Division wieder an, fährt vorbei an der Bahnlinie Grossnj – Rostow, auf der sich lange, in Brand geschossene Züge mit Kraftfahrgerät, Maschinen und wertvollem Heeresgut stauen, vorbei an feindlichen, nach Süden strebenden und sich im Gelände duckenden Feindgruppen, denen der Stoß in die tiefe Flanke des Kubanflusses die Hoffnung auf eine erfolgreiche Flußverteidigung genommen hat und trifft am Abend auf harten Widerstand. In höchster Eile hat der Feind Marine-Einheiten aus den Schwarzmeerhäfen herangefahren und mit ihnen eine Abwehrflanke gebildet. Im Nachtangriff wird sie von den Gefechtsgruppen „Nordland" und „Germania" durchstoßen, die Laba bei Termigojewskaja erreicht und mit Sicherungen überschritten. Erschöpft von den Anstrengungen des Nachtkampfes lagern die jungen Freiwilligen hinter dem Labafluß und sehen in der Ferne lange Russenkolonnen nach Süden streben, die selbst den Mutigsten zaghaft machen können, während am Horizont die dunklen Waldhöhen des Kaukasus herüberdrohen. Die Lage ist zum Zerreißen gespannt. Offiziere und Soldaten überkommt ein Gefühl des Verlorenseins im großen Russenstrom. Doch die Division erkennt instinktiv und aus der Erfahrung eines die Gefahr beinahe witternden Kommandostabes, daß der Gegner mehr Angst hat. Also „Panzer voran!", während die Grenadiere noch ein paar Stunden rasten können. Am gleichen Abend hat die Panzergruppe südlich von Welikoje die Belaja überschritten, einen Brückenkopf geschaffen und steht damit unmittelbar am Ostrande des Waldkaukasus. Hinter ihr marschieren Kolonnen über Kolonnen der Sowjets nach Süden. Sie werden beschossen, von leichten Kräften verfolgt, aber vernichtet können sie nicht werden, da die Kräfte nicht ausreichen. Irgendwo verschwinden sie dann im großen Waldgebirge, sind vierzehn Tage später wieder gesammelt, geordnet, von Verstärkungen aufgenommen und an den Talstraßen eingesetzt, um den Vorstoß der Deutschen auf das Schwarze Meer zu verhindern. Von rückwärts kommen Funksprüche des Korps: „Ziel Tuapse. 13. Panzer-Division geht über Armavir auf Maikop." Das ewige Ausspielen einer Division gegen die andere wird lästig. Da wird ein offener Funkspruch des Feindes mitgehört. Er stammt vom VII. Gardekavalleriekorps und befiehlt die Bereitstellung seiner Divisionen im Waldgebiet nordostwärts Twerskaja zum Angriff auf die über die Belaja vorgedrungenen deutschen Panzer für den nächsten Morgen. Also heißt es, schneller als der Feind zu sein. Im Morgengrauen tritt die Panzergruppe erneut nach Süden entlang der Belaja auf die Brückenstelle von Petschskaja an, die für den ganzen Nachschub in den Kaukasus bedeutungsvoll ist. Es ist ein tolles Unternehmen. Voraus jagt im Nebel des Morgens eine Kompanie „Brandenburg" auf russischen Kraftfahrzeugen mit angezogenen Russenmänteln. Mitten durch die feindlichen Kolonnen hindurchbrausend, verursacht sie mit wilden russischen Rufen: „Panzer, Panzer hinter uns!", eine Panik, die den Feind zum Kehrtmachen und zur wilden Flucht veranlaßt. Fünfzehn Minuten später folgen die deutschen Panzer mit aufgesessenen dänischen, norwegischen und deutschen Panzergrenadieren unter Führung des Majors der Waffen-SS Polewacz und entlasten die „Brandenburger" an der Brücke von Petschskaja, die diese genommen, die Russenmäntel fortgeworfen und in deutscher Uniform weitergekämpft hatten. Ehe sich das VII. Gardekavalleriekorps im Waldgebiet formiert hatte, war die ganze Panzergruppe der Division „Wiking" an seiner Bereitstellung vorbeigerast und bedrohte es nunmehr in seiner Südflanke. Der Divisionskommandeur, der Panzergruppe auf dem Fuße folgend, bemerkte in rasender Fahrt am Waldrand in sechshundert Meter Entfernung hin- und herjagende Reiter, hält sie einen kurzen Augenblick für Spähtrupps einer folgenden slovakischen Division, wird aber bald eines anderen belehrt, als er vom Waldrand und zugleich von den Uferböschungen der Belaja Feuer erhält. Anscheinend ist er zwischen die feindlichen Sicherungen und den vorderen Rand der feindlichen Bereitstellungen geraten. Doch die Sowjets schießen zu hoch. Nur der Treffer eines leichten Granatwerfers zertrümmert die Haube des Pkw und ein Granatsplitter reißt den Nasenrücken auf. Instinktiv legt der kaltblütige Kraftfahrer einen Zahn zu. Doch soviel Zeit bleibt noch übrig, um die nachfolgenden 30-cm-Raketenbatterie durch Winken auf den Waldrand zum Feuern zu veranlassen. Nach wenigen Minuten rauschen die Salven der dicken Raketen mit riesigem Getöse in direktem Schuß aus den Rohren der Werfer und retten die Situation. Nun ist von einem Angriff des Kavalleriekorps keine Rede mehr. Mit allen Zeichen der Panik und Hast

Skizze 12

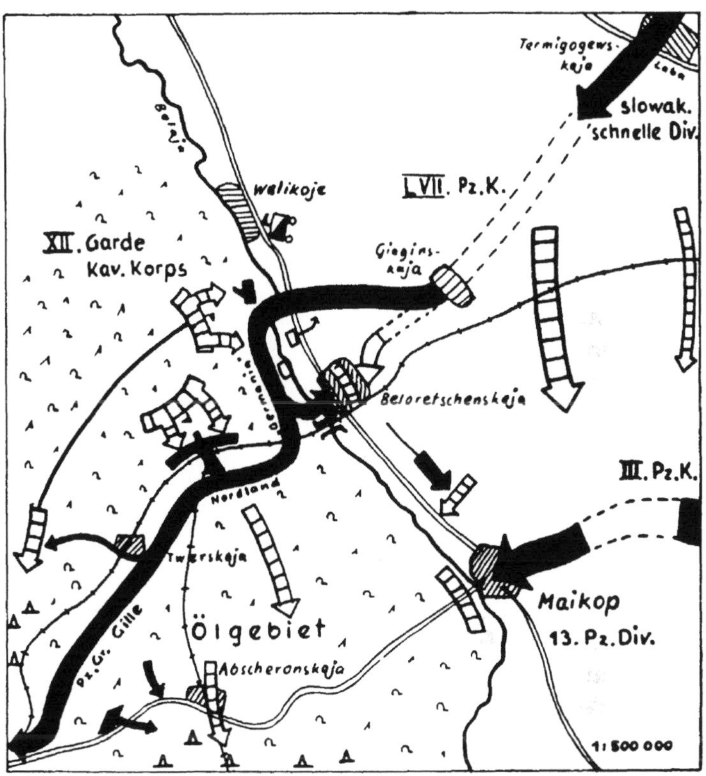

Eroberung des Ölgebiets von Maikop durch die Freiwilligen der 5. SS-Panzergrenadier-Division „Wiking", Mitte August 1942

räumte es, wie später bekannt wurde, seinen Bereitstellungsraum, um nach Südwesten zurückzugehen. Doch es kommt nicht weit. Die deutschen Panzer sind auf Twerskaja eingedreht. Dort kommt es zu wilden Nahkämpfen. In direktem Feuer von Artillerie, Granatwerfern und einer 21-cm-Mörser-Abteilung verwehren ihm die deutschen Panzergrenadiere den Rückzug und zwingen die Sowjets, nach Westen auf Linewaja auszuweichen. Auch dabei hatten die Russen noch Pech. Gerade in diesem Augenblick traf, aus der Miusstellung der Division nacheilend, das finnische Freiwilligen-Bataillon beim hartbedrängten Divisionsstabe in Komsomolzkaja ein und wird zum Angriff auf die abziehenden Sowjets angesetzt. Mit ungeheurem Elan greifen die Finnen, unterstützt von zwei Panzer-Kompanien, an. Flach auf den Panzern liegend, fassen sie eine feindliche Reiterbrigade mitten im Ort Linewaja und werfen sich mit Maschinenpistolen und Pukkos auf sie, wie in ihren finnischen Wäldern. Wiederum flüchtet der Feind panikartig nach Westen. Der Weg nach Chadushenskaja ist frei. Der vorstoßenden Panzergruppe folgt nunmehr das Regiment „Westland", das an der Miusfront zurückgelassen werden mußte, weil seine Fahrzeuge aus Deutschland nicht rechtzeitig eingetroffen waren. Dadurch hatte die Division wieder Tiefe und genügende Kräfte – selbst für kritische Situationen – zur Hand. Am nächsten Morgen steht sie mitten im Herzen des Ölgebiets von Maikop, hat die Straße von Maikop nach Tuapse auf halbem Wege durchschnitten, die kahlen Höhen von Asphaltskaja, auf denen das Öl in Fontänen sprudelt, besetzt und ihre schnelle Aufklärungs-Abteilung nach Neftegorsk mitten in das Hauptförderungsgebiet des Maikoper Ölvorkommens vorgeworfen. Die Regimenter stoßen nach Süden tief in die Gebirgstäler bis Samurskaja und Dacheskaja vor und finden dort unzählige, zusammengefahrene amerikanische Dodgewagen als willkommene Beute vor. Ihre Kameraden bei den Trossen hatten inzwischen die Fanfarenstöße des deutschen Rundfunks vernommen und gehört, daß die Stadt Maikop von der 13. Panzer-Division genommen und damit der Eingang in das Ölgebiet gewonnen sei. Die Freiwilligen, die tief im Förderungsgebiet standen, machten bei dieser Nachricht lange Gesichter.

„Bei Grigoripolitskaja und bei Krapotkin –". so hieß es später, „– gelang es dem LVII. Panzerkorps, über den Kuban Brückenköpfe zu bilden, dem weichenden Gegner über die Laba und Belaja bei Beloretshinskaja in harten Kämpfen bis in das Gebirge südwestlich Maikop nachzustoßen und eine zweite Straße in das Ölgebiet zu öffnen."

Am nächsten Morgen drang die Gefechtsgruppe Wagner auf der Straße nach Tuapse noch bis zum Holzwerk von Chadushenskaja vor und traf hier auf harten Widerstand frischer Truppen. „Vorwärts auf Tuapse!!", lautete die Weisung des Oberkommandos des Heeres. Die Freiwilligen waren dazu ausersehen, es im Panzerraid zu nehmen und an der Schwarzmeerküste entlang nach Süden auf Adler und Suchum vorzugehen. Vor dem Talkessel von Chadushenskaja türmten sich die Höhen des Westkaukasus, die den Weg nach Tuapse versperrten. Durch das Glas war das helle Band der Straße zu erkennen, das sich in gewundenen Kurven zu ihnen hinaufschlängelte. Der Weg aber von Tuapse nach Süden führte über einen ein Kilometer schmalen Küstenstreifen zwischen Meer und Gebirge zu dem angegebenen Operationsziel. Zwar hatte die Division den halben Weg nach Tuapse bereits zurückgelegt. Aber jeder Mann fühlte, daß diese Aufgabe von den Freiwilligen nicht zu lösen sei, so opferbereit sie auch waren. Das war selbst für Gebirgsjäger eine schwere Aufgabe. So zögerte die Division mit der Fortsetzung der Operation und ließ sich auch durch noch so dringliche Befehle nicht treiben. Tatsächlich stellte es sich bald heraus, daß der Gegner namhafte Verstärkungen herangeführt und sich auf den Höhen eingenistet hatte, die später nicht einmal durch massierte Stuka-Einsätze und starke Gebirgsverbände überwunden werden konnten.

Es dauerte Tage, ehe das XXXXIV. Jägerkorps mit der 97. und 101. Jägerdivision herankam und die einsame Division „Wiking" im Ölgebiet von Maikop verstärkte. Das Korps hatte sich erst den Weg dahin durch zahlreiche, hinter Baumsperren eingenistete Feindgruppen, in harten Waldkämpfen erzwingen müssen. Dabei hatte es auch sonst nicht an dramatischen Ereignissen in dem leeren Raum hinter der Division gefehlt. Eine aus Ölfachleuten und Technikern bestehende, halbzivile Spezialformation konnte es nicht abwarten, in das Ölgebiet zu kommen und hatte in ihrer Unerfahrenheit der Division „Wiking" folgen wollen, ohne das Jägerkorps abzuwarten. Sie geriet in den Hinterhalt einer feindlichen Abteilung und mußte ihren Leichtsinn mit hohen Verlusten bezahlen. Auch nach Eintreffen der Jäger war an eine Fortsetzung des Angriffs auf Tuapse nicht zu denken. Dazu fehlte ihnen die Hochgebirgsausrüstung, die erst herangeschafft werden mußte, worüber Wochen vergingen. Gegenüber den bisherigen Kampfanforderungen hatten die Freiwilligen jetzt ruhige Tage. Zwar hatte sich der Gegner wieder gefangen und versuchte, sich mit Überfällen und Angriffen aus den schmalen Tälern Luft zu machen. Für die kampfgewohnten Panzergrenadiere waren das nur Nadelstiche, die zwar lästig fielen, aber keine Gefahr bedeuteten. Das Land bot manches Köstliche, was das Herz des Soldaten erfreute. Honig gab es in Mengen, Trauben und Melonen genügend und die rückwärtigen Dienste lieferten jetzt eine Verpflegung, die von den Soldaten in dieser Güte lange entbehrt worden war.

In den wenigen Ortschaften der Gebirgstäler, die sie nunmehr verriegelten, lernten sie einen neuen Menschentypus kennen, Kaukasier, die ihnen freundlich entgegenkamen, ab und zu auch einen Wein vorsetzten und einen Hammel am Spieß brieten. Es waren verwegene Menschen voller Freiheitsdurst und Tatendrang, die am liebsten gleich das Gewehr in die Hand genommen und gegen die Sowjets gerichtet hätten. Aber sie waren nur in den abgelegenen Walddörfern zu finden. Die Einwohner der Öldörfer und Marktflecken waren verdrossene Sowjetmenschen mit hinterhältigem Blick und undurchsichtigem Verhalten, die jede Gelegenheit wahrnahmen, um mit den Sowjets auf Schleichwegen Verbindung zu halten.

Fahnen-Verleihung an die norwegischen Freiwilligen

Norwegische Schwestern an der estnischen Front nach Verleihung von Auszeichnungen für „hervorragende Tapferkeit", Sommer 1944

Alagir an der Ossetischen Heerstraße, dem Weg nach Transkaukasien, mit dem Gefechtsstand der Division „Wiking"

Freiwillige sperren Vorgelände des Hochkaukasus

In diesen kurzen Wochen der Operationspause begann sich auch das geistige Leben in der Division wieder mächtig zu regen. Nach den Wochen des ständigen, ruhelosen und erregenden Vorwärtsstürmens fanden Offizier und Mann darin eine wohltätige Entspannung. Die neuen Eindrücke regten das Interesse an. Der eine studierte die Mentalität der industriellen Sowjetarbeiterschaft, die er hier erstmalig antraf; der andere sprach wohl einmal mit den Intellektuellen, denen das Sowjet-System den Aufstieg aus dem Sowjet-Proletariat zum Betriebsführer oder Techniker, vom Primitiven zum Spezialisten ermöglicht hatte und die deshalb von der Richtigkeit der marxistisch-kommunistischen Ideologie durchdrungen waren. Ein anderer wieder beschäftigte sich mit den Sitten und traditionellen Gebräuchen der freiheitlichen Dachestaner, die als Waldbauern und Bergbewohner lebten, die Sowjets haßten und ihnen lange Zeit hindurch getrotzt hatten. Allgemeines Interesse fand die Art der Ölförderung, deren Primitivität Erstaunen hervorrief. Doch ebenso häufig sprach man abends in den Quartieren, in Zelten oder draußen unter dem gestirnten Himmel während des nächtlichen Wachdienstes von der Zukunft, vom Kriege und seiner Entwicklung und von der Politik des Reiches. Dabei fiel auch manches harte Wort seitens der Freiwilligen über das deutsche Verhalten in ihrer besetzten Heimat. Ihre deutschen Kameraden mußten ihnen darin Recht geben. Schließlich fanden sich beide in der Kritik über die Siegerallüren der rückwärtigen deutschen Verwaltung, die verdarb, was der Soldat erstritten und an Sympathien bei der Bevölkerung erworben hatte. Besonders lebhaft wurde das Gespräch, wenn einmal Besuch aus der Heimat und von einem hohen Stabe eintraf, der sich an Ort und Stelle unterrichten oder vielleicht gar seinen Berliner Schreibtischsessel für einige Tage mit dem harten Feldquartier vertauschen wollte. Dann platzten die Meinungen aufeinander und der meist frontfremde Besucher hatte den Eindruck einer fast aufrührerischen Stimmung, besonders aber dann, wenn er aus einem Kreise kam, in dem man eine freimütige Sprache nicht mehr kannte. Nur zu leicht kam es vor, daß man sich nicht verstand und daß eine gegenseitige Verstimmung Platz griff. Schließlich konnte man es dem Frontsoldaten nicht verdenken, wenn er, der aus den Krisen nicht mehr herauskam, es nicht mehr hören wollte, daß „der Sieg nahe sei und daß man sich glücklich schätzen müsse, nach dem Kriege in der herrlichen Landschaft des Kaukasus leben zu dürfen". So war es auch kein Wunder, wenn jüngere Offiziere einem hohen Würdenträger, der ihnen das erzählte, antworteten, dann möge er einmal selbst hierher gehen und seinen Platz in Berlin ihnen überlassen. Wie fern war dann doch Berlin und wie fremd das Denken der führenden Menschen. Hier im Kaukasus wußte man jedenfalls, daß es nicht so leicht sein würde, das Tor nach Transkaukasien aufzustoßen. Hatte man doch immer wieder erlebt, wie knapp die eigenen Kräfte waren und an dem in den Tälern verlassenen amerikanischen Material gesehen, daß die Sowjets daran keinen Mangel haben konnten. Andererseits aber hatten die Freiwilligen auch erkannt, daß es dem System der Unfreiheit und Unterdrückung der Sowjets keineswegs überall gelungen war, den Freiheitswillen seiner Untertanen zu unterdrücken und daß ein Staat auf tönernen Füßen stände, bei dem diese Methoden Gewohnheit geworden waren.

Als aber der Befehl zur Ablösung kam und die Division zur 1. Panzerarmee nach dem Ostkaukasus verlegt werden sollte, waren die Freiwilligen doch froh, daß sie wieder in den Kreis der schnellen Truppen zurückkehren sollten.

*

Inzwischen hatte die Division einen Nachbarn bekommen, den sie schon in den harten Winterkämpfen südwestlich Isjum angetroffen hatte. Es war die Freiwilligen-Legion „Wallonie", die zur 97. Jägerdivision gehörte und nunmehr zur Abriegelung des Waldgebietes südwestlich Neftegorsk eingesetzt war. Endlose Märsche hatten die belgischen Freiwilligen hinter sich, ehe sie das Ölgebiet erreicht hatten. Bei Beginn der großen Offensive hatten sie den Donez südostwärts Slawiansk überschritten, waren dem XXXXIV. Jägerkorps gefolgt und hatten am Tage des Falls von Rostow schließlich den Anschluß an ihre Division bekommen. Auf den Übergangsstellen des weitvorgepreschten III. Panzerkorps hatten sie den Don und Manytsch kampflos überschritten und in Tag- und Nachtmärschen den Kuban nördlich Armawir erreicht, wo sie erstmalig die Waldberge des Westkaukasus am Horizont auftauchen sahen. Vorbei an den Kampfstätten der Panzer-Divisionen marschierten sie weiter nach Maikop, sahen die verlassenen und zerborstenen, von Stukas und Panzern zerschlagenen Güterzüge, fanden reiche Beute, für deren Bergung die Panzermänner keine Zeit gehabt hatten. Aber Wodka, Kaviar und andere Herrlichkeiten haben den Legionären nach den langen Märschen gut getan und ihnen den restlichen Marsch von fünfzig Kilometern nach Maikop leichter gemacht, wo sich die Panzermänner der 13. Panzerdivision bereits zum Abmarsch nach Süden auf den Terek rüsteten. Am 18. August waren sie dann auf Feind gestoßen, der zwischen Maikop und Chadushenskaja stehen geblieben war, hatten das Dorf Pruss-kaja im Sturm nehmen müssen und waren schließlich am 31. August im Raum der Division „Wiking" eingetroffen, in dem diese nach allen Seiten geigelt hatte. So hatten die Legionäre auch ihren neuen Sicherungsraum bei Tscherjakow erst nehmen müssen, ehe sie sich dort zur Verteidigung einrichten konnten und mehrere starke Angriffe der Sowjets bestehen mußten.

Die Legion „Wallonie" hat immer lieber angegriffen, als defensiv gefochten. Die Wallonen entwickelten dabei einen ungestümen Elan und hatten mit ihren schwungvollen Angriffen fast immer Erfolg, aber auch große Verluste. Mit reinen Abwehraufgaben fanden sie sich weniger gut ab, erwiesen sich aber auch dabei als standfest, zumal sie Krisen durch schnelle Gegenstöße stets zu bereinigen verstanden. So kämpften sie auch bei Tscherjakow erfolgreich. Als es im Abschnitt der Legion ruhiger geworden war, kamen der Kommandeur und in seiner Begleitung ein Kompanieführer, Léon Degrelle, der bekannte Rexistenführer, zum Stabe der Division „Wiking" herüber, deren Truppen bereits im Begriff waren, sich zum Abmarsch nach dem Terek zu sammeln. Es war das erstemal, daß sich hier die Freiwilligen der ersten und zweiten Welle begegneten.

Während die Division „Wiking" nach Süden rollte, hatte die Legion „Wallonie" im Westkaukasus noch schwere Wochen durchzumachen. Anfang Oktober begann der beabsichtigte Angriff auf Tuapse. Er wurde zu einem mühsamen Kampf über Berge und Täler, über Gebirgsflüsse, Saumpfade und Wälder, in denen mehr mit Axt, Säge und Hacke gearbeitet werden mußte, als mit schweren Waffen. Stukas bahnten den Jägern ihren mühsamen Weg nach Westen. Maultiere und Trägerkolonnen folgten ihnen. Die Sowjets leisteten erbitterten Widerstand. Der Herbst mit Sturm und Regen, der die Gebirgsflüsse in reißende Ströme verwandelte, half ihnen dabei. Zwar hatten die Jäger die Sowjets immer wieder umgangen und so eine Stellung nach der anderen aufgebrochen; aber zwanzig Kilometer vor Tuapse waren sie am Ende ihrer Kraft. Die Höhenzüge beiderseits des Schaumjan erwiesen sich in dieser Jahreszeit als unüberwindbar.

Ohne Gebirgsausrüstung waren die Legionäre dem Angriff ihrer Division über Berg und Tal gefolgt. Wenn die Jäger zur Umfassung antraten, legten sich die Legionäre dem Feinde frontal vor, fesselten ihn durch Feuer und Spähtrupps, wehrten seine Gegenstöße ab und richteten sich auf den kahlen Bergkämmen zur Verteidigung ein. Gelbsucht, Lungenentzündungen und blutige Verluste lichteten ihre Reihen. Die flachen Laub- und Erdbunker boten kaum Schutz gegen Sturm und Regen. Der Nachschub stockte. Die Legionäre froren, hungerten und starben. Endlich wurden sie abgelöst. Das Zwischenspiel ihrer Verwendung als Gebirgstruppe war zu Ende. Von den tausend Mann, mit denen die Legion bei Slawiansk über den Donez gegangen war, marschierten keine zweihundert mehr über die Pschischbrücke nach Osten zurück. Sie fuhren dann in ihre Heimat, um zu einer

Sturmbrigade vergrößert zu werden. Als der Schnee die Ukraine in seinen weißen Mantel hüllte, überquerte ihr Transport im Dezember 1942 den Dniepr, um den ihre Kameraden der ersten Welle im September 1941 so heiß gekämpft hatten.

*

An diesem Tage standen die Freiwilligen der Division „Wiking" westlich von Orchonikidze, am Rande des Hochkaukasus, schon wieder in schweren Kämpfen. Verfrüht allerdings feuerten die sowjetischen Kommandeure ihre Truppen durch Funkspruch dazu an, den Terek-Kessel endlich zu schließen. Die Truppen der 1. Panzerarmee haben solche Absichten zunichte gemacht, so bedenklich die Lage auch manchmal war.

Generaloberst v. Kleist hatte den Westkaukasus bereits am 1. August verlassen, den Befehl über die beiden, noch im Einbruch in den Waldkaukasus befindlichen Divisionen der 17. Armee übergeben und die Führung der Operationen auf Grossny übernommen. Das bisher die Ostflanke seiner Armee sichernde XXXX. Panzerkorps war inzwischen über Woroschilowsk bis Tscherkesk am Oberlauf des Kuban vorgestoßen, dann scharf nach Osten auf Pjatigorsk eingedreht und hatte diesen Raum genommen, während das durch die Kalmückensteppe vorstoßende LII. Korps Ellista erreicht hatte. Erst als die von Maikop heraneilende 16. Infanterie-Division (mot.) es dort abgelöst hatte, konnte die Armee mit beiden Korps den Angriff auf den Terek wagen. In harten Kämpfen gelang es, einen Brückenkopf bei Mosdock zu erkämpfen. Dort jedoch lagen die Verbände fest und warteten auf das Herankommen des III. Panzerkorps und der Division „Wiking" aus dem Westkaukasus. Unentwegt hatte der Gegner neue Kräfte herangeführt, um Grossny und die beiden nach Transkaukasien führenden Straßen, die ossetische und die grusinische Heerstraße, zu schützen. So war ein Stillstand der Operation eingetreten.

Singend und froher Dinge waren die „Wikinger" die große Straße von Armawir nach Prochladny vorgerollt. Es war eine ganz andere Landschaft, die sich nunmehr ihren Augen darbot, eine fast ebene, steppenartige Hochfläche, aus der hier und da kegelförmige Kuppen hervorragten. Das Land war dichter besiedelt, die Bevölkerung freundlich. Sie gehörte dem Volksstamm der Karbadiner an, der zusammen mit anderen kaukasischen Stämmen lange Zeit hindurch gegen die sowjetische Gewaltherrschaft Widerstand geleistet hatte. Er wohnte in kilometerlangen Dörfern, in deren Umgebung große Vieh- und Pferdeherden weideten. Auch einige Kamele wurden sichtbar. Man bot den deutschen Soldaten Tomaten und kräftiges Brot als Willkommensgruß. Abends erklang das Gebet des Muezzin von den Türmen der Moschee und die Gläubigen fielen, wo sie standen, auf die Knie. Die Freiwilligen machten große Augen. Aber rücksichtsvoll achteten sie die ihnen fremden religiösen Riten der mohammedanischen Bevölkerung.

Das Oberkommando der Panzerarmee hatte sich in Pjatigorsk eingerichtet, jener zwischen fünf hohen Hügeln erbauten berühmten Kaukasusstadt, in der einst Puschkin seinen „Gefangenen aus dem Kaukasus" geschrieben hatte.

War man bisher in der Ukraine und auch in der Kubansteppe meist herben, abgearbeiteten und früh gealterten Menschen begegnet, so machte hier alles einen freundlicheren Eindruck. Mädchen in bunten Kleidern spazierten herum, Karatschaier in langen Tscherkesskas standen an den Straßenecken, Droschken kutschierten durch die Straßen und in den Gasthäusern sah man hier und da ein intelligentes Gesicht. Seit Kriegsbeginn lebte hier ein Teil der Leningrader Intelligenz ein leidlich angenehmes Leben. Auf den ersten Eindruck war das Bild also farbiger und fröhlicher als anderswo in der südlichen Sowjet-Union. Doch der Schein trog. Einige Meilen weiter östlich war wieder alles genau so eintönig, wie zuvor. Auch die Landschaft des kaukasischen Vorgebirges wirkte grau und düster.

Als der Divisionskommandeur sich beim Oberbefehlshaber meldete, wurde ihm eröffnet, daß die Offensive weiterginge. „Man kann in diesen Breiten den ganzen Winter hindurch operieren“, meinte der Generaloberst und antwortete auf die Entgegnung, daß Gebirge doch kein Operationsgebiet für Panzertruppen sei, auch er habe die gleichen Bedenken gehabt, sei aber oben damit nicht durchgedrungen. „Ich würde ja um meine Entlassung bitten“, meinte der Generaloberst, „wenn ich die Soldaten meiner Panzerarmee, die ich nun schon solange kenne, nicht damit im Stich lassen würde. Möglicherweise wäre mein Nachfolger ein Mann, dem sie nicht so ans Herz gewachsen sind und der nach oben nichts mehr zu sagen wagt.“ Man konnte ihm nicht widersprechen. Denn er besaß das Vertrauen seiner Armee und hatte bisher auch mit seinen Ansichten Hitler gegenüber nicht zurückgehalten.

Beim Generalkommando in Gnadenburg sah die Lage wenig rosig aus. Die 111. Infanterie-Division war an dem vordersten der beiden dem Hochkaukasus vorgelagerten Höhenrücken unter schweren Verlusten liegen geblieben. Die 370. Division lag ebenfalls fest und schien stark abgekämpft.

Die Freiwilligen sollten, so lautete der Befehl für den 25. September, die feindliche Stellung durchbrechen, den Panzergraben in der drei Kilometer breiten Talsenke zwischen den beiden Höhenzügen überschreiten und in der Talmulde bis zur grusinischen Heerstraße durchstoßen, um damit die Ausgangsbasis für den späteren Angriff auf Grossny zu schaffen. Am 25. stand die Division mit beginnendem Tageslicht zum Angriff bereit, als sie einen Funkspruch des Oberbefehlshabers erhielt. Er war nur kurz:

An Kommandeur Wiking

Die ganze Armee sieht auf Ihre Division. Sie haben den Auftrag, den Angriff der Armee auf Grossny vorzureißen. Ich erwarte Sie mit Ihrer Angriffsspitze heute abends 18 Uhr bei Ssaposhin.

gez. v. Kleist

Der Angriff war schwer und konnte von zwei Seiten in seiner ganzen Länge flankiert werden. So setzte die Division eine ihrer Kampfgruppen auf der vorderen Höhenrippe an, um der 111. Infanterie-Division dadurch vorwärts zu helfen. Doch der Gegner war hart. Nur mühsam konnte sich die Gruppe Scholz von Höhenkuppe zu Höhenkuppe vorwärts kämpfen. In der Talsenke gelang es aber der Panzer-Abteilung des Oberstleutnants Mühlenkamp und dem I./„Westland" unter Major der Waffen-SS Freiherr v. Hadeln, den Panzergraben zu überrennen und den Angriff nach Osten blitzschnell vorzutragen. Das Regiment „Westland" folgte. Als es dämmerte, stand das Regiment vor Ssaposhin, das die Gefechtsgruppe Hadeln zusammen mit den Panzern von Osten umfaßt hatte und versuchte, es von rückwärts zu nehmen. Doch dazu benötigte es eine Nacht der Vorbereitung. Im Sturm aus der Bewegung heraus war das von einer feindlichen Brigade verteidigte terrassenförmig ansteigende Dorf weder von Norden, noch von Südosten zu gewinnen. In der Nacht aber hatte der Gegner alles, was er besaß, herangeholt. Im Morgengrauen brausten Schlacht- und Bombenflieger über das Angriffsgelände hinweg. Eine Panzer-Brigade nach der anderen griff von Süden und Südosten die Gruppe Hadeln an, während starke Artillerie von den nördlichen Vorhöhen flankierend in die Bereitstellung hineinfeuerte und ein Flankenangriff in Brigadestärke das Regiment „Westland" in seiner tiefen Flanke traf. So war an eine Fortsetzung des Angriffs nicht mehr zu denken. Die Gruppe Hadeln mußte im Morgennebel aus dem Clinch mit den feindlichen Panzern zurückgenommen werden, konnte aber aus ihrer neuen Stellung die grusinische Heerstraße noch beherrschen und alle feindlichen Angriffe erfolgreich abweisen. Das Generalkommando war ungehalten. Aber die Division hatte an ihre Freiwilligen zu denken und durfte sie nicht nutzlos einer hoffnungslosen Lage preisgeben. Nach zwei kritischen Tagen traf als letzter Teil der Division die Gefechtsgruppe Wagner aus dem Waldkaukasus auf dem Gefechtsfelde ein. Sie griff nunmehr den langgestreckten vorderen

Höhenrücken an, der die Division bisher von Norden flankiert hatte. In einem großartigen Angriff nahmen ihre Grenadiere die Ölstadt Malgobek, die wie eine Festung auf die im Tal liegende Division herabsah. Der Eintritt in das Ölgebiet von Grossny war erzwungen. Zwischen Öltümpeln und Höhenkuppen gruben sich die Grenadiere ein und sperrten, wie befohlen, die grusinische Heerstraße. Doch der Feind wußte, was er verloren hatte und stürmte Tag für Tag und Nacht für Nacht erfolglos gegen

Skizze 13

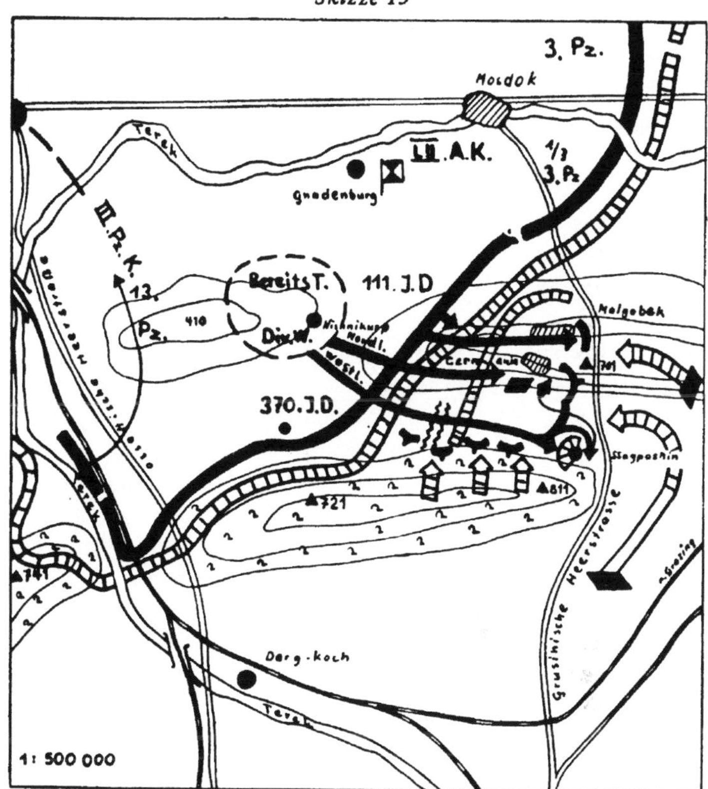

Durchbruch der Freiwilligen durch die sowjetischen Stellungen bei Malgobek, Ende September 1942

die Dänen, Norweger und Deutschen, die nun zur Verteidigung übergegangen waren, an. Im Morgengrauen rollte eine rote Panzerabteilung nach der anderen zwischen den Höhenkuppen und Talsenken vor. Wieder und immer wieder blieben die amerikanischen „Mark IV“ im Feuer der Artillerie und schweren Infanteriegeschütze bewegungslos liegen und Mühlenkamps Panzer rollten ihnen entgegen, um sie beim Herunterfahren von den Berghöhen zu empfangen. Ein Panzerkrieg ohne Gnade war entbrannt, in dem es nur auf kurze Entfernungen und um Augenblicke ging. Der Langsamere blieb auf der Strecke. Jedesmal, wenn der Divisions-Kommandeur im Morgengrauen zur Truppe fuhr, sah er am Wege in langen Reihen die toten Freiwilligen unter einem rohen Holzkreuz liegen, auf denen in flüchtiger Schrift Namen aus fast allen Ländern Europas zu lesen waren, im Tode mit ihren deutschen Kameraden vereint, die hier ungeheure Blutopfer gebracht und ein Vorbild tapferster Selbstaufopferung gegeben hatten. Unter ihnen gab es Männer, die, hinter einer Höhenkuppe versteckt, hochrollende feindliche Panzer aus nächster Entfernung anfielen und mit geballten Ladungen zerstörten, Freiwillige im wahrsten Sinne des Wortes, die durch solche heroische Tat das Überrollen ihrer Kameraden verhinderten und diese mehr als einmal vor der Gefahr des Zermalmtwerdens gerettet haben. Wer diese Jugend noch vor wenigen Tagen singend durch das weite Land hat fahren sehen und nunmehr an den langen Reihen ihrer Gräber Tag für Tag vorbeifahren mußte, dem konnte auch einmal das Wasser in die Augen treten und die bange Frage über die Lippen kommen, *„Wer wird es ihnen einmal danken?“*

Eines Tages forderte der Kommandierende General die Fortnahme der Höhe 711, die den Einblick in die grusinische Heerstraße an einer Stelle versperrte. Auf die Frage des Divisions-Kommandeurs – „Wozu?“ – kam die Antwort: „Für die Artillerie-Beobachtung zur weiteren Fortführung der Operationen unentbehrlich.“ Aber auf die Frage: „Womit soll weiter angegriffen werden?“ blieb die Antwort aus. So gab es harte Diffe-

Skizze 14

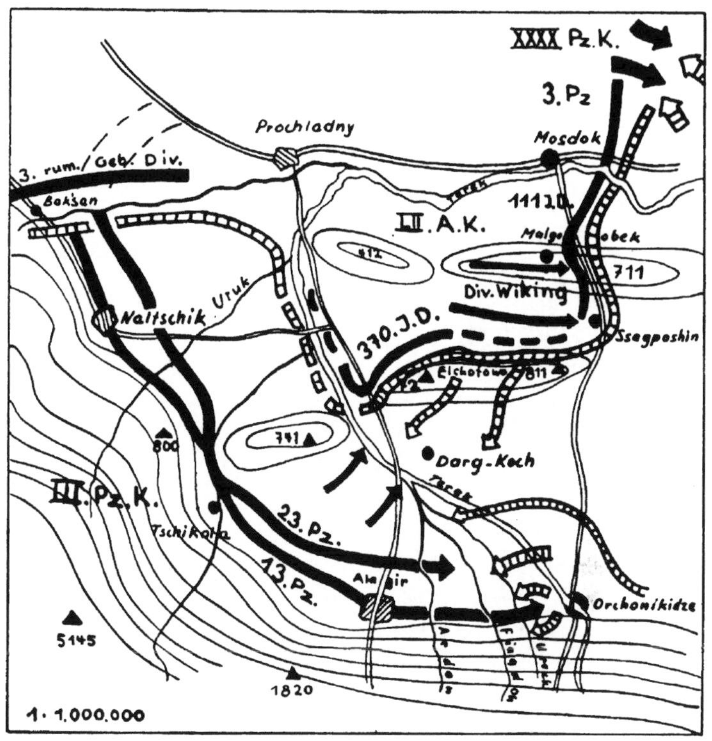

Kämpfe um den Eingang zum Ölgebiet von Grossny

renzen, in die auch die Armee eingriff und den Einsatz der letzten Reserven verlangte. Die Höhe wurde von finnischen Freiwilligen genommen. Das Bataillon hatte dabei schwere Verluste. Dann aber wurde die Operation eingestellt und endgültig zur Abwehr übergegangen. Als der finnische General Talvela nach diesen harten Tagen die finnischen Freiwilligen besuchte, um ihnen die Freiheitskreuze an die Brust zu heften, traf er in der Talmulde hinter der Front seine jungen überanstrengten, von Öl und Schmutz verdreckten Landsleute an, die ihm freimütig die Härte des Kampfes schilderten. An den Gräbern der finnischen Freiwilligen, die sich in die lange Totenreihe am Wege eingegliedert hatten, erwies der General diesen seinen letzten Gruß. Wenige Tage später verließen die Freiwilligen diesen Kampfplatz zu erneutem Einsatz an anderer Stelle der heiß umkämpften Front.

Über die letzte Phase der schweren finnischen Angriffe auf die Höhe 711 berichtet der damalige finnische Oberleutnant und heutige Forstmeister Tauno Poghanletho aus Sunila/Finnland:

Seit dem 9. Oktober 1942 sollten wir die Höhe 711 hinter Malgobek im Angriff nehmen. Größere und kleinere Einheiten hatten das mit Teilerfolgen getan, aber den Höhenkamm nicht erreichen können. So traten wir am 16. Oktober zum letzten Mal gegen die Höhe an. Bei den harten Kämpfen am Terek und im Vorkaukasus waren unsere Kompanien sehr zusammengeschmolzen. Unsere 9. hatte die Stärke von einigen zehn. 10. und 11. Kompanie waren zusammengelegt und 40 Mann stark.

Am 15. Oktober abends saßen wir am Fuß der Höhe 711 dicht unter den Stellungen der Russen. Wir hatten einen geräumten Russenbunker vorgefunden und waren in ihn untergekrochen. Wir waren hungrig und sahen schwarz. Unser Bataillons-Kommandeur, Mojor Collani, kam zu uns. Wir steckten einen Kerzenstummel an. Essen kam nicht heran. Dafür gab es einige Schluck Rotwein, die unseren Durst löschten. Collani hatte Mühe, sich in den Bunker zu zwängen. Etwas hilflos fragte er: „Wie geht es?“ Einer von uns murmelte bitter: „Wir werden morgen angreifen“. Damit war die Stimmung gerettet. Wir lachten laut und meinten, wie gut es doch wäre, daß zwei Kompanien in einem Bunker Platz hätten. Dann hörten wir zu, was der Kommandeur für den nächsten Tag befahl. Aus beiden Kompanien sollte ein Stoßtrupp unter meiner Führung gebildet werden. Mühlinghaus von der 12. sollte uns mit Granatwerfern und schweren Waffen unterstützen und eine Panzerkompanie sollte uns auf die Höhe heraufhelfen.

Wir sollten ohne Artillerie-Vorbereitung überraschend und überfallartig angreifen. Alles war einverstanden. Wenn das Unternehmen mißlang, war es unser letzter Angriff überhaupt. Das wußten wir. Darum gab es nichts mehr zu verlieren. Gelang es, dann würde vielleicht mancher von uns weiterleben dürfen. Unsere Stimmung war fest entschlossen, wie bei Lagen, in denen es kein Zurück gibt. Einer summte das Teufelslied. Das „Hah, ha, haah" brüllten wir alle zusammen so laut, daß die Russen es hörten. Das begeisterte Mühlinghaus so, daß er die „Trompete von Vionville" auf französisch deklamierte. Dann schliefen wir ein.

Morgens war dichter Nebel. Wir ließen uns mit dem Angriff Zeit. Als wir antraten, waren wir im Nu an den russischen Stellungen. Die Russen waren völlig überrascht. Die ersten Löcher hatten wir schnell. Je höher wir aber den Hang hochkletterten, um so mehr wehrte sich der Feind. Auf dem Höhenkamm schlugen unsere Granaten ein, hinter uns lag das feindliche Sperrfeuer wie eine dichte Wand und dazwischen dröhnten die Abschüsse unserer Panzer. Überall knatterten feindliche MG. und Maschinen-Pistolen.

Wir waren in der feindlichen Stellung mitten drin. Es schien unmöglich weiter zu kommen. Ein paar von unseren Panzern wollten uns helfen, bekamen aber vom Höhenkamm wildestes Panzer-Abwehrfeuer, so daß sie in Deckung gehen mußten. Die Gruppe Pyyhtiäs bekam einen Volltreffer. Gefreiter Kesti flog in die Luft. Links von mir versuchte Unteroffizier Metz eine schwere, auf uns zufliegende russische Handgranate aufzufangen, um sie zurückzuwerfen. Er erhielt einen Armschuß. Über seinen Rücken rollte die Handgranate zwischen seine Beine und explodierte. Er mußte sich für ewig von uns trennen.

Unteroffizier Miettinen wollte vorwärts springen, erhielt aber aus nächster Nähe einen Bauchschuß. Noch im Fallen jagte er ein ganzes Magazin aus seiner Maschinen-Pistole in ein russisches Schützenloch hinein. Mein Gehirn brannte. Ich sah schon den Mißerfolg und dachte an die Folgen. Mein Melder Sakari Miettinen und ich springen in ein russisches Loch, ohne allerdings den erforderlichen Platz zu finden und so liegen wir dicht an den Boden gepreßt ohne Deckung frei. Einen halben Meter über uns peitschen die Garben des MG. durch die Luft. Vor uns liegt ein Russe in einem Loch in voller Deckung. Seine MP. liegt auf dem Erdrand. Ich warte bis sich etwas regt, sehe eine Mütze, einen Mongolenschädel und schieße mein Magazin leer. Dann krieche ich auf ihn zu. Er hat meine Patronen im Kopf sitzen. In wilden Sprüngen jagen wir auf den Höhenkamm. Drei Panzer-Abwehrgeschütze werden im Laufen durch gezielte Handgranatenwürfe erledigt. Jetzt können unsere Panzer vor. Mühlinghaus kommt mit ihnen. Man wirft uns volle MP.-Magazine und neue Handgranaten zu. Bisher hatten wir eine Kompanie Russen gefangen, die ganz verstört waren. Dann säuberten wir den Höhenkamm. Eine Anzahl Panzerbüchsen, zwei schwere Infanterie-Geschütze, zahlreiche schwere Maschinengewehre und viele sonstige Infanterie-Waffen waren die Beute. Wir hatten die Höhe 711 endlich bekommen, an deren Abhängen viele unserer Kameraden für immer schliefen.

Mit sechs Mann saßen wir auf der Höhe und hatten unsere Stahlhelme von den schweißtriefenden Köpfen genommen. In unseren verschmierten, zitternden Händen hielten wir die ersten Zigaretten, da geht es erneut los. Die russische Artillerie funkt auf den Höhenkamm, daß es nur so raucht. In unserem Siegesgefühl kümmerten wir uns nicht viel darum. Da bricht unser tapferer Kompanie-Truppführer, Unteroffizier Sahlmann zusammen: „Seht her, so stirbt deutsche Jugend“ sind seine letzten Worte.

Am nächsten Morgen griff der Russe immer wieder an. Er wurde zurückgeschlagen. Drei T 34 wurden von unseren Panzern in Brand geschossen. Unsere Artillerie half dabei.

10. und 11. Kompanie waren zusammen noch 12 Mann stark, die ich nun führte. Auch Oberleutnant Pallesche von der 9. Kompanie und unser Oberleutnant Mühlinghaus von der 12. Kompanie hatte es erwischt. Sie gesellten sich zu den toten Finnen.

Die Höhe 711 aber blieb in unserer Hand.

Verantwortungsbewußte Soldaten werden immer bemüht sein, erhaltene Aufträge gewissenhaft zu erfüllen, wenn Befehl und Gewissen in Einklang stehen. Bei Malgobek war dies erstmalig nicht möglich gewesen.

*

Inzwischen hatte das III. Panzerkorps am Rande des Hochkaukasus die feindliche Front im Bakssantal durchstoßen und war über Alagir auf Orchonikidze vorgestoßen, um die grusinische Heerstraße zu sperren. Am Fiagdon war eine seiner Divisionen aufgehalten, die andere bei Gisel, unweit der Stadt, eingeschlossen worden. Die vorderste Kampfgruppe der herausgelösten Division „Wiking" kam gerade zur Zeit, um dort die alten Waffenbrüder der 13. Panzer-Division aus ihrer gefahrvollen Lage zu befreien und sie in der nun einsetzenden Abwehr abzulösen. Auch hier waren die Kämpfe von unerbittlicher Härte. Die Sowjets griffen mit Panzern und Infanterie von Orchonikidze her rücksichtslos und Tag für Tag erfolglos an. Das III. Panzerkorps, nunmehr nach Abgabe der 23. Panzer-Division an die Stalingradfront aus der 13. Panzer-, der 2. rumänischen Gebirgs-Division und der Division „Wiking" bestehend, behauptete seine Stellungen. In diesen Tagen wurde der Kommandierende General v. Mackensen mit der Führung der 1. Panzerarmee beauftragt und übergab den Befehl über das III. Panzerkorps dem Kommandeur der Division „Wiking", die von dem biherigen Artillerie-Kommandeur, Generalmajor der Waffen-SS Gille, weitergeführt wurde. Schon zeichnete sich für die Kaukasusfront weit im Norden eine ernste Gefahr ab. Die Donfront nordwestlich Stalingrad war zusammengebrochen und die 6. Armee bei Stalingrad eingekesselt. Die Übergänge über den Don waren fern und wurden von den Sowjets von Tag zu Tag stärker bedroht. Auch beim III. Panzerkorps war der Gegner weiter aktiv geblieben und hatte namhafte Kräfte über die Saumpfade der Dreitausender des Hochgebirges in die lange Gebirgsflanke des Korps herangeführt. Immer häufiger hörte man im sowjetischen Rundfunk von dem sich anbahnenden Terekkessel und der damit verbundenen endlichen Vernichtung der gefürchteten 1. Panzerarmee sprechen. Immer wieder schlugen Rumänen, Wikinger und bayerische Gebirgsjäger die Angriffe der Sowjets aus den Gebirgstälern und Wäldern zurück, bis der Gegner unmittelbar vor Weihnachten 1942 sich einen Weg zur einzigen Verbindungsstraße des Korps bei Tschikola gebahnt hatte und die finnischen Freiwilligen gegen die dort angreifende feindliche Garde-Division eingesetzt werden mußten, die sie so vernichtend schlugen, daß sie in die Wälder zurückflutete.

Die zweite Kriegsweihnacht verbrachten die Freiwilligen wiederum in ihren Stellungen. Vom Gegner hart bedrängt und in ständiger Bereitschaft hatten sie keine Möglichkeit, das Fest zu begehen. Nur die Grüße aus der Heimat und die kleinen Verpflegungszulagen der Division erinnerten sie an diesen hohen Festtag der ganzen Christenheit. Ein Teil von ihnen war inzwischen durch die 13. Panzer-Division abgelöst und in Richtung Stalingrad verladen worden. Das ereignisreiche Jahr 1942 und der Feldzug im Kaukasus neigten sich dem Ende zu.

Erneut fuhren die Freiwilligen in einen ungewissen und schweren Einsatz. Das äußere und innere Bild der Division war das gleiche geblieben. Doch die Kommandeure hatten gewechselt. Oberst der Waffen-SS Phleps, gen. Stolz, war zum General befördert und auf den Balkan versetzt worden, wo er eine neue Freiwilligen-Division aus Volksdeutschen aufzustellen hatte, die zum Schutz ihrer engeren Heimat bestimmt war. Oberst der Waffen-SS v. Scholz war unter Beförderung zum Generalmajor mit der Führung der lettischen Freiwilligen-Brigade an der

Nordfront beauftragt worden und Oberst der Waffen-SS Reichsritter v. Oberkamp in die Heimat zurückgekehrt, um seine reichen Kriegserfahrungen bei der Ausbildung des Ersatzes zu verwerten. Junge Kommandeure aus der Reihe der Division waren an ihre Stelle getreten. Als der nunmehrige Führer des III. Panzerkorps die Division aus seinem Befehlsbereich entließ und dem Divisionsführer, Generalmajor der Waffen-SS Gille, die Hand drückte, wußte er, daß er die Freiwilligen einem zuverlässigen Manne anvertraut hatte, der sie über alle Fährnisse des Krieges hinweg sicher leiten würde. Die späteren Ereignisse, der Ausbruch aus den Kesseln von Tscherkassy und Kowel, die Schlachten an der Weichsel und bei Budapest haben diese Ansicht bestätigt. Die Umsicht des bewährten Generals Gille hat die Freiwilligen schließlich noch in letzter Minute sicher über die Reichsgrenze geführt, als die Fluten des Bolschewismus schon zahlreiche brave deutsche Soldaten verschlungen hatten.

*

Ein flämischer Freiwilliger, der Junker Roger Windels, gibt von der Ankunft der Freiwilligen an der Stalingrad-Front nachfolgenden Bericht:

„Heute ist Weihnachten. Leichter Schnee deckt die fahlen Farben der Steppe zu. Wir fahren nach Norden. Es gibt nur ein Gleis. Es führt nach Stalingrad.

Nach dem Rückzug aus dem Kaukasus geht es wieder an den Feind. „Wiking“ soll helfen, den Ring um Stalingrad zu durchbrechen, um die 6. Armee zu entsetzen. Unterwegs sehen wir betrunkene unbewaffnete Menschen. Es sind ungarische und rumänische Soldaten, die heim wollen und – mit Frauen eingehakt – über die Steppe schwärmen.

Der Zug fährt weiter . . .

Sechs Stunden später endlich ein Haus. Nein, eine Kate, eine Scheune. Jetzt sehen wir mehr Häuser. Eine kleine Stadt: Simovniki.

Alles absitzen! Fahrzeuge entladen und Quartiermachen! Wenn der Grenadier wieder seine Beine fest auf den Boden setzen kann, fühlt er sich sicher. Man nimmt die Knarre in die Hand und denkt wohl: Hier stehen wir. Wer traut sich an uns heran?

Wir sind nicht allein in Simovniki. An den Häusern steht ein Tigerpanzer hinter dem andern, die frisch aus der Heimat angekommen sind.

Auf einem improvisierten Flugplatz in der Nähe einer Windmühle stehen etwa zwanzig Stukas startbereit. In einer leidlich sauberen Kate kommen wir unter. Van Veen, ein Niederländer, und ich ziehen auf Wache.

21 Uhr: Zwei Stunden können schnell vergehen, wenn man von zu Hause plaudert. Ein Weltbild kann sich ändern, aber im Innern des Menschen steckt doch immer noch das Kind, das heute vor zwölf Jahren mit erwartungsvollen Augen seine Geschenke unter dem Weihnachtsbaum auskramte.

Nach unserer Wache suchen wir uns ein Plätzchen, kriechen unter unsere Decken und träumen: Die Heimat ist ja so weit weg.

Auf einmal sind alle Träume jäh zerstoben. Es pfeift und zwitschert draußen, als wenn die Luft voll Eisen wäre. Auf der Straße rasseln Panzer vorbei. Es schießt aus allen Ecken. Wir brauchen nur ein paar Minuten, um gefechtsbereit zu sein. Ein Melder huscht atemlos herein: Die Sowjets sind mit Panzern und Infanterie im Dorf. Die Stukas brennen. Die Tiger sind ohne Besatzung.

So stecken wir wieder einmal, wie so oft, im Dreck. Wir stürzen raus und nehmen Deckung. Ein dicker Panzer fährt um die Ecke, speit aus allen Läufen Feuer. Unser kleiner Schütze Nr. 2, ein blonder Niederländer wird leicht angefahren. Stöhnend setzt er sich an die Hauswand. Wir feuern auf die dunklen Gestalten, die auf dem Panzer hocken. Russische Infanterie! Da es stockdunkel ist, schießt einer eine

Leuchtrakete in ein zerfallenes Haus. Hoch lodert die Flamme. Jetzt können wir Freund und Feind voneinander unterscheiden. Die Weihnachtsnacht ist zur Feuerhölle geworden. Wir rasen zum Dorfrand und springen über Leichen und fortgeworfene Waffen. Werfen hie und da schnell ein paar Handgranaten in ein Haus, in dem sich die Sowjets eingenistet haben und erreichen den Dorfrand. Unser Zugführer ist gefallen. Van Veen hat einen Armschuß. Ein paar T 34 brausen durch unsere Kompanie, so daß wir zur Seite springen müssen. Ehe wir sie erwischen, sind sie verschwunden.

Ohne Rücksicht auf ihre eingedrungenen Kameraden feuern die Sowjets nun mit Artillerie und Granatwerfern in das Dorf hinein. Ein paar Häuser brennen lichterloh. Der Russe ist ebenso schnell verschwunden, wie er gekommen ist. Als ausgebrannte Wracks hat er die meisten seiner Panzer im Dorf zurücklassen müssen. Die Begleitinfanterie liegt tot neben ihnen.

Aus den Häusern kommen die Frauen herausgeschlichen, die sich vorher unter den Tischen und Betten verkrochen hatten. Sie haben Angst. Und doch liegt auf ihren Gesichtern eine dumpfe Gelassenheit. Nitschewo.

Es dämmert und schneit. Die Steppe ist weiß, wie ein Leichentuch. Wir haben zwei Tote zu beklagen und acht Verwundete gehabt. Wer wird am heutigen Tage der Nächste von uns sein?

Im Kaukasus hatte der Tod zum zweitenmal mit seiner Sense ausgeholt und die strahlende Jugend mit gewaltigem Schwunge dahingemäht. Als die Division in den Ostkaukasus fuhr, standen noch fünfhundert Abiturienten in ihren Reihen. Manche von ihnen hatte der Tod dahingerafft. Aber eine große Zahl konnte noch auf die Kriegsschule geschickt werden. Alle Kommandeure waren immer wieder darauf hingewiesen worden, daß jeder für Führeraufgaben geeignete Soldat erkannt und gefördert werden müsse. Alle waren sie zudem davon überzeugt, daß ihnen Menschen anvertraut worden waren, deren Blut nicht sinnlos verströmen durfte.

*

In den Kämpfen am Terek waren zum erstenmal auch Freiwillige der kaukasischen Bergstämme und aus Transkaukasien zu den Westfreiwilligen gestoßen. Im Brückenkopf von Mosdock kämpfte ein Bataillon Kaukasier unter dem Befehl des Hauptmanns der Reserve Oberländer [34], das zunächst dem LII. Armeekorps, dann aber während des Rückzuges dem III. Panzerkorps unterstellt war. Oberländer war dem Korpskommandeur des III. Korps schon seit 1930 bekannt, als er noch in Königsberg als junger Wissenschaftler in Ostfragen tätig gewesen war. Schon damals hatte er sich mit der geopolitischen und nationalen Struktur Rußlands beschäftigt und sein Interesse vorwiegend den ukrainischen und kaukasischen Verhältnissen gewidmet. Sein „Bergmann-Bataillon“ hatte sich im Brückenkopf von Mosdock gut geschlagen und seinen Zusammenhalt auch während des nun beginnenden Rückzuges gewahrt.

Eines Abends, während der ersten Phase der Rückzugsbewegung aus dem Kaukasus, meldete sich der Bataillons-Kommandeur beim Korps-Kommandeur in Pjatigorsk und berichtete – nach herzlicher Begrüßung bei diesem Wiedersehen nach langen Jahren – über den Zustand seiner Freiwilligen. Dabei trug er auch seinem damaligen Vorgesetzten seine Ansichten über die Irrtümer der deutschen Politik in der Ukraine vor und überreichte eine von ihm verfaßte Denkschrift mit Verbesserungsvorschlägen, die zweckmäßig und vernünftig waren und sich mit den Ansichten des Befehlshabers deckten. Auf die Frage, was er mit der Denkschrift machen wolle, meldete der Verfasser, daß er sie bereits allen in Frage kommenden Reichsministerien zuge-

---

[34] Dr. Oberländer ist heute Bundesminister für Vertriebenenfragen im Kabinett Adenauer.

sandt habe. Das war eine ungewöhnliche Maßnahme. Angesichts der anerkennenswerten Absichten sagte der Befehlshaber jedoch zu, sie mit empfehlenden Worten an die maßgeblichen Stellen zu leiten, was auch geschah. Lange Zeit später kam das Gerücht auf, das Oberkommando der Wehrmacht habe ein Disziplinarverfahren gegen Oberländer eingeleitet. Sein damaliger Befehlshaber erhielt ein bösartiges Schreiben von Heinrich Himmler, der um Stellungnahme und Aufklärung ersuchte. Nach der Feststellung, daß Oberländer in bester Absicht und mit anerkennenswerter Zivilcourage Wahrheiten ausgesprochen habe, die man nur billigen könne, wurde es wieder still um die Sache Oberländer. Erst nach dem Kriege wurde bekannt, daß der Verfasser damals aus dem Heere entlassen worden sei, seine wissenschaftliche Tätigkeit an der Universität Prag aber habe wieder aufnehmen können.

Georgier, Armenier und Asherbeidszaner waren unter dem Befehl des Obersten Steinbauer in Bataillonen zusammengefaßt, besaßen wie alle Freiwilligen-Bataillone eigene Offiziere, aber zusätzliches deutsches Führerpersonal und hatten die Talausgänge aus dem Hochkaukasus in der tiefen Flanke des III. Panzerkorps gesichert. Dort war es während der ganzen Zeit gelegentlich zwar zu Plänkeleien, aber nur ein- oder zweimal zu gefährlichen Situationen gekommen, als stärkere Sowjetverbände georgische Freiwillige überfielen und niedermachten. Der tatkräftige Oberst Steinbauer bereinigte die Lage durch Einsatz einiger deutscher Kompanien. Während des Rückzuges verschwand ein Teil der transkaukasischen Freiwilligen in den großen Waldgebieten, während die Mehrzahl bei der Fahne blieb und später in größeren Verbänden vereinigt wurde. Auch in der Kalmückensteppe waren dort beheimatete Freiwillige zu den deutschen Truppen gestoßen und hatten als Reiterformationen beim XXXX. Panzerkorps eine nützliche Verwendung gefunden. In ständigen beweglichen Kämpfen hatten sie auf der Flanke der 1. Panzerarmee bravourös gekämpft. Beim Rückzuge schlossen sie sich mit ihren Familien in langen Trecks den Deutschen an und sind später mit ihren kämpfenden Teilen in den freiwilligen Kosaken-Verbänden des Generals v. Pannwitz aufgegangen.

Alle die kaukasischen Bergstämme, in denen noch das alte Freiheitsgefühl lebte, hatten während des kaukasischen Feldzuges aus ihrer Sympathie zu den Deutschen keinen Hehl gemacht. Die Karatschaier, die selbstbewußtesten unter ihnen, hatten sich beim Eintreffen des Generalobersten v. Kleist in Pjatigorsk zu einem großen Volksfest versammelt, ihn als Befreier begrüßt, Reiterspiele veranstaltet und ihm in einer feierlichen Zeremonie einen kaukasischen Schimmelhengst geschenkt. Angstvoll sahen sie nunmehr der Rache der Sowjets entgegen. Viele von ihnen mußten den Weg in die sibirische Verbannung antreten.

*

Trotz ihrer schweren Bedrängnis an der Südfront hatten die Sowjets in der zweiten Hälfte des Jahres 1942 dennoch ihre Wintererfolge in der Mitte und im Norden der Ostfront durch Angriffskämpfe von August bis Ende Dezember auszuweiten versucht. Dennoch gelang es ihnen nicht, die Front der Heeresgruppe Mitte bei Rshew zu zertrümmern. Auch an der Nordfront nahmen die Kämpfe am Kessel von Demiansk ihren Fortgang. In unaufhörlichem Anstürmen versuchten die Sowjets, ihn einzudrücken und den Verbindungsschlauch nach Westen zu durchstoßen. Dabei war das Freikorps „Danmark" in Gefahr gekommen, abgeschnitten und eingekesselt zu werden. Durch Einsatz des letzten Mannes vom Tross gelang es der Legion, sich daraus zu befreien. Obwohl die Verwundeten sich weigerten, aus dem Kessel ausgeflogen zu werden, war das Freikorps infolge der harten Kämpfe dennoch so zusammengeschmolzen, daß es aus der Front herausgezogen wurde und einen längeren Heimaturlaub erhielt.

Die Legionen „Niederlande" und „Flandern" waren nach der Beseitigung des Wolchow-Kessels wieder an der Petersburger Front bei Krasnoje-Selo eingesetzt und dort mit der norwegischen Legion und den lettischen Polizei-Bataillonen 19 und 21 in der 2. SS-Brigade vereinigt worden. Im Zusammenleben von West- und Ostfreiwilligen in einem Truppenteil und an einer gemeinsamen Front entstand hier ein Gemeinschaftsgeist, den der erfahrene Brigade-Kommandeur, Generalmajor der Waffen-SS Klingemann, schon damals – weit in die Zukunft schauend – als Beispiel für eine zukünftige europäische Waffenbrüderschaft bezeichnet hat.

In Lettland waren inzwischen neun weitere Polizei-Bataillone entstanden, die im Partisanenkampf eingesetzt worden waren. Auch die Esten hatten zehn solcher Einheiten für den Sicherungsdienst hinter der Front gestellt, von denen einige in der Front selbst Verwendung gefunden hatten. So kämpften das Bataillon 29 unter dem estnischen Major Peikker und das 33. Bataillon unter Führung des Kapitäns Pärlin an der Leningrader Front und das 36. Bataillon des Leutnants Riipalu sogar an der Südfront im Raume von Stalingrad. Während ein Teil dieser Verbände von der Polizei aufgestellt worden war, waren andere vom Heer formiert und galten als sogenannte „Ost-Bataillone“, die gegenüber den deutschen Truppen mindere Rechte besaßen. Sie waren in jeder Beziehung benachteiligt, uneinheitlich ausgerüstet und willkürlich organisiert. Ihre Bataillons-Kommandeure waren estnische Offiziere, unter ihnen so treffliche Männer, wie die Majore Soden, Rebane und Ellvann. Neben ihnen aber fungierten regelmäßig meist im Dienstgrad höhere und an Jahren ältere, im Frontdienst aber nicht immer erfahrenere und den Esten fremde deutsche Verbindungsoffiziere, was zu Mißverständnissen und Verdruß Anlaß genug gab. Als aber der deutsche Rundfunk am 26. August 1942 die Aufstellung einer estnischen Legion verkündete, meldeten sich deren Soldaten in großer Anzahl zur Legion. In Estland waren schon in den ersten Wochen über zweitausend Freiwillige verfügbar. Der glühende Wunsch estnischer Patrioten nach einer eigenen nationalen Kampftruppe begann sich zu erfüllen.

DIE ZERREISSPROBE 1943

Das Jahr 1943 begann unter düsteren Vorzeichen. Mit einer gewaltigen Kraftanstrengung hatten die Sowjets frische Kräfte aus dem weiten russisch-sibirischen Raum mobilisiert, sie mit amerikanischem Material ausgestattet und zum Angriff angesetzt. Der Hauptstoß traf die deutsche Südfront. Im November 1942 haten die Russen unter dem General Wassiliewski an der weitgespannten Donfront angegriffen und die 3. rumänische Armee nordwestlich Stalingrad mit einem Stoßkeil von drei Panzerkorps, zwei Kavalleriekorps und einundzwanzig Schützen-Divisionen bei Kletskaja durchbrochen. Starke Teile waren gegen Stalingrad nach Südosten abgeschwenkt. Die Masse strebte nach Westen über den Tschir in Richtung auf den Donez. Das hinter den Rumänen bereitgestellte Panzerkorps unter dem Generalleutnant Heim war zu dieser Zeit nicht voll kampfbereit. Seine rumänische Panzer-Division war im Panzerkampf noch unerfahren und die deutsche gerade dabei, ihre durch die Winterkälte in Mitleidenschaft gezogenen Panzer instandzusetzen. Ehe das Korps einsatzbereit war, gingen unersetzliche Stunden verloren. Als es dann zum Gegenstoß antreten wollte, war die zusammengebrochene rumänische Front nicht mehr zu reparieren und die Umklammerung Stalingrads von Norden nicht mehr aufzuhalten. Auch südostwärts Stalingrad hatten die Sowjets zum Schlage gegen die 4. Panzerarmee und die 4. rumänische Armee ausgeholt und sie nach Südwesten zurückgeworfen. Am 22. November schlossen die Russen die Zange um Stalingrad von Süden. Die kampfkräftige 6. deutsche Armee hatte sofort geigelt. Ob sie die Lage an der gesamten Donfront übersehen konnte, ist fraglich. Immerhin hatten deutsche Kommandostellen im Kaukasus die sowjetischen Heeresberichte ständig mitgehört und mit Sorge erkannt, daß der sowjetische Stoß auf Rostow zielte und die deutschen Kaukasus-Armeen abzuschneiden drohte. Für die 6. Armee gab es eigentlich nur einen einzigen Entschluß, durchzubrechen und mit der 4. Panzerarmee in Richtung Kotelnikowo Verbindung zu suchen. Im Schwanken zwischen Befehl und Gewissen folgte der Oberbefehlshaber, Generaloberst Paulus, nur dem Befehl, der ihn an Stalingrad band. Doch der angekündigte Entlastungsangriff der in der Bildung begriffenen Heeresgruppe Don des Feldmarschall v. Manstein konnte erst am 12. Dezember beginnen. Inzwischen waren vierzehn entscheidende Tage vergangen, welche die Sowjets genutzt, die italienische Front im großen Donbogen aus den Angeln gehoben und die 8. italienische Armee nach Westen vor sich hergetrieben hatten. Eine Katastrophe größten Ausmaßes bahnte sich an, die nur durch neue kräftezehrende Stützungsaktionen mühsam aufgehalten werden konnte. Mansteins Stoß auf Stalingrad fehlten somit die nötigen Kräfte. Er blieb fünfzig Kilometer vor Stalingrad liegen. Als die Division „Wiking“ in den ersten Januartagen des Jahres 1943 mit den Anfängen bei Simowniki eintraf, mußten die Freiwilligen aus den Zügen heraus bereits gegen sowjetische Angriffskräfte zum Gegenstoß antreten, konnten sie auch noch zurückwerfen, sich aber gegenüber dem überlegenen Feinde nicht mehr behaupten. Die 4. Panzerarmee hatte alle Mühe sich zu wehren. Ende Januar 1943 fand der alte Divisions-Kommandeur, der das III. Panzerkorps inzwischen sicher bis Nevinnomiskaja aus dem Terek-Kessel herausgeführt und das Kommando an einen alten Bekannten aus Friedenszeiten, Generalleutnant Breith, abgegeben hatte, zur Entgegennahme neuer Weisungen in das Hauptquartier bei Rastenburg befohlen war und auf dem Wege dorthin die Freiwilligen an der Stalingrad-Front aufsuchte, die Division in harten Kämpfen und im Ausweichen über den Ssaal hinter den Manytsch vor. Die tapferen und hochbewährten Kommandeure des Regiments „Westland“ Polewacz und Freiherr v. Hadeln waren gefallen, die Finnen auf dem Südflügel der Division im Gegenangriff gegen russische Umfassungsversuche begriffen. Offensichtlich bedurfte es aller Anstrengungen, um die Lage auf der ganzen Armeefront zu meistern. In Rostow war alles im Abzuge nach Westen. In Bataisk stauten sich die Züge. Der Bahnhof war verstopft. Nur mit größter Mühe gelang es, das Kriegslazarett der Division „Wiking", dessen Zug zwischen Materialzügen eingekeilt war, durch den Wirrwarr der Transporte hindurchzuschleusen und hinter den Mius zu dirigieren. Bis zum letzten Augenblick hatte es an der Terek-Front seine Pflicht erfüllt und allen Verwundeten unschätzbare Dienste geleistet, wobei sich die freiwilligen Rot-Kreuz-Schwestern aus Dänemark, Finnland und Norwegen in der Verwundetenpflege und -versorgung hervortaten. Nach Erfüllung dieser selbstverständlichen Pflicht und der Gewißheit, daß der Transportzug in Sicherheit gebracht wurde, folgte der Flug nach Ostpreußen.

Ich wußte es nicht, wie der neue Auftrag lauten würde, hatte aber gehört, daß ein neues Panzerkorps und neue Freiwilligen-Divisionen aufgestellt werden sollten. Im Hauptquartier fand ich am 5. Februar 1943 eine seltsam gedrückte Stimmung vor. Entgegen der sonstigen Ruhe hastete alles hin und her. Die Verbindungsoffiziere der Waffengattungen trugen sorgenvolle Gesichter zur Schau. Ich traf den General der Gebirgstruppen Lanz, der ebenfalls auf einen neuen Auftrag wartete und dem Vernehmen nach eine Armee-Abteilung übernehmen sollte, die zur Aufnahme der Heeresgruppe Don bestimmt war und deren Kern das neu aufgestellte, aus dem Westen anrollende SS-Panzerkorps unter General Hausser werden sollte. Eine Aussprache mit dem Chef des Generalstabes kam nicht zustande, da General Zeitzler zum Vortrag zu Hitler mußte. Es kam nur zu einem flüchtigen Gespräch. Lanz und ich stimmten darin überein, daß es für eine Gegenaktion gegen die sowjetische Offensive ostwärts des Donez zu spät sei. Allenfalls würde es noch möglich sein, den Feind am Donez selbst, wahrscheinlich aber erst zwischen Donez und Dniepr aufzuhalten. Nach dieser Unterredung trennten wir uns. Im Vorraum des Lagezimmers warteten Adjutanten und Ordonnanzoffiziere, denen ich mich zugesellte. Um 11 Uhr abends war die Besprechung zu Ende. Der als letzter herauskommende vortragende Legationsrat Freiherr v. Steengracht wollte gerade meine Anmeldung bei Hitler übernehmen, als dieser im Türrahmen erschien und mich in das Lagezimmer hereinholte.

Es war ein großer Raum, dessen Wände mit Karten bedeckt waren. An der Fensterseite stand ein langer Kartentisch, auf dem noch Lupen, Stifte und ähnliches herumlagen. Der Personalchef, Generalmajor Schmundt, brachte die mir im Dezember 1942 verliehene Auszeichnung des Eichenlaubes zum Ritterkreuz, die Hitler mir mit ein paar Worten aushändigte. Dann folgte eine kurze Weisung für die Aufstellung des III. SS-Panzerkorps aus den Legionen und Abgaben der Division „Wiking" und die Frage, ob ich schon zu Abend gegessen hätte. Obwohl ich bejahte, forderte mich Hitler dennoch auf, ihm dabei Gesellschaft zu leisten, da eine Ordonnanz inzwischen bereits damit beschäftigt war, den in der Mitte des Raumes stehenden runden Tisch dafür herzurichten. Schon beim Platznehmen begann Hitler – Schmundt hatte inzwischen das Zimmer verlassen – von der Lage der Südfront zu sprechen. „Ich konnte es doch nicht wissen", so sprudelte es aus ihm heraus, „daß die Rumänen so katastrophal versagen und das von mir gerade hier bereitgestellte Panzerkorps nicht rechtzeitig zum Gegenangriff antreten würde. Alles habe ich getan, um gerade diese Front zu sichern und glaubte, hier in jedem Fall sicher zu sein." Ich schwieg und hörte zu. Bisher hatte ich selten Gelegenheit gehabt, mit Hitler über militärische Dinge zu sprechen. Nach Dienstgrad und Dienststellung war ich dazu weder befugt, noch darüber befragt worden. Ich kannte die ganze Atmosphäre im Hauptquartier nicht und war völlig unbefangen. So äußerte ich auch ohne jedes Bedenken freimütig die gleichen Gedanken, die ich vorher schon mit Lanz ausgetauscht hatte. „Es wird kaum möglich sein, den Donbas noch unversehrt zu halten und dann wird seine Produktionsleistung nicht mehr viel nützen. Entscheidend wäre es vielmehr, den Zusammenhang an der Südfront wieder herzustellen. Wenn das nicht am Donez möglich ist, muß es eben weiter westlich geschehen." „Den Donbas kann und darf ich nicht verlieren. Das ist weder aus Prestigegründen, noch aus wirtschaftlichen Überlegungen möglich", war Hitlers Antwort. Ich entgegnete: „Dennoch ist es nötig, alle Sicherheitsmaßnahmen dafür zu treffen, daß man den Donez nicht behaupten kann. Auch scheint es mir nötig, nunmehr unverzüglich mit der Befestigung der Dnieprfront zu beginnen. Schließlich haben wir ja auch einen Westwall gebaut, der uns einmal gute Dienste geleistet hat." Hitler ließ mich ausreden und hörte sich meine Worte ohne Widerspruch an. „Wenn keine anderen Kräfte vorhanden sind, könnte man ja die in Deutschland befindlichen Ausbildungseinheiten oder wenigstens einen Teil von ihnen in das Land westlich des Dniepr verlegen. Für einen Ausbau und als Sicherheitsbesatzung in einer rückwärtigen Dniepr-Stellung würden sie ohne Gefährdung ihrer Ausbildungsbelange von Nutzen sein." Ich erhielt darauf keine Antwort. Die Unterhaltung war beendet. Hitler erhob sich und verabschiedete mich mit der Bemerkung, daß er noch zu arbeiten habe. Am nächsten Tage flog ich nach Saporoshje zurück und von dort an den Mius, um die – wie ich hörte – gerade Rostow passierende Division wieder in Empfang zu nehmen. Meine Gedanken kreisten noch um die Unterredung des vergangenen Abends. Hitler schien mir innerlich ruhig gewesen zu sein. Aber er kannte den Zustand der Fronttruppen zweifellos nicht und wußte nicht, daß sie über Gebühr beansprucht waren und schwere Verluste an Menschen und Material erlitten hatten. Über die Freiwilligen war in der Unterhaltung kein Wort gefallen. Wie ich vor meinem Abflug aus Rastenburg noch erfuhr, wurde Feldmarschall v. Manstein am 6. zum Vortrag über die Lage erwartet.

*

In heißen Rückzugskämpfen entlang der Straßen, welche die Division im Sommer 1942 in stürmischem Siegeslauf passiert hatte, waren die Freiwilligen schließlich bis Rostow ausgewichen und hatten den nachstoßenden Gegner immer wieder in Schach gehalten. Sie waren in der Nacht marschiert, hatten am Tage gekämpft und dem Gegner in einer Aufnahmestellung nach der anderen die Zähne gezeigt. Metschetinskaja, Kalganizkaja, bekannte Orte und Kampfstätten südlich Rostow wurden kämpfend und in engster Verstrickung mit dem dicht auffolgenden Gegner durchschritten. Am 8. Februar passierten die Freiwilligen hinter dem Mius den alten Stützpunkt der Division, Amwrosiewka, wo ich auf sie wartete. Im Storch flog ich voraus zur 1. Panzerarmee nach Stalino, von dort aus nach Einweisung in die Lage zum alten III. Panzerkorps, das schon nördlich Stalino eingetroffen war und alle Vorbereitungen dafür getroffen hatte, um die nach und nach ankommenden Truppen an der Donezfront südostwärts Slawiansk einzusetzen. Ein Funkspruch der Armee vom 10. Februar 1943 rief mich nach Stalino zurück:

„Starker Feind, Panzergruppe Popoff, bei Isjum über Donez im Vorgehen nach Süden auf Krasno – Armaiskoje. Division Wiking sofort nach Westen abdrehen. Angriff auf Krasno – Armaiskoje. Auftrag: Festhalten der Panzergruppe Popoff. gez. v. Mackensen."

Es war höchste Gefahr im Verzuge. Wenn es nicht gelang, den Gegner zu stellen und ihn bei Krasno – Armaiskoje festzunageln, war die Westflanke der 1. Panzerarmee gefährdet, wenn nicht gar die Heeresgruppe Don in Gefahr auseinander gerissen zu werden. Durch Funkspruch wurde die Division, die Stalino schon im Marsch nach Norden passiert haben mußte, angehalten. Der Divisions-Kommandeur flog zum Westausgang Stalino zurück und drehte die Division unter Vornahme einer starken Vorhut nach Westen auf das Angriffsziel ab. Unterwegs traf die marschierende Division auf flüchtende Italiener, die nicht zu bewegen waren, Auskunft zu geben oder gar Halt zu machen. Angstvoll wiesen sie nur gestikulierend nach Nordwesten und ließen sich in ihrem Eilmarsch nach Süden nicht aufhalten. Lange Kolonnen marschierten an uns vorbei.

Am Morgen des 11. Februar ging die Vorhut entfaltet zum Angriff gegen den bereits vom Feinde besetzten Bahnknotenpunkt vor. Nach kurzer Zeit zeigte Gefechtslärm die erste Feindberührung an. Aus der Bewegung heraus trat das Regiment „Nordland" zum Angriff an und erreichte den Haltepunkt süd-

Skizze 15

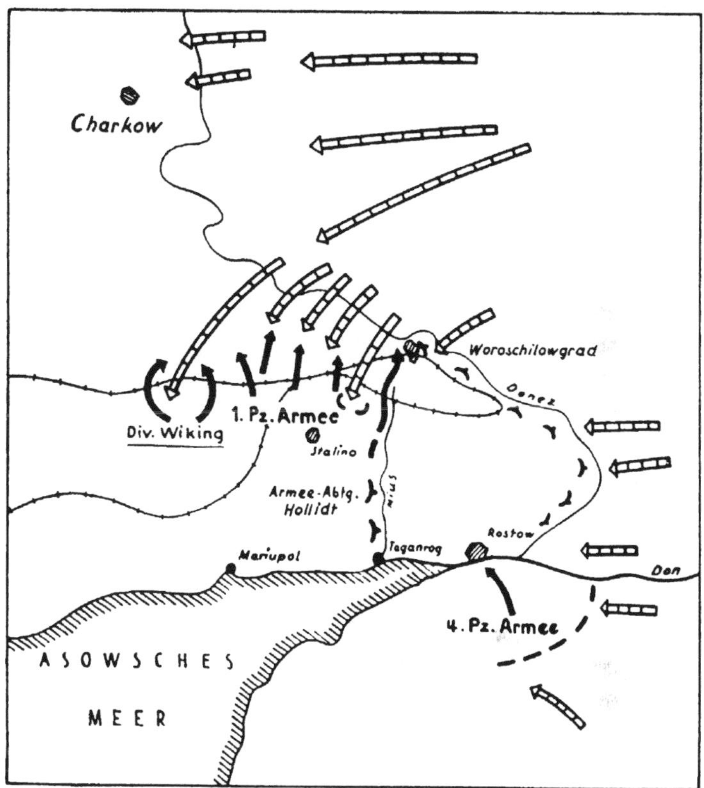

Operativer Ansatz 1. Panzer-Armee zur Deckung der Versammlung der 4. Panzer-Armee für den Angriff auf Charkow im Februar 1943

lich des Industrieortes an der Straße nach Sselidowka. Dort stieß die Vorhut auf starke Panzerkräfte. Der Feind hatte mit einem neuen Gegner nicht gerechnet und sich im Triumph über seine leichten Erfolge in Sicherheit gewiegt. Nun geht alles mit der Präzision eines Uhrwerkes vonstatten. Die der Vorhut folgende Gefechtsgruppe „Westland" holt umfassend aus und umklammert die Stadt von Osten, während die Gefechtsgruppe Wagner durch brusttiefe Schneewehen westlich ausholend nach einem anstrengenden Tages- und halben Nachtmarsch Grischino erreicht, den Ort vom Feinde säubert und ihm damit den Weg nach Westen verlegt. Inzwischen hatte Generalmajor Gille die Artillerie in gewohnt meisterhafter Weise eingesetzt und die Stadt mit einem dünnen artilleristischen Ring umgeben, der mit stärkstem Munitionseinsatz und durch Feuern von Gruppen von zwölf Schuß je Batterie die Feuerkraft und -wirkung von fünf Artillerie-Regimentern vortäuschte und dadurch seinen Eindruck auf den Gegner nicht verfehlte. Als auch die wenigen noch verwendungsfähigen Panzer – es waren zunächst nur acht –, die sich durch reparierte auf fünfzehn erhöhten, zu dem gleichen Täuschungsmanöver griffen, nahm der Gegner von der Fortsetzung seines Angriffes Abstand, beschränkte sich auf die Verteidigung der Stadt und wartete Verstärkungen ab:

> *„Werde von fünf bis sechs SS-Panzer-Divisionen angegriffen, kann mich nur mühsam behaupten. Hilfe dringend erforderlich. Es lebe Stalin."*

So lautete sein im Äther aufgefangener Funkspruch. Inzwischen schossen Panzerspähwagen der Aufklärungs-Abteilung 5 an der Rollbahn nach Isjum ein Tankfahrzeug nach dem anderen ab. Brennende Fahrzeuge und hohe Benzinstichflammen kennzeichneten die feindliche Vormarschstraße. Nördlich der Division wies die 7. Panzer-Division stärkste Feindangriffe am Kriwoy-Torez ab [35]. Verzweifelt versuchte der Feind bei Krassno-

[35] Siehe v. Manstein: „Verlorene Siege", S. 447 und 463.

Die Freiwilligen im Vorfeld des Waldkaukasus an der Laba

Deutscher General begrüßt Quartierwirtin am Mius (Ukraine), Frühjahr 1942

Der Panzerführer der Freiwilligen, Major der Waffen-SS Mühlenkamp, beim Kartenstudium vor dem Aufbruch

Roman Studiewytski (Tarn-Name: Taras Cryprynka), ukrainischer General und Oberkommandierender der ukrainischen aufständischen Armee im 2. Weltkrieg. † im März 1950 bei Lemberg

Lettische Polizeitruppen im Partisanenkampf bei Tschernigow 1942

Skizze 16

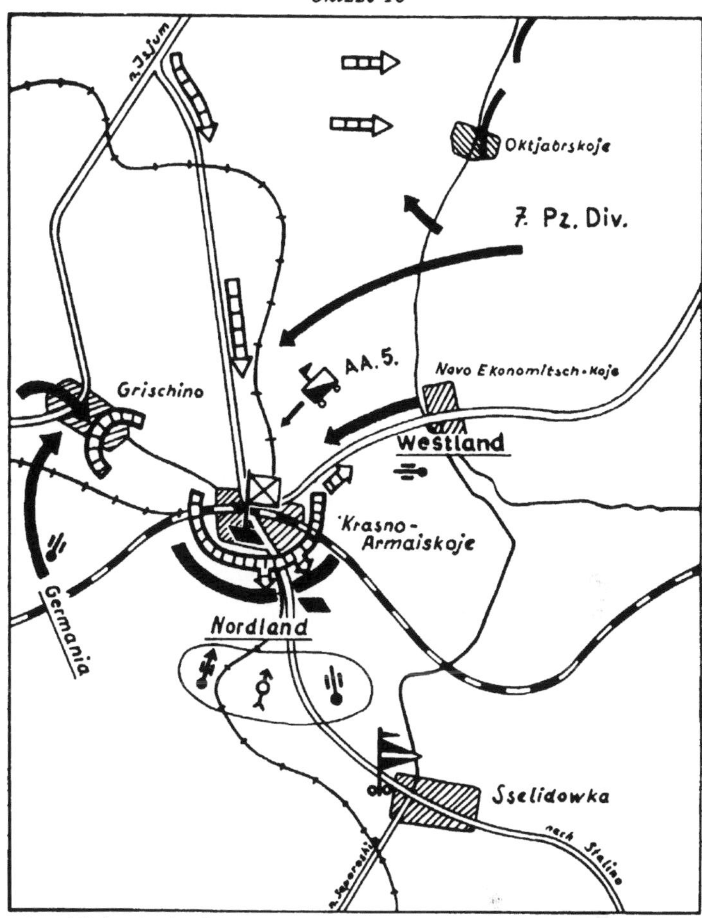

Angriff der Freiwilligen auf Krasno-Armaiskoje und Vernichtung der Panzerkräfte des Sowjetgenerals Popoff, Ende Februar 1943

Armaiskoje auszubrechen und wurde jedesmal dabei zusammengeschossen.

Da war aus einem feindlichen Funkspruch zu entnehmen, daß der Gegner nur noch über fünfzig bewegliche Panzer verfüge, während über hundert ohne Benzin bewegungslos in der Fabrik von Krassno-Armaiskoje herumständen. Ein zusammengefaßter Feuerüberfall von allen Seiten zerschlug sie. Dann trat die Division zum Angriff an, während die inzwischen freigewordene 7. Panzer-Division, die ihren Gegner abgeschüttelt hatte, von Norden in die Stadt eindrang. Im letzten Augenblick funkte der russische Befehlshaber an seine höhere Kommandostelle:

„Kämpfe den letzten Kampf und gehe sterbend unter. Es lebe unser großer Stalin."

Da standen schon die deutschen Panzer vor seinem Gefechtsstand. Aber Popoff selbst, der noch vor zwei Tagen in der Stadt gewesen war, hatte sich inzwischen gerettet. Bei Krassno-Armaiskoje und Grischino wurde der Hauptteil der Panzergruppe Popoff, jedenfalls aber die Masse seiner Panzer, vernichtet [34].

Das XXXX. Panzerkorps, dem die Division inzwischen unterstellt worden war, konnte sich nunmehr dem beginnenden Angriff der 4. Panzerarmee anschließen und mit seinen beiden Divisionen, der 7. Panzer-Division und der Division „Wiking", beiderseits von Barwenkowo nach Norden vorgehen, um dem Gegner bei Isjum den Rückzug über den Donez abzuschneiden. Es stieß mitten in einen in der Auflösung begriffenen Gegner hinein, der unter Verlust zahlreichen schweren Materials über das Eis des Donez flüchtete. Ende März erreichte es das westliche Ufer dieses Flusses, der für die deutsche Südfront schon zu einem Schicksalsstrom geworden war.

Die Freiwilligen hatten wesentlich mit dazu beigetragen, die Voraussetzungen dafür zu schaffen, daß die Mitte Februar noch in der Rochade nach Westen befindliche 4. Panzerarmee sich ostwärts des Dniepr zum Gegenschlage gegen die starken Feindkräfte westlich des Donez versammeln konnte. Hätten sie die Panzergruppe Popoff bei Krassno-Armaiskoje nicht aufgehalten, dann wäre diese wahrscheinlich mitten in die Versammlung der 4. Panzer-Armee hineingestoßen und hätte die vorgesehene

---

[34] Siehe v. Manstein: „Verlorene Siege", S. 449.

Operation verhindern, zum mindesten aber stark verzögern können. Deshalb wird Feldmarschall v. Manstein dieser Leistung nicht ganz gerecht, wenn er in seinem Buch „Verlorene Siege“ [37], die Tat zwar anerkennt, aber feststellt, daß die Division den Gegner nicht gleich habe vernichten können. Dazu war sie allerdings nicht in der Lage, weil der Gegner zwanzigfach an Panzern überlegen war. Die Schuld dafür in dem Mangel an Offizieren mit den erforderlichen Sprachkenntnissen zu suchen, so daß es Verständigungsschwierigkeiten mit den Freiwilligen gab, ist verfehlt und geht an den Tatsachen vorbei. Allerdings hat der Marschall recht, wenn er die schweren Verluste der Division und ihren pausenlosen Einsatz erwähnt. Tatsächlich betrug die Gefechtsstärke in diesen Kämpfen nicht mehr als fünftausend Mann und zehn bis fünfzehn Panzer. Erneut hatte die Division schmerzliche Verluste zu beklagen. Neben manchem braven Freiwilligen fielen beim Vorgehen auf den Donez zwei tapfere Kommandeure, der Hauptmann der Waffen-SS Juchem und der Regimentskommandeur des Regiments „Westland“ Erwin Reichel, langjähriger Generalstabsoffizier der Division. Durch einen Kopfschuß schwer verwundet und von seinem Divisions-Kommandeur vom Gefechtsfelde zu einem Flugzeug gebracht, ist dieser tapfere Soldat, der sich, beim Abflug schon halb bewußtlos, noch salutierend als verwundet abmeldete, wenige Stunden nach seiner Einlieferung in das Lazarett von Dniepr-Petrowsk verschieden.

*

In den Winterkämpfen des Jahres 1943 hatte der deutsche Soldat den zahlenmäßig weit stärkeren Gegner zwischen Dniepr und Donez erneut geschlagen. In wenigen Wochen hatte er die alte Frontlinie des Jahres 1942 zurückgewonnen. Wo er dem

---

[37] Siehe v. Manstein: „Verlorene Siege“, S. 449.

Gegner gegenübertrat, war er ihm überlegen geblieben, wenn ihn nicht gerade dessen Massen erdrückten. Zum erstenmal seit dem Herbst 1941 schien die Lage an der deutschen Ostfront stabil geworden zu sein. Erstmalig waren wieder ausreichende Reserven da. 1941/42 hatte sich die mittlere Führung am Mius und Donez noch mit einigen Kompanien, im Höchstfalle mit einem Bataillon an Reserven begnügen müssen. Im Kaukasus war ein Generalkommando schon glücklich, wenn es ein verstärktes Bataillon in Reserve hatte. Oftmals waren es nur wenige Feldgendarme gewesen. Zum erstenmal verfügte die obere Führung jetzt über ganze Divisionen, die zurückgenommen werden konnten, neu ausgerüstet wurden und in ihrer Kampferfahrung und inneren Einsatzbereitschaft nicht zu übertreffen waren. Nach zwei sorgenvollen Jahren konnte der deutsche Soldat also wieder vertrauensvoll in die Zukunft sehen. Wie an der Südfront, so waren auch bei den anderen Heeresgruppen die Krisenlagen beseitigt. Die Heeresgruppe Mitte hatte die Mehrzahl ihrer kräftezehrenden Frontvorsprünge aufgegeben und die Front begradigt, die Heeresgruppe Nord den Kessel von Demiansk geräumt und ihre Stellungen bis auf die vorgeschobene Bastion von Schlüsselburg behauptet.

Nun war auch die Zeit gekommen, um den Freiwilligen-Legionen einen festen organisatorischen Rahmen und eine größere militärische Heimat zu geben. Von ihnen war das Freikorps „Danmark" nach seiner Rückkehr vom Urlaub zwischen Cholm und Ilmensee eingesetzt worden und hatte sich dort bis zu seiner Herauslösung und Überführung in den großen Verband des III. SS-Panzerkorps und seiner Umwandlung in das SS-Panzergrenadier-Regiment „Danmark" Nr. 24 erneut bewährt. Die flämische Legion hatte noch im Januar 1943 örtliche Einbrüche der Sowjets an der Petersburger Front geschickt pariert, später durch einen Gegenangriff im Abschnitt der 4. SS-Polizei-Division die Übergangsversuche der Sowjets über die vereiste Neva zusammen mit den Reservisten der bewährten Polizei-Division erfolgreich abgewiesen und schließlich einen

Einbruch der Sowjets im Abschnitt der spanischen „Blauen Division“ abgefangen, den Durchbruch zur Straße Petersburg – Tossno verhindert und die alte Stellung zurückgewonnen, so daß sie im Tagesbefehl ihres Korps rühmend anerkannt worden war:

„Als Beispiel kann das Verhalten der Legion ‚Flandern‘ gelten, die nach Abwehr eines russischen Angriffes ohne große Eigenverluste im Gegenstoß die alte Linie der ‚Blauen Division‘ wieder gewann.“

Auch die baltischen Völker konnten neue Hoffnung hegen. Die Front ostwärts ihrer Grenzen schien gefestigt zu sein und ihre Wünsche auf eigene nationale Truppenverbände begannen in Erfüllung zu gehen. Im Raume Krasnoje-Selo war aus den dortigen drei lettischen Schutzmanns-Bataillonen das 1. lettische Infanterie-Regiment entstanden, dessen Führung ein hervorragender lettischer Stabsoffizier, Oberst Voldemaras Veiss, übernahm. Bald darauf schuf Oberst Karlis Lobe das 2. Regiment. Hauptmann Gravelis stellte eine lettische Artillerie-Abteilung auf. Nach vierwöchiger Ausbildung hinter der Front war die lettische Brigade geschlossen in der Wolchow-Front eingesetzt worden und hatte durch ein größeres Angriffsunternehmen bei Spaskoje-Polist den Sowjets gezeigt, daß ihnen hier erstmalig lettische Soldaten gegenüberstanden, die ihnen an Kampfgeist überlegen waren und ihnen einen wichtigen Stellungsteil fortnehmen konnten, den sie trotz ständiger Gegenangriffe nicht mehr herausgaben. Neben dieser Brigade, aus der sich später die 19. lettische Waffen-SS-Division (2. lettische) entwickelte, wurde unter dem Kommando des Generalleutnants der Waffen-SS Graf v. Pückler ein weiterer operativer lettischer Verband geschaffen, die 15. Waffen-SS-Division (1. lettische), die aus den Regimentern 33 unter Oberst Kripens, 34 unter Oberst Janums und 35 unter Oberst Absitis bestand, wozu das Artillerie-Regiment 15 unter Oberst Scheistlauks und die Divisions-Truppen traten.

Die Esten stellten in Polen die estnische Legion auf, die später zu einer Division vergrößert und als 20. Waffen-SS-Division (1. estnische) formiert wurde. Auch die Ukrainer waren gebeten worden, eine Infanterie-Division aus Freiwilligen aufzustellen. Sie sollte den Namen „14. Galizische Waffen-SS-Division (1. ukrainische)" erhalten.

In Ostpreußen begann Generalmajor v. Pannwitz mit der Aufstellung einer Kosaken-Kavallerie-Division aus kosakischen Freiwilligen, die auf dem Truppenübungsplatz Mielau gesammelt worden waren.

Die dritte Welle der Freiwilligen war in Bewegung gekommen. Fast schien es so, als wenn die oberste deutsche Führung aus der Vergangenheit gelernt habe und entschlossen sei, die Folgerungen aus den Rückschlägen des Winters 1942/43 zu ziehen.

*

Jahrelang hatten sich die baltischen Freiwilligen, als Polizeisoldaten nur ungenügend bewaffnet, mit einem besonders heimtückischen Gegner, den Partisanen, herumschlagen müssen, denen jedes Mittel der Gewalt, List und Brutalität recht war, um dem Gegner zu schaden. Die Letten und Esten kannten diesen Gegner und seine Kampfmethoden genau. Deshalb waren sie ihm auch eher gewachsen, als die deutschen Sicherungs- und Polizeiverbände und zu Kerntruppen im Partisanenkampf geworden.

Der lettische Oberleutnant Valdis Redélis, ein hervorragender Sachkenner dieser Kampfesweise, berichtet[38]:

„Schon kurz nach Beginn des zweiten Weltkrieges wurde mein Heimatland Lettland von der grausamen, roten Sturmflut überschwemmt. Die besten Söhne des Landes wurden als Sklavenarbeiter nach Sibirien verschleppt. Auf dem geliebten

[38] Valdis Redelis hat hierüber ein Buch „Partisanenkrieg" (Vohwinkel Verlag 1958) herausgegeben. Mit seiner Genehmigung ist der folgende Abschnitt entnommen.

heimatlichen Boden konnten nur wenige verbleiben. Aber auch sie konnten nicht etwa ihrer täglichen Arbeit nachgehen, sondern mußten sich in den Wäldern und Sumpfgebieten des Landes verbergen. So wurden sie zu Partisanen, die, ohne von einer Stelle dazu beauftragt zu sein, sich gegen die Unterdrücker zur Wehr setzten. Als der Krieg zwischen Deutschland und der Sowjetunion ausbrach, dauerte es nur wenige Monate und ich selbst stand in den Reihen der deutschen Wehrmacht, nun aber nicht mehr als Partisan, sondern als Partisanenjäger im Nordabschnitt der Ostfront und später im größten Partisanengebiet in der Nordukraine zwischen Briansk und Pinsk, einem Gebiet, in welchem das grausame Spiel mit lebenden Menschen die furchtbarsten Formen und Ausmaße annahm. Zunächst begann es im Gebiet von Tschernigow und griff dann weiter nach Norden und Süden bis Briansk, Priluki und Kowel über. Tschernigow liegt einhundertundzehn Kilometer südlich von Gomel am Westufer der Desna in einem ausgedehnten, meist sumpfigen Waldmassiv. Als die ersten deutschen Bomben auf Kiew fielen, rief der kommunistische Sekretär von Tschernigow, Alexei Feodorowitsch Fedorow, das Zentralkomitee in Kiew und zwar den Genossen Nikita Sergejewitsch Chruschtschow an und forderte von ihm eine Anweisung für das Verhalten der Parteistellen. Wenige Tage später wurde Fedorow am 4. Juli nach Kiew bestellt und erhielt dort die ersten Befehle für die Vorbereitung einer bolschewistischen Untergrundbewegung und die Aufstellung von Partisanen-Abteilungen. Zunächst war die Organisation noch klein, wuchs aber zu beachtlicher Stärke an, als die Versprengten aus den großen Umfassungsschlachten des Mittelabschnitts zu ihr stießen [39]*. Als die Front über das Gebiet hinweggerollt war, breitete*

---

[39] Der sowjetische General Below hatte im Herbst 1941 20 000 versprengte sowjetische Soldaten im Raume von Jelnia gesammelt und hielt mit den Gebietspartisanen ständig Verbindung.

sie sich im Rücken der Deutschen weiter aus und schob sich von Westen her über das Gebiet von Cholm näher an die Front heran, ohne daß sie gegen die Deutschen aktiv wurde. Erst die deutsche Niederlage von Moskau gab ihr die Impulse dazu.

„Nach viermonatiger Tätigkeit meiner Partisanen wurden von uns liquidiert: 370 deutsche Soldaten, 168 im Dienst der Deutschen stehende Polizisten, Starosten und sonstige Volksschädlinge, 3 Eisenbahnbrücken gesprengt, 100 Kraftfahrzeuge vernichtet und 50 000 Flugblätter unter der Bevölkerung verteilt", so meldete Fedorow am 12. Januar 1942.

In den Dörfern sammelten auf Fedorows Befehl unbekannte Männer der Untergrundbewegung die von den Deutschen nicht aufgefundenen Waffen der Roten Armee ein und lieferten sie bei den Partisanenstäben ab. Wurden sie verdächtigt, dann verschwanden sie im Dunkel der Wälder. Denn sie waren von ihren Freunden rechtzeitig gewarnt. In wenigen Wochen hatten sich bei der deutschen Verwaltung, im Eisenbahndienst, ja sogar in den rückwärtigen militärischen Kommandostellen zuverlässige Partisanen als Hilfspersonal gemeldet und waren dort eingestellt worden. Sie hatten ihre Augen und Ohren überall. Nichts entging ihrer Aufmerksamkeit, alles wurde von ihnen an die Partisanen gemeldet. Mit ihrer Hilfe sprengten die Partisanen falsche Nachrichten aus, lockten Deutsche in einen Hinterhalt, verschleppten wichtige Personen in die Wälder, sabotierten, wo sie konnten und kontrollierten damit alles, was die Deutschen taten. Damit lähmten sie deren Arbeit und verhinderten einen wirksamen Kampf gegen Sabotage und Verrat. Immer entschlüpften sie, wenn deutsche Polizeikräfte sie mühsam gestellt hatten und tauchten an einer anderen Stelle wieder auf.

In der Zeit vom 23. August bis 25. Oktober wurden von ihnen neun Eisenbahnzüge mit einhundertfünfundzwanzig Waggons und zehn Loks vernichtet, eintausendfünfhundert deutsche Soldaten, darunter dreihundertdreißig Offiziere und ein General getötet, sechshundert Deutsche verwundet und zwanzig Starosten (Bürgermeister) aufgehängt. Die Bahnen waren fast zweihundert Stunden lahmgelegt. Obwohl die Bevölkerung selbst unter dem Partisanenkampf zu leiden hatte, ließ sie sich durch die geschickten Propagandameldungen der Partisanen oftmals beeinflussen, zumal diese alle von ihnen begangenen Greuel den Deutschen planmäßig zuschoben. Im September 1943 waren die Eisenbahnstrecken Kowel – Sarny, Kowel – Brest und Brest – Pinsk nur noch teilweise betriebsfähig und die von Kowel nach Cholm und Rowno führenden Straßen von Partisanen zerstört. Im Februar 1944 meldete Fedorow:

„25 000 Deutsche getötet, 400 Züge zur Entgleisung gebracht, 8 Panzerzüge gesprengt, 47 Eisenbahnbrücken zerstört, 60 große deutsche Nachschublager vernichtet."

Wie Federows Meldungen zeigen, war die Partisanengefahr in ständigem Steigen begriffen. Aber 1943 war sie noch zu meistern, da die Deutschen gelernt hatten, ihr zu begegnen. So konnten die lettischen und estnischen Polizeiverbände für den Eintritt in ihre nationalen freiwilligen Streitkräfte freigemacht werden und waren damit am Ziel ihrer persönlichen Wünsche.

*

Die Hoffnung, die nach dem großen Erfolg an der deutschen Südfront allenthalben keimte, wäre berechtigt gewesen, wenn man sich nicht in neue operative Experimente eingelassen hätte.

In den erreichten Stellungen hätte man feindlichen Angriffen zuversichtlich entgegensehen können. Wäre den feindlichen Massen ein Durchbruch durch die Front gelungen, so standen nun ja Panzerkräfte in genügender Zahl zur Verfügung, um ihn wirksam zu parieren. Am Ende mußte der Gegner dabei den Kürzeren ziehen, wenn man die Stellungen befestigte und in der Tiefe gut ausbaute. Im deutschen Hauptquartier wollte man sich aber mit dem Erreichten nicht zufriedengeben und noch den Bogen um Kursk durch Angriff beseitigen. Diesem Plan stimmten sowohl Hitler als auch der Generalstabschef und Feldmarschall von Manstein zu.

Die operative Idee war umstritten. Durch Verrat fehlte zudem die erste Voraussetzung für einen möglichen Erfolg, die Überraschung des Feindes. Die Sowjets waren auf das Unternehmen „Zitadelle" also gründlich vorbereitet. Es war klar, daß die Verwirklichung des Planes nur mit Opfern möglich war. Als der deutsche Angriff nach erbitterten Kämpfen vor dem entscheidenden Durchbruch stand, wurde das Unternehmen „Zitadelle" von Hitler abgebrochen. Die Landung der Alliierten Kräfte am 10. Juli 1943 auf Sizilien und die damit verbundene Notwendigkeit, Divisionen sofort von der Ostfront nach Italien zu verlegen, gab den Ausschlag für den Abbruch der Offensive. Wurde ein greifbarer Sieg so verschenkt? Mit Recht nennt die offizielle sowjetische Kriegsgeschichte die Operation „Zitadelle" die bedeutendste Schlacht des ganzen Krieges. Aus der Nachhand holte die Rote Armee zum Gegenschlag aus und riß damit die Initiative an sich, um sie nun nicht mehr abzugeben. Jetzt kam die geschwächte deutsche Ostfront nicht mehr zur Ruhe. Bedenkenlos und unaufhörlich rannten die Sowjets gegen die deutschen Linien an. Die Ukrainer, die auf deutscher Seite hätten stehen können, dienten jetzt dem Gegner dazu, die Lücken in den Reihen seiner Masseninfanterie zu schließen. Wer irgendwie laufen konnte, wurde einfach in die Uniform eines gefallenen Sowjetmenschen gesteckt, erhielt ein Gewehr in die Hand gedrückt und war von nun an Soldat, ob er ausgebildet war oder nicht. So trieben die Sowjets immer neue Menschen ins Feuer. Ihre Verluste waren ungeheuer. Aber mit ihren Massen drückten sie die Deutschen zwar langsam, aber sicher nach Westen zurück. Erneut wurden die Freiwilligen der Division „Wiking" von einem Brennpunkt der Front zum anderen geworfen. Kaum hatten sie ihre Umgliederung zur Panzer-Division beendet, die Abgaben an das aufzustellende III. SS- Panzerkorps ergänzt und das in seine Heimat abberufene finnische Freiwilligen-Bataillon durch ein estnisches ersetzt, als sie schon wieder an die Front eilten, um einem am 17. Juli losbrechenden Großangriff des Gegners in dem alten Kampfgelände von Isjum zu begegnen. Bei Ssredny und Ticholsky warfen sie den anstürmenden Feind immer wieder zurück und gaben keinen Fußbreit Boden preis. Kaltblütig ließ sich dabei das estnische Freiwilligen-Bataillon von angreifenden feindlichen Panzern überrollen, schoß die folgende feindliche Infanterie zusammen und warf sich dann todesmutig auf die feindlichen Panzer, die inzwischen in ihren Linien gewütet hatten. Im Nahkampf wurden sie mit geballten Ladungen und Tellerminen vernichtet, wobei der Bataillonskommandeur, Major der Waffen-SS Eberhardt, ein Vorbild der Esten, sein junges Leben opferte.

Kaum aber hatten die Freiwilligen Schulter an Schulter mit ihren Kameraden des Heeres den sowjetischen Angriff bei Isjum abgeschlagen, als sie schon wieder nördlich Charkow benötigt wurden, um einen schweren sowjetischen Durchbruch auf dem Nordflügel der 8. Armee zu parieren und einen Vorstoß auf Poltawa zu verhindern. Am 12. August wiesen sie bei Kryssino schwerste feindliche Angriffe ab und gingen später, entlang der Bahn nach Poltawa im Zuge der Rückwärtsbewegung der 8. Armee hinhaltend und erfolgreich kämpfend, nach Westen zurück. Von Ende August bis Ende September 1943 haben die Freiwilligen — tags kämpfend und nachts ausweichend — als Nachhut der 8. Armee jeden feindlichen Angriff zurückgewiesen, deren Übergang über den Dnjepr bei Tscherkassy und nördlich gesichert und sind dann mit den letzten Truppen der Armee am 27. September selbst über den Fluß gegangen, um sich nördlich Tscherkassy hinter dem Dnjepr zur Verteidigung einzurichten und von nun an keinen Meter Boden mehr preiszugeben, bis sie im Januar 1944 ihre Stellungen räumen mußten, weil sie eingekesselt waren und sich den Durchbruch zu ihren Kameraden der 8. Armee mit Gewalt erkämpfen mußten.

Der Tapferkeit des deutschen Soldaten an der Ostfront und einer geschickten Führung war es noch einmal — und nunmehr zum letztenmal — gelungen, drohendes Unheil zu bannen. Nach der mißglückten Offensive von Kursk schien das Schicksal endgültig gegen die Deutschen entschieden zu haben. Die Epoche von Versailles wurde durch das anbrechende Zeitalter von Teheran und Yalta abgelöst, das nicht nur den jungen, in Versailles entstandenen osteuropäischen Staaten die Freiheit raubte, sondern auch Deutschland teilte und damals seinen blutigen Anfang nahm.

*

Während die Freiwilligen der ersten Welle sich am Dnjepr den anstürmenden roten Massen entgegenstemmten, wobei ihnen die frisch herangeführte Sturmbrigade „Wallonie" zur Seite trat, herrschte auf allen Übungsplätzen und Lagern im Heimatkriegsgebiet ein reges Leben. Die dritte Welle der Freiwilligen wurde in Form gebracht. Wenige von ihnen ahnten das Schicksal voraus, das sie bei einer deutschen Niederlage treffen würde. Die Mehrzahl sah noch mit Vertrauen in die Zukunft. Nur die Einheimischen wußten, was ihnen bevorstand, wenn die Deutschen zurückgingen. Sie fürchteten die Rache der Bolschewisten, wurden vorsichtig und wollten es mit den Sowjets nicht mehr verderben. Manche von ihnen verschwanden in den Wäldern und machten mit den Partisanen gemeinsame Sache. Weiterblickende Kreise der Ukrainer aber sahen die Gefahr, die ihnen und dem ganzen ukrainischen Volk drohte und bereiteten sich zum Widerstand gegen eine erneute Sowjetherrschaft vor. Damals entstand in der Karpato-Ukraine eine Untergrundarmee, die bis zum Jahre 1944 auf eine Streitmacht von 200 000 Mann anwuchs, sich in den Wäldern verbarg, den Deutschen, wo sie es konnte, die Waffen abnahm und damit den Kampf gegen die roten Partisanen eröffnete, die aus den Pripjet-Sümpfen nach Süden und Südwesten eingesickert waren. Ihr Oberbefehlshaber war der frühere Kommandeur der in Deutschland aufgestellten ukrainischen Freiwilligen-Legion „Nachtigall", die 1941 mit den Deutschen zusammen die Grenze nach Osten überschritten hatte, dann aber auf Betreiben des Reichskommissars Ukraine aufgelöst worden war. Taras Chyprynka [40] war ein echter Freiwilligen-Führer, der sein Volk über alles liebte und es verstand, die ukrainischen Freiheitskämpfer auch dann noch für die Sache der Freiheit zu begeistern, als der Kampf schon längst verloren schien. Nach dem Zusammenbruch Deutschlands kämpfte er auf seinem Heimatboden weiter, fügte den Sowjets schweren Schaden zu, wurde aber schließlich von NKWD-Truppen gestellt und ist im März 1950 in einem Gefecht bei Lemberg gefallen. Seine Leiche haben die Sowjets bis zur Unkenntlichkeit verstümmelt. Im Bewußtsein des ukrainischen Volkes lebt er als Symbol seiner nationalen Freiheit weiter.

*

Anfang Juni 1943 begannen die Freiwilligen der Legion „Niederlande", des Freikorps „Danmark", der norwegischen Legion und die Stämme der Division „Wiking" – das ruhmbedeckte Panzergrenadier-Regiment „Nordland" und weitere Einheiten – nach einem wohlverdienten Urlaub im Aufstellungsraum des III. SS-Panzerkorps in Franken und auf dem Truppenübungsplatz Grafenwöhr einzutreffen. Ihr nunmehriger Kommandierender General hatte sich schweren Herzens von seiner alten, ihm ans Herz gewachsenen Division „Wiking" und seinen dortigen, langjährigen Schicksalsgefährten trennen müssen und die Division endgültig seinem Nachfolger, Generalmajor Gille, übergeben. Dann hatte er die finnischen Waffenbrüder aus dem Verbande der Freiwilligen entlassen. Am Mius, im Westkaukasus, im Ölgebiet von Grossny und in der Kalmückensteppe, schließlich in den Kämpfen bei Krasno-Armaiskoje hatten sie sich durch ihre Härte und Tapferkeit ausgezeichnet und sich als Repräsentanten des finnischen Soldatentums in der 1. Panzer-

---

[40] Taras Chyprynka ist der Deckname des Oberkommandierenden. Sein Taufname ist Roman Suchewytsch.

armee einen Namen gemacht. Ihre Offiziere, wie die Oberleutnante Ladau, Tenoma, Pohjanlehto, Sartio und andere, gehörten zu den besten Soldatentypen der Division. Sie waren kühn, fast verwegen und dennoch überlegt und abwägend. Ihren Kameraden waren sie Vorbild und Freund zugleich. Mit den Deutschen hatten sie enge Waffenbrüderschaft geschlossen. Die finnischen Schwestern Lisa und Laime-Maire hatten den verwundeten Freiwilligen in Not und Gefahr beigestanden. Nun fuhren sie alle in ihre finnische Heimat zurück und mußten sich von den Freiwilligen trennen, denen sie sich durch lange Monate des gemeinsamen Kampfes und zahlreiche menschliche Bande verbunden fühlten.

Militärische und politische Gründe waren für ihr Ausscheiden aus dem deutschen Kriegsheer ausschlaggebend gewesen. Im fernen Kaukasus und auf dem äußersten Südflügel der Ostfront haben sie sich oftmals gefragt, ob sie wohl ihre finnische Heimat im hohen Norden Europas jemals wiedersehen würden. Aber sie hatten immer an die Loyalität der deutschen Führung geglaubt und sahen sich jetzt nicht enttäuscht. Als der Marschall von Finnland den Wunsch auf Rückführung der Freiwilligen aussprach, wurde ihm unverzüglich entsprochen.

Die deutsche Niederlage bei Stalingrad und die Aufgabe von Schlüsselburg an der Nordfront hatten in finnischen Heereskreisen zum erstenmal Zweifel an der Möglichkeit eines deutschen Sieges entstehen lassen. Als nüchterne finnische Patrioten begannen sie sich damals zu überlegen, was Finnland tun könne, um nicht in eine deutsche Niederlage mit einbezogen zu werden. Zwar waren sie in ihrer Bündnistreue keinen Augenblick wankend geworden. Auch hatte sich die Lage im Süden wieder konsolidiert. Aber der russische Druck war nur vorübergehend schwächer geworden. Der Kampf der Achsenmächte in Nordafrika ging dem Ende entgegen und die Westalliierten sparten nicht mit freundlichen Gesten gegenüber Finnland. Das war die Situation, in der ich – der Verfasser – einer Einladung der finnischen Regierung folgte und einige Tage nach Finnland flog, um die finnischen Freiwilligen dem Befehlshaber des finnischen Heimatheeres, Generalleutnant Malmberg, zu übergeben. Da es sich um einen völlig unpolitischen Besuch handelte, schienen besondere Weisungen des deutschen Auswärtigen Amtes nicht nötig. „Seien Sie ein guter Bote", war die einzige Bitte des Auswärtigen Amtes bei meinem Abflug nach Finnland. In Helsinki war der Empfang ebenso herzlich, wie festlich. Mit militärischem Gepränge zog das gelandete Freiwilligen-Bataillon in Hangö ein, wurde von General Malmberg und der Generalität des Heimatheeres im Auftrage der finnischen Regierung begrüßt und sofort nach Tampere verladen, wo es demobil gemacht wurde und die Freiwilligen auf die finnische Armee verteilt werden sollten. Schon während dieser ersten Festlichkeiten war eine gewisse Nervosität bei den finnischen Autoritäten fühlbar. Der Eindruck einer politischen Hochspannung verstärkte sich während des Aufenthaltes in Helsinki und bei den offiziellen Besuchen bei jenen finnischen Regierungsstellen, von denen die Einladung ausgegangen war. Staatspräsident Ryti bat mich beim Empfang in seinem Regierungssitz um eine Orientierung über die deutsche Frontlage im Osten und verfolgte meine Ausführungen sorgfältig auf seiner Lagenkarte. Man merkte ihm die Sorgen an, die er trug. Auch der Kriegsminister, General Waldén, kam sofort auf die militärischen Ereignisse zu sprechen, gab aber bei einem offiziellen Empfang in einer wohl ausgearbeiteten Rede der Bündnistreue des finnischen Volkes beredten Ausdruck. So hatte der kurze Höflichkeitsbesuch wider Erwarten dennoch einen politischen Anstrich bekommen. Da der Marschall von Finnland gewünscht hatte, das Freiwilligen-Bataillon möge waffenlos in Tampere einmarschieren, waren die Freiwilligen darüber mißgestimmt. Hatten sie doch in harten Kämpfen Finnlands Waffenehre immer ehrenvoll gewahrt! Als gehorsame Soldaten entsprachen die noch befehlsführenden Deutschen dem Wunsch des Marschalls. Aber den Freiwilligen konnten sie ihren Ärger darüber nicht verbieten. Damals wußten sie noch nicht, daß der Marschall von Finnland diplomatische Rücksichten auf neutrale Gesprächspartner nehmen wollte und darum auch keine Notiz von der Heimkehr der Freiwilligen nahm. Als aber das Freiwilligen-Bataillon in Tampere von einer unübersehbaren Menschenmenge empfangen und die im Bataillon dienenden deutschen Waffenbrüder von der Bevölkerung mit lauten Beifallsbezeugungen begrüßt worden waren, äußerte auch der Marschall von Finnland den Wunsch, den bisherigen Divisions-Kommandeur der Freiwilligen in Helsinki zu empfangen.

In voller Harmonie und Dankbarkeit nahm ich von den Finnen in der Überzeugung Abschied, daß die traditionellen Sympathien des finnischen Volkes zu meinem Vaterland unverändert geblieben waren. Überall war man uns Deutschen mit großer Herzlichkeit begegnet. Die Gastlichkeit, mit der wir empfangen wurden, war kaum zu überbieten. Die finnischen Generale nahmen uns als Freunde und Waffenbrüder auf. Die Organisation der Lottas, an ihrer Spitze die Freiherrin Ruth Munck, – eine der beiden Krankenschwestern, die 1915 die finnischen Jäger nach Deutschland begleitet hatten – ließ es sich nicht nehmen, uns festlich zu empfangen. Das finnische Volk begrüßte uns allerorts mit freudigen Gesten. Die Eltern und Verwandten der Freiwilligen waren aus ganz Finnland nach Tampere geströmt, um den Einzug des Bataillons zu erleben, seinen deutschen Waffenbrüdern – Vorgesetzten und Kampfgefährten – die Hand zu drücken und von ihnen zu hören, wie tapfer ihre Söhne gekämpft hätten und wie sehr sie uns ans Herz gewachsen waren. Eine Welle der Freundschaft und Anhänglichkeit war uns entgegengeschlagen. So nahm ich von den Finnen dankbaren Abschied in der Überzeugung, daß die Waffenbrüderschaft des finnischen Volkes zu meinem Vaterlande unzerstörbar sein würden, was immer auch kommen möge. Ein ganzes Jahr hindurch hat Finnland noch treu zu Deutschland gestanden und auch dann alle Versuchungen von sich gewiesen, als die deutsche Frontlage sich weiter verschlechterte. Erst als die finnische Armee sich des Ansturms der Sowjets nicht mehr erwehren konnte, hat die finnische Regierung in echter nationaler Verantwortung die notwendigen Konsequenzen gezogen und Finnland dadurch die Freiheit erhalten [41].

Im Aufstellungsraum des Generalkommandos waren inzwischen die beiden Divisions-Kommandeure, alte Bekannte aus der Division „Wiking", eingetroffen. Generalmajor der Waffen-SS Fritz v. Scholz übernahm die Aufstellung der 11. SS-Panzergrenadier-Division „Nordland" und Generalmajor Jürgen Wagner die Formierung der Brigade „Nederland". Der Chef des Generalstabes, Oberst i. G. Joachim Ziegler, stellte das Generalkommando des Panzerkorps zusammen und überwachte die Aufstellungsarbeiten der Korpstruppen. Alle drei waren klare, zielbewußte und aufrechte Persönlichkeiten mit großer Erfahrung in Aufstellungsarbeiten. Zudem waren sie geschickt und wendig und verstanden es, auftretende Schwierigkeiten zu überwinden. Einer von ihnen fiel bei Narwa, der andere starb in Jugoslawien, der dritte blieb in Berlin.

Anfänglich bereitete es den nationalbewußten Legionen, die bisher ein völliges Eigenleben geführt hatten, gewisse Schwierigkeiten, sich an die größeren und strafferen Verhältnisse einer Division und eines Korps zu gewöhnen. Bisher hatte bei ihnen eine Art Freikorpsgeist geherrscht, der jetzt einer festen militärischen Ordnung weichen mußte. Insbesondere konnten sich die Dänen nur schwer damit abfinden, daß der Kommandeur ihres neuen Panzergrenadierregiments „Danmark" statt eines Dänen ein Deutscher war, mochte er auch noch so gute menschliche und soldatische Qualitäten besitzen, wie der bewährte und langerprobte Major der Waffen-SS Graf v. Westphalen. Auch die Zuweisung zahlreicher Rekruten aus Siebenbürgen empfanden die Dänen als störend und betrachteten die Volksdeutschen zunächst als Eindringlinge in ihre alte Kampfgemeinschaft. Aber ein er-

[41] Der Marschall von Finnland vertrat die — sicherlich richtige — Ansicht, daß ein geschlagenes und besiegtes deutsches Volk auch dann noch als Nation weiter bestehen bleiben werde, ein zahlenmäßig so kleines Volk wie die Finnen aber leichter physisch ausgerottet werden könne.

fahrener dänischer Offizier, dem das diffizile Instrument eines integrierten Regiments anvertraut werden konnte, war damals nicht vorhanden, und dänische Freiwillige in genügender Anzahl waren nicht verfügbar, um das Freikorps „Danmark“ zu verdreifachen. Bald aber erkannten die Dänen die Qualitäten ihres neuen Kommandeurs, der sich schnell das Vertrauen der dänischen Bataillons-Kommandeure zu erwerben verstand und lernten die Eigenschaften ihrer jungen volksdeutschen Kameraden schätzen, mit denen sie sich später prächtig verstanden haben. Die Bildung des 23. Panzergrenadier-Regiments „Norge“ war leichter, weil sich die norwegische Legion mühelos in den Verband des ehemaligen SS-Panzergrenadier-Regiments „Nordland“ der Division „Wiking“ einfügte. Bei der 23. Panzergrenadier-Brigade „Nederland“ ging die Aufstellung leicht vonstatten. Die Panzergrenadier-Regimenter 47 und 48 waren aus den alten Legionären schnell gebildet und durch junge Freiwillige aufgefüllt. Die materiellen Schwierigkeiten der Aufstellung waren demgegenüber nicht so leicht zu überwinden. Die Panzer- und Sturmgeschütz-Abteilungen erhielten zunächst keine Panzer, die Artillerie keine Geschütze. Dennoch forderte das Oberkommando des Heeres nach kaum zweimonatigem Bestehen des jungen Korps dessen Verlegung in einen frontnahen Raum, um die weißen Flecke auf der Landkarte der besetzten Gebiete mit Truppen, wenn auch noch unfertigen, auszufüllen. Den Vorschlag einer Verlegung an die atlantische Küste lehnte der Kommandierende General unter Hinweis auf die ausschließliche Verwendung der Freiwilligen außerhalb des westlichen Kriegsschauplatzes kategorisch ab. Auch der alsdann erwogenen Verlegung des Korps hinter den Südabschnitt der Ostfront konnte nicht zugestimmt werden, weil das Generalkommando bei der dortigen Krisenlage einen vorzeitigen Einsatz seiner unfertigen Verbände befürchtete und ihn nicht verantworten konnte. So einigte man sich schließlich auf eine Verlegung nach Kroatien.

Niemand im Korpsstabe war mit den Verhältnissen auf dem Balkan vertraut. Zwar wußte man über die dortigen Partisanenkämpfe flüchtig Bescheid, nahm diese aber nach den im Osten gemachten Erfahrungen nicht allzu ernst. Umso unangenehmer war die Überraschung, als das vorausbeförderte Kommando seine ersten Eindrücke meldete. Danach waren die kroatischen Truppen unzuverlässig und vielfach partisanenfreundlich. Titos zahlreiche Partisanenverbände kontrollierten das kroatische Staatsgefüge bis vor die Tore der Hauptstadt Agram. Die kroatische Regierungsgewalt beschränkte sich eigentlich nur noch auf das Weichbild der Stadt. Unter diesen Umständen war es fraglich, ob die Ausbildung der jungen Verbände nicht hinter den Sicherungsbelangen zurücktreten müßten. Das waren keine schönen Aussichten, zumal die Divisionen gerade erst mit leichten

Skizze 17

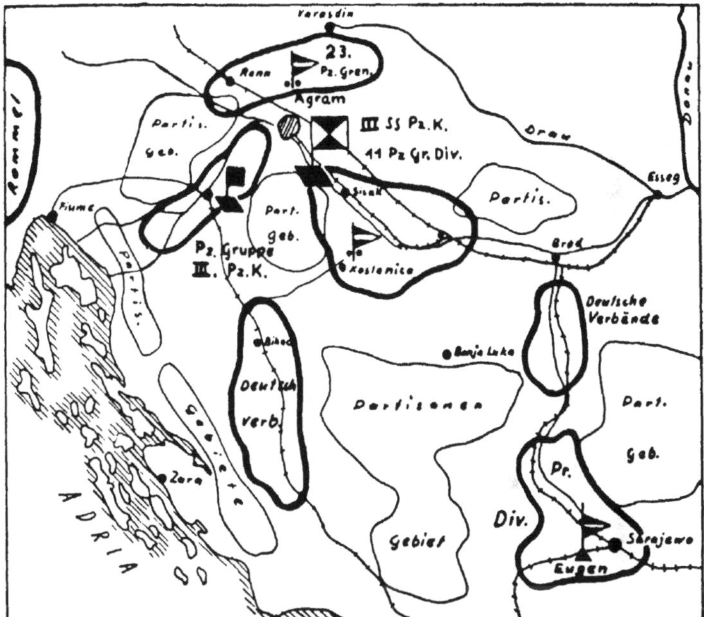

Lage in Kroatien, Anfang November 1943

Waffen versehen und nur notdürftig motorisiert waren. Die schweren Waffen und das Kraftfahrgerät würden ihnen in Kroatien baldigst zugeführt werden, versicherte das Oberkommando des Heeres. Die 11. SS-Panzergrenadier-Division „Nordland“ wurde nach ihrem Eintreffen westlich der Save von Bosnisch-Kostaniza bis zur Einmündung der Kupa in die Save untergebracht und schob ihre Sicherungen in das Partisanengebiet an die Glina vor. Der Divisionsstab blieb in Sisak. Die Panzer- und Korpstruppen wurden beiderseits der großen Straße Agram – Karlowacz – Ogulin und die 23. SS-Panzergrenadier-Brigade „Nederland“ nördlich Agram zwischen Varasdin und der slowenischen Grenze untergebracht. Damit unterband das Korps die Partisanenbewegungen von der dalmatinischen Küste in den nordbosnischen Raum und vom Uskokengebirge in das innerkroatische Staatsgebiet.

Zunächst waren die Partisanen durch den Einsatz eines Panzerkorps offensichtlich eingeschüchtert und befürchteten von ihm umfangreiche militärische Aktionen. Auch die kroatische Regierung erhoffte sich eine wesentliche Erleichterung ihrer prekären Lage. Doch das Generalkommando wollte sich nicht in aktive Partisanenkämpfe verstricken lassen. Es hatte keine Zeit zu verlieren, um sich auf den Kampf mit dem sowjetischen Hauptgegner vorzubereiten. Nachdem sich die Kommunisten Titos ein paarmal blutige Köpfe geholt hatten, ließen sie das Korps von nun an in Ruhe. Wurden sie irgendwo aktiv, so genügten einige kleinere, gepanzerte Abteilungen, um sie in ihre Schranken zurückzuweisen. Trotz dieser Erschwernisse gelang es, die Ruhe und Ordnung im ganzen belegten Raum aufrecht zu erhalten und dennoch die Ausbildung der Verbände planmäßig durchzuführen.

Gegenüber der kroatischen Regierung verhielt sich das Generalkommando reserviert und nahm die kühle Zurückhaltung der kroatischen Poglawnik-Minister gleichmütig in Kauf. Seine Teilnahme an den zahlreichen Veranstaltungen in Agram, die angesichts der tatsächlichen Machtverhältnisse seltsam schemenhaft wirkten,blieb auf das allernotwendigste Maß beschränkt. Ein

Höflichkeitsbesuch des Kommandierenden Generals beim Ministerpräsidenten ließ sich allerdings nicht vermeiden, vollzog sich jedoch auf ausdrücklichen Wunsch des Korps ohne den sonst in Agram üblichen Aufwand und in zwangloser und unauffälliger Form. Für das Generalkommando blieb der deutsche Bevollmächtigte General in Kroatien, Generalleutnant v. Glaise-Horstenau der militärische Repräsentant und nicht der dienstältere Kommandierende General des III. SS-Panzerkorps. Selbst als der in Kroatien und Serbien befehlsführende Oberbefehlshaber der 2. Panzerarmee, General Rendulic aus allgemeinen militärischen Gründen dem III. SS-Panzerkorps die vollziehende Gewalt im nordkroatischen Raum übertragen wollte, lehnte das Generalkommando aus politischen und staatsrechtlichen Gründen ab, zumal eine solche einschneidende Maßnahme militärisch nicht erforderlich schien. Tatsächlich fanden Rendulics Absichten auch nicht die Billigung des OKW und kamen nicht zur Durchführung. Die Entwaffnung der Badoglio-Italiener, die den westkroatischen Küstenraum besetzt hielten, sich aber schon längst jeder Aktivität enthalten und auf ein geruhsames Leben in ihren verbarrikadierten Städtchen und Dörfern beschränkt hatten, war nicht einmal eine störende oder aufregende Episode im Tagesgeschehen des Korps und wurde von einigen Panzerverbänden in wenigen Stunden vollzogen.

So war das Korps in den kurzen Wochen einer intensiven Ausbildung auf gutem Wege, hochwertige Truppen zu schaffen, wobei ihm die im kroatischen Raum gebotene Aufmerksamkeit und Vorsicht gute Voraussetzungen für die Gewöhnung der Truppe an künftige schwere Kämpfe bot. Als die Blätter sich bunt färbten, näherte sich der Zeitpunkt, in dem das Panzerkorps den kroatischen Raum verlassen und an die Ostfront verlegt werden sollte. Die Divisionen waren zusammengeschweißt, die Unterschiede zwischen Legionären und Freiwilligen erster Welle, zwischen alten Frontsoldaten und Rekruten, nordischen, holländischen und siebenbürgischen Freiwilligen verschwunden. Trotz aller Spannungen im kroatischen Gebiet hatten die Truppen mit den Einwohnern in gutem Einvernehmen gelebt. Die Bauern waren friedlich und gastfrei. Sie wollten nichts anderes, als Ruhe und Ordnung, die ihnen weder Tito, noch die Regierung des Poglavnik verbürgen konnten. Aber die deutschen Soldaten hatten sie ihnen – wenn auch nur für einige Monate – gewährleistet. So wurde in den Quartieren mancher Slibowitz getrunken und mancher Hammel gebraten. Bei der im nördlichen Sicherungsraum eingesetzten Sanitäts-Abteilung waren einzelne besonders joviale und hilfsbereite Ärzte unter den Waldpartisanen so beliebt, daß sie diese in Krankheitsfällen herbeiholten und ihnen nach geleisteter Hilfe festlich auftrugen. Die kroatischen Bauern waren tüchtige Menschen und liebten fröhliche Geselligkeit. Wo aber die Partisanen in der Nähe waren oder sie gar bedrohten, wurden sie verschlossen, ja feindselig, weil sie deren Terror oder gar die Rache ihrer kommunistischen Landsleute fürchteten. Im sonnigen und fruchtbaren kroatischen Bauernland konnten die Freiwilligen die verheerenden Auswirkungen der hetzerischen, jede Gemeinschaft störenden, kommunistischen Propaganda und terroristischen Knebelung der menschlichen Freiheit am Beispiel seines urgesunden Bauernvolkes erkennen, das den Kommunismus haßte, sich ihm aber dennoch beugte, weil es sich nicht wehren konnte und darüber ihr altgewohntes biederes Gesicht verlor.

Zu einer Berührung der Freiwilligen mit der auf dem Balkan seit Jahren eingesetzten volksdeutschen Freiwilligen-Division „Prinz Eugen" war es während des vierteljährigen Aufenthaltes des Panzerkorps in Kroatien nicht gekommen. Nur einmal hatte eine Aussprache des Kommandierenden Generals mit dem Divisions-Kommandeur der „Prinz Eugen", General Phleps, im Hause des Generalleutnants v. Glaise und in Anwesenheit des Oberbefehlshabers Balkan, des Feldmarschalls v. Weichs, stattgefunden. Phleps war noch genau so tatkräftig wie damals, als er Gefechtsgruppen-Kommandeur in der Division „Wiking" gewesen war. Er hatte anstrengende Zeiten hinter sich. Seine volksdeutschen Freiwilligen operierten vorwiegend im bosnisch-montenegrinischen Raum und standen dort in ständiger Gefechtsberührung mit Titos Partisanen, die sich mehr und mehr zu einer kommunistischen Armee entwickelten und von den Westalliierten über eine Luftbrücke mit leichten Waffen aller Art ausgestattet worden waren.

General Phleps hatte die SS-Gebirgs-Division „Prinz Eugen“ geschaffen. Sie war sein ureigenstes Werk. In ihr spiegelte sich der kämpferische Geist eines Mannes wieder, der einen großen Teil seines soldatischen Lebens in der Armee des Habsburgischen Reiches verbracht und als junger Offizier lange Zeit in deren Garnisonen auf dem Balkan gelebt hatte. Als Generalstabsoffizier hatte er sich im ersten Weltkriege einen Namen gemacht und galt schon damals als eine Hoffnung im K.u.K.-Generalstabe. Später hatte ihn seine militärische Karriere in die höchsten Stellungen der königlich-rumänischen Armee geführt. Er war der Schöpfer der rumänischen Gebirgstruppen gewesen. Als Kind der siebenbürgischen Volksgruppe war er mit allen Balkandeutschen innerlich verbunden. So atmete auch die Division „Prinz Eugen“ ganz den Geist der ehemaligen K.u.K.-Grenzlandkämpfer und war bislang der militärische Eckpfeiler der deutschen Streitkräfte in Kroatien und der besondere Schutz der Volksdeutschen gewesen. Man kann die Division nicht besser charakterisieren als mit den Worten des späteren Chefs des Generalstabes der Heeresgruppe Balkan, General Schmidt-Richberg [42], der von ihr berichtet: „*Oft standen Vater und Sohn in derselben Formation. Was diesen Männern an gediegener Friedensausbildung fehlte, ersetzten sie durch Unerschrockenheit und Manneshärte. In der Kenntnis des Wesens und der Kampfweise des Feindes waren sie allen übrigen Deutschen überlegen. Sie waren deshalb bei ihren Gegnern gefürchtet. Der Verband war als Gebirgs-Division gegliedert, modernst bewaffnet und teilweise beweglich. Die Division erwies sich als eine zuverlässige Stütze der Führung in den sich nunmehr ständig wiederholenden Krisen.*“

---

[42] E. Schmidt-Richberg: „Das Ende auf dem Balkan“, S. 52 ff.

Wie die Mehrzahl der aus der alten K.u.K.-Armee stammenden hohen Offiziere war auch General Phleps kein einseitiger Militär, sondern ein geistig hochstehender, vielseitig gebildeter Mann mit sicherem strategischen und politischen Urteil. So stimmte er bei der Aussprache mit dem Kommandierenden General des III. SS-Panzerkorps darin überein, daß die militärische Lage zwar zu einer akuten Besorgnis noch keinen Anlaß gebe, weil man weit in Feindesland stände, der Krieg aber angesichts des steigenden militärischen Potentials des Gegners mit rein militärischen Mitteln voraussichtlich nicht zu gewinnen sei, und daß es deshalb frühzeitiger und ernster Anstrengungen bedürfe, um auf politischem Wege zu einem Remis zu gelangen. In freimütiger Aussprache wurden dann die Möglichkeiten einer Einwirkung auf die oberste Führung besprochen. Dabei kam man zu dem gemeinsamen Entschluß, insbesondere Himmler bei jeder sich bietenden Gelegenheit auf diese Notwendigkeit hinzuweisen und vor Illusionen zu warnen selbst auf die Gefahr hin, der Schwarzseherei oder gar des Defaitismus bezichtigt zu werden.

Wenige Wochen später wurde das III. SS-Panzerkorps in Nordkroatien abgelöst und, wie vorgesehen, an die Ostfront verlegt. Die 23. Panzergrenadier-Brigade „Nederland" wurde durch eine aus Norwegen herangeführte Infanterie-Division ersetzt und die 11. SS-Panzergrenadier-Division „Nordland" durch die 1. Kosaken-Kavallerie-Division abgelöst.

Der Divisions-Kommandeur der Kosaken, Generalmajor v. Pannwitz war dem Kommandierenden General schon aus den Winterkämpfen des Jahres 1943 bekannt. Damals hatte er sich mit einigen Alarmeinheiten und landeseigenen Verbänden den Sowjets entgegengeworfen, die im Dontal auf Rostow vorgegangen waren. Seiner Tatkraft war es zu danken gewesen, daß die südlich Rostow kämpfenden deutschen Divisionen in Rostow eine unzerstörte Brücke vorfanden. Für die Führung einer Freiwilligen-Division von Kosaken war er der beste Mann, den man finden konnte. Denn er war nicht nur ein echter Reitersmann und guter Soldat, sondern auch ein General mit einem gütigen Herzen und psychologischem Geschick, also ein Freiwilligen-General von besonderem Format.

In wenigen Monaten hatte er aus den wenig ausgebildeten, kosakischen Freiwilligen eine moderne Reiter-Division geschaffen und sich durch seine patriachalisch-kameradschaftliche und dennoch souveräne Haltung gegenüber den Kosaken ein solches Vertrauen in seiner Truppe erworben, daß er in dieser kurzen Zeit zu ihrem Idol geworden war, dem sie voll vertrauten. Mit den Kosaken, ihren Sitten und Gebräuchen, ihren Eigenarten und Traditionen war er so verwachsen, daß die kosakischen Freiwilligen ihn als einen der Ihrigen betrachteten. Als sich Pannwitz im Hauptquartier des III. SS-Panzerkorps in Agram meldete, war er von einer Leibwache begleitet, martialischen Ge-

Skizze 18

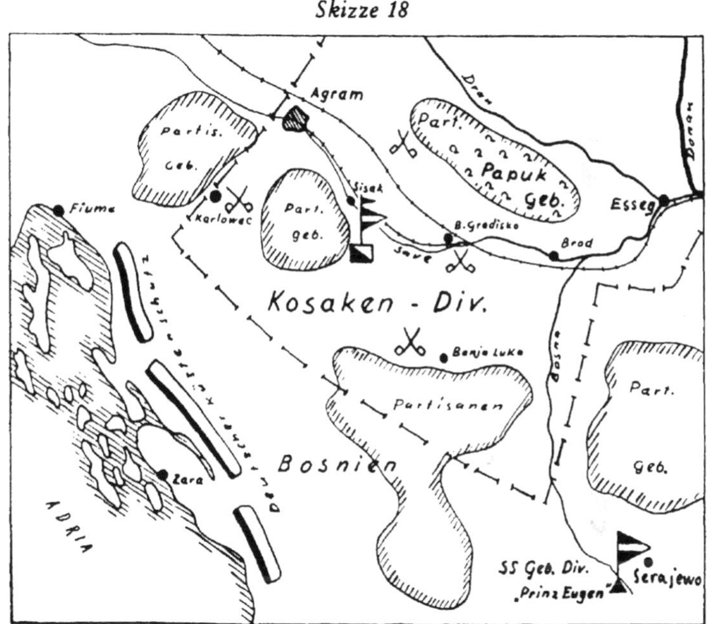

Gefechte der Kosaken-Division in Kroatien 1943/44

stalten, die den General nicht aus den Augen ließen und sich hinter ihm postierten.

Die Kosaken-Division hat ihren Sicherungsauftrag im Saveraum offensiv durchgeführt. Titos Partisanen hatten vor den Pannwitzschen Kosaken einen höllischen Respekt.

*

Unter den Freiwilligen hatte der Name der Kosaken-Kavallerie-Division einen besonderen Klang. Mit ihm verband sich ein Hauch von Freiheit und Ungebundenheit, von Ritterlichkeit und Treue, von Tradition und Romantik. Als freie Bauern und Soldaten hatten die Kosaken im Zarenreiche Jahrhunderte hindurch am Don und Kuban, am Terek, an der Wolga und in Sibirien in eigenen Siedlungen gelebt und ein allen gemeinsames Volksbewußtsein entwickelt, das sich in ihren Sitten, Gesetzen und Traditionen widerspiegelte. Zu allen Zeiten ihrer Geschichte war den Kosaken die Freiheit als höchstes Gut erschienen. Immer hatten sie zur Waffe gegriffen und die Freiheit verteidigt, wenn sie bedroht war. Aus Freien waren sie unter der Sowjetherrschaft zu Sklaven des Staates geworden. Als die Deutschen den Don, den Kuban und den Terek überschritten, hielten sie die Zeit für gekommen, auf deutscher Seite gegen den Kommunismus aufzustehen. Zu beiden Seiten des Don tauchten, wie aus der Steppe erwacht, Kosaken in ganzen Gruppen auf, die sich der Einberufung zur Roten Armee entzogen hatten. Ehemalige, schon ergraute Teilnehmer des Bürgerkrieges kamen aus ihren Verstecken hervor. Unerwartet erschienen der ehemalige Feldataman Kulakow und der bekannte Held des Bürgerkrieges, General Schkuro. Kosaken aus Stawropol, vom Kuban und Terek, Tscherkessen und Karatschaier hatten den Generaloberst v. Kleist im Kaukasus als ihren Befreier gefeiert und ihm ihr Vertrauen geschenkt. Tatsächlich hatte die 1. Panzerarmee auch eine ganze Anzahl von Kalmücken- und Kosaken-Verbänden aufgestellt, die von der Armee in der Kalmückensteppe eingesetzt worden waren. Eine großzügige Mobilisierung aber hatten die Deutschen nicht vorgenommen, obwohl die Kosaken sie erwartet hatten.

Als die deutschen Truppen das kaukasische Land räumen mußten, folgten ihnen die Kosaken in meilenlangen Trecks mit Kind und Kegel in der Hoffnung auf ihren Schutz und ihre Hilfe. Ihre Flucht führte sie über die Halbinsel Kertsch zur Krim und über das Eis des Asowschen Meeres nach Taganrog und Mariupol. In langen Kolonnen wälzten sie sich vorwärts und suchten einen Ausweg aus der Falle, die ihnen das Schicksal gestellt hatte. Generaloberst v. Kleist, der deutsche Oberbefehlshaber auf der Krim, enttäuschte die Flüchtlinge nicht. Er ließ ihre Trecks bei Cherson sammeln und nach Westen in Sicherheit bringen. Gleichzeitig beantragte er die Aufstellung einer Reiter-Division aus den wehrhaften Kosaken und schlug den bewährten Generalmajor v. Pannwitz für ihre Aufstellung und Führung vor. Seinem Antrag wurde entsprochen. Im Frühsommer 1943 strömten Scharen von Kosaken aus allen Teilen der weiten Ostfront nach Ostpreußen zum Truppenübungsplatz Mielau, dem Aufstellungsort der Kosaken-Division. Die Masse des Kosakenvolkes aber marschierte weiter in den Raum von Kamieniec – Podolsk zu einem Kosakenstans (Zentrum), von dort in das innere Polens und im September des Jahres nach Norditalien.

In Mielau entwickelte sich während des Eintreffens der Kosaken ein buntes militärisches Treiben. Die Schilderungen der ersten Tage muten uns an, wie ein köstliches Bild aus Wallensteins Lager, das ein Unbeteiligter gar nicht so wiedergeben kann, wie es war. Deshalb soll der spätere Kommandeur der 2. Kosaken-Reiterbrigade, Oberst Joachim v. Schultz [43], das Wort erhalten, der mit den Kosaken gelebt, mit ihnen gekämpft und als Freund und Mitarbeiter des Generalmajors v. Pannwitz von Anfang an mit dem ganzen Geschehen eng verbunden war:

---

[43] Oberst v. Schultz übernahm später die Führung der 2. Kosaken-Kavallerie-Division, die 1944 in Kroatien aufgestellt wurde.

„Täglich kamen Trupps von Kosaken durch Feodosia. Müde, auf abgetriebenen Pferden, teilweise in ihrer alten Kosakentracht oder auch in deutschen Uniformen mit Kubanka und Baschlik rasteten sie, den Karabiner auf dem Rükken und den Säbel am Pferd, vor den deutschen Kommandostellen auf der Krim. General v. Pannwitz nahm sie in Empfang, ließ sie verpflegen und sprach mit ihnen. Er erzählte ihnen, daß sie unter seinem Befehl zum Einsatz gegen die Bolschewiken kommen sollten. Von neuer Hoffnung erfüllt, ritten und fuhren sie weiter nach Westen durch die Enge von Perekop zum großen Kosaken-Sammellager nach Cherson, wo deutsche Offiziere sie versorgten und einteilten. Im Frühjahr trafen die ersten Transporte von ihnen in Mielau ein, wo deutsche Stämme von Ausbildern schon auf sie warteten.

In der Zwischenzeit hatten sie sich selbständig zu Sotnien und Regimentern zusammengeschlossen. So rückten sie, Sotnie hinter Sotnie und Regiment auf Regiment in militärischer Ordnung in das Lager Mielau ein. Hell klingt das Lied des Vorsängers beim Einmarsch durch das Lagertor und hundert Stimmen fallen ein. Der Ataman meldet dem Generalmajor v. Pannwitz. Berittene Verbände reiten vorüber. Plastun-Abteilungen marschieren vorbei. Die Papacha sitzt den Kosaken auf dem rechten Ohr. Unter ihr quillt die traditionelle Haarlocke hervor. Viele von ihnen tragen wilde Bärte und Ohrringe. Es scheint, als wäre das alte Rußland wieder auferstanden. Da ertönt Musik. Eine Schalmeienkapelle läßt ihre Weisen erklingen. Hinter der Musik reitet der Regimentspope, eine patriachalische Gestalt mit lang herabfallendem weißen Haar. Ganze Herden von Kühen folgen den Soldaten. Im Lager brennen die Lagerfeuer, grasen die Pferde, weidet das Vieh. Nach wenigen Tagen entsteht Ordnung. Die Division wird aufgestellt. In den langen Barackenreihen des Lagers sind jetzt die neu eingeteilten Sotnien und Regimenter untergebracht. Hier wohnen die Freiwilligen des 1. Donkosaken-Regiments, dort die sibirischen

Kosaken, dann das 4. Kubankosaken-Regiment und die I. reitende Abteilung der Artillerie, die sämtlichst zur 1. Kosaken-Reiterbrigade gehören. Daneben liegt die 2. Kosaken-Reiterbrigade mit dem 3. Kubankosaken-Regiment, dem 5. Donkosaken-, dem 6. Terekkosaken-Regiment und der II. reitenden Artillerie-Abteilung. Pioniere, Aufklärungs-Abteilung, Nachrichten-Abteilung, Sanitätstruppen und -kolonnen liegen im Bezirk des Divisionsstabes. Wenige Wochen später sind aus den rauhen Kosakenstämmen moderne Reiter-Regimenter geworden. Tag für Tag üben die Schwadronen. Nur am Sonntag herrscht Ruhe auf den breiten Lagergassen. Vor den Baracken hocken die Kosaken und summen die Lieder mit, die eine Balalaika erklingen läßt. In den langen Ställen schnauben die Pferde und rasseln die Ketten.

Die Division ist zum Sammelpunkt unendlich vieler Einzelschicksale geworden. Mancher Zarenoffizier, der vor den Bolschewisten nach dem Westen oder dem Balkan geflüchtet ist, hat hier eine neue Verwendung gefunden. Die meisten Gesichter sind von der Härte vergangener Zeiten gezeichnet.

Zwischen Sandhügeln und Kiefernwäldchen liegt ein kleines Barackenlager, in dem das Kosaken-Ersatzregiment untergebracht ist. Hier haben auch die Kosakenfamilien in kleinen Blockhäusern eine vorläufige Heimstätte gefunden. Ausrangierte Pferde, Kühe und Kleinvieh hat ihnen die Division verschafft, so daß sie ein Stückchen Acker damit bearbeiten können. In selbst errichteten Werkstätten arbeiten alte, invalide Kosaken, deren Handfertigkeit und Ideenreichtum erstaunlich ist. In einer Ecke des Lagers wohnen die Jungkosaken, Söhne und Enkel im Alter von zehn bis siebzehn Jahrei, die ihre Uniform mit Stolz tragen. Ausgesuchte Lehrer unterrichten sie. Alte Kosaken bringen ihnen das Reiten und die Dschigitowka bei. Andere lehren sie schießen, um sie auf ihre soldatische Zukunft vorzubereiten.

Während im Hauptlager der soldatische Ernst das Leben der Kosaken bestimmt, lebt man hier ganz in den alten, kosakischen Traditionen. Alles ist wie eine einzige große Familie.

Kurz vor dem Abmarsch der Division trifft in den ersten Septembertagen der alte Kosakengeneral Krasnow ein und wird von Pannwitz und dem Metropoliten feierlich empfangen. Jubelnd begrüßen ihn die spalierstehenden Kosaken, als er durch das Lager fährt. Auf dem großen freien Platz vor der Lagerkommandantur sind Abordnungen aller Kosakenregimenter angetreten. Hier hat sich auch die Geistlichkeit versammelt. Unter den Klängen des Leibgardekosakenmarsches schreitet der greise General die Front ab. Dann kniet er vor dem aufgestellten Kruzifix in der Mitte des weiten Platzes. Der Pope spricht den Segen. „Kosaken unterm Kreuz!" so stand es über dem Leben dieses alten Atamans und so stand es auch über seinem gewaltsamen Tode durch die Sowjetrussen.

Als die Stunde des Aufbruches kam, nehmen sie Abschied voneinander. Alle wollen General v. Pannwitz noch einmal die Hand drücken. Dann kommt der Pope, um ihn zur Kapelle zu führen, die hell im Kerzenschein erstrahlt. In der Mitte des Kirchenschiffes heißt er den General stehen bleiben und segnet ihn: „Möge der Herrgott Dich beschützen und Dir die Kraft dazu geben, unser Kosakenvolk der Freiheit entgegenzuführen." Die letzten Worte des Geistlichen gehen in dem feierlichen Gesang der Gemeinde unter, während der deutsche General inmitten der Menschen vor dem dargereichten Kruzifix niederkniet. Von der Liebe und dem Vertrauen dieser Kosaken begleitet geht er an seine schwere Aufgabe, die er erst unter dem Galgen in der Lubjanka treu und tapfer beendet."

*

Im serbisch-kroatischen Raume hatten die Freiwilligen eine neue Form des Krieges erlebt. In ihm gab es keine festen Fronten und keine Strategie mehr. Alle Arten des normalen Krieges waren hier ungültig. Niemand wußte, wer sein Gegner war. Zunächst war der Krieg ein nationaler Untergrund- und Aufstandskampf gegen die deutsche Besatzungsmacht und die faschistisch-kroatische Herrschaft gewesen, den die legitimistischen jugoslawischen Patrioten der Cetniks eröffnet hatten. Als Titos Kommunisten auftraten, waren klare Fronten und nationale Ziele nicht mehr vorhanden. Der Kampf wurde zum Bürgerkrieg Aller gegen Alle. Die Kommunisten machten keinen Unterschied zwischen Deutschen, Kroaten oder Cetniks. Für sie gab es nur Freunde oder Feinde des Kommunismus. Der Bürgerkrieg wurde zum Weltanschauungskampf ohne Gnade, der in jedes Dorf, jedes Tal, jedes Gehöft eindrang und alles ausrottete, was sich nicht unterwarf. Alle festen Regeln der Kriegführung gingen dabei verloren. Über Nacht konnte der heute noch verbündete kroatische Soldat zum haßerfüllten kommunistischen Partisanen geworden sein und das friedlichste Dorf sich in eine kommunistische Hochburg und militärische Festung verwandelt haben. Zwischen der Besatzungsmacht und den nationalen Freiheitskämpfern beginnen die Gegensätze zu schwinden. Oftmals stehen Deutsche und Cetniks in gemeinsamer Front gegen den gemeinsamen Gegner, mit dessen Sieg ihr totaler Untergang verbunden ist. Jetzt gelten nicht mehr eigene nationale Ziele, nicht mehr nationale Freiheit oder Unfreiheit, sondern nur noch die individuelle freiheitliche Existenz, die zum Inhalt des Kampfes geworden ist. Mehr als einmal hatten sich die Freiwilligen die Frage vorgelegt, ob sie nicht zu Handlangern von Unterdrückern geworden seien. Am Beispiel des jugoslawischen Weltanschauungskrieges erkannten sie mit seltener Klarheit, daß der Kommunismus eigene, nationale Ziele nicht duldete, ja, nationale Gemeinsamkeiten als lästig über Bord geworfen hatte und auf dem Wege zur Erfüllung seiner welt- und sozialrevolutionären Ziele über sie bedenkenlos hinwegschritt. Vor dem geistigen Auge der Freiwilligen enthüllte sich hier die Größe und gnadenlose Konsequenz des Kampfes, in den sie verstrickt waren und der Folgen eines kommunistischen Sieges nicht nur für das

Deutschland, dessen Partnerschaft sie gewählt hatten, sondern für die ganze, in sich zerrissene westliche Welt.

*

Etwa zur gleichen Zeit, in der die Kosaken-Kavallerie-Division nach Kroatien verlegt worden war, traf ein anderer Freiwilligenverband, die 162. (turkestanische) Division auf dem italienischen Kriegsschauplatz ein. Sie bestand aus jenen transkaukasischen Freiwilligen und ihren Landsleuten, die im Kaukasus an der Seite der deutschen Panzertruppen gestanden und in der Ukraine gesammelt worden waren. Auf dem Truppenübungsplatz Neuhammer hatte man sie zu einer Division zusammengestellt, an deren Spitze der Stab der im Osten zerschlagenen 162. Infanterie-Division getreten war. Ihr Divisions-Kommandeur wurde der Generalmajor Ritter v. Niedermayer. Man hatte ihn deshalb ausgesucht, weil er die Sprache der Turkestaner und Asherbeidshaner, also des Hauptkontingents der Freiwilligen, beherrschte und Mohammedaner geworden war. Während General v. Pannwitz es aber meisterhaft verstanden hatte, Deutsche und Kosaken zu einer Einheit zusammenzuschweißen, fehlte dem Generalmajor v. Niedermayer diese Gabe. Seine Fähigkeiten lagen mehr auf wissenschaftlichem Gebiet. So wurde er durch den in der Führung von Ostfreiwilligen erfahrenen Generalmajor v. Heygendorff ersetzt, dem es in kurzer Zeit gelang, aus der Division eine zuverlässige Truppe zu machen. Obwohl sie zunächst für den Partisanenkampf bestimmt war, wurde sie infolge der bei der 14. Armee in Italien entstandenen Krise in der Front eingesetzt, bestand an der „Via Aurelia“ ihre Feuertaufe und hat sich im Juni 1944 beim Rückzuge von Nettuno nach Norden voll bewährt. Auf dem Westflügel der 14. Armee hat sie später bei Orbetello tapfer gekämpft und wurde schließlich nach Wiederherstellung ihrer gesunkenen materiellen und personellen Kampfkraft auf dem Ostflügel der 10. Armee bei Rimini eingesetzt. In harten Partisanenkämpfen in den Apenninen hat sie sich weiterhin bewährt und wurde

Einmarsch der Kosaken
in das Lager Mielau
im Sommer 1943

Generalleutnant
v. Pannwitz
in Begleitung des
Oberst v. Schultz begrüßt
die Kosaken in Mielau

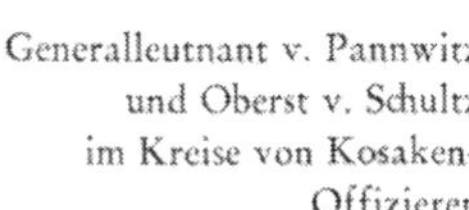

Generalleutnant v. Pannwitz
und Oberst v. Schultz
im Kreise von Kosaken-
Offizieren

Generalleutnant v. Pannwitz
im Mai 1945

Generalleutnant v. Pannwitz
mit den Kosakengeneralen
Schkuro und Neumenka

später zum Schutz gegen die überhandnehmende Partisanengefahr in Norditalien eingesetzt. Die guten Leistungen der Turk-Freiwilligen waren nur daraus zu erklären, daß Generalmajor v. Heygendorff sie als gleichberechtigte Waffenbrüder behandelte, ihre nationalen Sitten, Gebräuche und religiösen Riten schützte und ihnen die Möglichkeit des Aufstieges in Unteroffiziers- und Offiziersstellen gab. Da er ein Mann mit Herz und psychologischem Einfühlungsvermögen war, gewann er das Vertrauen der Freiwilligen und schuf durch solche menschliche Beziehungen die Basis für ihre militärische Zuverlässigkeit und ihre Leistungen vor dem Feinde.

*

Ende des Jahres 1943 brannte es wieder an zahlreichen Stellen der Ostfront. Am 17. Oktober hatten die Sowjets den Dniepr zwischen Dniepr-Petrowsk und Krementschug gewaltsam überschritten. Die 4. „Ukrainische Front" warf am 23. Oktober die neu gebildete 6. Armee hinter den Dniepr zurück. Am 3. November durchstieß die 1. „Ukrainische Front" unter dem Sowjetgeneral Watutin die dünnen Linien der 4. Panzerarmee nördlich von Kiew und ging auf Shitomir vor. Auch im Norden hatte der Feind auf der Naht zwischen den Heeresgruppen Mitte und Nord am 6. Oktober ostwärts Nevel angegriffen.

Das war die Lage, in der die Sturmbrigade „Wallonie" Anfang November ihre zweite Fahrt an die Ostfront antrat. Inzwischen war sie vom Heer in die Waffen-SS überführt, voll motorisiert, gründlich ausgebildet und als Kampfgruppe in Stärke von etwa zweitausend Mann mit zahlreichen schweren Waffen ausgestattet worden. Die kurze Rückkehr der Legion nach Brüssel hatte zahlreiche junge Freiwillige, darunter auch belgische, noch in deutscher Kriegsgefangenschaft befindliche Offiziere und Soldaten zu Hunderten dazu veranlaßt, sich freiwillig zu melden. Unter ihnen befanden sich Angehörige aller Stände, ehemalige Diplomaten, Kaufleute, Bürger und Adelige.

Aber die Masse kam aus dem Arbeiterstand und hatte die Reihen der Brigade gefüllt, die somit keinen Mangel an Freiwilligen besaß. So fuhren die Wallonen, weit nach Süden ausholend, wieder dem alten Ziele wie im Jahre 1941 zu, wurden aber nicht mehr – wie damals – in Dniepr-Petrowsk ausgeladen, in dem schon die Sowjets standen, sondern fuhren nach Korsun und wurden der 5. SS-Panzer-Division „Wiking" unterstellt. Auch diesmal war die Brigade in die Schlammperiode geraten und quälte sich von ihrem Ausladebahnhof in einem tagelangen, mühevollen Marsch durch den zähen Schlamm an die Front, wo sie südlich der Division „Wiking" eingesetzt wurde.

Nach den langen und schweren Nachhutkämpfen des Frühherbstes hatte sich diese bewährte Division auf dem Westufer des Dniepr nördlich Tscherkassy zur Verteidigung eingerichtet. Vor ihrem Abschnitt war der Dniepr breit, aber von kleinen Inseln unterbrochen, die seine Verteidigung erschwerten. Hinter der Front erstreckte sich ein tiefes, mit dichtem Kiefernwald bestandenes Dünengelände, das mit Knüppeldämmen für Kraftfahrzeuge passierbar gemacht worden war. Während des Rückzuges hatten die Sowjets dort Fallschirmtruppen abgesetzt, die den Fluß sperren sollten. Aber die Wikinger hatten ihren Abschnitt schnell von ihnen gesäubert und sie nach Süden in das dichte Waldgebiet von Tscherkassy zurückgeworfen, wo sie sich mit den dortigen Partisanen die Hand gereicht, eingenistet und die Voraussetzungen für einen feindlichen Brückenkopf geschaffen hatten. Am Westrande dieses Waldgebietes war nunmehr die Sturmbrigade „Wallonie" eingesetzt worden und sollte den Flußlauf der Olschanka beiderseits Moschny verteidigen. In gewaltsamen Unternehmungen und Angriffen mit beschränktem Ziel hatte die Brigade den Feind in Schach gehalten. Denn auch den jungen Freiwilligen war die früher so oft bewiesene wallonische Unternehmungslust und offensive Kampfführung lieber, als ein defensives Ausharren in Verteidigungsstellungen [44].

[44] Siehe Léon Degrelle: „Die verlorene Legion", S. 202 ff.

Anfang November hatte sich die Gesamtlage der Heeresgruppe Süd ständig verschärft. Am 6. November ging Kiew verloren. Der Gegner war mit starken Teilen nach Süden auf Shitomir eingedreht. Ein Gegenangriff des III. Panzerkorps hatte ihn zurückgeworfen, viel feindliches Material zerschlagen, den Gegner aber nicht vernichten können. Am 20. November hatte der Feind seinen Brückenkopf bei Tscherkassy erweitert. Im Dezember war die 2. „Ukrainische Front" zum Angriff auf Kirowograd angetreten. Die Heeresgruppe Süd lief Gefahr, im Norden umfaßt und in der Mitte aufgespalten zu werden.

Auch die Heeresgruppe Mitte hatte am Ende des Jahres 1943 schwer zu kämpfen. Zwar hatte sie den Feind in vier großen Abwehrschlachten beiderseits der Autobahn Smolensk – Orscha abgewiesen, aber bei Nevel hatte der Gegner die deutsche Front durchbrochen und versucht, den Einbruch zum operativen Durchbruch auszuweiten. Unter den schnell herangeführten Kräften befand sich auch die erst halbfertige 15. lettische Freiwilligen-Division, die im November bei Nowo-Sokolniki westlich des Einbruchraumes ankam und von dem befehlsführenden Armeekorps gegen alle Regel gruppenweise auf die deutschen Verbände aufgeteilt worden war. Gewiß wurden die Freiwilligen in dieser dünnen Front zum Rückgrat der Truppenteile, die nur noch fünfundzwanzig Prozent ihres Bestandes besaßen. Aber dennoch war es unverantwortlich, den jungen Freiwilligen-Verband als willkommene Beute zu betrachten und dessen Bataillone auf die deutschen Regimenter kompanieweise aufzuteilen. Es hatte große Anstrengungen gekostet, diese Division aufzustellen und die lettischen Freiwilligen mit Vertrauen zur Sache zu erfüllen. Denn bislang waren sie ja nur enttäuscht worden. Nun führte der unüberlegte Befehl einer mittleren, deutschen Kommandobehörde erneut zu einer bösen Vertrauenskrise bei den Letten. Ein Wechsel in der Divisionsführung, die sich nicht hatte durchsetzen können, war die zwangsläufige Folge.

Nur die 2. lettische Brigade verbrachte das Jahresende ruhig und stand am Wolchow in wohlausgebauten Stellungen.

Skizze 19

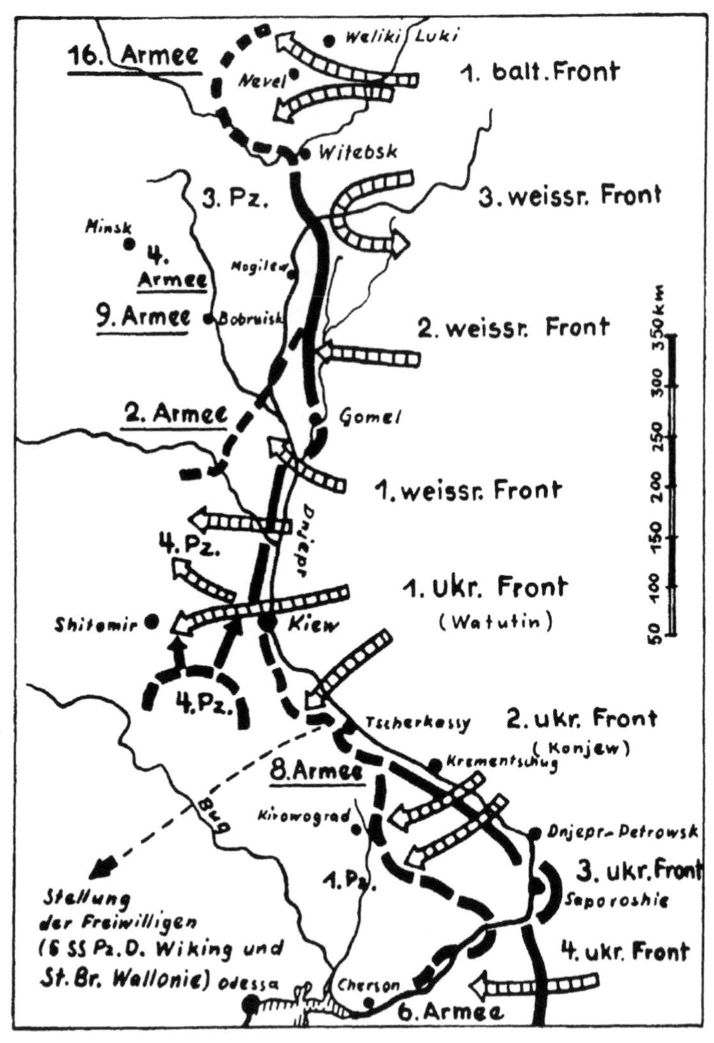

Kämpfe an der Ostfront, von Oktober bis Dezember 1943

Dagegen waren die estnischen Freiwilligen noch im November in die gleichen Kämpfe an der Nevelfront verwickelt worden, wie ihre lettischen Waffenbrüder der 15. Division. Ursprünglich hatte man sie dorthin transportiert, damit sie ihre Verbandsausbildung im Kampf gegen die Partisanen vervollständigen sollten. Nach wenigen Tagen aber gerieten sie schon in harte Gefechte mit durchgebrochenen sowjetischen Verbänden und wiesen zwischen Trissafluß und Nadzaidosee alle feindlichen Angriffe erfolgreich ab. Ihrer harten Abwehr ist es mit zu danken, daß die Naht zwischen den Heeresgruppen Mitte und Nord nicht zerriß. Die Brigade hatte ihre Feuertaufe ruhmvoll bestanden und wurde als Lohn für ihre Tapferkeit im Dezember 1943 zur Division vergrößert.

Auch die nordischen, dänischen, holländischen und deutschen Freiwilligen und ihre Kameraden aus der Schweiz und Luxemburg, die in den Divisionen des III. SS-Panzerkorps dienten, waren inzwischen an der Nordfront eingetroffen. Auf der Hinfahrt zur Nordfront hatte der Kommandierende General eine kurze Aussprache mit dem Chef des Generalstabes, Generaloberst Zeitzler, der meinte, daß es auf den Flügeln der Ostfront zwei Privatkriegsschauplätze gäbe, die Krim im Süden und den Oranienbaumer Kessel im Norden und zu der Aufgabe der Befehlsführung über diesen Abschnitt viel Glück wünschte. Tatsächlich war der Oranienbaumer Kessel lange Zeit ein ruhiger Frontabschnitt gewesen und von sowjetischen Marinesoldaten verteidigt und von Schiffsgeschützen der Seefestung Kronstadt und sowjetischen Linienschiffen geschützt worden. Die roten Marinesoldaten im Kessel und das deutsche, ihnen gegenüberliegende Luftwaffenfeldkorps hatten sich bislang gegenseitig nicht viel zu Leide getan. Bei Tischgesprächen im Hauptquartier erfuhr man jedoch beiläufig, daß der Gegner seit längerer Zeit im Begriff sei, starke Kräfte in den Kessel zu führen und Nacht für Nacht Truppen von zwei Armeen über die Kronstädter Bucht in das Oranienbaumer Waldgebiet hineingesickert seien. Beim Eintreffen des Korps wurde deshalb sofort mit dem Ausbau der lange vernachlässigten Front begonnen. Nebeneinander standen nunmehr die 23. SS-Panzergrenadier-Division, daneben die 11. (Nordland) und anschließend die 10. Luftwaffen-Felddivision unter dem Befehl des Generalmajors v. Wedel, während der rechte Flügel des Korps, die 9. Luftwaffen-Felddivision unter dem Befehl des Obersten Michael, mit ihrem Ostflügel an die Kronstädter Bucht angelehnt war. Der Feind verhielt sich mäuschenstill. Kein Funkspruch verriet seine Absichten, ein sicheres Zeichen dafür, daß er etwas im Schilde führte.

In dem Bemühen, alles Menschenmögliche zu tun, um das bisher an der Oranienbaumer Front Versäumte nachzuholen und ihre Verteidigungsfähigkeit zu stärken, verbrachten die Freiwilligen das Jahresende in ihren neuen Stellungen und erlebten Schulter an Schulter mit ihren Kameraden der beiden Luftwaffen-Felddivisionen das neue Jahr, von dem sie noch nicht wußten, daß es die Tragödie der Freiwilligen einleiten würde.

DIE TRAGÖDIE 1944–1945

Bei der Heeresgruppe Süd begann das neue Jahr schon in den ersten Januartagen mit einer Katastrophe. Auf dem Nordflügel war die 4. Panzerarmee nicht nur nach Süden und Westen zurückgeworfen, sondern auch in der Mitte aufgespalten worden.

Die zwischen der 8. und 4. Armee eingeschobene 1. Panzerarmee hatte nur geringe Entlastung gebracht. Ihre Front war weit gedehnt. Ihre Offensivkräfte mußten auf den Flügeln zu Gegenstößen antreten und waren dadurch gebunden.

Der 8. Armee saß der Brückenkopf Tscherkassy wie ein Dorn im Fleisch. Er bedrohte die Stellungen der Freiwilligen der Division „Wiking" und der Sturmbrigade „Wallonie" unmittelbar.

Da nutzte der Gegner die Schwäche der 1. Panzerarmee aus und stieß auf ihrem Ostflügel von Taratscha auf Swenigorodka durch. Südlich Tscherkassy griff die 2. „Ukrainische Front" mit der 4. Garde- und 5. Garde-Panzerarmee an, durchbrach die 8. Amee und reichte am 8. Januar 1944 den Durchbruchskräften der 1. "Ukrainischen Front" bei Swenigorodka die Hand. Das III. Korps der 1. Panzerarmee und das XI. Korps der 8. Armee waren getrennt. Die Freiwilligen saßen im Kessel von Tscherkassy.

Die Heeresgruppe traf sofortige Gegenmaßnahmen. Westlich des Kessels versammelte sie das III. Panzerkorps unter General Breith und im Süden das XXXXVII. Panzerkorps unter Generalleutnant v. Vormann, um den Kessel aufzubrechen. Aber die Versammlung kostete Zeit. Im Süden wandte sich Konew mit namhaften Kräften gegen das XXXXVII. Panzerkorps und hielt es vom Kessel fern. Das III. Panzerkorps griff, statt nach Osten in Richtung auf den Kessel anzutreten, befehlsgemäß nach Nordosten an. Der Angriff schlug zunächst nicht durch.

Auch der Feind blieb nicht untätig und griff den geschlossenen Kessel von allen Seiten an, um ihn zu verengen und die in ihm stehenden deutschen Kräfte zusammenzudrängen.

Skizze 20

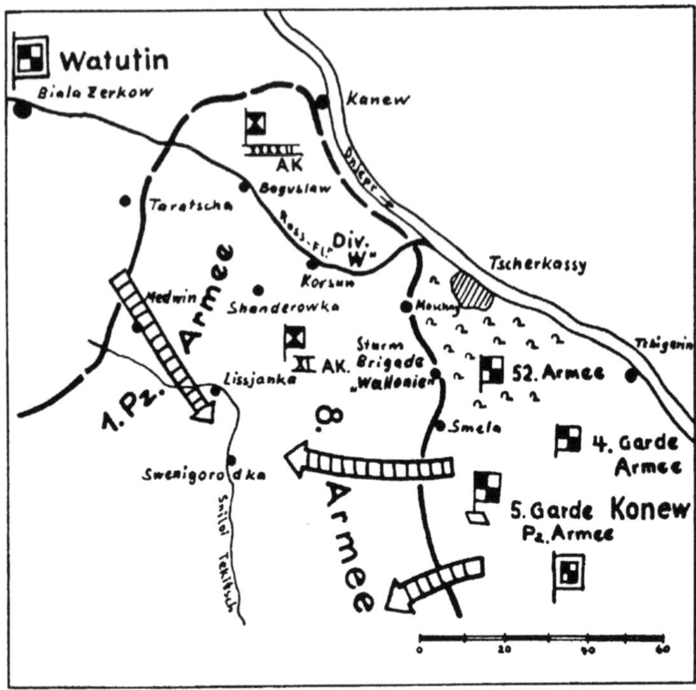

Lage 1. Panzer-Armee und 8. Armee im Raum Tscherkassy–Konew 25. bis 28. Januar 1944

Im Kessel von Tscherkassy wurde die Lage von Tag zu Tag unbehaglicher. Die Fronten gaben an manchen Stellen nach. Der Operationsraum schrumpfte mehr und mehr zusammen. Auch die Freiwilligen hatten ihre Stellungen aufgeben müssen und waren nach Südwesten zurückgegangen, um nicht abgeschnitten zu werden. Die Westfront des Kessels brauchte zudem Kräfte. Da übergab am 8. Februar 1944 ein sowjetischer Oberst dem Befehlshaber der eingeschlossenen Truppen nachfolgendes Ultimatum:

ULTIMATUM

An den Befehlshaber des XXXXII. Armeekorps,
an den Befehlshaber des XI. Armeekorps,
an die Kommandeure der 112., 88., 82., 72., 167., 168., 57. und 332. Infanterie-Division, der 213. Sicherungs-Division, der SS-Panzer-Division „Wiking", der Brigade „Wallonien" (mot.),
an den ganzen Offiziersbestand der im Raume Korsun – Schewtschenkowsky eingekesselten deutschen Truppen:

Das XXXXII. und XI. Armeekorps der Deutschen Wehrmacht sind vollständig eingekesselt. Die Truppen der Roten Armee haben diese Heeresgruppe in einem festen Ring eingeschlossen. Der Einschließungsring wird immer enger zusammengezogen. Alle Ihre Hoffnungen auf Rettung sind vergebens.

Die 3., 11., 13., 16., 17. und 24. Panzer-Division, die Ihnen zu Hilfe eilten, wurden beim Versuch, zu Ihnen durchzustoßen, geschlagen. Ihre Reste sind eingekesselt und werden aufgerieben.

Die Versuche, Ihnen mit Transportflugzeugen Munition und Brennstoff zuzustellen, sind gescheitert. Allein in zwei Tagen, am 3. und 4. Februar, wurden von Landtruppen und der Luftwaffe der Roten Armee über hundert Flugzeuge Ju 52 abgeschossen.

Sie als Befehlshaber und alle Offiziere der eingekesselten Truppen wissen sehr gut, daß Sie über keine realen Möglich-

keiten verfügen, den Einschließungsring zu durchbrechen. Ihre Lage ist hoffnungslos und weiterer Widerstand sinnlos. Er würde nur zu kolossalen Opfern unter den deutschen Offizieren und Soldaten führen.

Zur Vermeidung unnötigen Blutvergießens schlagen wir Ihnen vor, folgende Kapitulationsbedingungen anzunehmen:

1. *Alle eingekesselten deutschen Truppen mit Ihnen und Ihren Stäben an der Spitze stellen sofort die Kampfhandlungen ein.*
2. *Sie übergeben uns den gesamten Personalbestand, die Waffen, die gesamte Kampfausrüstung, die Transportmittel und das ganze Heeresgut in unbeschädigtem Zustande.*

Wir garantieren allen Offizieren und Soldaten, die den Widerstand einstellen, Leben und Sicherheit und nach Beendigung des Krieges Rückkehr nach Deutschland oder in ein beliebiges Land nach dem persönlichen Wunsch der Kriegsgefangenen. Der gesamte Personalbestand der sich ergebenden Truppen soll Militäruniform, Rangabzeichen und Orden, persönliches Eigentum und Wertsachen, das höhere Offizierskorps auch den Degen behalten. Allen Verwundeten und Kranken wird ärztliche Hilfe und den Soldaten sofortige Ernährung sichergestellt.

Ihre Antwort wird am 9. Februar 1944 um 11 Uhr 00 Minuten Moskauer Zeit in schriftlicher Form durch Ihre persönlichen Vertreter erwartet, die in einem Personenkraftwagen mit weißer Flagge den Weg zu fahren haben, der von Korsun durch Stablew zur Ortschaft Chirowka führt. Ihre Vertreter werden von einem bevollmächtigten russischen Offizier am östlichen Randgebiet von Chirowka am 9. Februar um 11 Uhr 00 Minuten Moskauer Zeit empfangen werden.

Sollten Sie unsern Vorschlag, die Waffen zu strecken, ablehnen, so werden die Truppen der Roten Armee und ihre

Luftstreitkräfte die Handlungen zur Vernichtung der deutschen Truppen eröffnen. Für ihre Vernichtung aber werden Sie die Verantwortung tragen.

Der Vertreter des Obersten Befehlshabers:
gez. S h u k o w
Marschall der Sowjetunion
Der Kommandierende der Truppen der 1. Ukr. Front
gez. W a t u t i n
General der Armee
Der Kommandierende der Truppen der 2. Ukr. Front
gez. K o n e w
General der Armee

Gleichzeitig wurden Tausende von Handzetteln des deutschen Generals v. Seydlitz [45] über dem Kessel abgeworfen, die zum Überlaufen aufforderten.

Jeder Offizier und Soldat kannte den Ernst der Lage. Das Schicksal von Stalingrad war noch in frischer Erinnerung. Würde es sich in Tscherkassy wiederholen?

Der Kommandeur der Freiwilligen, Generalmajor der Waffen-SS Herbert Gille hatte das Ultimatum der Sowjets wortlos zur Seite gelegt. Er hielt es für unter seiner Würde, davon Kenntnis zu nehmen oder gar darauf zu antworten. Er war entschlossen, das sich anbahnende Schicksal nicht tatenlos hinzunehmen, sondern auszubrechen, selbst wenn er damit gegen einen Befehl handeln würde. Denn er allein war für die ihm anvertrauten Freiwilligen verantwortlich und mußte alles tun, um sie vor Gefangenschaft und Sklaverei zu schützen. So wurde er zur Seele des Widerstandes gegen Schwachmut und Resignation. Ungezählte Augenpaare forschten in seinen Gesichtszügen, wenn sie ihn erblickten. Zahlreiche Soldaten aller Kategorien und

---

[45] Seydlitz war bei Stalingrad in sowjetische Gefangenschaft geraten.

Waffengattungen setzten ihre Hoffnung auf ihn, weil sie es ihm zutrauten, ja von ihm erwarteten, daß er handeln würde, solange es noch Zeit sei. Denn man wußte allgemein, daß er den Ausbruch gefordert hatte und wartete auf die Entscheidung.

Nach achttägigem Bangen traf endlich ein Funkspruch des AOK 8 ein:

FUNKSPRUCH

An XI. Armeekorps *15. Februar 1944*

Aktionsfähigkeit III. Panzerkorps witterungs- und versorgungsmäßig eingeschränkt. Gruppe Stemmermann muß entscheidenden Durchbruch bei Dshurshenzy – Höhe 239,0 – zwei Kilometer südlich davon aus eigener Kraft führen. Dort Vereinigung mit III. Panzerkorps. Der Durchbruchsstoßkeil hat unter Führung von Generalleutnant Lieb und unter Zusammenfassung aller Angriffskräfte, insbesondere SS-Panzer-Division „Wiking", unterstützt durch Masse der Artillerie, Bresche zu schlagen. Keine Teilangriffe führen.

AOK 8

gez. Wöhler

Wie ein Alarmruf wurde der Befehl bis zum letzten Mann bekannt und weckte neue Hoffnung und neue Energien. In drei Stoßkeilen wollte der befehlsführende General der Infanterie Stemmermann durchbrechen und zwar mit der Korpsgruppe D im Norden, der 72. Infanterie-Division in der Mitte und der SS-Panzer-Division „Wiking" im Süden. Die Nachhuten der 88. und 57. Infanterie-Division sollten den Sturmkolonnen folgen.

Die Bereitstellung war schwierig. Sie mußte in Shanderowka erfolgen, das von Kolonnen aller Art verstopft war. Sowjetische Flugzeuge warfen Bomben. Brennende Fahrzeuge versperrten die Straße. Verwundete jammerten. Es roch nach Blut und Rauch.

Aber schließlich beseitigten energische Offiziere den Wirrwarr, räumten die Straßen und schafften Raum für die Bereitstellung und den nötigen Platz für die 2. und 3. Staffeln der Artillerie und der Trosse zum Ablaufen hinter den Grenadieren und den wenigen Panzern, die dem Gegner im Morgengrauen zu Leibe gehen sollten.

Bei der Division „Wiking“ übernimmt das bewährte Regiment „Westland“, das an der Dniepr-Front seinen geliebten Kommandeur Oberstleutnant der Waffen-SS Dieckmann verloren hatte, unter neuer Führung die Spitze. Auch die Sturmbrigade „Wallonie“ hatte der Divisions-Kommandeur nach vorn geholt, weil er ihren Angriffselan kannte. Bis zuletzt hatte sie ein Vordringen der Sowjets auf Shanderowka erfolgreich verhindert.

Mit dem Divisions-Kommandeur an der Spitze tritt „Wiking“ zum Durchbruch an. Ihre letzten Panzer opfern sich im Angriff auf überlegene feindliche Panzerkräfte südlich Shanderowka. Dickes Schneetreiben setzt ein und lähmt die feindliche Luftwaffe. Unter der Wucht des Angriffes von „Wiking“ räumt feindliche Infanterie fluchtartig den Ort Potshepinsky. Der erste Erfolg gibt neue Hoffnung, der die Enttäuschung unmittelbar folgt. Die Höhe 239,0, auf der sich die Stürmenden mit den Entlastungskräften des III. Panzerkorps die Hand reichen sollten, ist in Feindeshand. Von dort her schlägt der Sturmkolonne ein Eisenhagel von Panzer- und Flakfeuer entgegen. Hier ist ein Durchbruch nicht möglich. Entschlossen biegt Gille nach Süden aus, stößt an der Höhe vorbei und geht mit wilder Energie auf den Flußabschnitt südlich Lyssanka vor. „Freiheit, Freiheit“, ist die Parole! Was liegen bleibt, bleibt liegen. Es geht um Leben und Freiheit von Tausenden. Auch bei Dshurshenzy schlägt den Nachbarkolonnen Feindfeuer entgegen. Auch sie biegen nach Süden ab und folgen der vorderen Kolonne der Freiwilligen, die sich nicht mehr aufhalten läßt und rücksichtslos nach Westen strebt. Fahrzeuge bleiben stecken und müssen zurückbleiben. Geschütze verschießen ihre letzte Munition. Nur die stürmenden Menschen kommen noch vorwärts. Von rückwärts drücken die Massen, bei denen das einschlagende Feindfeuer eine Panik auszulösen beginnt. Das Chaos droht. Im Westen ist Feuer hörbar. Am Flußlauf des Gniloi-Tikitsch steht neuer Feind, der mit Front nach Westen gegen die sehnsüchtig erwarteten deutschen Entsatzkräfte kämpft. In wilder Raserei stürzen sich die Sturmkolonnen auf ihn, sprengen seine Front und stehen nun vor dem schmalen, aber tiefen und offenen Fluß. Nicht mehr als drei Meter trennen sie von der Freiheit. So stürzen sie sich in das eisige Wasser. Die Freiheit vor Augen geht mancher tapfere Soldat in der eisigen Flut unter. Im Feuer der

Skizze 21

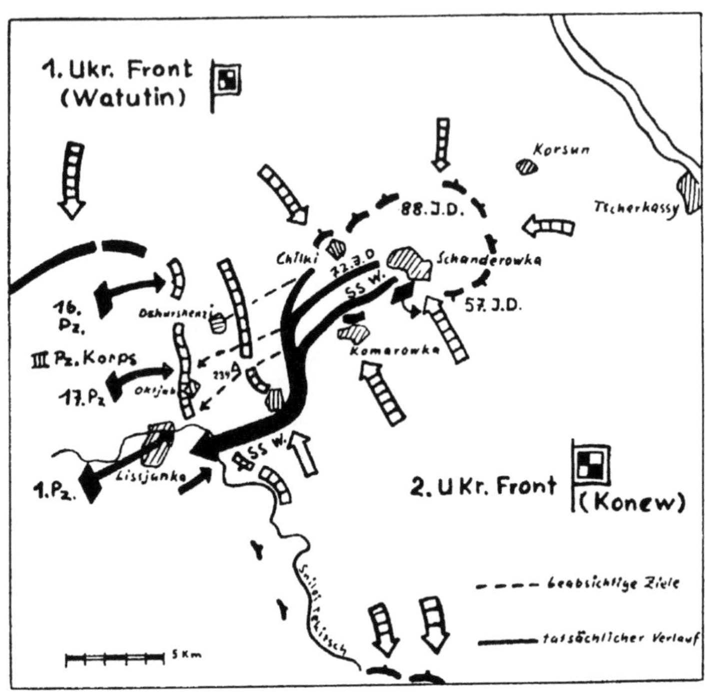

Ausbruch aus dem Kessel von Tscherkassy am 16./17. Februar 1944

feindlichen Flankenstaffeln müssen die Durchgebrochenen das flach ansteigende, westliche Höhenufer ersteigen und treffen dort auf die vorderste Linie ihrer Kameraden vom III. Panzerkorps.

Zahlreiche Verwundete mußten zurückbleiben. Alle schweren Waffen und Kraftfahrzeuge waren verloren. Aber fünfunddreißigtausend Lebende, die den Freiwilligen gefolgt waren, hatten die Freiheit wieder gewonnen. Die Tragödie von Tscherkassy wurde nicht vollendet. Stalingrad wiederholte sich hier nicht nocheinmal, obwohl alle Anzeichen darauf hingedeutet hatten. Tausende von Toten, unter ihnen der Kommandierende General des XI. Armeekorps Stemmermann bedeckten das Kampffeld.

Die Lebenden waren körperlich zu Tode erschöpft. Ihre Verbände hatten sich aufgelöst. Aber die Menschen waren gerettet. Mut und Entschlossenheit Weniger hatten das Schicksal bezwungen.

Die Freiwilligen hatten die Führung beim Durchbruch mit hohen Opfern bezahlen müssen. Sie hatten die Hälfte ihres Personalbestandes eingebüßt. Ihre Waffenbrüder, die wallonischen Freiwilligen der Sturmbrigade „Wallonie“ zählten nach dem Ausbruch noch sechshundertfünfzig Mann. Vor einem Vierteljahr waren es noch zweitausend gewesen. Ähnliche Verluste hatten die tapferen Kameraden der Heeres-Divisionen erlitten. Alle mußten in das rückwärtige Heeresgebiet transportiert und dort neu aufgestellt werden.

Die Sturmbrigade „Wallonie“ fuhr ins Reich zurück und wurde dort ergänzt und mit neuen Waffen ausgerüstet. So marschierte sie in Brüssel ein, um dort für kurze Zeit beurlaubt zu werden. Tausende von Landsleuten säumten jubelnd ihren Weg und warfen Blumen. Es schien, als wenn das Volk den Freiwilligen danken wollte. Anderthalb Jahre später sperrte es die Heimkehrenden als Verräter ein.

Tscherkassy war für die Führung eine operative Katastrophe, für den deutschen Soldaten aber ein Ruhmesblatt, auf dessen vorderer Seite die Freiwilligen mit verzeichnet sind.

In den Strudel der anschließenden Kämpfe an der Südfront wurde auch die Sturmbrigade „Langemarck“ hineingerissen, deren flämische Freiwillige den verschiedensten Divisionen der

Südfront unterstellt worden waren und erst wieder zum Atemholen kamen, als sie der SS-Panzer-Division „Das Reich“ angegliedert wurden. Jetzt halfen ihr wieder die deutschen Freiwilligen dieser alten und bewährten Kampfdivision in den Krisen der folgenden Wochen. Wiederum taten die Flamen ihre soldatische Pflicht bis zum äußersten. In tagelangen Gefechten hielten sie, ganz allein auf sich gestellt, die Stadt Jampol und sprengten den Ring, den der Gegner um sie gezogen hatte, in kühnem Angriff, als der Rückzugsbefehl sie aus dem Bollwerk, das sie bisher gebildet hatten, zurückberief. Wenige Tage später stand die Brigade nördlich Proskurow erneut mitten in der Russenflut, welche gegen die dünne deutsche Front anbrandete. Aus dieser weit vorgestaffelten Stellung, die sie hartnäckig verteidigte, konnten sich mit Hilfe der Sturmgeschütze der Division „Das Reich“ nur noch Reste der tapferen Truppe zu den eigenen Linien durchschlagen. Wie ihre wallonischen Kameraden mußte sie zur Neuaufstellung in das Heimatkriegsgebiet zurückgenommen werden. Erneut hatten die Flamen ihrem an der Nordfront längst bekannten Namen nun auch an der Südfront Ehre gemacht.

*

Die Freiwilligen des III. SS-Panzerkorps hatten die vollständige Ausrüstung an Waffen und Gerät erst in ihren Stellungen erhalten. Die letzten Sturm- und Panzerabwehrgeschütze trafen ein, als die Anzeichen des kommenden Großkampfes bereits sichtbar wurden. Durchweg sahen die Freiwilligen ihm mit Zuversicht entgegen. Zwischen Mann und General herrschte bei allem gebotenen Takt ein Vertrauensverhältnis, das einen festen Zusammenhalt verbürgte. So war es typisch, daß Offiziere und Soldaten aus anderen Wehrmachtsteilen, die mit den Freiwilligen in Berührung kamen oder später zu ihnen versetzt wurden, sich nicht nur schnell, sondern auch gern in diese Kameradschaft einfügten und sich darin wohlfühlten. Die vielen Luftwaffen- und Marine-Angehörigen, welche die im Kampf ge-

NATIONALKOMITEE
„Freies Deutschland"
Frontstelle

DER AUSWEG

Eure Lage im Kessel ist aussichtslos. Alle Versuche des Entsatzes und Ausbruches sind gescheitert. Die Vernichtung des Kessels schreitet unaufhaltsam voran.

EURE RETTUNG:

Stellt unverzüglich die Kampfhandlungen ein und tretet über auf die Seite des Nationalkomitees „Freies Deutschland". Sendet sofort zu mir Bevollmächtigte, mit denen ich die Einzelheiten des Übertritts besprechen kann.

KENNZEICHEN: dieser Ausweis.
PAROLE: „General Seydlitz!"

Das freie, unabhängige Deutschland soll erstehen. Es braucht Euch!

Walther von SEYDLITZ,
General der Artillerie
Präsident des Bunde
Vizepräsiden, de
„Freies D

Ausweis

reiten der Front im Dienste
des Nationalkomitees
„Freies Deutschland".

Dieser Ausweis berechtigt Bevollmächtigte zur Rücksprache mit dem Präsidenten des Bundes Deutscher Offiziere, General der Artillerie Walther von Seydlitz.

Vor- und Rückseite eines Flugblattes des Nationalkomitees „Freies Deutschland" mit General Walther von Seydlitz erstens, der rechte Winter hat bei uns vor Moskau noch nicht eingesetzt, denn die Kälte erreichte bloss 5 Grad unter Null. Zweitens, besagen diese Beteuerungen über den Winter, dass die Deutschen ihre Armeen nicht mit warmen Winterkleidern versorgt haben, obwohl sie in die Welt hinausschrieen, dass sie schon lange für einen Winterfeldzug vorbereitet seien. Sie haben ihre Armeen deshalb nicht mit Winteruniformen versorgt, weil sie hofften den Krieg bis zum Einbruch des Winters zu beenden. Die Hoffnungen der Deutschen haben sich, wie man sieht, nicht bestätigt. Hier haben sich die Deutschen ernstlich und gefährlich verrechnet. Aber diese Fehlrechnung in den deutschen Plänen darf keineswegs mit den Bedingungen des Winterfeldzuges erklärt werden. Nicht der Winter ist schuld, sondern ein organischer Fehler ist in der Arbeit des deutschen Oberkommandos auf dem Gebiete der Kriegspläne unterlaufen.

Das Informationsbüro der U.d.S.S.R.

DEUTSCHE SOLDATEN!

Aus den gelesenen Nachrichten erseht Ihr, welche vernichtende Schläge die Rote Armee den deutschen Truppen vor Moskau versetzt hat. Es ist nicht der erste, nicht der einzige und nicht der letzte Schlag. Ihr, deutsche Soldaten der Südfront, wisst um den mächtigen Schlag, den die Rote Armee gegen die deutschen Truppen bei Rostow geführt, infolge dessen die Kleistgruppe zerschmettert wurde.

Mächtige Schläge erlitt die deutsche Armee vor Tichwin und Jelez, aber das ist bloss der Anfang des Angriffs der Roten Armee, deren Kraft von Tag zu Tag mächtiger wird. Eure Lage ist hoffnungslos, der weitere Widerstand sinnlos. Streckt die Waffen! Lasst Euch von der Roten Armee gefangen nehmen! Bei uns bleiben Euch alle Entbehrungen erspart, hier findet Ihr Kameradschaftlichkeit und rettet Euer Leben und nach Kriegsende kehrt Ihr zu Euren Lieben heim.

OBERKOMMANDO DER ROTEN ARMEE.

Flugblatt der Roten Armee:

. . . Bei uns bleiben Euch alle Entbehrungen erspart, hier findet ihr Kameradschaftlichkeit und rettet Euer Leben, und nach Kriegsende kehrt Ihr zu Euren Lieben heim . . .

HUNDERTTAUSENDE KLAGEN AN!

rissenen Lücken in den Reihen der Freiwilligen später ausfüllten, wurden mit ihnen bald Freund und hielten unverbrüchliche Kameradschaft bis zum bitteren Ende, die sich noch in der letzten Stunde des Krieges in fast heroischer und menschlich erhabener Form geäußert hat. Im Generalkommando und in den Divisionsstäben gab es keine abgezirkelte Stufenleiter oder gar einen Abstand zwischen Generalstab und übrigen Ressorts, sondern echte Teamarbeit von seltener Harmonie. So dauerte es auch nur wenige Tage, daß der Anfang Januar 1944 vom Heer zum Panzerkorps versetzte Höhere Artillerie-Kommandeur 138 in den neuen Verhältnissen zu Hause war. Oberst Kresin war ein hochbefähigter Artillerie-Offizier, der sein Handwerk meisterhaft beherrschte. Mit dem Kommandierenden General traf er sich in der Ansicht, daß die Artillerie das Menschenmöglichste zu tun habe, um den schwer ringenden Panzergrenadieren zu helfen, und daß sie die Aufgabe habe, durch energische und niemals erlahmende Kampftätigkeit dafür zu sorgen, das Blut der Infanterie zu sparen. Kresin entwickelte deshalb ein so wendiges und einfallsreiches System der wechselnden Feuerzusammenfassung großer Artillerieverbände und ihrer Kombination mit den schweren Infanteriewaffen, Nebelwerfern und Flakartillerie, daß er den Divisionen und dem Panzerkorps in den folgenden Zeiten ein unentbehrlicher Helfer und eine besondere Stütze wurde. Sein Ia, Hauptmann Ossenkop, war ihm dabei ein kluger und unermüdlicher Führungsgehilfe [46].

In den ersten Wochen des Januar erhielt das Generalkommando eine überraschende Verstärkung seiner Kampfkraft. Unerwartet traf eine Panzer-Abteilung aus der Heimat ein, die dem Panzerkorps auf ausdrücklichen Befehl Hitlers zugewiesen worden war. Allerdings wurde aus der Überraschung eine Enttäuschung, als der Kommandeur meldete, er bringe zwar sechzig Panther mit, müsse aber die Einschränkung machen, daß sie nur

---

[46] Siehe die Äußerung des jetzigen Pfarrers Ossenkop über seine Eindrücke bei den Freiwilligen.

wenige Kilometer ohne Motorschaden fahren könnten. Sie kämen sämtlichst aus der ersten Serie der Panther-Produktion, die infolge motorischer Kinderkrankheiten gar nicht an die Front gegangen sei. Deshalb bäte er im Auftrage des OKH darum, sie als Panzerbunker in der Stellung einzusetzen. Nur ein Frontfremder konnte solche Anordnungen getroffen haben. Denn ein Einsatz solcher Ungeheuer im Bereich der vorderen Frontlinie hätte in wenigen Stunden zu ihrer Vernichtung geführt. So wurden die Panther in der Tiefe der bedrohten Front als Pakriegel eingesetzt, kamen jedoch nicht zum Schuß, konnten auch nicht zurückgenommen werden und wurden eine leichte Beute des Feindes, der es triumphierend in die Welt hinausposaunte.

So kam der 14. Januar heran. Das Korps hatte die Oberbefehlshaber der Heeresgruppe und der 18. Armee nicht über die Schwäche der Stellung im unklaren gelassen. In vierzehn Tagen ließ sich nun einmal nicht nachholen, was Jahre hindurch versäumt worden war. Ohne große Mühen hätte die Oranienbaumer Front in dieser langen Zeit zu einem uneinnehmbaren Frontabschnitt ausgebaut werden können.

Am 14. Januar morgens brach das Gewitter auf der ganzen Front der 18. Armee los. Die Schwerpunkte lagen, wie erwartet, am Oranienbaumer Kessel, an der Frontstelle südwestlich von Leningrad und am russischen Brückenkopf am Wolchow. Nach einem längeren Trommelfeuer traten die Sowjets vor der Front der beiden Luftwaffen-Felddivisionen des Korps zum Angriff an. Was an Reserven verfügbar war, wurde rechtzeitig an die bedrohten Frontstellen verschoben. Auch die Armee half, indem sie die 61. Infanterie-Division dahinter bereitstellte. Der feindliche Angriff führte zu einer Ausbuchtung der Front nach Südosten. In fünf heißen Kampftagen war ihm hier ein Durchbruch auf Gatschina nicht gelungen. Im Wechsel zwischen Gegenangriffen, Halten und Abriegeln hatten sich neben den tapferen Luftwaffensoldaten auch die Freiwilligen des gepanzerten I. Bataillons „Norge“ unter dem jungen und kühnen, schon im Westfeldzuge mit dem Ritterkreuz ausgezeichneten Hauptmann der

Waffen-SS Vogt und des I. Bataillons „Danmark“ unter dem dänischen Hauptmann Sörensen, der an der Spitze der Freiwilligen fiel, ausgezeichnet. Von der 23. SS-Panzergrenadier-Division waren die Holländer des I. Bataillons 47 unter dem Hauptmann der Waffen-SS Rühle v. Lilienstern und die Panzer des Hauptmanns der Waffen-SS Gratwohl herangeholt worden, die sich dem Feind an der Straße Leningrad–Narwa bei Wikino entgegenwarfen, während die SS-Panzer-Aufklärungs-Abteilung 11 mit Freiwilligen aus den Niederlanden, Dänemark, Norwegen, Flandern, der Schweiz und einer ganzen Kompanie Schweden der 61. Infanterie-Division zur Seite sprang und feindliche Einbrüche und Durchbrüche mehrfach im Gegenstoß parierte. Neben manchem Freiwilligen ging hierbei auch der Sohn des beim Korps verwendeten dänischen Generalmajors Kryssing, der blutjunge, eben von der Kriegsschule gekommene Leutnant der Waffen-SS Kryssing verloren. Mit einem Schützenpanzerwagen war er in den Feind geraten und ist seitdem verschollen.

Bis zum 26. Januar gelang es dem Korps, den Gegner in ständigen Kämpfen in Zwischenstellungen abzuwehren, während die zerschlagenen Divisionen des Nordflügels der 18. Armee hinter die Narwa nach Westen zurückgingen. In der Front standen nunmehr die 11. SS-Panzergrenadier-Division "Nordland“ unter ihrem bewährten General v. Scholz und die zusammengeschmolzene 10. Luftwaffen-Felddivision unter Generalmajor v. Wedel beiderseits Jamburg und wiesen anstürmende Panzer und Infanteristen der roten 2. Stoßarmee zunächst erfolgreich ab, während die 23. SS-Panzergrenadier-Division ihre Stellungen im Nordwestteil des Oranienbaumer Kessels geräumt und im planmäßigen Rückzuge nach Südwesten begriffen war, wobei sie die nachstoßenden Kräfte der roten 47. Armee in respektvollem Abstand von sich fernhielt.

Der Aufbau einer Front hinter der Luga, den der neue Oberbefehlshaber der Heeresgruppe Nord, Generaloberst Model, beabsichtigte, war infolge Mangels an Kräften und infolge des

Skizze 22

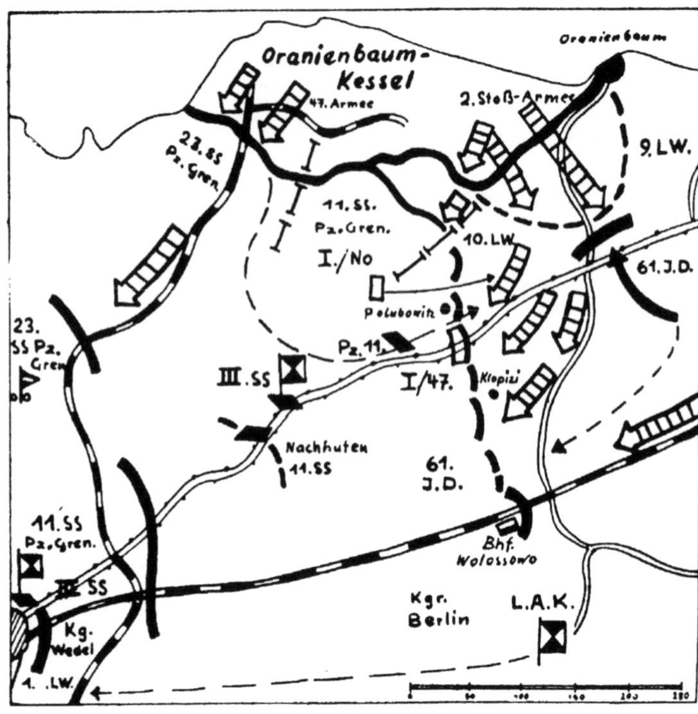

Der Oranienbaumer Kessel und der Nordteil der 18. Armee vom 14. bis 22. Januar 1944

Vorgehens der 8. roten Armee in Richtung auf den Peipussee nicht mehr möglich. So wich das Korps nach fünf weiteren Kampftagen vor weit überlegenen Feindkräften im Vorfeld von Narwa schließlich in den schmalen Brückenkopf von Narwa zurück, in dem es sich mit der 11. und 23. SS-Panzergrenadier-Division festsetzte und den Narwafluß nach Norden bis Hungerburg mit Alarmeinheiten, der Divisions-Kampfgruppe „Berlin" und Marinetruppen besetzte, während südlich von Narwa Polizeieinheiten und das tapfere I. Bataillon „Norge" den Fluß verteidigten, bis hier wieder neu zusammengestellte Kampfgruppen der zerschlagenen Infanterie-Divisionen sie dort ablösen konnten.

Während die 2. sowjetische Stoßarmee den Brückenkopf

Skizze 23

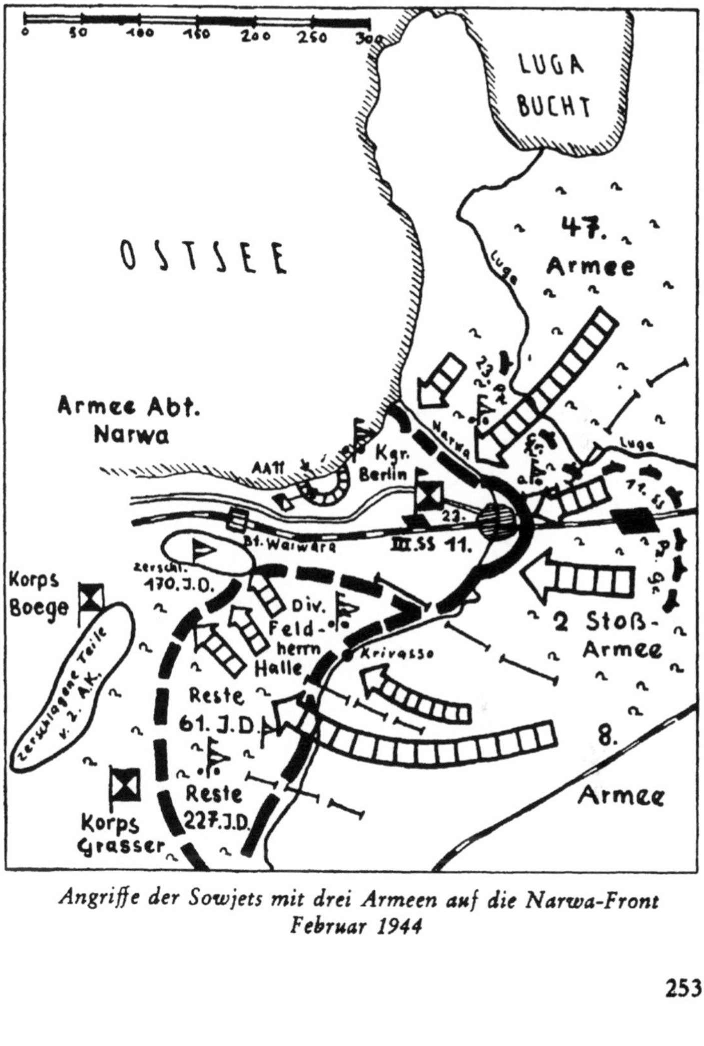

Angriffe der Sowjets mit drei Armeen auf die Narwa-Front Februar 1944

von Narwa im Handstreich zu nehmen hoffte und sich dabei eine blutige Abfuhr holte, gelang es der sowjetischen 8. Armee, an der oberen Narwa den Brückenkopf von Krivasoo einzudrücken und in das Waldgebiet südwestlich von Narwa einzudringen. Ihre vordersten Teile stießen bis Auwere vor und konnten die einzige Nachschubstraße der Freiwilligen nach Narwa unter MG-Feuer nehmen. Auch bei der hinter dem Narwa-Fluß eingesetzten Kampfgruppe des Generalleutnants Berlin gelang es der sowjetischen 47. Armee, mit mindestens einer Division auf dem Westufer der Narwa Fuß zu fassen. Der Befehlshaber der Leningrader Front, Armeegeneral Goworow, hatte anscheinend die Absicht, die Narwa-Verteidigung durch einen Zangenangriff aus den Angeln zu heben. Doch er täuschte sich. Durch einen Angriff der Division „Feldherrnhalle", einer Kampfgruppe der Division „Nordland" und den schweren Panzern des Oberst Graf Strachwitz konnte der Gegner in harten Waldkämpfen bei Auwere zurückgeworfen und damit die unmittelbare Bedrohung der Straße Narwa–Reval beseitigt werden. Dann galt es, den gefährlichen Brückenkopf bei der Kampfgruppe Berlin zu beseitigen. Zunächst waren die hierfür erforderlichen Kräfte nicht vorhanden. Da trafen gerade in diesen kritischen Tagen die ersten Staffeln der estnischen Freiwilligen beim III. SS-Panzerkorps ein, die bisher bei Nevel gekämpft hatten. Die Masse der 20. estnischen Division unter dem Befehl ihres Divisions-Kommandeurs, Generalmajor Augsberger, folgte am 18. Februar nach. Schon beim Durchmarsch durch Dorpat hatte der Stab der dortigen Sicherungsdivision die erste Kampfgruppe der Esten unter ihrem Kommandeur Hauptmann Riipalu gebeten, die über den Peipus-See vorgedrungenen sowjetischen Abteilungen anzugreifen. In zweitägigen harten Kämpfen hatte die Kampfgruppe den auf estnischem Boden gelandeten Feind vernichtet. Für diese Waffentat war Hauptmann Riipalu zum Major befördert worden. Auch die estnischen Kameraden des Regiment 46 standen den Männern Riipalus an Tapferkeit nicht nach. Einen Tag nach ihrem Eintreffen an der Narwa trat das

Skizze 24

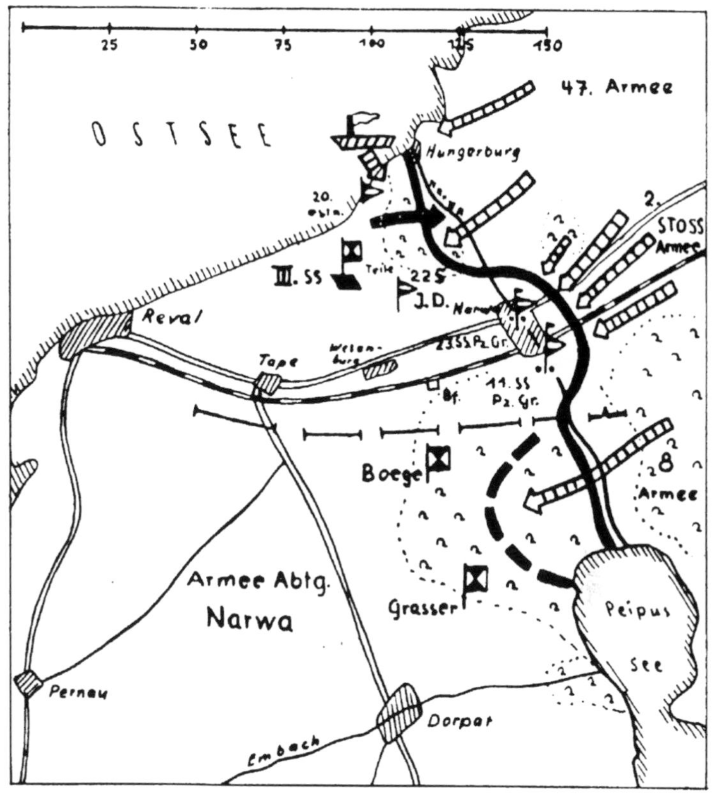

Die Freiwilligen an der Narwafront Februar bis Juli 1944

Regiment 46 unter Oberst Tuling zum Angriff auf den feindlichen Brückenkopf von Riigiküla an, warf sich auf die in den Waldstücken eingenisteten Sowjetrussen und zerschlug die dortige sowjetische Division. In panischem Schrecken flüchteten ihre Reste auf das Ostufer der Narwa. In den ersten Tagen des März griff das Regiment 45 der Esten dann den Brückenkopf von Sivertsi hart nördlich Narwa an, in dem sich Teile einer weiteren feindlichen Division befanden und ständig auf den Nordrand der Stadt drückten. Der Regiments-Kommandeur, Oberstleutnant Vent, und die beiden Bataillons-Kommandeure Lang und Riipalu leisteten ganze Arbeit. Damit hatten die Esten ihren Heimatboden von den eingedrungenen Sowjets gesäubert und das ganze Narwa-Ufer nördlich der Stadt wiedergewonnen, dessen Verteidigung sie nunmehr übernahmen. Zum erstenmal hatte die estnische Freiwilligen-Division neben den Freiwilligen des SS-Panzerkorps gefochten. Wie das Bataillon Narwa ein Jahr vorher bei Isjum, so waren auch diese Freiwilligen von einem Opfermut erfüllt, der durch den Haß auf den bolschewistischen Gegner und die tiefe Heimatliebe der Esten noch verstärkt wurde. Damit hatten sie sich mit einem Schlage die Hochachtung und das Vertrauen der übrigen Freiwilligen, der Holländer, Dänen, Norweger, Schweizer, Flamen und Deutschen errungen, die im Verbande des III. SS-Panzerkorps kämpften. Sie hatten sich in eine Gemeinschaft eingegliedert, welche die Verpflichtung in sich fühlte, den Sowjets hier an der Grenze Europas den Wall ihrer Leiber entgegenzustellen und den Esten in der Verteidigung ihrer europäischen Heimat zu helfen. So wurde das III. SS-Panzerkorps an der Narwa zum Sammelbecken der europäischen Freiwilligen aus Ost und West, in das später noch Wallonen und Flamen hineinströmten. Mit solchen Soldaten war es für die Führung des III. SS-Panzerkorps kein besonderes Kunststück, die Wacht an der Grenze zwischen Europa und Asien zu halten.

Mit aller Gewalt versuchten die Sowjets im März noch zu einem Erfolg bei Narwa zu kommen. Unter dem Schutz starker Fliegerkampfkräfte rannten sie nunmehr mit Panzern gegen den Brückenkopf an, versuchten es gleichzeitig bei Auwere und landeten von See her hinter der Front des Panzerkorps bei Mereküla. Es war vergebens. Die tapferen Panzergrenadiere zerschlugen jeden Angriff und die bei Mereküla gelandeten Sowjets wurden eine schnelle Beute der Esten. Dieser Feind wußte, daß er auf Leben und Tod zu kämpfen hatte. Deshalb waren die beiden gelandeten Bataillone als „Todesbataillone“ bezeichnet worden. Jeder ihrer Soldaten trug ein Bild Stalins mit seiner Unterschrift bei sich. Vergeblich hatte ihr Generalissimus ihnen diesen Talismann mitgegeben. Denn keiner kam lebend zurück. Alle kämpften fanatisch bis zum letzten Atemzuge.

Während dieser ganzen Kämpfe hatte Generaloberst Model die Heeresgruppe Nord geführt. Er hatte die fast aussichtslose Lage mit sicherer Hand gemeistert. Denn er war tatkräftig, verstand es blitzschnell zu disponieren und griff oft persönlich in andere Befehlsbereiche ein. So anerkennenswert und erfolgreich diese persönliche Initiative meist auch war, immer hatte er doch nicht recht und war dieserhalb beim III. SS-Panzerkorps mehrfach auf Widerspruch gestoßen, aus dem sich für den Kommandierenden General infolge der Einmischung Himmlers einige Schwierigkeiten ergaben. In einer harten Aussprache mit letzterem gelang es, ihrer Herr zu werden. Es war nicht das erstemal, daß Himmler ein Anlaß zum Einschreiten gegen die Führung des III. SS-Panzerkorps willkommen gewesen wäre. Denn die Ansichten waren zu gegensätzlich und die Differenzen zu häufig. Zweimal hatte der Kommandierende General schon um seinen Abschied gebeten, war aber stets abschlägig beschieden worden. Auch diesmal gab die Gegenseite nach. Die Schwierigkeiten waren beseitigt – bis zum nächstenmal.

Allmählich flauten die Kämpfe an der Narwafront ab. Die beiden anderen Generalkommandos mußten an anderen Frontstellen eingesetzt werden, wo es brannte. So führte das III. Panzerkorps nunmehr die Abwehr an der Narwa allein durch, hatte allerdings in der 11. Infanterie-Division, die ihm belassen worden war, eine besonders wertvolle Hilfe. Am Nordrand des Peipus-Sees stand unter dem unmittelbaren Befehl der Armeegruppe Narwa weiterhin die Division z.b.V. 300, die aus estnischen Grenzschutzregimentern gebildet worden war.

*

Wie auf dem Nordflügel, so hatten die Sowjets auch auf dem Südflügel der 18. Armee im Januar 1944 einen Erfolg errungen und die Front am Wolchow nördlich Nowgorod durchbrochen. Daraufhin war die nicht angegriffene 2. lettische Freiwilligen-Brigade mit einer starken Kampfgruppe unter Führung des letti-

Skizze 25

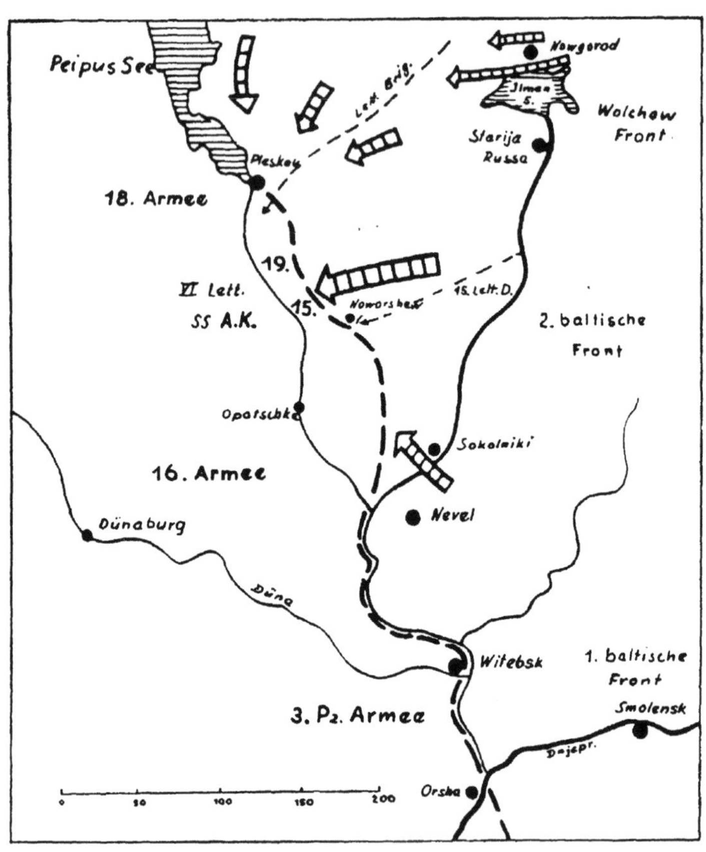

Lettische Freiwillige im Kampf zwischen Nevel und Wolchow
Januar/April 1944

schen Obersten Veiss zum Angriff gegen den nördlichen russischen Durchbruchsflügel angetreten und hatte zwei schon eingekesselte deutsche Divisionen freigekämpft. Als der Feind daraufhin mit starken Kräften auf die Letten eingedreht war, hatten sie diesen am 17. und 18. Januar bei Nokokowka erfolgreich abgewiesen. Auch hier war Oberst Veiss die Seele des Widerstandes und wurde dafür als erster lettischer Soldat mit dem Ritterkreuz zum Eisernen Kreuz ausgezeichnet. Die lettischen Stellungen am Wolchow waren jedoch allein nicht mehr zu halten. So mußte die Brigade im Zuge der rückläufigen Operationen nach Westen zurückgehen. In harten Rückzugskämpfen verlor die Brigade zwei Kommandeure, die bewährten Hauptleute Skranz und Grantz.

Auch die 16. Armee mußte ihre Front von Solniki westlich Nevel bis in Höhe der neuen Stellungen der 18. Armee zurücknehmen und in die ausgebauten Stellungen an der Welikaja zurückgehen. Die dort eingesetzten Freiwilligen der 15. lettischen Division konnten sich mühelos in ihre neuen Stellungen absetzen. Aber das als Nachhut folgende verstärkte 33. (lettische) Regiment unter dem tatkräftigen Oberst Janums hatte schwere Kämpfe mit dicht auffolgenden Sowjets zu bestehen, kam mehrfach in Gefahr, eingeschlossen zu werden, konnte sich aber immer wieder durch die Sowjets durchschlagen und gewann am 27. Februar in der Panther-Stellung bei Nowovskew den Anschluß an seine Division, die nunmehr Schulter an Schulter mit den Freiwilligen der 2. lettischen Brigade unter dem Befehl des neugebildeten VI. lettischen SS-Armeekorps die Front nordostwärts Opotschka verteidigte. In ständigen Angriffen der Russen und Gegenangriffen der Letten hielten die Freiwilligen die Panther-Stellung, wo der hochbewährte Oberst Veiss am 7. April 1944 sein tapferes Leben für sein lettisches Vaterland opferte.

Nach Abschluß dieser schweren Kämpfe wurde das lettische Korps nach Süden verschoben und konnte seine Verbände in einer ruhigeren Stellung auffrischen. Dort wurde die 2. Brigade zur 19. Division vergrößert. Mit der 15. und 19. Division stand das lettische Korps nunmehr zwar immer noch ostwärts der Grenzen Lettlands, aber dennoch schon in deren Bereich und war durch seine Verlegung nach Süden dem Brennpunkt der späteren Großkämpfe vor der Heeresgruppe Mitte näher gerückt.

*

Die Überlebenden von Tscherkassy waren im Februar nach Polen verlegt worden und sollten die Panzer-Division „Wiking" wieder aufstellen. Inzwischen wollte man den westlichen Freiwilligen Heimaturlaub geben. Auch die Deutschen sollten Gelegenheit erhalten, nach langen Jahren des Kampfes ihre Angehörigen wiederzusehen. Kaum hatte aber der erste Urlaubertransport Schlesien erreicht, als er kehrtmachen und nach Lublin zurückfahren mußte. Der Divisions-Kommandeur, Generalleutnant Gille, hatte vom Führerhauptquartier den Befehl erhalten, aus den Resten seiner Division eine Kampfgruppe von viertausend Mann zusammenzustellen und die im schwer bedrängten Kowel stehenden deutschen Sicherungstruppen mit ihr zu verstärken.

Wohl hatte Gille am 12. März gemeldet, daß es eine Panzer-Division „Wiking" nicht mehr gäbe, sondern nur noch einen Haufen Menschen ohne Waffen. Kategorisch hatte er persönlichen Vortrag beim Führer und Obersten Befehlshaber und ein Flugzeug gefordert, das ihn von Lublin ins Führerhauptquartier bringen könne. Die Maschine traf ein und brachte Gille nach Berchtesgaden. Doch ein Vortrag bei Hitler wurde verhindert. Der Chef des Generalstabes aber konnte oder wollte den gegebenen Befehl nicht ändern. Als Gille also am 15. März nach Lublin zurückkehrte, fand er die Nachricht vor, daß Kowel inzwischen vom Feinde eingeschlossen sei und er als erfahrener „Kesselspezialist" und in Ausbrüchen bewanderter Truppenführer nach Kowel einzufliegen habe, um die dortige Verteidigung zu organisieren. Seine nachkommende Division werde ihn dann im Angriff schon wieder entsetzen.

Am 16. flog der General nach Kowel ein, wurde unterwegs ständig beschossen, landete aber wohlbehalten in der Stadt und nahm die Verteidigung derselben in die Hand. Er fand ein Regiment Landesschützen, ein aus Batschka-Deutschen bestehendes SS-Kavallerie-Regiment, ein Pionier-Bataillon, eine halbe Artillerie- und eine halbe Flak-Abteilung sowie dreihundert ältere Eisenbahner mit zwei Oberbahnräten vor. Die Kopfstärke der Besatzung betrug etwa viertausend Mann. Schon lange vor der Einschließung des Ortes hatte die dortige militärische Dienststelle, insbesondere aber der Kavallerie-Kommandeur, Oberst der Waffen-SS Lombard, an die Heeresgruppe Süd gemeldet, daß Kowel ernsthaft bedroht, die vorhandenen, für den Partisanenkampf vorgesehenen Kräfte aber nicht ausreichend seien, um einem Angriff regulärer sowjetischer Streitkräfte standzuhalten. Die Heeresgruppe war darüber hinweggegangen. Sie hatte größere Sorgen. Gerade in diesen Tagen wurde die 8. Armee von Konew wütend angegriffen. Ihr Westflügel war von Shukows 1. „Ukrainischen Front" nach Süden hinter die Bahnlinie Tarnopol – Proskurow zurückgeworfen worden. Die nach Kowel abgedrehten sowjetischen Flankenstaffeln schienen ihr diesen Gefahren gegenüber weniger gefährlich zu sein.

Beim Eintreffen des Generals Gille war die Lage im Kessel fast hoffnungslos. Der Ort war von der 320., 76., 143. und 184. feindlichen Schützen-Division fest eingeschlossen. Ein feindliches Kavalleriekorps war im Anmarsch gemeldet. Dem gegenüber waren die eingeschlossenen Truppen kampfungewohnt und zweitklassig bewaffnet. Panzerabwehrwaffen waren überhaupt nicht vorhanden. Verbandsmaterial reichte nur für einige Tage. Ärzte, insbesondere Chirurgen fehlten. So mußte Gille zunächst die Luftversorgung organisieren, die vom KG 55 mit Schlepp- und Sturzseglern durchgeführt wurde. Während der Belagerung von Kowel hat sie tausenddreihundertfünfzig Versorgungsabwurfbehälter, zahlreiche Kisten mit Munition, Verpflegung und sonstigen Truppenbedarf abgeworfen und das fehlende chirurgische Personal in Sturzseglern nach Kowel eingeflogen.

„Als das Kampfgeschwader 55 am 31. März 1944 in Demblin-Irena den Auftrag bekam – so berichtet einer seiner Angehörigen [47] – die Versorgung der Festung Kowel zu übernehmen, waren wir alle von dem Willen beseelt, das letzte herzugeben, um die unter der Führung des Generalleutnants der Waffen-SS Gille eingeschlossenen Kameraden herauszupauken.

Lufteinsätze zur Versorgung eingekesselter Verbände waren wenig beliebt. Sie galten als Himmelfahrts-Kommandos, weil der Abwurf erst nach Überwindung feindlicher Flaksperren und meist im Feuer der feindlichen Flakgeschütze erfolgen mußte. So war es auch in Kowel.

Die Festung war zwei Kilometer lang und drei Kilometer breit. Eigene Truppen lagen acht Kilometer vom Festungsrand entfernt und versuchten, den sowjetischen Einschließungsring zu durchbrechen. Die Russen wußten, daß sie die Festung zu Fall bringen mußten, ehe die schwachen Entsatzkräfte Verstärkung erhalten konnten. So hatten sie eine Jagdabwehr aufgeboten, der unser eigener Jagdschutz hoffnungslos unterlegen war. Noch stärker vielleicht war die feindliche Flak, die ohne Leuchtspur schoß, so daß wir sie erst bemerkten, wenn wir Treffer in die Maschine erhielten.

Wir konnten nur mit Erfolg abwerfen, wenn wir den Feind mit unseren Flügen überraschten und seine Abwehr zersplitterten. Deshalb flogen wir stets aus wechselnden Richtungen ein und pirschten uns gewissermaßen an Kowel heran. Zum Schutz gegen feindliche Jäger flogen wir eng aufgeschlossen an, zogen die Maschinen dann schnell auseinander, stürzten über Kowel in steiler Bahn bis auf achtzig Meter und rissen unsere Maschinen hoch, während wir die Versorgungsbomben, die am Fallschirm langsam zur Erde pendelten, bei zweihundert Meter Höhe mit einem Ruck fallen ließen. Im Tiefstflug rauschten wir dann dicht über den Köpfen des Gegners ab. Das machten wir täglich zwei-

---

[47] Siegfried Zantke im Februarheft 1954 der Zeitschrift „Der Frontsoldat erzählt".

und dreimal. Mehrfach mußten wir auch nachts fliegen, wenn die feindliche Abwehr zu stark war.

Das Steilkurvenfliegen, Stürzen und Abfliegen im Tiefstflug stellte hohe Anforderungen an unser fliegerisches Können und an die Nervenkraft unserer Besatzungen; aber nur so konnten wir das feindliche Abwehrfeuer überwinden und die feindliche Flak lahmlegen. Wir hatten zehn Prozent Verluste. Aber bis zum 7. April 1944 hatte unser Kampfgeschwader zweihunderteinundfünfzig Einsätze geflogen und dabei zweihundertfünfundsiebzigtausend Kilogramm Nachschubgut über Kowel abgeworfen. Fast immer lagen unsere Versorgungsbomben mitten im Ziel, so daß Generalleutnant Gille später berichtet hat:

> *Es war bewunderungswürdig, wie genau die Luftwaffe ihre Versorgungsbomben, trotz dauernder Flakabwehr auf engstem Raum abgeworfen hat. Einmal wurde ich unsanft geweckt, als eine Bombe, deren Fallschirm sich nicht geöffnet hatte, mitten in meinem Zimmer landete und ich das Frühstück auf diese Art serviert bekam. Außer einem Loch in der Decke war kein Schaden entstanden.*

*

Der Feind griff täglich von allen Seiten an. Einbrüche in den Verteidigungsring waren unvermeidlich. Die Verluste häuften sich. In wenigen Kellern lagen Verwundete neben- und übereinander. Von Tag zu Tag wurde die Lage schwieriger, die Stimmung gedrückter. General Gille war unermüdlich. Überall zeigte er sich den Soldaten und sagte ihnen, daß seine bewährten Freiwilligen sie schon wieder heraushauen würden. Nach vierzehn bösen Tagen zeigte sich im Kessel der erste Lichtblick. Ein junger schneidiger Panzeroffizier vom Panzer-Regiment der Division „Wiking", der in Südtirol beheimatete Oberleutnant der Waffen-SS Nicolussi-Leck, hatte es gewagt, aus eigenem Entschluß und ohne große Vorbereitungen mitten durch die Russen hindurch zur Stadt vorzustoßen. Am 30. März, 9 Uhr vormittags, traf er mit acht Panzern des SS-Panzer-Regiments 5 und fünfzig Grenadieren der 131. Infanterie-Division in Kowel ein und brachte seinem Divisions-Kommandeur mit Panzern und kampfgewohnten Grenadieren eine willkommene Verstärkung.

Noch größer war die moralische Wirkung. Überall da, wo sich die SS-Panzermänner in ihren schwarzen Uniformen zeigten, stieg die auf den Nullpunkt gesunkene Stimmung bei den Eingeschlossenen, wuchs ihre Zuversicht und die Hoffnung auf ihre Befreiung. Eine Woche später gelang es der inzwischen von der Heeresgruppe Mitte zugeführten 4. Panzer-Division des Generalleutnants v. Saucken und den Panzern der Freiwilligen unter Oberst der Waffen-SS Mühlenkamp, die russische Front zu durchbrechen und eine schmale Bresche nach Kowel zu schlagen, durch die zuerst zweitausend Verwundete abbefördert und dann Verstärkungen eingeschleust werden konnten. Am 29. April gewannen die inzwischen herangeführten Entsatzkräfte der 131., 253., 342. Infanterie-Division, der 4. und 5. Panzer-Division und der Kampfgruppe Richter der 5. SS-Panzer-Division unter Führung des LVI. Panzerkorps und des Generals der Infanterie Hoßbach den Ort wieder. General Gille wurde für die tapfere Verteidigung des Kessels von Kowel mit den Brillanten zum Ritterkreuz ausgezeichnet.

Neben den regulären sowjetischen Truppen, die sich ständig verstärkten, hatten sich auch starke Partisanengruppen an den Kämpfen beteiligt. Sie sprengten die Bahngleise und Brücken, verminten die Straßen, überfielen Fahrzeugkolonnen und taten alles, was sie konnten, um den Antransport von Entsatzkräften zu verhindern. Eine Entlastung von diesem heimtückischen Gegner trat erst ein, als ein Verbindungsmann der national-ukrainischen Untergrundarmee der Kampfgruppe Richter die Hilfe der ukrainischen Waldbrüder anbot, die mit ihrem Eingreifen im Wald und Sumpf die sowjetischen Partisanen in Schach hielten.

Am 20. Mai wurden die Freiwilligen aus dem Kampfraum von Kowel zurückgezogen, um ihre Division auf dem Truppenübungsplatz Debica bei Krakau neu aufzustellen, während die

Oberstleutnant Harald Riipalu, Kampfgruppen-Kommandeur in der 20. estnischen Freiwilligen-Division

Generalmajor Augsberger, Kommandeur der 20. estnischen Freiwilligen-Division, und Oberstleutnant Riipalu, Regimentskommandeur der Esten, bei der Ausbildung von Freiwilligen

Der Verfasser

General Gille im Kessel von Kowel (März/April 1944)

gepanzerte Gruppe Mühlenkamp noch weiter beim LVI. Panzerkorps verblieb, mehrfach erfolgreich kämpfte und erst am 15. Juli bei ihrer Division in Bialystock eintraf, wo die Division wieder im Begriff war, im Strudel des Zusammenbruchs der Heeresgruppe Mitte neue Dämme gegen die anbrandende Russenflut zu errichten.

Einen Monat vorher, am 31. Juni, hatten vier sowjetische Heeresgruppen, die 1. „Baltische Front" unter Bagramyan, die 3. „Weißrussische Front" unter Tschernjakowsky, die 2. „Weißrussische" unter Zakharow und die 1. „Weißrussische" unter Rokossowski zu einem gemeinsamen Schlage gegen die Heeresgruppe Mitte ausgeholt und sie an zahlreichen Stellen durchbrochen. Am 29. Juni war die Masse der 9. deutschen Armee bei Bobruisk eingeschlossen. Die 4. Armee befand sich in mühsamem Rückmarsch durch ein von Partisanen beherrschtes Waldgebiet auf die Beresina. Die 3. Panzerarmee war bei Lepel durchgebrochen und nur noch mit Resten kampffähig. Im Endergebnis waren in diesen Kämpfen fünfundzwanzig deutsche Divisionen vernichtet, die Front in einer Breite von dreihundert Kilometern aufgerissen und hundertsechsundzwanzig feindliche Schützen-Divisionen, siebzehn motorisierte Brigaden, fünfundvierzig Panzer-Brigaden und sechs Kavallerie-Divisionen im Vormarsch auf das Generalgouvernement und die ostpreußische Grenze begriffen.

Auch die 16. Armee hatte ihren Südflügel hinter die Welikaja zurücknehmen müssen. Unter heftigen Kämpfen war das VI. lettische Korps mit seinen beiden Freiwilligen-Divisionen am 13. Juli auf den Fluß ausgewichen, fand aber die Brücken von deutschen Pionieren vorzeitig gesprengt und verlor beim Übergang auf Flößen und durch Furten kostbare Zeit. Schon am 15. wurde der Rückzug auf die Grenzen Lettlands befehlsgemäß fortgesetzt. Das auf dem Südflügel der 15. Division zurückgehende Freiwilligen-Regiment 33 unter der Führung des Oberstleutnant Aperats geriet dabei wieder und immer wieder in Berührung mit Verbänden der sowjetischen 2. „Baltischen Front", die auf Rossitten vorgingen. Die Kampfgruppe mußte sich ihren

Weg mehrfach durch die feindlichen Kräfte hindurch bahnen und geriet schließlich in einen erbitterten Kampf mit vierzig feindlichen Panzern, die sie während des Rückmarsches anfielen. Dabei waren zweiundzwanzig lettische und sechs deutsche Offiziere, sowie dreihundert Unteroffiziere und Soldaten gefallen. In einer fast verzweifelten Lage erschoß sich der schwerverwundete Oberstleutnant Aperats, um seinen Kameraden nicht zur Last zu fallen und nicht in die Hände der Roten zu geraten. Nach seinem Tode wurde er mit dem Ritterkreuz ausgezeichnet und zum Oberst befördert. Der schwerverwundete Major Hazners konnte mit vier verwundeten Offizieren und sechzig Unteroffizieren und Mannschaften den Anschluß an seine Division gewinnen. Der Opfergang des 33. Regimentes aber hatte ein ganzes sowjetisches Armeekorps aufgehalten und den Rückzug der Freiwilligen auf die Grenzen Lettlands ermöglicht, die sie am 17. Juni überschritten.

Inzwischen hatte die Führung des VI. Korps mehrfach gewechselt. Auf General Pfeffer-Wildenbruch war Generalleutnant der Waffen-SS v. Treuenfeld gefolgt, der nun von General der Waffen-SS Walter Krüger abgelöst wurde, einem Mann, der alle Eigenschaften besaß, um den Letten ein guter Kommandeur zu sein. An der Spitze des Korps ist er am 8. Mai 1945 im Kurlandkessel durch eigene Hand gestorben.

Von den deutschen Divisions-Kommandeuren der Letten ist Generalmajor Schuldt im Mittelabschnitt als Führer der 15. lettischen Division gefallen. Sein Nachfolger, Oberst der Waffen-SS v. Obwurzer, wurde im Februar 1945 in Pommern von Russen überfallen, seitdem ist er verschollen. Der Divisions-Kommandeur der 19. lettischen Division, Generalleutnant der Waffen-SS Streckenbach, führte seine Truppen bis zur Kapitulation und teilte mit seinen lettischen Kameraden das harte Los der sowjetischen Gefangenschaft.

Beide lettischen Divisionen hatten bis zu dem Zeitpunkt, an dem sie heimatlichen Boden betraten, hohe Opfer an Blut und Leben gebracht. Zahlreiche Offiziere und Unteroffiziere waren gefallen oder schwer verwundet. Eine große Anzahl junger Unteroffiziere war zur Offiziersausbildung auf die Junkerschule geschickt worden, um die entstandenen Lücken zu schließen. Als die Freiwilligen den unmittelbaren Schutz Lettlands übernehmen wollten, waren sie kaum mehr kampffähig. Dennoch beschlossen die höheren Offiziere, aus den Resten beider Divisionen einen Divisions-Kampfverband zusammenzustellen und ihn als 19. Division erneut in den Kampf zu werfen. Mit dieser verblieben sie in ihrer Heimat Kurland und haben dort bis zum 8. Mai 1945 dies letzte Stück Heimatland zusammen mit ihren deutschen Kameraden von achtundzwanzig Divisionen verteidigt, bis sie die Waffen strecken mußten und Lettland von den roten Fluten verschlungen wurde. Die 15. lettische Division hingegen wurde danach nach Deutschland gebracht. Sie kämpfte später in Pommern und wurde von den Westalliierten gefangen genommen.

In Estland hatte die estnische Landesregierung alles getan, um die landeseigenen Streitkräfte zu verstärken. Die kriegserfahrenen National-Bataillone 658, 659 und 660 wurden in die 20. estnische Freiwilligen-Division eingegliedert. Estnische Polizeitruppen unter Major Saimre hatten den Küstenschutz übernommen. Im ganzen estnischen Lande war der Selbstschutz aufgeboten und von seinem Inspekteur Oberst Sinca organisiert worden. An der Narwa-Front lebte die Kampftätigkeit wieder auf. Mitte Juli wurde eine große Anzahl neuer Feindbatterien festgestellt und ein neuer Truppenverband nach dem anderen im Funkbilde erkannt. Die Russen hatten Verstärkungen von der finnischen Front erhalten. Alle Anzeichen deuteten darauf hin, daß die Sowjets zu einem Angriff bereitstanden. Das Generalkommando hatte seine Gegenmaßnahmen getroffen und eine starke Kampfgruppe unter Major Riipalu als Eingreifreserve bei Auwere bereitgestellt. Ehe die Russen angreifen konnten, schlug der Artillerie-Kommandeur mit den Batterien von fünf Artillerie-Regimentern in ihre Bereitstellungen hinein, so daß sie den geplanten Angriff verschoben. Die weit aus der deutschen Front nach Osten vorspringende Narwa-Position mußte aber auch weiterhin eine ständige Herausforderung der Sowjets bleiben. Die Frage, ob es noch möglich sein würde, den Anschluß an die weit nach Westen zurückgebogene deutsche Hauptfront zu gewinnen, wurde mehr als einmal erörtert. Eine Zurücknahme der ganzen Heeresgruppe hinter die Düna hätte diese Sorgen beseitigt, der ganzen Frontlage eine neue Wendung gegeben und wäre im Sommer noch leicht durchführbar gewesen. Aber Hitler hatte sie abgelehnt. Er wollte die nordöstliche Ostsee weiter unter Kontrolle behalten. Gewiß wogen diese Gründe schwer, hatten aber schon längst nicht mehr das ehemalige Gewicht. Im Stabe des Generalkommandos mußten jedoch noch andere Überlegungen angestellt werden. Überall, wo die Freiwilligen mit den Esten zusammen gekommen waren, hatten sie Freunde gefunden. Estnische Freiwillige standen als Kameraden und Waffenbrüder in ihren Reihen und verteidigten nicht nur die Freiheit ihres eigenen Volkes, sondern mit ihrem tapferen Einsatz auch das Leben ihrer Kameraden des deutschen Heeres, die Freiheit des deutschen Volkes und die Existenz Mitteleuropas. Überall, wohin die Freiwilligen aus ihren Kampfstellungen blickten, sahen sie auf die steinernen Zeugen einer langen abendländischen Vergangenheit. Auf der Höhe jenseits des Narwa-Flusses ragte das steinerne Mahnmal von Kreenholm hervor, das an den Sieg Karls XII. von Schweden erinnerte, der sich vor zweihundertvierundvierzig Jahren dem eroberungssüchtigen Barbarismus Peters I. entgegen geworfen hatte. Sinnend hatten sie ja selbst davor gestanden, wenn sie ihre eigenen Toten um das Denkmal europäischer Geschichte gebettet hatten. Hochaufragend sah die Hermannsburg zu ihnen herüber, in der europäische Ritter dereinst gelebt und christlichen Glauben und abendländische Sitten hierher gebracht hatten. Bei den eiligen Gängen zu ihren Versorgungsstützpunkten auf dem westlichen Narwa-Fluß waren die Dänen an Patrizierhäusern vorbeigekommen, über deren Portalen dänische Namen eingraviert waren. Die holländischen Freiwilligen erkannten zu ihrem Erstaunen in den Bauten der Stadt ihren eigenen abendländischen Baustil wieder. Jeder von den Freiwilligen des III. Germanischen Panzerkorps wußte, daß mit der Räumung Estlands europäischer Boden aufgegeben und ein europäisches Volk mit europäischer Kultur im Stich gelassen werden mußte. Im Stabe des Panzerkorps bestand kein Zweifel darüber, daß die Räumung Estlands infolge der operativen Lage dennoch unvermeidlich sein würde. Dann aber mußte man wenigstens alles tun, um die treuen und artverwandten estnischen Menschen in Sicherheit zu bringen und sie vor der Versklavung durch den Bolschewismus zu bewahren. Das etwa waren die Gedanken, welche die Freiwilligen und ihre Führung bewegten, als der deutsche Rundfunk am Abend des 20. Juli von dem Attentat auf Hitler berichtete. Aus ihrem Instinkt heraus lehnten die Freiwilligen eine politische Gewalttat ab. Sie konnten die Nachricht gar nicht verstehen. Nicht deshalb, weil ihnen Hitler, der ihnen ein Fremder war, besonders nahe stand, sondern weil die Tat zu einem Zeitpunkt geschah, in welchem die ganze Front in ihren Grundfesten erbebte und sie selbst in stärkster Bedrängnis waren. Keiner von ihnen übersah die inneren Zusammenhänge. Der Kommandierende General allerdings kannte sie. Im Juni 1943 hatte er zufällig einen Mann, mit dem ihn langjährige Sympathien verbanden, den Vize-Polizeipräsidenten von Berlin, Graf Fritz v. d. Schulenburg, wieder gesehen. Beide hatten in den Jahren 1932 und 1933 manche frohe und ernste Stunde in Königsberg zusammenverbracht und sich gegenseitig schätzen gelernt. So war es auch jetzt nur natürlich, daß sie sich aussprachen und über den Krieg und seinen Fortgang debattierten. Mit bitteren Worten hatte sich Schulenburg damals über die sinkende Moral und die Korruption mancher Regierungsstellen beklagt und Hitler die Hauptschuld daran gegeben. „Wir verlieren den Krieg, wenn das so weitergeht. Hitler muß weg“, meinte er erregt. Auf die ernste Frage, wie er sich das denke, antwortete er heftig, daß, wenn es nicht anders ginge, Hitler eben erschossen werden müsse. Da ich – der Verfasser – Schulenburg als einen glühenden Patrioten kannte, wußte ich, daß er sich ernsthaft mit derartigen Gedanken auseinandergesetzt hatte. Mir schien es, als wenn er sich aber der vollen Tragweite solcher Verzweiflungstat nicht bewußt geworden sei. So entgegnete ich ihm, daß ein Zusammenbruch dann nicht mehr aufzuhalten sei, die kämpfende Front auseinander fallen müsse und den Sowjets die Tore zum Reich gewissermaßen aufgemacht werden würden. Ich wies darauf hin, daß ein Bürgerkrieg folgen würde, der die Vernichtung der Einheit des Volkes und Staates zur Folge haben werde. Nicht die Rettung, sondern die Zerstörung Deutschlands wäre also das letzte Ergebnis. Wenn er innere Zweifel habe, möge er sich an das Beispiel der Front halten, die gerade jetzt – es war im Frühsommer 1943 – eine beispiellose Leistung hinter sich habe. „Es gibt keine andere Lösung, als fest zusammenzustehen und die innerpolitische Frage auf die Zeit nach dem Kriege zu vertagen. Gehen Sie an die Front. Dort werden Sie sehen, daß wir bereits alle schon um unser Leben kämpfen müssen." Mit einem festen Händedruck trennten wir uns, nachdem Schulenburg mir versprach, zu seinem alten Regiment 9 an die Front zurückzukehren.

In der Rundfunkmeldung vom 20. Juli wurde sein Name bei Aufzählung der Beteiligten genannt. Ein späterer Versuch, ihn vor dem Tode zu retten, mißlang. „Er hat sein Leben verwirkt", war die eiskalte Antwort Himmlers. „Im übrigen hat das Gericht zu entscheiden."

*

Zwei Tage später brach an der Front die Hölle los. Der Feind stürmte gegen die Front der 11. ostpreußischen Infanterie-Division und der estnischen Freiwilligen an. Noch einmal versuchte er den Narwa-Riegel zu zerschlagen. Seinen Versuch, bei Auwere zum Erfolg zu kommen, mußte die angreifende sowjetische Armee mit schweren Verlusten bezahlen, ohne einen Meter Boden gewonnen zu haben. Die ostpreußischen Grenadiere der 11. Infanterie-Division hatten dem Ruf des ostpreußischen Soldaten Ehre gemacht und das Vertrauen, das ihr Landsmann, der Kommandierende General, in sie gesetzt hatte, nicht enttäuscht.

Unter der Führung ihres Divisions-Kommandeurs, Generalleutnant Reymann, hatten sie sich genau so bewährt, wie ihre Väter im ersten Weltkriege oder ihre Vorväter in den preußischen Freiheitskriegen. Sie wußten, daß sie hier im Vorfeld ihrer Heimat kämpften. Neben ihnen rangen die Esten bereits um ihr heimatliches Land. Ihr Kommandeur, Major Riipalu, wurde nach Abschluß der Kämpfe mit dem Ritterkreuz ausgezeichnet und zum Oberstleutnant befördert.

Es war vorauszusehen, daß die Sowjets ihren Angriff erneuern würden. Um Kräfte zu sparen, räumte das III. SS-Panzerkorps am 26. und 27. Juli den Brückenkopf und die Flußstellung an der Narwa, zumal der Gegner auch dort starke Kräfte versammelt hatte und vor der Brückenkopffront neue Panzerkräfte aufgetreten waren. Zum erstenmal hatte das Funkbild rote estnische Artillerie gezeigt. Überläufer berichteten von umfangreichen Angriffsvorbereitungen und Truppenansammlungen, unter denen sich ein großer rot-estnischer Verband befände, dessen Artillerie bereits in der Feuerfront eingesetzt sei. Das waren also die Truppen, die Estland von uns befreien sollten.

Planmäßig gingen die Divisionen in der Nacht vom 26. zum 27. Juli in eine rückwärtige Stellung auf der Landenge acht Kilometer westlich Narwa zurück. Die neue Front auf den Blaubergen von Waiwara war kürzer und hatte keine Ausbuchtungen wie die Narwa-Front. Auf der ganzen Front vollzog sich die Bewegung ohne Störung vom Feinde. Nur das Regiment 48 der 23. SS-Panzergrenadier-Division „Nederland", das im Brückenkopf von Narwa gestanden hatte, war am 27. morgens in seiner neuen Stellung noch nicht eingetroffen. In der Nacht hatte sich der Divisions-Kommandeur, Generalmajor der Waffen-SS Jürgen Wagner, in Narwa davon überzeugt, daß das Regiment seine Stellung unbemerkt vom Gegner geräumt hatte und auf dem westlichen Ufer zum Abmarsch nach Westen versammelt war. Nach menschlichem Ermessen mußte das Regiment nunmehr ungestört zurückgehen können, da die Flußfront ein Nachstoßen des Gegners verhinderte. Doch das Regiment fehlte. Stoßtrupps wurden aus der neuen Stellung, in der die Kameraden den Angriff der Sowjets bereits erwarteten, ausgesandt. Flieger suchten das Gelände ab. Eine Kampfgruppe von Sturmgeschützen unter Führung des Hauptmanns der Waffen-SS Gratwohl warf sich den vorfühlenden sowjetischen Panzern entgegen, hielt sie lange Zeit auf und stand weit im Vorfelde bereit, um das Regiment aufzunehmen. Aber nur wenige Freiwillige kamen zurück. Sie brachten die erschütternde Nachricht, daß sie auf dem diesseitigen Narwa-Ufer stundenlang auf eine Kompanie gewartet hätten, die sich versäumt hatte. Statt dann aber auf der graden Chaussee nach Westen durchzufahren und in einer halben Stunde den verlorenen Anschluß wieder zu finden, hatte der Regiments-Kommandeur einen schlechten Waldweg nördlich Auwere gewählt, der ihn direkt in die Arme des Feindes geführt hatte. Bis zur letzten Minute hatte sich das Regiment gegen die sowjetische Übermacht gewehrt und war dabei unterlegen.

In der neuen Front war eine gefährliche Lücke entstanden, die sofort geschlossen werden mußte, sollte das Korps nicht durchbrochen werden. In höchster Eile wurden Alarmeinheiten herangeholt und ein Bataillon der flämischen Sturmbrigade „Langemarck“, das vor einigen Tagen beim Korps eingetroffen war, seine Ausbildung aber noch nicht abgeschlossen hatte, eingesetzt. Der Kampf um die Waiwara-Stellung hatte mit voller Wucht begonnen. Der feindliche Oberbefehlshaber glaubte die Landenge im ersten Ansturm nehmen zu können. Er wurde eines anderen belehrt, als die Feuerpranke der Artillerie zuschlug. Oberst Kresin hatte die Artillerie-Regimenter 11 und 23, die gesamte Korps- und Flakartillerie, die Nebelwerfer und schweren Infanteriegeschütze zusammengefaßt und trommelte auf den Gegner so stark ein, daß er vor den Stellungen an der „Kinderheimhöhe“ liegen blieb. Man glaubte, die Zeiten von Verdun oder an der Somme aus dem ersten Weltkriege wieder zu erleben. Am nächsten Morgen hatten die Sowjets ihre Verluste schon wieder ersetzt und traten zum Sturm auf die Höhenstellung an. In den Blaubergen kam es zu heißen Nahkämpfen. Eingreif-Bataillone des Regiments „Danmark" unter Führung des Majors der Waffen-SS Krügel, der Esten unter dem bewährten Oberstleutnant Riipalu und der Flamen unter Hauptmann der Waffen-SS Rehmann warfen den eingedrungenen Feind nach heißem Nahkampf im Gegenstoß wieder heraus. Die Panzer des Majors der Waffen-SS Kausch und die Sturmgeschütze des Hauptmanns Schulz-Streck lagen auf der Lauer, um den Gegner niederzuwalzen. Der estnische Hauptmann Maitla zeichnete sich mit dem ersten Bataillon des estnischen Regiments 45 besonders aus und erhielt dafür das Ritterkreuz. Nach vieltägigem schwersten Ringen war die Kampfkraft der Sowjets gebrochen. Zahlreiche vernichtete Panzer lagen als ausgebrannte Wracks im Vorfeld der Schlacht. Auch die Freiwilligen hatten unersetzliche Verluste erlitten. Neben vielen tapferen Freiwilligen waren in der Landenge von Narwa allein vier Regiments-Kommandeure gefallen, Major der Waffen-SS Stoffers vom Regiment „Norge", Oberstleutnant der Waffen-SS Collani, einstmals Kommandeur der finnischen Freiwilligen, jetzt Regiments-Kommandeur des Regiments 47 (de Rhuiter), der Kommandeur des Regiments „Danmark" Graf v. Westphalen zu Fürstenberg, der an seinen schweren Wunden starb, der Divisions-Kommandeur der Division „Nordland" Generalleutnant der Waffen-SS Fritz v. Scholz und viele andere. Die jungen Freiwilligen der flämischen Sturmbrigade „Langemarck" hatte die Wucht der feindlichen Panzerangriffe am stärksten getroffen. Heldenmütig hatten sie standgehalten. Aber nach der Schlacht waren sie so zusammengeschmolzen, daß sie abgelöst werden mußten. Sie kehrten auf Schiffen in die Heimat zurück. In engster Gemeinschaft mit den dänischen, holländischen, norwegischen, estnischen und deutschen Freiwilligen hatten sie dem Gegner erneut bewiesen, daß der Geist der Freiwilligen ungebrochen war. Von nun an gaben die Sowjets den Versuch, die Landenge zu durchbrechen und in das Innere Estlands durchzustoßen, auf. Zehn Tage später versuchte die Leningrader Front in dem großen Waldgebiet südlich Waiwara bei Kurtna-Konsu erneut ihr Glück. Sie stieß dort auf die inzwischen herangeführte 20. estnische Freiwilligen-Division. Wiederum war es Oberstleutnant Riipalu, der, Seite an Seite mit dem estnischen Regiment 46, mit Teilen seines eigenen Regiments 45, dem von der Südfront eingetroffenen kampferprobten Bataillon „Narwa", dem 227. Marineinfanterie-Bataillon, dem 111. Sicherungs-Regiment und den Sturmgeschützen der Esten die Lage meisterte[48]. Unter den vielen jungen Freiwilligen, die sich in all diesen schweren Kämpfen ausgezeichnet hatten, befand sich auch ein siebzehnjähriger kleiner Flame, der sieben schwere Panzer mit Panzerfäusten abgeschossen hatte. Seine Verwegenheit war dabei so groß gewesen, daß ihn sein Truppenteil für die hohe Auszeichnung des Ritterkreuzes vorgeschlagen hatte. Acht Tage später wurde es ihm von seinem Kommandierenden General in Gegenwart aller seiner Vorgesetzten bis zum Divisionsgeneral hinauf feierlich übergeben.

Im Generalkommando des III. SS-Panzerkorps war es üblich, dann mit dem Dekorierten gemeinsam Mittag zu essen. So saß auch unser kleiner Flame, sommersprossig und noch kindlich, zunächst etwas verlegen zwischen seinem Kommandierenden General und seinem Divisions-Kommandeur, die ihm freundlich zutranken. Da wurde auch er munter. Zunächst bat er um einen Spiegel, den er beim Essen vor sich aufstellte, sich in kindlicher Freunde mit dem Ritterkreuz um den Hals bewunderte und auch die beiden Generale mit hineinschauen ließ. Auf Befragen begann er zu erzählen, wie es gewesen war. Da ihm in der Erregung die deutschen Worte dazu fehlten, sprang er auf, nahm eine in der Nähe befindliche Kartenrolle und machte praktisch vor, wie er die Panzer abgeschossen habe, wobei er mit Ausrufen wie „Bumm!" und „Päng!" nicht sparte. Die ganze Tafelrunde hatte ihre helle Freude an dem kleinen Kerl und seinem Temperament, das sich zu einem wahren Freudengeheul steigerte, als ihn sein Divisions-Kommandeur noch wegen Tap-

---

[48] Vergl. Wehrmachtsbericht vom 1. August 1944.

ferkeit vor dem Feinde zum Unteroffizier beförderte und ihm an Ort und Stelle die silbernen Tressen annähen ließ [48*].

Vor Freude und des Alkohols ungewohnt, schlief er dann schließlich selig ein, ein Kind, das das Leben noch nicht kannte und einen Tag des Glückes erlebt hatte.

In diesen Tagen traf aus dem Reich ein verstärktes Bataillon der Sturmbrigade „Wallonie" mit seinem Kommandeur Degrelle als hochwillkommene Verstärkung der dünnen Front ein. Aus Finnland kamen estnische Freiwillige über das Meer, die an der karelischen Front im Rahmen des finnischen Heeres als Infanterie-Regiment 200 gekämpft hatten. Aus ihnen wurde ein weiteres Freiwilligen-Bataillon unter Hauptmann Pärlin gebildet.

Die Wallonen waren junge Soldaten, die auf Bitten ihres Kommandeurs nicht eingesetzt wurden, weil sie ihre Ausbildung noch vervollständigen sollten. Doch der Feind ließ dem Korps keine Zeit der Ruhe. Mitte August erschien der Chef des Generalstabes der Armeeabteilung „Narwa", Generalmajor Reichelt, der mit dem Korps in einem besonderen Vertrauensverhältnis stand, beim Kommandierenden General und meldete, daß die Südflanke der Narwa-Front südlich des Peipus-Sees infolge eines Durchbruches der 3. „Baltischen Front" aufs schwerste gefährdet sei und das Panzerkorps helfen müsse, da die Armeegruppe selbst über keine Reserven mehr verfüge. Schon seit zwei Wochen war die Lage der Heeresgruppe Nord bedrohlich geworden, nachdem die Russen am 27. Juli Dünaburg erreicht hatten und am 29. Juli mit Panzerkräften westlich der Düna bis Tukkum vorgestoßen waren. Nun aber wurde die Lage für die Freiwilligen in der Landenge selbst gefährlich und konnte zu einer Kesselbildung über Dorpat führen. Deshalb war schnellstes Handeln geboten. Innerhalb weniger Stunden wurde eine starke Kampfgruppe aus der Korpsfront herausgezogen und unter Führung des Generalmajors Wagner

---

48* Vergl. Wehrmachtsbericht vom 5. August 1944.

Skizze 26

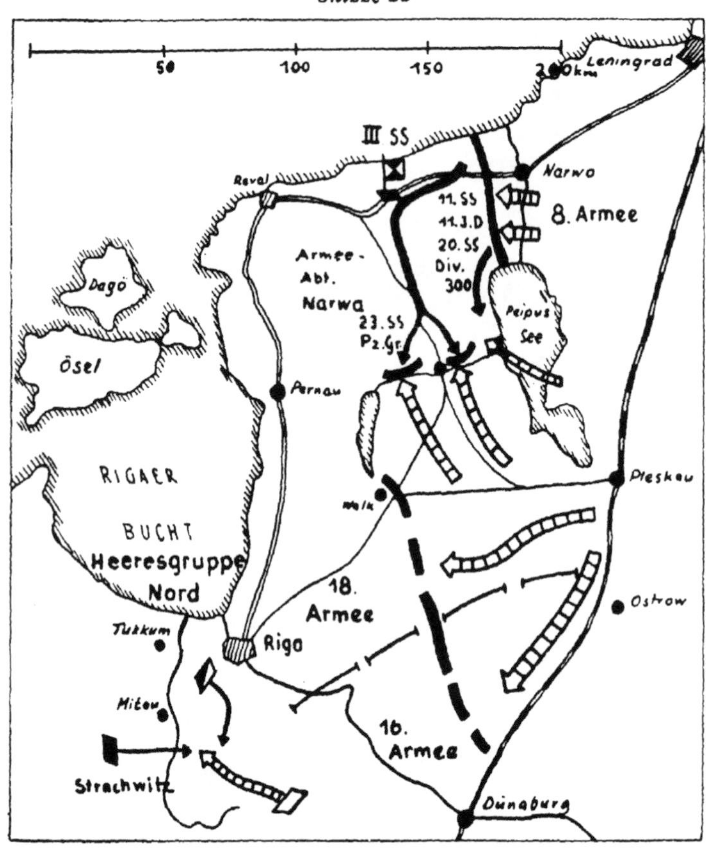

Die Freiwilligen verhindern sowjetischen Durchbruch bei Dorpat
August 1944

nach Dorpat geworfen. Auch das Bataillon der Sturmbrigade „Wallonie“ mußte eingesetzt werden. In beweglich geführten heftigen Kämpfen konnte der energische General den auf Dorpat vorgehenden sechsfach überlegenen Feind südlich des Embachflusses solange aufhalten, bis das II. Armeekorps von der Heeresgruppe freigemacht und mit der Verteidigung der Dorpater Enge beauftragt werden konnte. Die Wallonen hatten bei Dorpat mit einem wahren Löwenmut gekämpft. Mehrfach hatten sie sich feindlichen Panzern im Gegenstoß entgegengeworfen und die Front ostwärts Dorpat trotz mehrfach auftretender Krisen gehalten. Ihr Draufgängertum hatte die Sowjets immer wieder in die Flucht geschlagen. Einem solchen Angriffselan waren sie schon lange nicht mehr begegnet. Aber er hatte wiederum hohe Opfer gekostet. Nach diesem kurzen Einsatz mußte das Sturmbataillon zur Auffrischung in die Heimat zurückbefördert werden.

Das Generalkommando konnte jetzt seine im weiten Halbrund kämpfenden Kräfte wieder sammeln und den Verteidigern von Dorpat einige Tage Ruhe gewähren. Inzwischen war auch der feindliche Riegel bei Mitau und Tukkum, der die Heeresgruppe Nord von Westen abschloß, durch einen wuchtigen Angriff deutscher Panzerkräfte der 3. Panzerarmee zerschlagen worden. Die Panzer-Aufklärungsabteilung 11 der Division „Nordland" war dazu mit herangezogen worden. Sie hatte von Osten her angegriffen und den von Westen vorstoßenden Panzerkräften des Generalmajors Graf Strachwitz und der SS-Panzerbrigade Gross die Hand gereicht. So war die Verbindung nach Westen wieder hergestellt und durch eine dünne Sicherungsfront der 16. Armee westlich der Düna vorläufig abgesichert.

*

Anfang September wurde der Kommandierende General des III. SS-Panzerkorps zur Entgegennahme einer Auszeichnung für einen Tag ins Führerhauptquartier befohlen. Für die auf dem äußersten Vorposten der deutschen Front stehenden Freiwilligen wurde diese Begegnung zu einem schicksalhaften Ereignis. Noch einmal konnte der Kommandierende General dabei ein den Freiwilligen drohendes Verhängnis abwenden. Es war ein anderer Hitler, der den im Lageraum des Führerhauptquartiers Wartenden – außer dem Verfasser waren noch Léon Degrelle und einige andere Offiziere bestellt – gegenübertrat, als der Mann, mit dem ich im Januar 1943 letztmalig gesprochen hatte. Seine damalige Energie schien er eingebüßt zu haben. Schleppenden Schrittes trat er in den Raum. Ein Bein zog er nach, eine Hand hielt er mit der anderen fest, um das Schütteln zu verhindern. Sein Gesicht war von Krankheit gezeichnet. Mit wenigen Worten übergab er den Wartenden die Auszeichnungen. Dann forderte er sie auf, an dem abseits stehenden runden Tisch Platz zu nehmen. Er sprach vom 20. Juli und geriet dabei in heftige Erregung. Seine Darstellung war von mystischen Interpretationen begleitet. Für mich gab es keinen Zweifel, daß dieser Mann schwer krank war. Plötzlich stand er auf, nahm mich beim Rockärmel und führte mich zum Fenster. „Ich habe mich entschlossen", so begann er, „nunmehr Estland zu räumen. Aber ich kann die Kontrolle über die nordöstliche Ostsee nicht verlieren. Sonst würde die Erzzufuhr aus Schweden unterbunden werden. Deshalb bin ich genötigt, einen Brückenkopf um Reval zu bilden." Er machte eine Pause. Ich wußte, wie er fortfahren würde. Unzweifelhaft trug er sich mit der Absicht, die noch in der Narwa-Enge stehenden Freiwilligen auf Reval zurückzunehmen und ihnen die Verteidigung des Brückenkopfes anzuvertrauen. Das aber hätte ihren sicheren Untergang bedeutet. Alles in mir wehrte sich gegen eine solche für die Freiwilligen katastrophale Maßnahme. Hitler muß mein inneres Aufbäumen gefühlt haben. Sein Blick traf mein Auge. Dann wandte er sich brüsk ab und ging mit den Worten: „Die Heeresgruppe Nord wird entsprechende Weisungen erhalten", ohne Abschied fort. Ich atmete auf. Das entscheidende Wort war nicht gefallen und eine Anordnung unterblieben, die aller Wahrscheinlichkeit nach nicht mehr aufgehoben worden wäre. Ohne Aufenthalt flog ich nach Estland zurück, ordnete die Teilmotorisierung der 11. ostpreußischen Infanterie-Division und der estnischen Freiwilligen-Division an, indem ich befahl, alle Kraftfahrzeuge der in Estland anwesenden zivilen deutschen Organisationen einzuziehen und sie auf die Fußtruppen zu verteilen. Dann wurde den Verwaltungs-, Arbeitsdienst-, Polizei- und sonstigen Dienststellen der unverzügliche Abtransport ihrer Angehörigen nach Deutschland empfohlen. Ich meldete der Heeresgruppe die ergriffenen Maßnahmen und unterrichtete sie über meine Unterredung mit Hitler. Generaloberst Schörner und ich stimmten darin überein, daß die schnellen Truppen des Panzerkorps bei dem nunmehr einsetzenden Rückzug der Heeresgruppe nach Westen für diese schwierige Bewegung unentbehrlich seien, zumal sich ein neuer Vorstoß sowjetischer Panzerkräfte auf dem westlichen Düna-Ufer in Richtung Riga abzeichnete und ein Brückenkopf von Reval ohne wesentliche operative Bedeutung sei. Schörners Vorschlag fand die Billigung des Oberkommandos des Heeres. So konnte das III. SS-Panzerkorps seine letzten Maßnahmen für den bevorstehenden Rückzug treffen. Es blieb dem Kommandierenden General noch die bittere Pflicht, allen militärischen Bedenken zum Trotz, die estnische Bevölkerung über die bevorstehende Räumung zu unterrichten. Das sich daraus ergebende Risiko mußte in Kauf genommen werden. Durch Funkspruch wurde der Generalinspekteur der estnischen Freiwilligen, Generalmajor Sodla und der Inspekteur des estnischen Selbstschutzes, Oberst Sinca, in das Hauptquartier des Panzerkorps bestellt. Voller dunkler Ahnungen trafen sie ein.

Nach der Eröffnung des Räumungsentschlusses herrschte im kleinen Zimmer bedrücktes Schweigen. Die beiden Esten waren totenblaß geworden. „Wissen Sie, General", unterbrach Oberst Sinca die Stille, „was Sie uns da mitgeteilt haben? Sie haben das Todesurteil über Estlands Volk ausgesprochen." „Ein Volk stirbt nicht, solange seine Intelligenz am Leben bleibt", war meine bekümmerte Antwort. „Fahren Sie unverzüglich nach Reval zurück. Setzen Sie die ganze Intelligenz, deren Sie habhaft werden können und die damit einverstanden ist, auf die in den Häfen liegenden Schiffe. Sammeln Sie die estnische Jugend, soweit es geht und bringen Sie diese in Sicherheit. Fahren Sie alles, was mit will, auf der Küstenstraße nach Süden ab. Sie haben nur noch wenige Tage Zeit. Dann ist es zu spät." In derselben Nacht fuhren die Esten nach Reval zurück und trafen ihre Maßnahmen.

In der Nacht vom 14. zum 15. September räumten die Freiwilligen planmäßig ihre Stellungen in der Landenge[48**]. Die zur Verfolgung bereitgestellten sowjetischen schnellen Kräfte bemerkten den Rückzug so spät, daß sie die Rückzugsbewegung auf Pernau nicht mehr stören konnten. Die 11. Infanterie-Division fuhr, auf Kraftwagen zusammengepfercht, aber genau so schnell nach Süden, wie die motorisierten Verbände des III. Panzerkorps. Ihre pferdebespannten Teile, insbesondere die Artillerie, hatte die Division einen Tag vorher aus der Stellung gezogen und nach Süden in Bewegung gesetzt. Sie mußten hundertfünfzig Kilometer durchtraben, bis sie in Sicherheit waren. Auch die estnischen Freiwilligen der 20. Division konnten sich ohne Schwierigkeiten vom Feinde absetzen und nach Riga abmarschieren, wo sie ins Reich verladen und auf den Truppenübungsplatz Neuhammer verlegt wurden. Zu ihr stießen alle anderen gesammelten estnischen Einheiten. An der Dorpat-Front und am Nordrand des Peipussees sichernde Grenzschutzverbände haben den Anschluß an die zurückgehenden Deutschen nicht mehr gewinnen können. Sie fielen in die Hände der Sowjets oder tauchten in den weiten Wäldern des Landes unter.

Der erste Akt der großen Tragödie hatte begonnen. Das erste europäische Land war von den Sowjets überflutet worden.

*

Nach Ablösung in der Aufnahmestellung bei Pernau durch die aus der Dorpater Enge zurückgegangenen deutschen Kräfte

---

48** Die Darstellung des Generals v. Tippelskirch auf S. 487 seines Buches „Geschichte des zweiten Weltkrieges" trifft in diesem Punkte nicht zu. Die Front der Freiwilligen wurde nicht durchbrochen.

Generalmajor Ziegler, Kommandeur der 2. SS-Panzergrenadier-Division „Nordland“ (rechts), bei einem Zusammentreffen mit dem Verfasser

Oberstleutnant Reichel (links), Kommandeur des Freiwilligen-Regiments „Westland“, und Oberstleutnant Graf Westphalen (Mitte), Kommandeur des Freiwilligen-Regiments „Danmark“. Beide fielen an der Spitze von Freiwilligen-Einheiten

Oberstleutnant Dieckmann (Mitte), Kommandeur „Westland“, † bei Tscherkassy an der Spitze einer Freiwilligen-Einheit

jagte das Panzerkorps in fliegender Hast nach Süden. Die 23. SS-Panzergrenadier-Division wurde aus der Bewegung heraus auf Wolmar abgedreht und zum Gegenangriff gegen die dort durchgebrochenen Sowjets angesetzt, die sie zurückwarf. Das Generalkommando und die 11. SS-Panzergrenadier-Division

Skizze 27

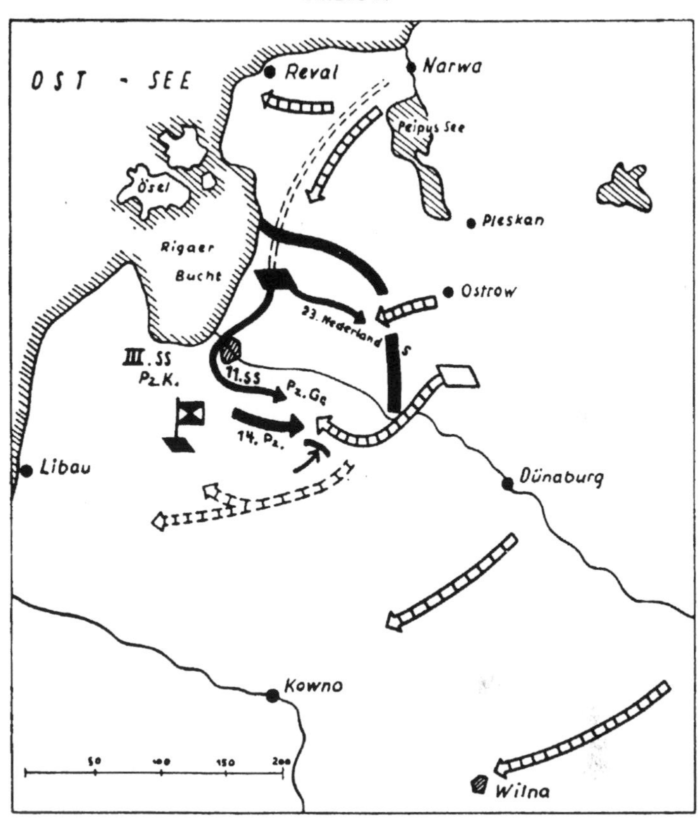

Heeresgruppe Nord und die Freiwilligen beim Angriff gegen durchgebrochene Sowjets bei Wolmar (23. Div. Nederland) und im Kampf mit sowjetischen Panzerverbänden westlich der Düna im Oktober 1944

„Nordland", nunmehr unter Führung des Generalmajors Joachim Ziegler, des früheren Chefs des Generalstabes des Korps, marschierten ohne Pause durch Riga auf das westliche Düna-Ufer, wo die 14. Panzer-Division unter Generalmajor Munzel bereits im schweren Kampf gegen die auf Riga vorgehenden Panzerkräfte der 1. „Baltischen Front" stand. Unter Führung des Generalkommandos traten nunmehr beide Divisionen zum Angriff auf Baldone an und warfen die Sowjets in harten Kämpfen nach Süden zurück, so daß sie ihre Absicht, die Heeresgruppe bei Riga abzuschneiden, aufgeben mußten. Parallel zu ihnen rochierte das Korps nach Westen und legte sich ihnen bei Doblen südlich Mitau erneut vor, wo es Anschluß an das dort sichernde Panzerkorps „Großdeutschland" nahm. Unter dem Flankenschutz dieser Kräfte und der über die Düna gegangenen Teile der 16. Armee floß die 18. Armee durch Riga nach Westen ab und legte sich dem Gegner weiter westlich – südlich von Libau – vor, während die 16. Armee mit ihrer Masse noch solange ostwärts der Düna verblieb und den Abmarsch schützte, bis die vordersten Teile der Heeresgruppe südlich und südostwärts Libau nach Westen und Süden Front gemacht hatten. Unter schweren Kämpfen mit zwei feindlichen Heeresgruppen hat sich diese Armee dann selbst hinter die Düna abgesetzt und konnte die Linie Doblen – Tukkum erreichen, vor der sie alle feindlichen Angriffe abschlug.

An diesen harten Rückzugskämpfen waren das VI. lettische SS-Armeekorps und die Freiwilligen der 19. lettischen Division ständig beteiligt. Beiderseits des Lubaner Sees hatte die Division dem Gegner in einer weitgespannten Front Widerstand geleistet, war dabei mehrfach in Gefahr geraten, eingekesselt zu werden, hatte aber durch Gegenangriffe und geschicktes Ausweichen einen Durchbruch des Gegners verhindern können. In der rückwärtigen Segewaldstellung war es am 27. und 28. September noch einmal zu heißen Kämpfen gekommen, in denen die Letten die Oberhand behielten. Die Stellungsgräben im Umkreis des Dorfes Mazratmeki mußten zugeschüttet werden, weil sie mit

Skizze 28

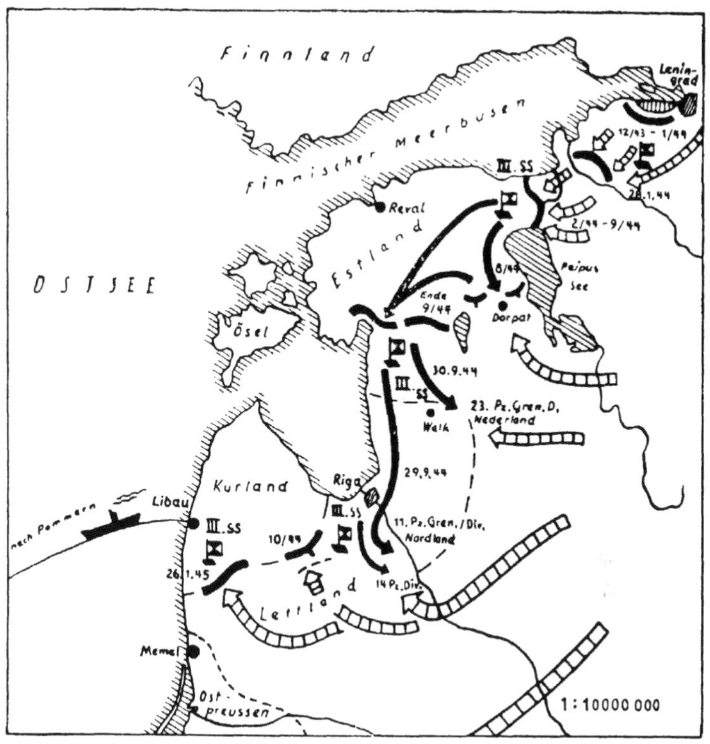

Der Weg der Freiwilligen von Oranienbaum bis Libau vom 1. Januar 1944 bis 1. Januar 1945

gefallenen Sowjetsoldaten gefüllt waren. Am 29. September wiesen die Letten erneute Angriffe des Gegners im Gegenangriff ab und kämpften ihren letzten Kampf auf ihrem heimatlichen livländischen Boden. Dann überschritten sie die Kriegsbrücke über die Düna. Livland hatten sie verloren. Aber die Soldatenehre der lettischen Armee hatten sie gewahrt und sich damit in der Geschichte ihres Volkes für immer verewigt. Nun standen sie Schulter an Schulter mit den tapferen deutschen Divisionen der 16. Armee in neuen Stellungen bereit, um den Rest ihres Landes Kurland gegen die Sowjets zu verteidigen.

Inzwischen hatten sich ihre Kameraden vom III. SS-Panzerkorps zusammen mit mehreren bewährten Divisionen der 18. Armee bei Skuodas, südwestlich von Libau, zum Durchbruch nach Ostpreußen bereitgestellt. Der Oberbefehlshaber, Generaloberst Schörner, hatte die Absicht, mit der Gruppe Steiner – der 11. und 23. SS-Panzergrenadier-Division, der 14. Panzer-Division, der 11., 126., und 87. Infanterie-Division – als Stoßkeil durchzubrechen und seine Heeresgruppe nach Ostpreußen zurückzuführen. Aller Wahrscheinlichkeit nach wäre diese Operation gelungen. Doch Hitlers Befehl hielt die Heeresgruppe in Kurland fest. Nunmehr ließen die Sowjets alle bereits im Vorgehen auf Ostpreußen befindlichen Kräfte kehrtmachen und führten sie zum Angriff auf Libau vor. Bei Skuodas und Prekuln holten sie sich in der mehrtägigen ersten Kurland-Schlacht eine schwere Abfuhr. In der zweiten Kurland-Schlacht schlug sie das dem III. SS-Panzerkorps ostwärts benachbarte X. Armeekorps zurück. Die achtundzwanzig Divisionen der Heeresgruppe Nord haben auch die dritte und vierte Kurland-Schlacht erfolgreich bestanden und ihre Stellungen gehalten. Sie hatten keine Möglichkeit mehr, in den Kampf um ihre Heimat einzugreifen. Der Kurland-Kessel hatte gehalten. Aber seine Truppen waren am 8. Mai 1945 dennoch verloren. Sie gerieten in sowjetische Gefangenschaft.

*

Wie hier, so überstürzten sich auch an der übrigen Ostfront die schlimmen Ereignisse. Unmittelbar nach ihrem Eintreffen im Bialystoker Raum waren die Freiwilligen der Division „Wiking" im Juli in schwere Kämpfe verwickelt worden. Zusammen mit den wenigen neu herangeführten Kräften des Heeres hatten sie Mühe, die sich über die 4. und 9. Armee hinwegwälzende Russenflut vor der Weichsel aufzuhalten. Am 2. August war es ihnen gelungen, zusammen mit der 19. Panzer-Division und der

Fallschirmpanzer-Division „Hermann Göring“ ein vorgeprelltes rotes Panzerkorps einzuschließen und zu vernichten. Dann mußten sie vor der anstürmenden 1. „Weißrussischen Front“ des Generals Rokossowski auf einen Sperriegel ausweichen, den das Oberkommando der 9. Armee zum Schutze von Warschau zwischen Weichsel und Bug errichtet hatte. Hier hatte General Gille den Befehl über das neugebildete IV. SS-Panzerkorps und Oberst der Waffen-SS Mühlenkamp die Führung der Freiwilligen der Panzer-Division „Wiking“ übernommen.

Während in Warschau der Aufstand der polnischen Untergrund-Armee losbrach und die Versorgungsbomben der Westalliierten für die Aufständischen im Bereich des IV. SS-Panzerkorps landeten, wo sie hochwillkommen waren, hatten die Russen nicht mehr die Kraft, den Durchbruch auf die Weichsel aus der Bewegung heraus zu erzwingen. Sie marschierten planmäßig auf, nachdem sie bei Radczymin eine Schlappe erlitten hatten, kamen aber nicht mehr zum Angriff, da die deutschen Kräfte des IV. SS-Panzerkorps infolge des Verlustes von Praga auf eine rückwärtige Stellung zwischen Praga und dem Narew ausgewichen waren, in der sich die 19. Panzer-Division, die SS-Totenkopf-Division und die Freiwilligen der „Wiking“ erneut zum Kampfe stellten. Im Oktober wurde das „nasse Dreieck“ der Schauplatz von Großkämpfen, deren Härte und Materialeinsatz an die Materialschlachten des ersten Weltkrieges erinnerte. Zwei Armeen der 1. „Weißrussischen Front“ rannten nach einer Artillerievorbereitung aus zweihundertdreißig Batterien gegen die Stellungen an, nachdem sie ihren Angriff infolge eines gewaltigen Artilleriegegenangriffes des IV. SS-Panzerkorps mehrfach verschoben hatten. Erst am 10. Oktober versuchten sie den Durchbruch zur Weichsel zwischen Warschau und Modlin, wurden aber nach heftigen Nahkämpfen abgewiesen. Drei deutsche Divisionen hatten einundzwanzig feindlichen Verbänden erfolgreich die Stirn geboten. Dann verlegte der Gegner seinen Schwerpunkt an andere Frontabschnitte. Im „nassen Dreieck“ blieb es bis auf kleinere rote Angriffe ruhig, so daß die Freiwilligen in ihren Stellungen ein Weihnachtsfest feiern konnten, wie sie es im Kriege bisher noch nicht erlebt hatten. Um die Jahreswende verließen sie im Verbande des IV. Panzerkorps den östlichen Kriegsschauplatz und fuhren auf den Balkan, um beim Entsatz von Budapest mitzuhelfen.

*

Um die Jahresmitte 1944 war auf dem östlichen Kriegsschauplatz eine neue Freiwilligentruppe erschienen, die französische SS-Freiwilligen-Sturmbrigade. Ihr Schwesterverband, die französische Legion, hatte schon lange Zeit an der Ostfront gekämpft. Nach den schweren Verlusten an der Moskauer Front im Dezember 1941 war sie bataillonsweise im Mittelabschnitt im Partisanenkampf eingesetzt worden und hatte bei Briansk, Gomel, Orscha, und Mohilew erfolgreich gefochten. Dann war das Regiment unter Brigadegeneral Puaud wieder vereinigt worden und am Bobr mit durchgebrochenen feindlichen Panzern zusammengestoßen, die es mit Hilfe einer deutschen Tiger-Kompanie zurückgeworfen hatte. Damals sprach der sowjetische Heeresbericht von zwei französischen Divisionen, die den Sowjets gegenübergestanden hätten. So hoch hatten sie die Kampfleistung eingeschätzt. Bei diesen Kämpfen war die Legion allerdings so mitgenommen worden, daß sie aus der Front herausgezogen werden mußte.

Die im August an der Ostfront eingetroffene französische SS-Sturmbrigade mußte gleich nach ihrem Eintreffen in den Kampf geworfen werden. Vom 10. bis 15. August hatte sie im Verbande der 18. SS-Panzergrenadier-Division westlich von Sanok feindliche Kräfte im Gegenangriff zurückgeworfen, dann in der Zeit vom 20. bis 23. August den Angriff sowjetischer Garde-Einheiten in einer Frontbreite von fünfzehn Kilometern an der Wisloka südlich Mielec abgewiesen, war dort zeitweilig eingeschlossen und hatte sich mit den Freiwilligen der 18. Panzergrenadier-Division aus der Umklammerung befreien können.

Sie hatte dabei hohe Verluste erlitten. Sieben Offiziere der Brigade waren gefallen, acht verwundet. Fünfzig Prozent ihres Mannschaftsbestandes war tot oder verwundet und vierzig Mann vermißt. Die Kompanien waren auf fünfzig Mann zusammengeschmolzen. Der Kommandeur der 18. SS-Panzergrenadier-Division hatte den Freiwilligen für ihre Leistungen höchste Anerkennung ausgesprochen und nichts lieber gewünscht, als sie in seinem Verbande zu behalten. Doch die Brigade wurde auf höheren Befehl aus der Front zurückgezogen, um mit der Legion vereinigt und auf dem Truppenübungsplatz Konitz unter Führung des Brigadegenerals Puaud zu einer Grenadier-Division vereinigt zu werden. Mit höchstem kämpferischen Elan hatten sich die französischen Freiwilligen den Sowjets entgegengestellt und durch ihre Gegenangriffe Zeugnis von dem Offensivgeist des französischen Soldaten abgelegt. Zum erstenmal in der europäischen Geschichte hatten Franzosen und Deutsche nicht mehr gegeneinander, sondern nebeneinander und als Waffenbrüder miteinander gekämpft. Damit wurde der jahrhundertelange Bann der Feindschaft gebrochen. Mag man auch die französischen Freiwilligen in ihrem Vaterland deshalb später verurteilt haben, so wiegt eine solche Verdammnis gegenüber der geschichtlichen Tat, daß französische Männer es erstmalig gewagt hatten, dem Feinde Europas an der Seite der Deutschen die Stirn zu bieten und mit einer geschichtlichen Überlieferung zu brechen, die beiden Völkern bisher nur Unglück gebracht hat, dennoch gering. Das eigene Schicksal der Freiwilligen wurde allerdings zu einem Drama von fast antiker Größe, deren Schlußakt in der Verteidigung Berlins seinen Höhepunkt erreichte.

Auch die ukrainische Freiwilligen-Division war kurz nach Abschluß ihrer Ausbildung noch auf heimatlichen Boden in harte Kämpfe mit den Sowjets verwickelt worden. Bei Brody wurde die 14. (1. ukrainische) Waffen-SS-Division nach heftigen Kämpfen von überlegenen feindlichen Kräften eingeschlossen und konnte erst nach kritischen Tagen und unter großen Verlusten ausbrechen.

Das Jahr 1945 begann unter düsteren Vorzeichen. Die Ardennen-Offensive der deutschen Truppen des Heeres und der Waffen-SS war mißlungen. In Ostpreußen waren die Sowjets eingedrungen. Noch hielt zwar die Weichsel- und Narew-Front. Doch ihr Zusammenbruch war nur eine Frage von Tagen.

Im Süden der Ostfront hatten die Sowjets schon im September 1944 Rumänien und Bulgarien besetzt und sich am 6. September mit Titos Partisanen am Eisernen Tor und an der Donau die Hand gereicht. Malinowskis 2. „Ukrainische Front" war in Siebenbürgen eingedrungen, hatte Kronstadt besetzt und die ungarische Tiefebene überflutet. Dort – bei Kronstadt – war auch der bewährte Freiwilligen-General Phleps gefallen. In dem Bestreben, die siebenbürgische Heimat und seine Geburtsstadt Kronstadt zu schützen, hatte er versucht, aus den Trümmern der 6. deutschen Armee eine Kampfgruppe zusammenzustellen und war bei einer Erkundungsfahrt sowjetischen Vorausabteilungen in die Hand gefallen, die ihn kurzer Hand erschossen haben. Ihm blieb es erspart, den Zusammenbruch seiner unmittelbaren siebenbürgischen und weiteren deutschen Heimat zu erleben. Mit seinem Tode auf siebenbürgischer Heimaterde fand ein kämpferisches Leben ein sinnvolles und erhabenes Ende.

Nach heftigem Widerstande in der ungarischen Pußta, erbitterten Panzerschlachten bei Debrezcyn und mancherlei Erfolgen hatte sich die Heeresgruppe Süd gegenüber der 4., 2. und 3. „Ukrainischen Front" zwar nicht behaupten können, den Zusammenhang ihrer Front aber gewahrt. Am Weihnachtstag 1944 wurde Budapest eingeschlossen.

Auf dem Balkan waren die Truppen der Heeresgruppe Löhr im Rückmarsch in den serbisch-kroatischen Raum begriffen. Ihr Weg und Kampf über Tausende von Kilometer mutet uns wie Xenophons „Anabasis" an.

Überall an den berstenden Fronten standen die Freiwilligen Schulter an Schulter mit ihren Kameraden des Heeres und der Waffen-SS wie immer an deren Eckpfeilern. In Kurland waren die 11. SS-Panzergrenadier-Division „Nordland" mit ihrer

Schwester-Division, der 23. SS-Panzergrenadier-Division „Nederland“ unter dem III. SS-Panzerkorps eingeschlossen. Das VI. lettische SS-Armeekorps stand an der Ostfront des Kessels mit der 19. lettischen Freiwilligen-Division noch auf der Wacht auf heimatlichem Boden. Das IV. SS-Panzerkorps mit den Freiwilligen der 5. SS-Panzer-Division „Wiking“ und der bewährten 3. SS-Panzer-Division „Totenkopf“ war in Ungarn eingetroffen und schickte sich zum Angriff auf Budapest an, um ihre Kameraden des Heeres und der Waffen-SS zu entsetzen. Fünfzigtausend Mann von ihnen, dabei auch die jüngst aus ungarischen Volksdeutschen aufgestellte 22. SS-Kavallerie-Division, alle unter dem Befehl des IX. SS-Gebirgskorps und des Generals der Waffen-SS Pfeffer-Wildenbruch, waren von den Truppen der 2. und 3. „Ukrainischen Front“ dort eingeschlossen.

In Serbien und Kroatien fochten die Freiwilligen der 7. SS-Gebirgs-Division „Prinz Eugen“ und der SS-Gebirgs-Division „Skanderbeg“ nach zwei Seiten gegen Partisanen, Russen oder Bulgaren.

Das Kavallerie-Kosakenkorps verteidigte an der Drau. Die 20. estnische Freiwilligen-Division stand in Schlesien bereit, um die Sowjets zu empfangen. Sie war noch nicht wieder kampfbereit. In der gleichen Lage befand sich die 15. lettische Freiwilligen-Division im westpreußischen Raum. Die zerschlagene 14. galizische (1. ukrainische) Waffen-SS-Division war zur Neuaufstellung in den nordslowenischen Raum verlegt worden. Auch die Flamen, Wallonen und Franzosen waren nach ihren schweren Verlusten im Herbst 1944 noch nicht wieder verwendungsfähig. Fieberhaft arbeiteten sie auf Truppenübungsplätzen an der Wiederherstellung ihrer Kampfkraft und Aufstellung ihrer neuen Divisionen. Die 162. „Turk“-Division, weitere Kosaken-Verbände, Teile der kaukasischen Freiwilligen-Truppen der Waffen-SS und die 29. (italienische) Freiwilligen-Division standen in Norditalien. Die Verbände des russischen Generals Wlassow waren auf dem westlichen Kriegsschauplatz teils zerschlagen, teils verlorengegangen. Wider Erwarten hatten sie sich trotz aller Widerwärtigkeiten während der Aufstellung und Ausbildung gut geschlagen. Wlassow selbst stellte zwei Divisionen in Deutschland auf.

Die estnischen und ukrainischen Freiwilligen hatten ihre Heimat ganz, die Letten die Hälfte ihres Landes verloren. Die flämischen, wallonischen, französischen Freiwilligen und die Niederländer waren von ihrer Heimat abgeschnitten. Jetzt stand die Mehrzahl ihrer Landsleute auf der Seite des Feindes. Im serbisch-kroatischen Raum waren die volksdeutschen Siedlungen ständig vom Feinde bedroht. Viele waren in Flammen aufgegangen. Die siebenbürgischen Freiwilligen waren heimatlos geworden, ganz zu schweigen von den entwurzelten Kosaken und Turk-Völkern. Genau so wie die Freiwilligen standen auch ihre deutschen Kameraden vor der bangen Frage, ob sie noch eine freie Heimat wiedersehen würden, deren Städte vielfach nur noch Ruinen waren.

Am Jahresende waren die Freiwilligen zu einer Armee ohne Vaterland geworden. Als letztes Gut war ihnen nur noch die Kameradschaft, die Pflichterfüllung und die Wahrung ihrer soldatischen Ehre geblieben und – ihr reines Gewissen, das der Überzeugung entstammte, einer Idee gedient zu haben, deren europäischer Inhalt sich jetzt immer klarer herausschälte.

*

Am ersten Weihnachtstage waren die Freiwilligen der 5. SS-Panzer-Division „Wiking“ aus ihren Stellungen im „nassen Dreieck“ ostwärts Modlin von einer Infanterie-Division abgelöst worden, obwohl sich vor der Front neue Angriffsvorbereitungen Rokossowskis abgezeichnet hatten. Ihre Transporte rollten von Polen nach Ungarn. Dem Kommandierenden General des IV. SS-Panzerkorps hatte man gesagt, er habe ja schon selbst zweimal in einem Kessel gesessen und werde es demnach am besten wissen, wie es eingeschlossenen Kameraden zu Mute sei. Deshalb seien seine Truppen und er dazu besonders geeignet, Budapest zu entsetzen.

Am Neujahrstage 1945 kam der Divisionsstab der Freiwilligen, nunmehr unter der Führung des Oberst der Waffen-SS Ulrich auf dem Ausladebahnhof Raab an, nahm sofort Verbindung mit dem vorausbeförderten Generalkommando in Acs auf und erhielt dort Befehl, noch in derselben Nacht über Tata – Torjan – Bicske auf Budapest anzugreifen. Westlich der Division würde die 6. Panzer-Division, östlich von ihr die 3. SS-Panzer-Division „Totenkopf" vorgehen. Für das weitgesteckte Operationsziel waren die Angriffskräfte offensichtlich zu gering. Aber hier ging es um die Freiheit von fünfzigtausend Kameraden.

Der Angriff der Kampfgruppe „Germania" unter seinem seit Jahren hochbewährten und unerschrockenen Regiments-Kommandeur, Major der Waffen-SS Dorr, auf Tata gelang. Der Feind war völlig überrascht, die Beute erheblich, eigene Verluste gering. Um vier Uhr morgens war das erste Angriffsziel erreicht. Doch lassen wir über die weiteren Ereignisse das Tagebuch des ersten Generalstabsoffiziers der 5. SS-Panzer-Division „Wiking" sprechen:

2. Januar:

Divisionsgefechtsstand verlegt um 13 Uhr nach Tata vor. Feindliche Bomber greifen an. Keine eigene Fliegertätigkeit. Der weitere Angriff ist schwierig. Er führt durch bergiges und bewaldetes Gelände. Panzer können nur auf den Straßen kämpfen, die von den Russen durch zahlreiche – mit Pak bis zwanzig Stück an Zahl – besetzte Straßensperren gesichert sind. Sie können nur durch umfassenden Angriff unserer Panzergrenadiere beseitigt werden. Der Einsatz der Artillerie gestaltet sich in dem zerklüfteten Berggelände schwierig. Feind greift unsere Flanke wiederholt mit Bataillonen an. Die Stellungs-Division ist unserem Angriff nicht schnell genug gefolgt.

3. Januar:

Oberbefehlshaber der 6. Armee, General Balk, und General Gille auf Divisions-Gefechtsstand. Angriff geht ihnen zu langsam. Alles kommt auf Schnelligkeit an. Trotz feindlicher Sperren erreicht die Vorhut Vertes-Tolna und gegen 15 Uhr Torjan. Zahlreiche Gefangene. Viele Paks vernichtet oder erbeutet. Bevölkerung jubelt. 17 Uhr Divisionsstab in Torjan. Eigene Panzergrenadiere müssen zum Flankenschutz eingesetzt werden.

4. Januar:

Regiment „Germania" greift weiter nach Süden an, kommt nur fünf Kilometer vorwärts. Gelände wird offener. Am nächsten Tage kann Angriff in breiter Front angesetzt werden.

5. Januar:

Die Division greift mit beiden Panzergrenadier-Regimentern „Germania" und „Westland" weiter an und stößt bis Bicske vor. Eigene Verluste erheblich. Gegner führt aus Budapest laufend Verstärkungen heran. Starker feindlicher Fliegereinsatz.

6. Januar:

Division muß alle Reserven einsetzen und zur Abwehr übergehen. Flankenschutz macht Sorgen. Nachbarn hängen ab.

7. Januar:

Angriffe des Gegners wechseln mit eigenen Gegenangriffen. Erreichte Stellungen werden gehalten. Linker Nachbar endlich in gleicher Höhe bei Zzambek. Flankenschutz kann eingezogen werden. Am nächsten Tage geschlossener Angriff ganzes Korps.

8. Januar:

„Wiking" und „Totenkopf" treten nach kurzer, starker Artillerievorbereitung in den frühen Morgenstunden gemeinsam zum Angriff an. Unser Panzerregiment erreicht Friedhof am Südrand von Biske. Mittags muß Angriff eingestellt werden. Eigene Kräfte sind zu schwach. Gegner hat acht Tage Zeit gehabt, sich zu verstärken. Starke feindliche Panzer und Artillerie-Abwehr. Entsatz von Budapest von hier kaum möglich. Erhebliche eigene Verluste.

9. J a n u a r :
Während der Nacht wird Ablösung in unsern Stellungen angekündigt. Erster Versuch zum Entsatz von Budapest muß als gescheitert betrachtet werden. Selbst bei schnellem Fortschreiten des Angriffs wäre Division in eine immer schwierigere Lage gekommen. Man kann eben nicht drei Panzerdivisionen mit einem so weit gesteckten Ziel und gegen weit überlegenen Feind ansetzen. Zum Entsatz von Budapest hätten ja auch ein paar Divisionen mehr herangeholt werden können. N e u e r E i n s a t z b e f e h l : „Division verlegt nach Ablösung beschleunigt weiter ostwärts in den Raum von Gran und greift von dort aus durch Pyllis-Gebirge erneut zum Entsatz von Budapest an.“ Diesiges Wetter und Schneetreiben ermöglichen Ablösung am Tage. In den späten Nachmittagsstunden marschiert Division auf vereisten Feldstraßen nach Gran, wo 711. Infanterie-Division sichert. 24 Uhr haben sich alle Teile der Division zum Angriff bereitgestellt. Doch um 1 Uhr kommt Befehl: Angriff verschieben. Soll angeblich Führerbefehl sein (?). Überraschungsmoment kann verloren gehen.

10. J a n u a r :
Drei Uhr nachts Verbindungsaufnahme mit Kampfgruppe Major Philipp, die ostwärts von uns mit einem Bataillon „Feldherrnhalle“ und Sturmgeschützen auf Donauuferstraße vorstoßen soll. Wir alle und Philipp selbst halten Auftrag für undurchführbar. Russe wird Uferstraße kaum für Spazierfahrten freigeben. Eintreffender Kommandierender General weiß auch nicht, ob Angriff stattfinden soll. Division rät zur Beschleunigung. Am Nachmittag kommt endlich Angriffsbefehl. 20.30 Uhr tritt Division zum Angriff an. Gegner schwach, völlig überrascht. Schwieriges Berggelände. Voralpencharakter. Mitternacht erste Erfolgsmeldungen. Gefangene meist Troßangehörige Budapester Einschließungs-Divisionen. Pak und Granatwerferabwehr.

Keine eigenen Verluste. „Westland" kommt gut voran, „Germania" weniger.
11. Januar:
Angriff geht langsam, aber gut voran. Geringer feindlicher Widerstand. Front schwach besetzt. Feind meist Trosse. Alte Knaben. Nicht einmal alle Gewehre. Wenig schwere Waffen.
12. Januar:
Philisszentkereszl von „Westland" gegen geringen Feindwiderstand genommen. Man kann auf Verbindungsstraße jetzt das rechts vorgehende Regiment „Germania" flankierend unterstützen.
Weiterer Angriff erscheint nicht schwer. Widerstand nimmt ab. Zahlreiche Gefangene und große Beute. Da kommt 20 Uhr Befehl zur Einstellung des Angriffs. Völlig unverständlich! Division hält weiteren Vorstoß auf Budapest hier durchaus für möglich. Vor der Front angeschlagener Gegner. Flankenangriffe infolge des Geländes durch Panzer nicht zu erwarten, da nicht möglich.
Wenn auch kein voller Entsatz, so glaubt Division doch zum mindesten eine Öffnung des Kessels von Budapest garantieren zu können. Morgen abend könnte Division am Kesselrand sein. Aber alle Argumente haben keinen Erfolg. Wir müssen ein sicheres Ziel wegschwimmen lassen.

Die Freiwilligen hatten 21 Kilometer vor Budapest gestanden, den Feuerschein der umkämpften Stadt gesehen und den Schlachtenlärm von Süden schon herüberdröhnen hören. Am Morgen des 13. Januar konnten Divisionskommandeur und Ia von Dobogekö die aus dem Morgennebel auftauchenden Türme von Budapest deutlich erkennen. Die Freiwilligen hatten eine weiche Stelle des Gegners gefunden. Hier bot das Schicksal eine einmalige Chance. Sie auszunutzen, wäre das Gebot der Stunde gewesen und hätte den tapferen Verteidigern von Budapest vielleicht die Freiheit gebracht.

Ein dritter Versuch, ihnen aus dem Raum nördlich des Plattensees nunmehr mit verstärkten Kräften zu Hilfe zu kommen, hatte gute Anfangserfolge. Er führte nach erneutem Durchbruch durch die feindlichen Stellungen zur Wiedereroberung von Stuhlweißenburg und weiter bis an das Donauufer nördlich Adony und die Nordostspitze des Velence Sees. Wiederum standen die Freiwilligen 45 Kilometer vor Budapest. Doch hier war der Feind stark. Mit 280 Panzern griff er die beiden nördlichen

Skizze 29

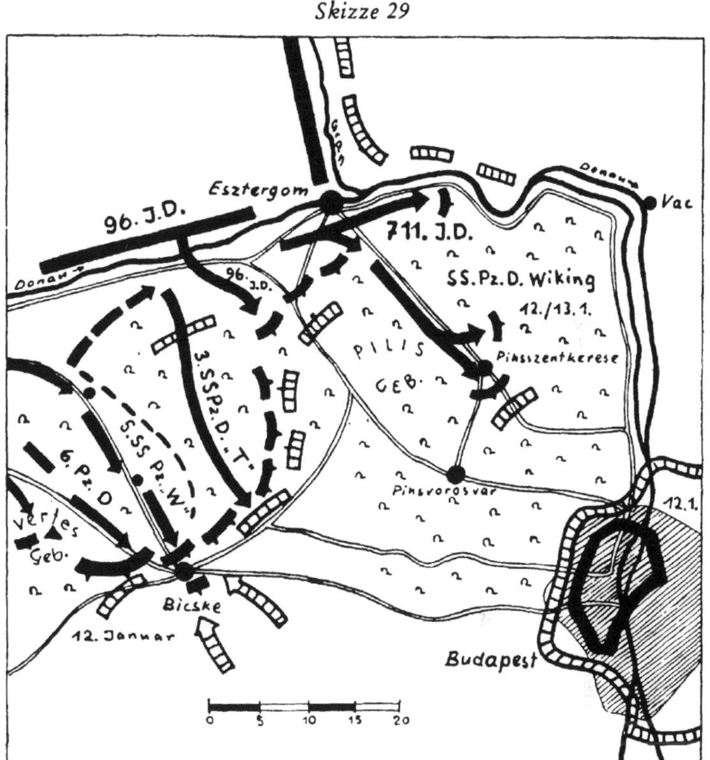

Erster und zweiter Entlastungsangriff der Freiwilligen auf Budapest Januar 1945

Divisionen, die 1. Panzerdivison und die 3. SS-Totenkopf-Division an den Flanken an und zwang sie zum Eindrehen nach Norden. Die Freiwilligen selbst wurden von Norden und Süden berannt. Ihr südlicher Nachbar, die 3. Panzerdivision, hatte sich starker feindlicher Flankenangriffe von Süden zu erwehren. Ein Entsatz von Budapest wird große Opfer kosten.

Skizze 30

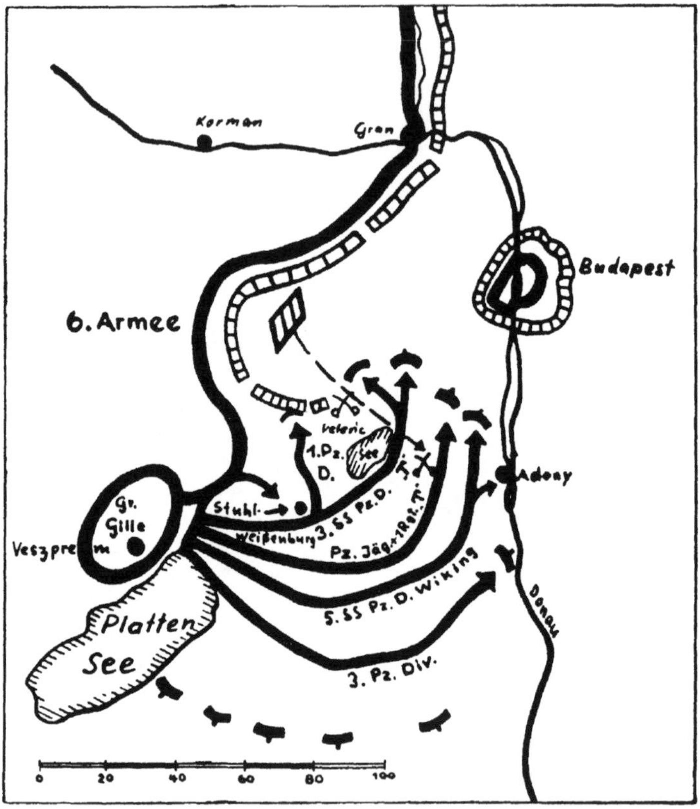

Dritter Entsatzversuch auf Budapest, Ende Januar 1945

Die Hermannsburg am Westufer der Narwa, vor und nach der Zerstörung

Die Iwangorod bei Narwa mit Freiwilligengräbern der Niederländer

Fliegeraufnahme des Freiwilligen-Friedhofes bei Aspenskaja

29. J a n u a r :
Feind greift den ganzen Tag auf gesamter Front an. Starke, feindliche Fliegerangriffe. Mehrere tiefe Einbrüche. Durch Einsatz aller Reserven können wir sie abriegeln. In der Nacht werden sie im Gegenstoß bereinigt. Dabei sollten wir eigentlich heute angreifen und auf Budapest vorstoßen. Nach Mitteilung des Ic Generalstaboffiziers der Armee hätten wir ja nur eine angeschlagene, feindliche Kavallerie-Division vor uns. Statt dessen kommen die Russen mit einem neuen Panzerkorps und 180 Panzern an. Nur dem Einsatz unseres wirklich großartigen SPW-Bataillons ist es zu danken, daß ein Aufrollen unserer Divisionsfront verhindert wird. Unser Bataillon, das fast nur aus Norwegern besteht, hat unter seinem jungen Kommandeur Vogt, der allein sechs Panzer mit der Panzerfaust erledigte, beinahe achtzig Panzer abgeschossen.
Zwei Tage später hörte ich das Gerücht, daß der Ic der Zusammenarbeit mit dem Russen überführt worden sei (?!).

Der Entsatzversuch war nun endgültig gescheitert. Hinhaltend kämpfend gehen die Angriffstruppen auf ihre Ausgangsstellungen zurück. Am 20. März kämpfen die Freiwilligen in Stuhlweißenburg.

21. M ä r z :
Gegner greift rechten Nachbarn stark an und hat nördlich und westlich von uns weitere Erfolge. Vor eigener Front zunehmende Angriffe. Lage sehr ernst. Weiteres Halten Stuhlweißenburg kaum mehr möglich. Nur noch eine Straße nach Südwesten offen. Weiter rückwärts Lage völlig ungeklärt. Verbindung mit Korps abgerissen.
Endlich mittags wieder Funk: „F ü h r e r b e f e h l ! S t u h l w e i ß e n b u r g u n t e r a l l e n U m s t ä n d e n h a l t e n !"
Ist doch längst überholt! Feind steht ja weit in unserem Rücken.

Überlegung der Division: Entweder Führerbefehl ausführen, dann mit Führungsstaffel rein nach Stuhlweißenburg und aus !!!
An späteren Ausbruch ist nicht mehr zu denken. Oder ... gegen den Befehl handeln.
Mehrere Funksprüche höherer Kommandostäbe jagen sich. Stuhlweißenburg muß auf Führerbefehl gehalten werden. 20 Uhr entschließt sich Divisions-Kommandeur, entgegen dem Führerbefehl aus Stuhlweißenburg auszubrechen.

Zwei Tage später ist die Division in Sicherheit. Nach schweren Kämpfen und in großen Sprüngen nach Westen bezieht sie am 30. März die Reichsschutzstellung. In den schweren Kämpfen hatte sie bittere Verluste zu beklagen. Viele Freiwillige hatten ihr Leben geopfert. Zwei hochbewährte und den ganzen Krieg hindurch an der Front gestandene Kommandeure waren vor dem Feinde geblieben. Der achtmal verwundete und seit 1941 mit den Freiwilligen verbundene Kommandeur des SS-Panzergrenadier-Regiments „Germania“, Oberstleutnant der Waffen-SS Dorr, verstarb an seinen schweren Wunden in Wien und der junge, immer wieder bewährte Hauptmann der Waffen-SS Vogt, fiel am 20. April einem Flieger-Angriff zum Opfer. Beide schmückte das Eichenlaub.

Fiebernd und kämpfend hatten die Verteidiger von Budapest auf den Entsatz durch die 6. Armee gewartet. Um jeden Straßenzug hatten sie gerungen, jedes Haus verteidigt. Den Stadtteil ostwärts der Donau mußten sie aufgeben. Dann waren sie – die 13. Panzerdivision, die Panzer-Grenadierdivision „Feldherrnhalle“, die 8. SS-Kavallerie-Division, die 22. SS-Kavallerie-Division und eine Anzahl ungarischer Kameraden – im Raum um die Burg zusammengerängt worden. Bis zur letzten Stunde hatten sie sich wahrhaftig heldenmütig geschlagen. Als ihr Befehlshaber, General der Waffen-SS Pfeffer-Wildenbruch erkannte, daß die 6. Armee wieder zurückging und damit alle Hoffnung auf Freiheit geschwunden war, gab er in der Nacht vom 11. zum 12. Februar den Befehl zum Ausbruch. 16 000 Mann waren um diese Zeit noch kampffähig. Sie sprengten ihre schweren Waffen, denen die Munition ausgegangen war und traten zum Angriff mit der blanken Waffe an. 800 von ihnen erreichten die deutschen Linien. Die übrigen waren so dezimiert, daß sie zu Tode erschöpft liegen blieben. Die Kommandeure der 8. SS-Kavallerie-Division und der 22. SS-Kavallerie-Division, die Generalmajore der Waffen-SS Rumohr und Zehender zogen den Tod einer Gefangenschaft vor und erschossen sich, als die Sowjets vor ihren Befehlsstellen standen. In Budapest erlosch das Feuer der Waffen. Die Brände verglühten. Ungarns Hauptstadt ging in der roten Flut unter. Die wenigen Überlebenden der Divisionen, die das Inferno in Budapest überstanden, mußten das bittere Los sowjetischer Gefangenschaft ertragen.

Am 1. Februar ist im Tagebuch der 5. SS-Panzerdivision „Wiking" verzeichnet:

„Die Division setzt sich heute nacht auf die befohlene rückwärtige Linie ab. Damit ist auch der dritte Versuch eines Entsatzes von Budapest gescheitert. Hätte man den ersten Angriff bereits so stark gemacht, dann wäre eine Öffnung des Kessels sehr wahrscheinlich gewesen. Von unserem zweiten Versuch ganz zu schweigen. Dann aber war der Russe aufmerksam geworden und hatte uns weit überlegene Kräfte entgegengestellt.
Wieder einmal ‚Zu spät!' Funkmeldungen aus dem Kessel klingen immer pessimistischer. Wir tragen keine Schuld."

*

Als sich die Truppe des Generals Tolbuchin mit den Tito-Partisanen am Eisernen Tor die Hand gereicht hatten, war die Heeresgruppe Balkan im Marsch von Griechenland nach Norden mit ihren Anfängen im serbisch-bulgarischen Grenzraum angekommen und fand den vorgesehenen Marschweg über Belgrad von den Sowjets versperrt. Sie mußte nach Westen ausbiegen, dazu aber ihre Ostflanke bei Kraljewo fest abstützen. Bisher hatte sie die Bulgaren immer abzuschütteln vermocht. Die Sowjets aber waren ernstere Gegner. Alles kam darauf an, daß der Kraljewo-Riegel standhielt. Auf der Ostfront derselben verteidigte die 5. SS-Gebirgsdivision „Prinz Eugen" mit ihren volksdeutschen Freiwilligen unter dem Befehl des Oberst der Waffen-SS Kumm die Stellung beiderseits des Morawa-Tales. Den fünf sowjetischen Divisionen, Partisanen und bulgarischen Hilfstruppen gelang es nicht, diesen Eckpfeiler des deutschen Rückzuges einzureißen. „Wie hier bei der Behauptung der Ostflanke von Kraljewo, so erwies sich die Division ‚Prinz Eugen' auch in Zukunft als eine zuverlässige Stütze der Führung", so urteilt Generalmajor Schmidt-Richberg über die Freiwilligen der Gebirgsdivision.

Mit dem Einfließen der Heeresgruppe in den bosnischen Raum und ihrer Annäherung an die kämpfende Front in Ungarn wurde die Behauptung der Drau eine Lebensfrage für alle im bosnischen Raum stehenden, deutschen Truppen, die sich jede taktische Bewegung erst im Kampf mit den sich mehr und mehr zu einer regulären Armee entwickelnden Tito-Partisanen erzwingen mußten. Dazu mußte das Papuk-Gebirge erst von Partisanen gesäubert und die Draustellung im Angriff genommen werden. So griffen die Freiwilligen der „Prinz Eugen" über Broka nach Norden und nach Ablösung durch die 41. Division weiterhin an, nahmen Tovarnik und Sid und wurden auf Befehl des XXXIV. Armeekorps zwischen Papuk-Gebirge und Drau nach Nordwesten hinter der Drau auf Nasice verschoben, von wo sie zum Angriff auf Virovitice antraten, das westliche Drauufer vom Feinde säuberten und den dortigen Truppen ihr Vorgehen auf den Drauabschnitt erleichterten. Mehr und mehr wurde die Division „Prinz Eugen" zur Feuerwehr im kroatischen Raum. Anfang März 1945 wurde sie von der Drau-Front nach Serajewo geworfen, um die dort schwer ringende 181. Division und 369. Legionärs-Division [49] aus der Gefahr, eingeschlossen zu werden, zu befreien. Ihr Angriff sprengte den Feind auseinander und ermöglichte den beiden Divisionen den Rückmarsch nach Norden auf die Save. Am 18. April überschritten auch die Freiwilligen nach Lösung aus dem bosnischen Raum als letzter Verband des XXI. Gebirgskorps die Save, räumten die Hindernisse, die sich ihnen dort in den Weg stellten, in schnellen Angriffen beiseite und wurden, als sie sich bereits Agram näherten, wieder nach Istrien verschoben, wo es erneut brannte, da die Jugoslawen die Zeit zur Generaloffensive für gekommen hielten. Bei Karlowac griffen die Freiwilligen noch einmal an und stellten die Lage wieder her.

Die Division „Prinz Eugen", nunmehr unter Generalmajor der Waffen-SS Schmidhuber, hatte immer ihre ganze Kraft dafür eingesetzt, die gefährliche Lage in Kroatien Schulter an Schulter und in enger Kameradschaft mit den reichsdeutschen Divisionen und den Resten der albanischen Gebirgsdivision (SS) „Skanderbeg" zu meistern. Bis zum letzten Augenblick war sie für Pflichterfüllung bis zum äußersten eingestanden. So konnte auch die Masse der deutschen Truppen der Heeresgruppe E die deutsche Grenze überschreiten. Die Freiwilligen aber erreichte unweit derselben bei Samobor ein grausames Schicksal. Noch am 9. Mai abends wurden sie dort von den Jugoslawen angegriffen. „Weitere Meldungen aus diesem Raum erreichten das Oberkommando nicht mehr", registrierte der Chef des Generalstabes der Heeresgruppe lakonisch [50].

*

[49] Legionärs-Divisionen bestanden aus nationalen Kroaten und deutschen Stämmen. Sie standen unter deutscher Führung und trugen deutsche Heeresuniform. Im kroatischen Raum gab es drei solcher Divisionen, die im Herbst 1943 aufgestellt worden waren.

[50] Siehe Schmidt-Richberg: „Das Ende auf dem Balkan", S. 131.

Skizze 31

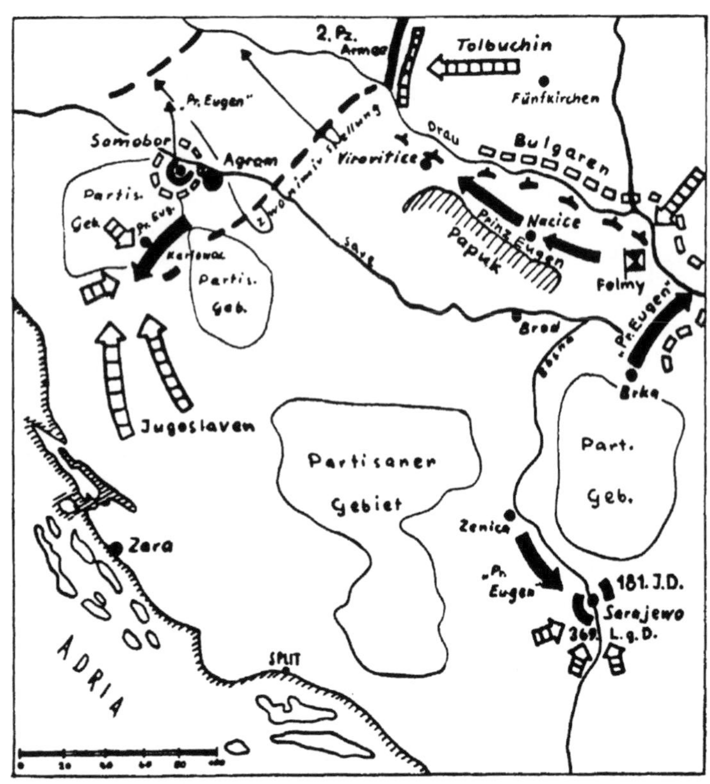

Kampf und Ende der SS-Freiwilligen-Gebirgsdivision „Prinz Eugen"
Ende 1944 bis Mai 1945

In schnell aufeinanderfolgenden Schlägen hatte die 1. Kosaken-Kavallerie-Division des Generalleutnants v. Pannwitz im Herbst und Winter 1943 und 1944 den nordkroatischen Raum von Partisanen gesäubert und die Bahnlinie Agram–Brod gesichert. Daraufhin hatte Tito seinen Schwerpunkt verlegt und die Stadt Banjaluka besetzt, wo eine kroatische Domobranen-Division zu den Partisanen übergegangen war. Über

Bosnisch-Gradisko stießen die Kosaken von den Bergen auf Banjaluka herunter und nahmen die Stadt wieder. Während des ganzen Jahres 1945 kam es zu ständigen Gefechten zwischen den Kosaken und Jugoslawen, die von Monat zu Monat aggressiver wurden und mit dem Auftreten sowjetischer Kräfte in Ungarn sich als Partner derselben fühlten. Die Kosaken-Division wurde deshalb durch Zuführung einer größeren Zahl von Kosaken-Abteilungen von anderen Fronten zum Kavallerie-Korps vergrößert. Ihre bisherigen Brigaden wurden Divisionen. Als die Sowjets bei Barcs–Virovitice die Drau überschritten und dort einen Brückenkopf bildeten, wurde die 2. Kosaken-Kavallerie-Division unter ihrem Divisions-Kommandeur Oberst v. Schultz im Dezember 1944 an die Drau geworfen, um den feindlichen, von einer roten Division besetzten Brückenkopf zu beseitigen. In den Weihnachtstagen des Jahres 1944 traten die Kosaken zum Angriff zu Fuß an und warfen den Gegner am 26. Dezember über die Drau zurück. In panischem Schrecken flüchteten die Sowjets auf das Ostufer, gaben aber ihre Versuche, die Drau zu überschreiten, nicht auf. Terek- und Don-Kosaken der 2. Kosaken-Division zerschlugen singend die Angriffe sowjetischer Verbände. Im Dunkel der Nacht attackierten Kuban-Kosaken die übergegangenen roten Truppen bis in die Batteriestellungen und vernichteten sie. Beim Ausweichen auf die Zwonimir-Stellung warfen sich die Kosaken in den Waldbergen südlich von Varasdin noch einmal den folgenden Sowjets in heller Wut entgegen, die vor der Wucht des Angriffs nach Osten flüchteten. Es war der letzte Angriff.

Wie „Prinz Eugen“ an der slowenischen Grenze, so geht auch das Kosaken-Kavalleriekorps im Drautal unter. Die Engländer lieferten es seinem schlimmsten Feinde, den Sowjets aus. Wie die Kommandeure der „Prinz Eugen“, die Generalmajore der Waffen-SS Reichsritter v. Oberkamp und Schmidhuber von den Jugoslawen kurzerhand aufgehängt werden, so stirbt auch der Kosaken-Kommandeur und Feldataman Generalleutnant Helmut v. Pannwitz durch sowjetische Henkershand. Eine Tragödie der Freiwilligen folgt nunmehr auf die andere. Sie vollzieht sich in Prag, in Schlesien, in Hinterpommern, in Kolberg, in Kurland und in Berlin. Doch der Vorhang über diesem Drama geht erst in den Heimatländern nieder.

*

Nach der zweiten Kurlandschlacht hatte der Kommandierende General des III. SS-Panzerkorps Anfang Dezember noch einmal Gelegenheit genommen, den damaligen Oberbefehlshaber des Ersatzheeres Himmler, auf die dringend notwendig gewordene Räumung des Kurlandkessels hinzuweisen, da der Verbleib der zahlreichen reichsdeutschen Divisionen und der Freiwilligen keinen Sinn mehr habe und das Ausharren auf verlorenem Posten nicht zu verantworten sei. „Der Krieg ist verloren und kann nur noch politisch beendet werden. Auch die vorgesehene Offensive im Westen, von der schon alle Welt spricht, wird das Schicksal nicht mehr ändern. Zu einem Angriff auf Antwerpen, der vielleicht eine Erleichterung an der Westfront schaffen könnte, fehlen offensichtlich die Kräfte. Sie würden schätzungsweise 30 Divisionen betragen müssen", war etwa der Inhalt meiner – des Verfassers – Ausführungen, die sich Himmler in später Nachtstunde ruhig anhörte und daraufhin fragte, woher ich denn trotz schärfster Geheimhaltung solche genauen Informationen hätte. Ich antwortete ihm, daß ja die Spatzen die Nachricht von einem bevorstehenden Angriff von den Dächern pfiffen und keine große Phantasie dazu gehöre, das operative Ziel zu erraten. „Ich bin nicht Ihrer Ansicht", war Himmlers Antwort. „Die Lage ist zwar sehr ernst. Auch ich glaube, daß wir dem Ende des Krieges zutreiben. Zu einer politischen Initiative ist es aber noch zu früh. Noch haben wir Zeit bis zum Frühjahr. Dann werden wir neue Trümpfe in der Hand haben und damit bessere Verhandlungsgrundlagen besitzen." Einen Monat später war die Ardennenoffensive gescheitert. Budapest stand kurz vor dem Fall. Am 12. Januar

1945 durchbrachen die Sowjets die deutsche Weichsel- und Narew-Stellung. Die Ereignisse überstürzten sich. Schon am 26. Januar standen die Sowjets vor Elbing und hatten die 2. Armee hinter die untere Weichsel zurückgeworfen. Am 23. Januar waren sie in Niederschlesien eingedrungen, während der Stoß der 1. „Weißrussischen Front“ über Posen auf Berlin zielte. Aus Kurland wurde die pommersche 32. Infanterie-Division zur Verteidigung ihrer Heimat abbefördert. Hinter ihr folgten die beiden Freiwilligen-Divisionen des III. SS-Panzerkorps mit gleicher Zielbestimmung. Doch die Transporte dauerten lange.

*

Während ihre Schwester-Division, die 19. lettische, auf heimatlichem Boden verblieben war, hatte die im August 1944 von Riga nach Gotenhafen gebrachte 15. lettische Division ihre gelichteten Reihen mit jungen, im Arbeitsdienst befindlichen Letten der Jahrgänge 1925 und 1926 aufgefüllt und befand sich an der pommerschen Ostgrenze mitten in der Ausbildung, als sie am 22. Januar alarmiert und trotz ihrer unzulänglichen Bewaffnung über Konitz an die Netze vorgeworfen wurde, um die aus Polen nach Norden heraufstoßenden Sowjets abzufangen. Sie kam bereits zu spät und mußte ihre Stellungen im Angriff erobern.

Das vorausbeförderte Füsilier-Bataillon 15 stieß beim motorisierten Marsch nach Süden bei Immenheim auf feindliche Vorhuten, nahm den Ort und befreite dort 500 lettische Landsleute eines Baubataillons, eine Anzahl englischer und französischer Kriegsgefangener und viele Flüchtlinge, die in sowjetische Hand gefallen waren. Dann ging es unverzüglich weiter auf Nakel vor, nahm die Stadt im Sturm und ermöglichte es dem nachfolgenden 33. lettischen Infanterie-Regiment unter der Führung seines erfahrenen Regiments-Kommandeurs, Oberst Janums, das Nordufer der Netze zu besetzen. Doch der Anschluß an die deutsche Besatzung von Bromberg war nicht mehr möglich, weil die Sowjets die Stadt schon genommen hatten. So mußte sich die Kampfgruppe, um sich der Gefahr einer Umfassung nicht auszusetzen, befehlsgemäß nach Nordwesten absetzen und ging unter ständigem Kämpfen über Flatow auf Jastrow zurück, wo sie auf den Westflügel der 2. Armee eingesetzt wurde und dort zur Abwehr überging [51]. Damit war die Pommern-Front geschlossen und die Verbindung zwischen der 11. Panzerarmee und 2. Armee zwischen Oder und Weichsel hergestellt. Vorerst war hier einmal die akute Gefahr eines sowjetischen Durchbruchs gebannt. Zwar griffen die Sowjets bereits Jastrow an und drückten auch weiter ostwärts auf Landeck und Preußisch-Friedland. Aber ein Durchbruch gelang ihnen nicht, während sie an der Straße Nakel–Konitz Fortschritte machten. So wurden die lettischen Freiwilligen wieder nach Osten verschoben und kämpften am 10. und 11. Februar um Camin (Westpreußen), wo ihr 33. Regiment unter Oberst Janums eingeschlossen wurde, sich aber den Weg nach Norden freikämpfen konnte. Inzwischen war die 32. Division bei Preußisch-Friedland durchbrochen. Im Gegenangriff von Osten schlossen die Letten die dort entstandene Frontlücke, während die eben eingetroffene 33. französische SS-Freiwilligen-Division unter General Puaud von Norden her auf die Linie Barkenfelde–Heinrichswalde angriff, am 18. Februar die Straße Landeck-Koniz erreichte, dabei aber so schwere Verluste erlitt, daß sie in das rückwärtige Gebiet nach Belgard verlegt werden mußte. In ständigem Kampf mit den angreifenden Sowjets waren dann die Letten am 26. hinter dem Zier-Abschnitt, am 27. hinter die Zahne ausgewichen und machten in den Seenengen nordostwärts Neustettin erneut Front, bis die Stadt Anfang März geräumt werden mußte. Der feindliche Durchbruch bei der nunmehr im Westen Pommerns befehlsführenden 3. Panzerarmee an der Ihna zwang

[51] Siehe v. Tippelskirch: „Geschichte des zweiten Weltkrieges", S. 547. Die dort erwähnten Divisionen waren die 32. Infanterie-Division und die 15. lettische Division.

die auf dem Ostflügel kämpfenden Kräfte, so auch die Letten, zum Ausweichen nach Nordwesten, zumal sowjetische Panzerkräfte am 4. März auch auf Kolberg durchgebrochen waren und frei im dortigen Raume operierten. Unter großen Umwegen und starken Marschleistungen gewannen die Letten bei Osterheide endlich den Anschluß an das östliche Flügelkorps der 3. Panzerarmee und deckten hier den Rückzug der Truppen des Generalleutnants v. Tettau nach Nordwesten, wobei es westlich Treptow zu heftigen Kämpfen zwischen ihnen und den Sowjets kam. Am 9. März überschritten die Freiwilligen als letzte die rettende Enge bei Dievenow.

Während der langen Rückzugskämpfe der lettischen Freiwilligen war der Kommandeur des 33. lettischen Waffen-SS-Regiments Oberst Janums der eigentliche Schutzpatron seiner jungen Kameraden gewesen. Aus dem lettischen Generalstab hervorgegangen und in den Kämpfen an der Ostgrenze seines Vaterlandes hochbewährt, hatte dieser erfahrene und geschickte Offizier ständig die Nachhut geführt und war der „rocher de bronce" gewesen, an dem sich die Freiwilligen in fast verzweifelten Lagen aufrichteten. Bei dem dreifachen Wechsel der Divisionsführung war er zum Vertrauensmann von Führung und Truppe geworden. Die deutschen Verbände des Korps „Tettau" und die Freiwilligen Lettlands sind ihm zum Dank verpflichtet.

*

Dem Divisions-Kommandeur der französischen Freiwilligen, Brigadegeneral Puaud, war es hingegen nicht mehr vergönnt, seine Freiwilligen hinter die Oder zurückzuführen. Er fiel bei Belgard, als er die Division durch die sowjetischen, auf Kolberg vorgegangenen Panzerkräfte hindurch nach Westen führen wollte.

Die französischen Freiwilligen waren Mitte Februar in Wildflecken alarmiert worden und ohne Artillerie und ausreichende Panzerabwehrwaffen nach Pommern geworfen, wo sie – fast aus den Zügen heraus – zum Angriff in Richtung Preußisch-Friedland angesetzt wurden. Dort waren sie auf eine rotpolnische Division gestoßen, die sie so vernichtend schlugen, daß eine sibirische Schützendivision mit starker Panzerverstärkung den Freiwilligen entgegengeworfen werden mußte. Mit Panzernahkampfmitteln vernichteten sie 16 T 34, konnten aber den verstärkten Widerstand nicht überwinden. Im Belgarder Raum wurden sie von sowjetischen Panzerrudeln eingekreist und setzten sich solange erfolgreich zur Wehr, bis ein Armeebefehl die Division zurückbeorderte. In drei Stoßkolonnen trat Brigadegeneral Puaud nach Westen an. Die vorderste unter dem deutschen Verbindungskommando des Generalmajors der Waffen-SS Kruckenberg erreichte bei Osterheide den Anschluß an das Korps Tettau. Die mittlere unter dem Divisions-Kommandeur, bei dem sich auch der Chef des Stabes Major de Vaugelas befand, wurde von starken feindlichen Panzerkräften überraschend angefallen und vernichtet. Die Nachhut unter Hauptmann Bassompierre hielt die nachstoßenden Sowjets beiderseits Köslin bis zum 7. März abends in harten Kämpfen auf, konnte sich auch noch in der Nacht zum 8. März unbemerkt vom Feinde lösen, gewann aber nicht mehr den Anschluß nach Westen und geriet nach zehntägigen, meist mit der blanken Waffe geführten Kämpfen in sowjetische Gefangenschaft.

Ein französischer Freiwilligen-Verband, der nach Kolberg abgedrängt worden war, wurde vom dortigen Kommandanten, Oberst Fullriede, in der Verteidigungsfront der Festung eingesetzt. Neben den deutschen Kameraden des Heeres und der Luftwaffe hielt er in vierzehntägigen erbitterten Kämpfen dem Ansturm der Sowjets stand und hat dabei soviel Beweise der Tapferkeit gegeben, daß allein diese Tat wert ist, in die Kriegsgeschichte einzugehen.

Erst nach Abtransport der Tausende von Flüchtlingen durch die deutsche Kriegsmarine räumte der Kommandant und seine tapfere Besatzung die Stadt und wurde auf Schiffen der Kriegsmarine in Sicherheit gebracht.

Gewiß ist die Verteidigung Kolbergs nur eine Episode in dem großen Kriegsgeschehen. Doch war sie nicht weniger ruhmvoll, als einst die Tat Gneisenaus und Nettelbecks, die in der preußischen Kriegsgeschichte als Beispiel von Mannesmut und Tapferkeit verewigt ist. Die Freiwilligen aber haben hier dem ruhmreichen Namen des französischen Soldaten besondere Ehre gemacht.

*

Auch die holländischen, dänischen und restlichen norwegischen, die siebenbürgischen, reichsdeutschen und österreichischen Freiwilligen des III. SS-Panzerkorps, dazu die Wallonen und Flamen wurden zum Schutz von Pommern herangeholt. Fast schien es so, als wenn alle europäischen Völker mit diesen Freiwilligen am Schlußakt der Tragödie teilnehmen sollten.

Ende Januar war der Kommandierende General des III. SS-Panzerkorps mit der Verteidigung Hinterpommerns beauftragt und zum Oberbefehlshaber der damals noch gar nicht vorhandenen 11. Panzerarmee ernannt worden. Um diese Zeit befand sich die 2. „Weißrussische Front" Rokossowskis im Angriff auf Westpreußen und kämpfte zwischen Schneidemühl und Bromberg und an der Weichsel. Die 1. „Weißrussische Front" des Sowjet-Marschalls Shukow war indessen mit ihren Panzerkräften, und zwar der 1. und 2. Garde-Panzerarmee, zügig auf die Oder vorgegangen, hatte bei Küstrin einen Brückenkopf geschaffen und die in der Tiefe folgende 67. Armee nach Nordwesten in Richtung Stettin abgedreht. Teile der 1. Garde-Panzerarmee sollten das Vorgehen in ihrer linken Flanke begleiten. Im Warthetal schlossen die restlichen Infanterie-Armeen Shukows zwischen Küstrin und Frankfurt langsam auf die Oder auf.

Pommern war damals schutzlos, Stettin so gut wie unbesetzt. Stärkeren Panzerkräften wäre es wahrscheinlich als reife Frucht in den Schoß gefallen. Vielleicht wollte der Sowjet-Marschall mehr und Berlin in zügigem Vorgehen nehmen, ehe die Westalliierten ihm zuvorkommen konnten. Die 67. Armee aber hatte sich durch schwache, deutsche Kräfte bei Neuwedell und Arnswalde aufhalten lassen, während bei Stargard, Pyritz und Bahn die feindlichen Panzervorhuten auf deutsche Sperrriegel trafen.

Als ich in der Nacht zum 26. Januar in Stettin eintraf, schien die Lage hoffnungslos. Bei Bahn und Pyritz sperrte ein tapferer deutscher Luftwaffen-Oberst mit dem Bodenpersonal der Luftwaffe und einer Gruppe von Hitler-Jungen, die ihren Heimatboden verteidigen wollten, mit Panzerfäusten den Zugang auf Stettin. Bei Stargard standen Shukows Panzer unmittelbar vor der Stadt, wo eine Panzerersatz-Division aus Holstein sich ihrer mühsam erwehrte und die Landbrücke zwischen Madü-See und „Fauler Ihna" in dünner Aufstellung verteidigte. Bei Arnswalde kämpften 3000 Mann Nebelwerfer-Ersatztruppen unter der Führung des Generalmajors Voigt gegen die massierten Kräfte der 67. Armee und liefen Gefahr, in der Stadt eingeschlossen zu werden. Südlich Neu-Wedell verteidigte das schnell zusammengeraffte Fallschirmjäger-Regiment z. b. V. unter dem Major Schacht. Ostwärts von ihm stand die Ersatzdivision des Generalleutnants v. Schleinitz in enger Gefechtsberührung mit den sowjetischen Streitkräften. Vor ihrem Ostflügel war Schneidemühl von der 1. rotpolnischen Armee und Teilen der 72. Armee eingeschlossen, deren Hauptkräfte auf das schwachbesetzte Deutsch-Krone vorgegangen waren und dort schon um die Stadt rangen.

Die Hauptgefahr lag bei Bahn und Pyritz. Dorthin wurde die gerade in dieser Nacht vom Balkan angekommene, vorderste Kampfgruppe der 4. SS-Panzergrenadier-Division vorgeworfen. Nach Stargard wurde die Panzer-Jagdbrigade Munzel, die südlich von Kallies in den Wäldern herumbataillierte, verschoben und Generalmajor Munzel mit der Verteidigung von Stargard beauftragt. Der nächste eintreffende Verband, eine halbe Division „Wallonie", die ohne Artillerie und Zugmittel ankam, mußte neben der Jagdbrigade Munzel zwischen Stargard und der „Faulen Ihna“ eingesetzt werden. Arnswalde war inzwischen von den Sowjets eingeschlossen worden, Deutsch-Krone gefallen. Durch Funkspruch wurde den Truppen in Schneidemühl der Befehl zum Ausbruch gegeben. Nur ein Teil erreichte die deutsche Front. Ein starkes Offizierkontigent, das auf höheren Befehl nach dorthin eingeflogen werden sollte, wurde angehalten. Inzwischen hatte die Artillerieschule Groß-Born einen improvisierten Kampfverband in Divisionsstärke aufgestellt, dessen Einheiten meist aus Fahnenjunkern bestanden. Er sicherte die Ostflanke.

Die Vorhuten der 67. sowjetischen Armee hatten Arnswalde umgangen und waren nach Norden auf Reetz angetreten. Nirgends war Hilfe zu sehen. Das Regiment Schacht wehrte sich verzweifelt, bis die ersten Schiffstransporte der Freiwilligen aus Kurland endlich in Stettin ankamen.

Die Grenadier- und Panzermänner waren abgekämpft, die Ausrüstung mangelhaft. Die Divisionen hätten dringend der Auffrischung bedurft. Daran war jetzt nicht zu denken. Sie mußten den sowjetischen Durchbruch bei Reetz verhindern. Ungestüm warfen sich die Freiwilligen der 23. SS-Panzergrenadier-Division den Sowjets entgegen und trieben sie nach Süden zurück. Die folgende Division „Nordland“ griff eine lange, durchgebrochene Sowjet-Kolonne aus der Bewegung heraus an und vernichtete sie. Jetzt stand die Front. Die Flüchtlinge konnten nunmehr über die Oder abfließen. Drei Tage später kamen die 10. SS-Panzerdivision „Frundsberg“ aus dem Westen, eine Infanterie-Division aus Norwegen, – die sofort auf den Ostflügel dirigiert wurde –, die Führer-Grenadierbrigade und die Führer-Begleitbrigade in Pommern an, Kräfte, die zwar gut waren, aber erst an Ort und Stelle zu vollkampfkräftigen Verbänden aufgefüllt werden sollten. Der Armeestab war inzwischen vollzählig beisammen. Der kluge, hochbewährte Ia der 8. Armee, Oberst im Generalstab Estor, war Chef des Generalstabes geworden. In wenigen Tagen hatte er den Armeestab zu einem reibungslos funktionierenden Führungsinstrument gemacht. Weitere Kräfte trafen ein, die 9. Fallschirmjäger-Division, der Stab des XXXVII. Panzerkorps und die 5. Jägerdivision, so daß die Armee nunmehr über sieben volle und fünf unfertige Divisionen verfügte. Damit war die Front gerade zu halten. Aber der Chef des Generalstabes des Heeres, Generaloberst Guderian, forderte den Angriff der Armee gegen die tiefe Flanke von Shukows an der Oder versammelte 1. „Weißrussische Front". Er wäre möglich gewesen, wenn man auch die 6. SS-Panzerarme, die in Ungarn zu spät kam und dort nichts erreichte, nach Pommern gebracht hätte. Unter den gegebenen Umständen aber konnte und wollte die 11. Panzer-Armee nur einen flachen Stoß mit begrenztem Ziel gegen Shukows Nordflügel führen. Ihr war es klar, daß dieser Angriff ein Opfergang werden würde. Er konnte nur dazu führen, Shukow zum Abdrehen namhafter Kräfte nach Norden zu zwingen und dadurch seinen drohenden Angriff über die Oder auf Berlin zu verschieben. Mit fünfeinhalb für den Angriff verfügbaren Divisionen war mehr nicht zu erreichen. Auch über den zeitlichen Termin war die Armee anderer Ansicht, als das Oberkommando des Heeres und die Heeresgruppe Weichsel. Generaloberst Guderian drängte und forderte den Beginn des Angriff am 16. Februar. Die Armee dagegen wollte noch bis zum 22. Februar warten, um wenigstens die notdürftigste Auffrischung der gerade aus schweren Einsätzen kommenden Angriffsdivisionen durchzuführen. Vielleicht hatte das Oberkommando des Heeres Recht, weil die operative Lage keinen Aufschub duldete. So trat die Armee am 16. mit ihren schwachen Kräften nach Südwesten zum Angriff auf die Linie Soldin–Berlinchen an und kam mit ihrem westlichen Angriffskorps gut vorwärts. In wenigen Stunden waren Shukows Panzer geworfen und die Südostspitze des Plöne-Sees erreicht, während das mittlere Korps, die erprobten Freiwilligen des III. Panzerkorps, den Ring um Arnswalde gesprengt und die Kampfgruppe Voigt mitsamt der Zivilbevölkerung befreit hatten. Nunmehr stand es vor den Höhenstellungen südlich Arnswalde, auf welche die 67. Armee

Skizze 32

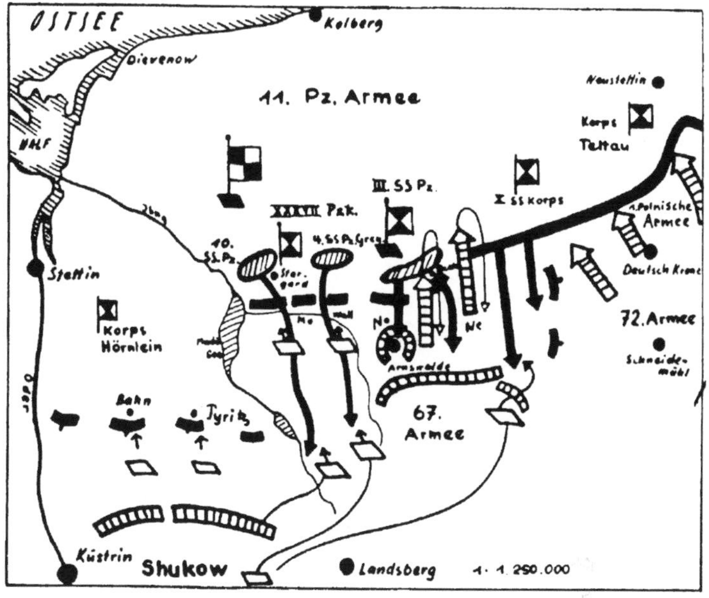

Letzte Offensive der Freiwilligen (Div. Nordland, Nederland und Wallonie) in Hinterpommern, 16. Februar 1945

ausgewichen war. Das linke Flügelkorps hatte von Kallies aus schnell nach Süden Boden gewonnen und stand jetzt bereit, dem III. SS-Panzerkorps auf die Höhen südlich Arnswalde hinaufzuhelfen. Ihm sollte die Kampfgruppe „Wallonie“ nachgeführt werden und für seine Flankenschutzaufgaben zur Verfügung stehen. Die Armee konnte mit dem Erfolge des Tages zufrieden sein. Doch schon am nächsten Tage stockte der Angriff. Shukow hatte am 18. seine beiden Panzer-Armeen nach Norden herumgeworfen und eine Infanterie-Armee in der Tiefe bereitgestellt. So stand die 11. Panzerarmee einem vierfach überlegenen Gegner gegenüber.

An der übrigen Oderfront, insbesondere südlich Frankfurt,

brannte es lichterloh. Die Heeresgruppe war gezwungen. die 10. SS-Panzerdivision „Frundsberg“ der 11. Panzer-Armee fortzunehmen und sie dorthin zu verschieben. Bei der 2. Armee waren die Russen durchgebrochen. Ihr mußte die 4. SS-Panzergrenadier-Division Hilfe bringen. Der Stab des XXXVII. Panzerkorps ging nach der Lausitz. Ihm folgten die Führer-Grenadier- und Führerbegleit-Brigade. Am 20. Februar stand die Armee wieder da, wie ein Arme-Leute-Kind. Die Freiwilligen der Division „Nordland“ und „Nederland“ wehrten sich verzweifelt. Die Kampfgruppe „Wallonie“ hielt dem Ansturm der Russen ostwärts Stargard mit wahrem Heldenmut stand [52]. Die Fallschirmjäger des Majors Schacht und die Fahnenjunker von Groß-Born kämpften über jedes Lob erhaben.

Schon in den Kämpfen nördlich von Deutsch-Krone hatten sich die Fahnenjunker besonders bewährt. In der Nacht vom 13./14. Februar war ihr 4. Regiment von den Russen eingeschlossen und hatten sich in schweren Nahkämpfen den Durchbruch auf Märkisch-Friedland erzwungen. Als die 67. Armee am 15. Februar infolge des Widerstandes und Gegenangriffes des III. SS-Panzerkorps ihr Vorgehen nach Norden einstellen mußte, war ein Teil von ihr in Wildforth abgeschnitten und hatte das große Dorf in eine Festung verwandelt. Am 17. Februar sollte das 4. Fahnenjunker-Regiment dieses Widerstandsnest beseitigen. In einer Entfernung von drei Kilometer stieß die Fallschirmjägergruppe Schacht auf das gleiche Angriffsziel vor. „Für die Fahnenjunker“ – so berichtet ein Teilnehmer [53] – „war es Ehrensache, das Dorf vor den Fallschirmjägern zu nehmen. Der Angriff war ein voller Erfolg. Die Junker hatten sich ihre eigenen Infanterie-Angriffstaktik ausgeknobelt. Sie griffen nicht in Sprüngen an, sondern veranstalteten mit Angriffsbeginn eine solche Knallerei und ein solches Indianergeheul, daß

---

[52] Siehe Léon Degrelle: „Die verlorene Legion“, S. 425 ff.

[53] Aus einem Artikel von Hans Jürgen Linden, erschienen in „Der Frontsoldat erzählt“, 17. Jahrg., Nr. 12.

die Russen der Meinung waren, hier greife mindestens eine halbe Division an. Die Junker verloren in Wildforth nur sechs Mann, die Sowjets dagegen 250 Gefangene und 200 Gefallene. Die Stellungen rund um das Dorf waren wunderbar ausgebuddelt. Als wir in die Ortschaft hineinstießen, marschierten auf der Dorfstraße eine russische Artillerie-Abteilung, eine Werfer-Abteilung und eine Einheit schwerer Infanteriewaffen. Alle diese Waffen fielen unversehrt in unsere Hände und waren bei den schweren Abwehrkäpfen der nächsten Tage eine wertvolle Verstärkung unserer Kampfkraft. So konnten wir Wildforth bis zum 1. März halten. Dann setzte sich das Regiment nach Nordwesten ab. Als die Nachbarn auf die Oder auswichen, stand das Regiment noch immer bei Dramburg. Verpflegung gab es keine mehr. Die Munition wurde knapp, und Tag für Tag fielen uns russische Panzer und Infanterie an. Wie Hornissen stießen die russischen Flieger auf uns herunter. Am 11. März waren wir an der Ostseeküste angekommen und mußten uns durch die russischen Stellungen ostwärts Dievenow durchkämpfen. Am nächsten Morgen sahen wir, mit welchem Gegner wir es zu tun gehabt hatten. Baumlange Russen steckten in prächtigen Lederkombinationen. Panzer, Panzer und nochmals Panzer. Pak-Sperrriegel mit 30–40 Geschützen versperrten uns den Weg. Das waren keine so hauchdünnen Frontlinien, wie wir sie gewohnt waren. Bis zum deutschen Brückenkopf von Dievenow mußten wir zwei Waldstellungen nehmen und 13 Kilometer im Angriff zurücklegen. Aber wir schafften es und hielten einen Kanal von wenigen hundert Metern offen, durch den wir noch einen Treck von mehreren tausend Flüchtlingen hindurchschleusen konnten. Russische Panzer wurden bei dem Angriff nur im Nahkampf genommen, sieben davon sofort von unsern Junkern besetzt und mit ihnen weiter angegriffen. Mit Handgranaten und aufgepflanztem Bajonett nahmen wir die sowjetischen Stellungen im Nahkampf. Dann hatten wir den Anschluß an unsere Hauptkräfte erreicht. Eine Woche später war das Regiment in Böhmen zur Begrüßung durch einen General, dessen Namen mir entfallen ist, angetreten. Wir waren noch 428 Mann. Nach der Meldung unseres Regiments-Kommandeurs, Major Buchenau, dankte er. Dann sprach er zu uns: „Junker, es ist mir eine Ehre, vor einem solchen Regiment zu stehen und ich weiß nicht, wie ich einer solchen Truppe gegenüber treten kann. Ich glaube, es gibt nur eine Möglichkeit." Dann nahm er seine Mütze ab und ging mit bloßem Haupt langsam die Front entlang. Es hat sich niemand geschämt, seinen Blick mit nassen Augen zu erwidern.

Vor dem Rückzug auf die Oder wurde der Stab der 11. Panzerarmee herausgezogen und durch die 3. Panzerarmee unter dem Generaloberst Rauss, der eine Woche später von General v. Manteuffel abgelöst wurde, ersetzt. Er ging nach Neustrelitz, um dort eine Armee zu versammeln, die als Eingreifreserve nach Osten und Westen gedacht war.

Die Gesamtlage war kaum mehr zu meistern. An der Elbe standen nur noch schwache deutsche Kräfte, denen sich die Vorhuten der Westalliierten näherten. Südlich Frankfurt (Oder) berannten die Sowjets bereits die Oderfront. Im Norden rang Shukow um Stettin. Rokossowskis 2. „Weißrussische Front" war von Osten im Anmarsch. Bei Küstrin war es inzwischen ruhiger geworden, da Shukows Kräfte größtenteils gebunden waren. Die Freiwilligen des III. SS-Panzerkorps standen nunmehr im Brückenkopf von Altdamm im heißen Abwehrkampf gegen die angreifenden Sowjets. An ihrer Seite verteidigten die wallonischen Freiwilligen unter Léon Degrelle. Immer wieder brandeten die Sowjets gegen den Brückenkopf an. Die Zahl der von ihnen abgeschossenen Panzer überstieg bald das halbe Tausend. Shukows Offensivkräfte kämpften sich ab. Aber Rokossowski brachte neue heran. Der Angriff zwischen Küstrin und Frankfurt war verschoben. Er brach erst am 15. April los. Solange brauchten die Sowjets Zeit zur Erholung und Auffrischung, die den Freiwilligen nicht gegeben werden konnte.

*

Kostbare Wochen waren damit gewonnen, die hätten genutzt werden können und müssen. Alle Kräfte, die überhaupt noch greifbar gewesen wären, mußten die Oder verteidigen, um den bevorstehenden Hauptangriff abzuschlagen. Hier konnte man nicht mehr in einer so dünnen Front kämpfen, wie man es am Dniepr und an der Weichsel vergeblich versucht hatte. Dann lag es an den Westalliierten, über die dünne Elbe-Front, die man noch mehr schwächen konnte, hindurch auf Berlin und die Oder vorzugehen. Das war der Vorschlag, den die 11. Panzerarmee Himmler machte und gleichzeitig diplomatische Gespräche zur Beendigung des Krieges forderte. Jedem Einsichtigen mußte es klar sein, daß der Krieg in wenigen Wochen zu Ende war.

Daraufhin erhielt das Oberkommando der 11. Panzerarmee den zusätzlichen Auftrag, die Fronten zu verstärken. Doch die Vollmachten waren unzureichend. Luftwaffe und Marine, sowie alle Ministerien mußten um ihre Mitwirkung gebeten werden. Aber alle Stellen waren – mit wenigen Ausnahmen – bereits keiner Initiative mehr fähig. Noch einmal sah ich Hitler bei einer Lagebesprechung in der Reichskanzlei. Sie war ein makabres Schauspiel. Hitler – von Krankheit schwer gezeichnet – saß gebeugt in einem hohen Lehnstuhl und rief in höchster Erregung: „Die Amerikaner fahren einfach am Rhein spazieren und niemand tut etwas dagegen." Vortragende und Zuhörer schwiegen bedrückt.

Der Stab der 11. Armee war inzwischen ohne Oberbefehlshaber in den Harz verlegt worden. Dort sollte er die nur noch aus wenigen Kampfgruppen bestehenden Truppenreste zu einem Angriff in Richtung Kassel versammeln. Der Auftrag war reine Illusion. Mein ständiges Drängen auf Aktivität und diplomatisches Handeln war lästig gefallen. Ich sollte als Befehlshaber des rückwärtigen Heeresgebietes zur Heeresgruppe Süd versetzt werden. Doch ich lehnte ab und forderte die Führung meiner Freiwilligen wieder. Sie hatten sich inzwischen hinter der Oder von den schweren Kämpfen der Vorwochen erholt, einigen Ersatz erhalten und waren wieder kampffähig. Zu ihnen gesellte sich die 18. Panzergrenadier-Division. Als Eingreifgruppe der Heeresgruppe Weichsel stand die Panzergruppe Steiner nordwestlich Eberswalde an der richtigen Stelle, um den mit Sicherheit aus dem Brückenkopf von Wriezen zu erwartenden Angriff Shukows mit einem sofortigen Gegenangriff zu beantworten. Noch einmal fuhr ich von Division zu Division, von Regiment zu Regiment, von Bataillon zu Bataillon, sprach mit Offizieren und Freiwilligen und sah in klare, tapfere Augen. Sie wußten, daß sich an der Oder Europas zukünftiges Geschick entscheiden würde.

Eine Initiative war nur noch von Himmler zu erwarten. Alle anderen hatten resigniert. Er mußte handeln, da der Krieg sinnlos geworden war. Doch er schwankte hin und her, da er wußte, daß er ausgespielt hatte. Dann drohte er. Aber er war nicht mehr gefährlich. Alle Versuche, den letzten Amoklauf zu verhindern, mißlangen.

*

Am 15. April begann der sowjetische Angriff. Am 16. wurde die 18. Panzergrenadier-Division in den Raum ostwärts Berlin verlegt. Zwei Tage später folgte die 11. SS-Panzergrenadier-Division „Nordland“. Löcher wurden gestopft, Einbrüche abgeriegelt. Alles war Stückwerk. Schließlich wurde auch die Division „Nederland“ noch zur 9. Armee verschoben, um den dortigen schweren Durchbruch der Sowjets zu parieren. Die Freiwilligen waren in alle Winde zerstreut. Jede Division unterstand einem anderen Korps. Die Wallonen waren im Brückenkopf von Altdamm aufgerieben. Ihre Reste befanden sich in Mecklenburg. Ich war ein General ohne Truppen.

Am 19. April war die Verbindung zwischen der 9. Armee und der 3. Panzer-Armee zerrissen. Durch die Lücke ergossen sich die Russenfluten. Jetzt wurde das Generalkommando erneut eingesetzt und sollte den Stab einer Armeegruppe bilden, die

Skizze 33

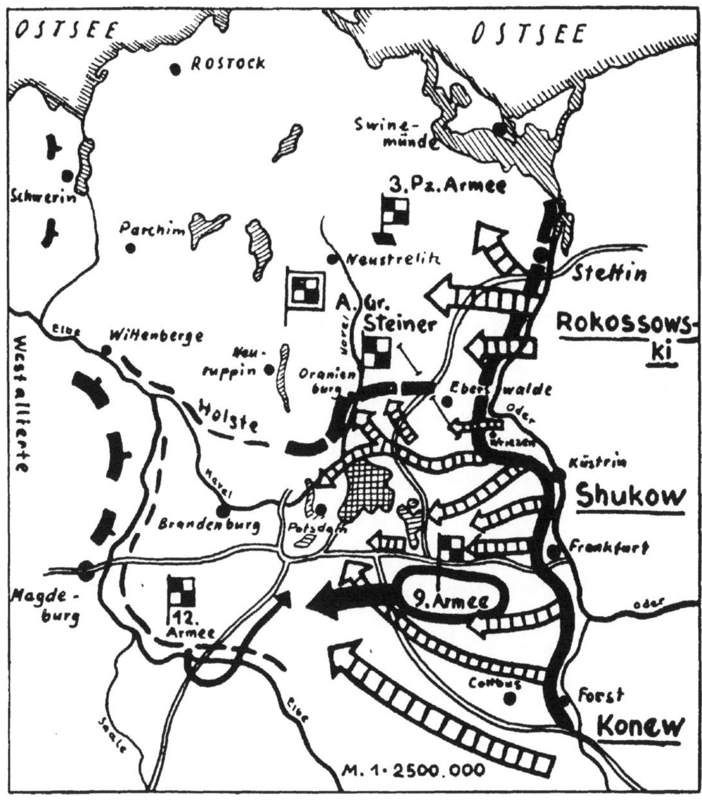

Endkämpfe um Berlin vom 18. April bis 25. April 1945

mit zugeführten Truppen über den Finow-Kanal gegen Shukows Nordflanke angreifen und die Lücke zwischen 9. Armee und 3. Panzerarmee ostwärts Berlin schließen sollte. Die Truppen kamen nicht. Schließlich wurde die in Hela völlig zerschlagene 4. SS-Panzergrenadier-Division zugeführt. Sie war nötig, um den Kanal zu verteidigen. Einen Tag später kam eine neuaufgestellte, völlig kampfunerfahrene Marine-Division aus Swinemünde an. Das Generalkommando lehnte den vorgesehenen Angriff am 18. April gegenüber der Heeresgruppe ab[54]. Ein Aufklärungsvorstoß der 4. SS-Panzergrenadier-Division stellte feindliche gepanzerte Vorhuten bei Basdorf, nördlich Berlin, fest. Zwei Tage später erhielt das Korps – nunmehr als Armeegruppe bezeichnet – einen neuen Befehl. Es sollte Berlin entsetzen. Über die noch bestehende Decimeter-Verbindung sprach ich mit dem Generalstabschef Krebs, von dem ich erfuhr, daß Berlin durch eine Operation, an der die 9. Armee, die 12. und die Armeegruppe Steiner beteiligt seien, entsetzt werden solle. Ich konnte ihm nur antworten, daß mir die Armee Busse (9. Armee) eingeschlossen und damit operationsunfähig erscheine, Wenk nur über ein paar Divisionen verfüge und die „Armeegruppe Steiner“ nicht einmal die Stärke eines schwachen Korps hätte. Dann riß die Verbindung ab. Gegenüber dem OKW in Fürstenberg und der Heeresgruppe Weichsel lehnte ich die Durchführung des Angriffes auf Berlin ab. Mir schiene das geforderte Unternehmen in unserer Lage wahnwitzig. Inzwischen kamen in Liebenwalde Scharen von hochdekorierten Fliegerchargen aller Dienstgrade an, die – nur mit Maschinenpistolen oder Sturmgewehren bewaffnet – sich den sowjetischen Panzern entgegenwerfen sollten. Hitler-Jungen mit Gewehren folgten. Alle wurden wieder in ihre Standorte nach Mecklenburg oder Holstein zurückgeschickt. Ihr Einsatz wäre verantwortungslos gewesen. Heeresgruppe und OKW. drängten erfolglos auf Durchführung des Angriffs. Sie konnten sich wohl auch den Gründen der Ablehnung nicht verschließen. Noch am 22. April 5 Uhr morgens versuchte Feldmarschall Keitel mich umzustimmen, tat es aber ohne eigene innere Überzeugung und wohl nur aus gewohntem

---

[54] Vergl. Otto Merk: „Deutscher Kreuzzug 1945", Chronik der letzten 130 Kriegstage. Im Münchner Merkur als Artikelserie von Februar bis Mai 1955 veröffentlicht.

Pflichtgefühl. In seinem Tagebuch hat der letzte Chef des Generalstabes der Luftwaffe, General der Flieger Koller, verzeichnet [55]:

21. April:

20 Uhr. Telefongespräch mit General der Infanterie Krebs, Chef des Generalstabes des Heeres. Feind im Vorgehen von Lübben auf Baruth. Kämpfe nordostwärts von Bautzen und südlich Spremberg. Dann meine Meldung über Luftwaffeneinsatz.

Abends zwischen 20.30 und 21 Uhr ist Hitler am Telefon. „Der Reichsmarschall unterhält in Karinhall eine Privatarmee. Diese sofort auflösen und einsetzen!“ Als ich noch überlege, was das nun wieder bedeuten soll, ruft er erneut an: „Jeder verfügbare Mann zwischen Berlin und der Ostseeküste bis nach Stettin und Hamburg ist zu dem von mir befohlenen Angriff heranzuziehen.“

Auf meinen Einwand, daß wir keine kampferprobten Fußtruppen hätten, und meine Frage, wo denn der Angriff geführt werden solle, entgegnete er nichts. Er hatte bereits eingehängt. Ich habe keine Ahnung von einem Angriff.

In einer Reihe von Telefongesprächen versuche ich, Klarheit zu gewinnen. Bei einer der Unterredungen mit dem Führerbunker, in der ich General Krebs zu erreichen trachtete, schaltete sich plötzlich Hitler ein. Nochmals betonte ich, daß es ganz kampfungewohnte Truppen seien. Sie wären für Erdkämpfe mangelhaft ausgerüstet und ohne jede schweren Waffen. Er hält mir einen Vortrag über die Lage. und schließt wörtlich: „Sie werden sehen, der Russe erleidet die größte Niederlage seiner Geschichte vor den Toren der Stadt Berlin.“

Mein Einwurf, daß mir die Lage von Berlin aussichtslos erscheine, wird übergangen.

---

[55] Aus dem Artikel „Hätte die Luftwaffe nicht versagt!“ Aufzeichnungen des letzten Generalstabschefs der Luftwaffe Karl Koller. Erschienen am 22. April 1949 in der Zeitschrift „Echo der Woche“, S. 10 ff.

22. April:
Um 4.15 Uhr morgens teilt mir der Kommandeur des Luftwaffen-Hauptquartiers folgendes mit: Die Verteidigung von Berlin ist überraschend hinter die Havel zurückgezogen worden, also auf die andere Seite von Potsdam. Unser Hauptquartier liegt jetzt außerhalb der Verteidigungslinie und allein. Es ist nicht mehr gesichert[56]*. -- Reizend!*
8 Uhr. Meldung, daß etwa zwölf- bis fünfzehntausend Mann an Luftwaffentruppen für den Angriff Steiner aufgebracht und zugeführt sind[57]*. Bewaffnung mit Handwaffen und MG. Schwere Waffen fehlen. Ich zweifle, ob Zahlenangaben stimmen und rechtzeitiges Eintreffen überhaupt möglich.*
10.45 Uhr. General Christian meldet sein Eintreffen im Führerbunker.
12.30 Uhr. Russische Kräfte sollen auf Brandenburg an der Havel vorstoßen. Ob sich dort Kämpfe entwickelt haben, muß erst nachgeprüft werden.
Anfrage aus dem Führerbunker, ob ich nicht wisse, was mit dem Angriff Steiner sei. Ich verneine. Sofortige Nachforschungen ergeben, daß Steiner mit Angriffsvorbereitungen noch nicht fertig.
Christian am Apparat: Hitler lasse fragen, ob ich Nachricht vom Angriff Steiner habe. Ich teile erhaltene Auskunft mit. Kurz danach Christian erneut: Heer habe gemeldet, daß Truppen Steiner angetreten seien. Meine Information müsse falsch sein. Hitler verlange Aufklärung. Ich gebe Quelle meiner Unterrichtung bekannt. Sie ist einwandfrei.

*

Aus Berlin traf mich der Bannstrahl. Generalleutnant Holste sollte mich ersetzen. Doch wir einigten uns darauf, es beim alten

---

[56] Falsche Orientierung. Die Verteidiger standen am Stadtrand.

[57] Falsche Orientierung. In Liebenwalde kamen etwa 4—5000 Mann an.

Zustand zu belassen. Jetzt kam es nur noch darauf an, eine Umfassung der deutschen Kräfte in Mecklenburg von Süden her zu verhindern und diese nach Westen zurückzuführen, um sie vor der drohenden sowjetischen Gefangenschaft zu bewahren.

Mit den Freiwilligen war jede Verbindung verloren gegangen. Vor ihrem Abmarsch nach Berlin und zu anderen Armeen hatte ich beide Divisions-Kommandeure darauf hingewiesen, sich unter keinen Umständen nach Berlin abdrängen und dort einschließen zu lassen. Sie kannten meine Ansicht und wußten, daß Berlin eine Falle war. In diesem Sinne würden sie handeln. Dessen war ich gewiß. Tatsächlich gelang es auch Generalmajor Wagner, nach schweren Kämpfen westlich von Frankfurt den Ring, den die Sowjets um die 9. Armee geschlossen hatten, südlich von Berlin zu sprengen und mit der 23. Division „Nederland" – wenn auch unter großen Verlusten – die Elbe zu erreichen. Die Division „Nordland" kam aus Berlin nicht mehr heraus. Generalmajor Ziegler hatte zwar alles versucht, dem drohenden Verhängnis auszuweichen. Aber sein Generalkommando wachte argwöhnisch darüber, daß die Division auf den Verteidigungsring von Berlin zurückging. Ein später von ihm vorgesehener Ausbruchsversuch nach Westen wurde verhindert, er selbst abgesetzt. Noch in letzter Stunde hatte eine verantwortungslose höhere Dienststelle das Füsilier-Bataillon der 15. lettischen SS-Freiwilligen-Division und eine Kampfgruppe französischer Freiwilliger nach Berlin hineinbefohlen. So wurde die Stadt von Deutschen, Dänen, Norwegern und Schweden, Siebenbürgen, Letten, Franzosen und sogar einigen Spaniern verteidigt. Der letzte Kampf war Höhepunkt und Ende des Dramas zugleich. Auch hier auf verlorenem Posten haben die Freiwilligen unterschiedslos bis zum letzten Atemzuge gekämpft und einen Angriff nach dem anderen abgeschlagen, wie sie es Jahre hindurch gewohnt gewesen waren. Ihr Endkampf in Berlin ist ein Heldenepos, das der Schlacht an den Thermopylen vergleichbar ist. Die Worte des Chronisten wären zu schwach, um das Geschehen zu schildern. Deshalb sollen Teilnehmer an den Kämpfen mit ihren schlichten

Worten selbst berichten und einen unmittelbaren Eindruck davon geben.

„Am 15. April trat unsere kampferprobte Division „Nordland“ südostwärts Eberswalde zum Angriff gegen die aus dem Wriezener Brückenkopf hervorbrechenden Sowjets an und riegelte ihren Durchbruch ab. Der weit überlegene Feind drückte mit neuen Panzern und neuer Infanterie auf unsere Linien. Bald hatte er festgestellt, daß wir allein waren und stieß an unseren Flügeln vorbei. Wir mußten auf Strausberg zurück und hielten ihn dort zwei Tage auf. Fallschirmjäger ohne schwere Waffen waren unsere linken Nachbarn. Dann mußten wir auf Befehl des Oberkommandos des Heeres auf den äußeren Verteidigungsring von Berlin ausweichen. In der Nacht kam es zu bösen Situationen. Ganze Panzerrudel stießen gegen unsere Nordflanke vor und verlegten uns den Weg. Mit einer Gruppe 8,8-Flakgeschützen wurden sie schließlich vernichtet. In der neuen Stellung fanden wir statt der angekündigten Grabensysteme und Panzergräben angefangene Baggerlöcher vor, neben denen noch die verlassenen Bagger herumstanden. Im Morgengrauen kommt es zu heißen Kämpfen beiderseits der Rennbahn von Karlshorst. Wir müssen zurück, um nach Adlershof zu fahren, wo die Sowjets einen tiefen Einbruch erzielt haben. Hier kommt es zu den ersten Straßen- und Häuserkämpfen. Munition und Treibstoff beginnen auszugehen. Wir müssen die ersten schweren Waffen sprengen. Infolge des Benzinmangels spannen sich die Kanoniere selbst vor ihre Geschütze und schleppen sie von einer Feuerstellung zur anderen. In Neukölln kommt es zu Nahkämpfen. Müde, seit Tagen ohne Schlaf und warmes Essen, kämpfen unsere Freiwilligen mit heißgeschossenen Waffen und liegen in den Kampfpausen ermattet an den Geschützen. Fragend ruht ihr Blick auf ihren Offizieren. Doch keiner weicht von seinem Platz, selbst wenn Freund Hein allzureiche Ernte hält. Einer hilft dem anderen und teilt die letzte Ration, die letzte Zigarette mit seinem Kameraden.

In den Kellern und im Luftschutzbunker des ausgebombten Krankenhauses an der Hasenheide sitzen übermüdete Männer auf den Treppen herum. In der Nacht wird es von schweren Fliegerbomben erneut getroffen. Im Bombenhagel arbeiten Offiziere, Kanoniere und Ärzte nebeneinander, um die Verschütteten auszubuddeln und hören erst auf, als sie von sowjetischer Infanterie MG- und MP-Feuer erhalten. Inzwischen war der Feind auf zweihundert Meter herangekommen. Am 22. März stießen dreihundert französische Freiwillige zu uns. In der gleichen Nacht wurde General Ziegler durch einen uns unbekannten General abgelöst. Wir waren darüber erbittert, daß uns in diesem Augenblick unser General, dessen ruhige, besonnene Art und großes Können das moralische Rückgrat der Division bildete, genommen wurde. Nur die anerzogene soldatische Haltung ließ uns auch diese Misere überwinden. Wir gingen auf die Yorksche Straße zurück, wo wir in schweren Straßengefechten feindliche Panzer zurückwiesen, die über das Tempelhofer Feld durchgebrochen waren. Unseren wenigen Panzern und Kanonen ging die Munition aus. Sie mußten gesprengt werden. Alles kämpfte jetzt nur noch in kleinen Stoßtrupps. Bataillone und Abteilungen waren auf fünfzig Mann und darunter zusammengeschmolzen. Alles andere war tot oder verwundet. Die meisten der Lebenden kämpften mit leichten oder mittleren Wunden. Im U-Bahn-Schacht Mitte hörten wir, daß die diplomatischen Beziehungen zwischen den Westalliierten und den Sowjets abgebrochen seien. Wir schöpften neue Hoffnung. Am 29. sind wir nur noch eine Kampfgruppe stark und durch Matrosen und Flieger verstärkt. Jetzt stehen wir im Regierungsviertel. Gegen Mittag entwickeln sich schwere Nahkämpfe. Nur durch eine Backsteinwand voneinander getrennt liegen sich Freund und Feind gegenüber. Die Front ist so verzahnt, daß niemand mehr weiß, wer hinter der nächsten Ecke lauert. Um jedes Haus wird gerungen. Keller und Erdgeschoß wechseln stündlich den Besitzer. Beherzte

Männer springen vorgeprellte Feindpanzer an und knacken sie mit Panzerfäusten. Die Sowjets setzen Flammenwerfer ein, um uns auszuräuchern. Die Verwundeten-Sammelstellen sind überfüllt. In diesem Inferno hören wir, daß Hitler tot sei und die Kapitulation bevorstehe. Die letzten Reste der Division – nicht einmal hundert Mann – versuchten in der Nacht zum 1. Mai auszubrechen und blieben im feindlichen Feuer liegen. Der Kampf der Freiwilligen aus Deutschland und Skandinavien, Holland, Frankreich, der Schweiz und Schweden und unserer deutschen Brüder aus Siebenbürgen und Österreich war zu Ende. Nur wenige haben ihn überlebt. Aber der Name der SS-Panzergrenadier-Division „Nordland" bleibt ewig leben.

Rolf Holzboog
SS-Panzer-Flak-Abteilung 11

Nur kurz ist der Bericht, den der lettische Oberleutnant Waldis Redelis über den Untergang des lettischen Füsilier-Bataillons 15 zu geben vermag:

Nach den schweren Rückzugskämpfen in Pommern sollte Oberst Janums aus den Resten unserer Division am 19. April eine Kampfgruppe aufstellen, die für die Verteidigung Berlins bestimmt war. Doch nur das Füsilier-Bataillon erreichte die Stadt, da sich der Ring um Berlin schon geschlossen hatte. An den Stadträndern entbrannte der Kampf um jede Straße und jedes Haus. Für die Letten bedeutete Gefangenschaft den Tod. So blieb ihnen nur der Kampf bis zum letzten übrig. Mit einer Stärke von achtzig Mann erreichten unsere Freiwilligen unter Führung von Oberleutnant Neilands die Straße Unter den Linden. Hier ordneten sich die letzten deutschen und lettischen Soldaten für den letzten Kampf. Pausenlos überschütteten die Sowjets die noch vorhandenen Gebäudereste im Regierungsviertel mit Artillerie- und Raketen-Feuer. Doch ihre Angriffe wurden abgeschlagen. In dieser aussichtslosen Lage beschlossen die wenigen vorhandenen Kampf-

gruppen-Kommandeure, die Russen um eine Waffenruhe zu bitten. General Krebs überschritt in Begleitung von Oberleutnant Neilands als Dolmetscher unsere Linie. Doch in der Nacht zum 2. Mai kehrten sie zurück. Die Russen hatten die bedingungslose Kapitulation verlangt. So beschlossen die Letten bis zum bitteren Ende weiterzukämpfen und befestigten das Luftfahrtministerium, dessen Kampfkommandant Oberleutnant Neilands wurde. Am 2. Mai morgens war es totenstill. Kein deutscher Soldat und kein Russe waren zu sehen. Wie wir hörten, hatten die Deutschen ihre Stellungen aufgegeben, um einen Durchbruch zu versuchen. Sie hatten die Letten vergessen. So bahnte sich das Bataillon einen eigenen Weg durch die Trümmer der Stadt nach Pankow. Es erreichte einen Platz, auf dem sich mehrere Tausend Soldaten befanden, die auf ihre Gefangennahme warteten. Für unsere Letten gab es keinen Ausweg. So löste sich das Bataillon auf. Jeder sollte versuchen, sich auf eigene Faust zu retten. Nur Einzelnen gelang es nach Westen durchzukommen. Das Schicksal der Übrigen ist ungewiß.

Vom letzten Kampf der französischen Freiwilligen berichtet uns ein ungenannter Kamerad:

Am 23. April mußte die Division „Charlemagne" ein verstärktes Sturm-Bataillon nach Berlin abstellen. Es erreichte die Stadt, bevor der Kessel geschlossen wurde. Am 25. April wurde das Sturm-Bataillon der Division „Nordland" unterstellt und der das Bataillon begleitende Generalmajor der Waffen-SS Kruckenberg mit der Führung der Restdivision beauftragt. Am 26. April trat die Division in Neukölln zum Gegenangriff an, gewann Raum und schoß zahlreiche sowjetische Panzer ab. Doch als ein neues rotes Panzerrudel am Hermannsplatz erschien, mußte sie zurückgehen. Am 28. wurden die Franzosen beim Belle-Alliance-Platz als Panzer-Panzerstörungs-Kommandos eingesetzt. Als die Sowjets mit Panzern vorfühlten, wurden sechs Wagen abgeschossen. Dann machten sich die Franzosen daran, die Häuser, in denen sich die Sowjets bereits eingenistet hatten, zu säubern. Sowjetische Scharfschützen wurden immer wieder ausgeräuchert. Fliehende Sowjets wurden in ganzen Haufen von den Maschinengewehren erfaßt. Am 29. April wurde ein neuer sowjetischer Panzerangriff unter schweren Verlusten für die Roten abgeschlagen. Eine Anzahl Freiwilliger hatte vier oder fünf Panzer vernichtet. Als erster Franzose erhielt hier der französische Freiwilligen-Unteroffizier V. das Ritterkreuz.

Die jungen Franzosen rissen sich gegenseitig die Panzerfäuste aus den Händen, um einen Panzer abzuschießen. Doch die Sowjets gaben nicht nach und setzten neue Panzer ein. Dabei wäre das Bataillon beinahe eingekesselt worden. Ein blitzschneller Gegenangriff einer deutschen Waffen-SS-Einheit stellte die Lage wieder her. Mit den Panzern sickerten mehr und mehr sowjetische Infanteristen und Pioniere mit Flammenwerfern in unsere Stellungen ein. Die Verluste häuften sich. Unsere Ausfälle wurden so groß, daß die Leichtverwundeten auf ihrem Posten blieben. Der Kompanieführer der 4. Kompanie führte, obwohl bereits dreimal verwundet, seine Kompanie weiter. Auch die 3. Kompanie, bei der sich meist ehemalige Legionäre befanden, die schon seit 1941 dabei waren, zeichnete sich besonders aus. Am 30. April und am 1. Mai ging die Schlacht in unserem Abschnitt mit unverminderter Wucht weiter. Schließlich gelang es den Sowjets, uns mit Flammenwerfern auszuräuchern. In den Morgenstunden des 2. Mai befanden wir uns in der Nähe des Luftwaffenministerium, als russische und deutsche Offiziere mit weißen Fahnen auftauchten. Das war das Ende – – –.

In letzter Stunde fiel in Berlin auch der zweite Kommandeur der Division „Nordland“, Generalmajor der Waffen-SS Joachim Ziegler, der zu seinen Truppen eilte, um sie beim Ausbruch zu führen. Einige Tage früher war an der Oderfront der Kommandeur der estnischen 20. SS-Freiwilligen-Division, Augsberger, gefallen. Die estnischen Freiwilligen waren Ende Januar bei Brieg zum Gegenstoß gegen die dort über die Oder gegangenen Sowjets angesetzt worden und hatten den Feind über den Fluß zurückgeworfen. Bis Mitte März hatten sie bei Löwen die Oder verteidigt. Im Laufe der Zurücknahme der Front hatten sie im Raume von Königgrätz gekämpft. In Böhmen verblieben sie bis zur Kapitulation und teilten dort das schwere Schicksal ihrer deutschen Waffenbrüder.

Auch die Flamen standen beim Endkampf an der Oder und fochten in Regimentsstärke unter dem Kommando ihres langjährigen Kommandeurs Konrad Schellong bis zum Durchbruch Rokossowskis an der Autobahn von Stettin. Mit aufopfernder Tapferkeit focht dort ein Bataillon von 16- und 17-jährigen als letztes Opfer des flämischen Volkes für eine große Idee.

Hierüber berichtet ein Augenzeuge:

„Die Todeszeichen standen den jungen Flamen schon auf der Stirn, als sie zu ihrem ersten Kampf an die Oder fuhren. In einem Tagesbefehl hieß es: ‚Verteidigung der Stellungen bis zum letzten Mann'.

Aber es waren ja noch gar keine Männer. Sie waren noch halbe Kinder, die das Leben noch nicht kannten. 16–17-jährige, die gerade aus der flandrischen Heimat kamen, wo eine schützende Mutter die Hand über sie gehalten hatte. Jetzt waren sie allein und mußten sich schon so jung mit dem schweren Problem abfinden, das der Tod in ihnen aufwarf. Zuerst haben viele geweint. Aber dann faßten sie sich, wohl auch deshalb, weil wir alten Rußlandkämpfer keine Aufregung zeigten und sie sich an unserer Ruhe und Gelassenheit aufrichten konnten.

Unsere Jungens! Wie sorgsam haben wir sie ausgebildet, wie sehr haben wir uns um sie gesorgt, obwohl wir ihnen nichts an Anstrengung und Härte schenken konnten und durften. Wußten wir doch, daß Schweiß Blut spart. Das hatten wir selbst nur zu oft erlebt. In diesen Monaten wurden un-

sere jungen Kameraden ein Stück von uns und wir fühlten uns wie Väter, die ihre Söhne in ein schweres Leben begleiteten.

Die Kompanie lebte sich schnell in der Front ein. Es war zunächst nicht viel los und die Jungen lümmelten in ihren kleinen Bunkern am Mescheriner See. Es gab gut zu essen und da wir Flamen das gern und reichlich tun, war die Stimmung gut und der Tagesbefehl längst vergessen. Die Sonne schien uns warm auf den Rücken.

Bald aber änderte sich das Bild der erstarrten Front. Am jenseitigen Oderufer wimmelte es von braunen Gestalten, die Boote heranschleppten. Wir fegten mit unseren Maschinengewehren dazwischen. Die Russen ließen sich nicht stören. Viele stürzten zu Boden. Die anderen machten weiter. Da faßten wir sie nocheinmal. Im Nu waren sie verschwunden. Dafür bekamen wir Wurfgranaten und Raketen aufs Dach. Aber die Jungen waren gewarnt, nahmen Deckung und benahmen sich fast wie ältere Soldaten. Nur daß sie Bonbons lutschten, die sie statt der Zigarettenration erhielten und nur ab und zu eine verstohlen gerauchte Zigarette qualmten.

Wir waren nicht viel. 22 Mann – mein ganzer Zug – hatten 52 Reservisten einer Polizeitruppe abgelöst. Unsere Waffen waren alt und klemmten. Ich war sorgenvoll. Aber die Jungen waren neugierig.

Am 20. April bedachte uns der Russe mit einstündigem Trommelfeuer. Als wir die Nasenspitzen heraussteckten, wimmelte es jenseits der Oder nur so von erdbraunen Gestalten, die sich schnell verkrochen, als sie Feuer erhielten. Unsere Jungens waren nicht zu halten. Die Läufe wurden heiß vom vielen Schießen. Haufenweise lagen die Russen vor unserer Stellung. Der erste Angriff war abgeschlagen. Die Jungens triumphierten. Aber wir Alten wußten, daß der eigentliche Tanz erst morgen losgehen würde.

So kam es auch. Morgens um 5 Uhr geht der Artilleriesegen los. Alles war Qualm und Rauch. Wir hatten vorge-

sorgt und uns tief eingebuddelt. Nach einer Stunde – Stille. Wir nehmen den Kopf hoch und sehen, wie die Russen übersetzen. Die anderen brüllen „Hurräh, Hurräh“, wohl um sich selbst Mut zu machen. Es pfiff uns ordentlich um die Ohren. Unsere Artillerie antwortete nur schwach. Aber unsere Jungens waren nicht zu halten. Da hatte man sich so große Mühe gegeben, sie zur Vorsicht und zum Deckungnehmen zu erziehen und jetzt springen die Bengels einfach auf die Brustwehren, reißen die Karabiner hoch, nehmen die Panzerfäuste in den Arm und feuern, daß es nur so rauscht. Jeden Treffer auf ein Boot quittieren sie mit lautem Gebrüll, jedes sinkende Floß löst ein wahres Freudengeheul aus. Die Russen nehmen die Nasen in den Dreck. Die Ufer sind wie rein gefegt. Ich mußte aufpassen, daß unsere Burschen mir nicht nach vorne durchgehen. So stelle ich mir das Jahr 1914 vor. Wieder war der Angriff abgeschlagen. Unsere Verluste waren schlimm. 11 Mann von meinen 22 waren ausgefallen, davon 5 tot. Beim Nachbarzug war es noch schlimmer. Aber die Stellung hatten die Flamen doch gehalten, so jung sie auch waren. Am nächsten Tag mußten wir zurück. Der Russe war weiter südlich durchgekommen und ging nun mit Panzern auf uns los. Wir erlebten noch den Krieg in seiner ganzen Härte. Wieviel Jungens lebend herausgekommen sind, weiß ich nicht, da es mich erwischte. Ich weiß nur, daß die Knaben alle Schwäche verloren hatten und genau so kämpften, wie unsere Alten der Legion und die Sturmbrigade Flandern. Wir waren mächtig stolz auf sie.

Zu Hause wurden die Überlebenden unterschiedslos eingesperrt und als Landesverräter bezeichnet, wahrscheinlich, weil sie 15 Jahre zu früh begriffen hatten, wo Europas Todfeind stand und weil sie glaubten, man müsse ihm Einhalt gebieten. Mußten sie sterben und sich noch dafür beschimpfen lassen?

In Budapest, in Berlin und Prag, in Kurland, im Drautal und bei Samobor haben die Freiwilligen neben ihren Kameraden des Heeres und der Waffen-SS den letzten Kampf gekämpft. Sie wußten damals genau, daß sie Nachhuten waren, Nachhuten eines berstenden Europa, dessen Dämme sie mit besetzt hatten und die nun eingerissen waren. Viele von ihnen fanden dabei den Tod, in den ihnen ihre Kommandeure vorangegangen sind.

Wenige nur hat das Schicksal dazu bestimmt, das Ende zu überleben und ihnen die Verpflichtung auferlegt, vor der Geschichte als Zeugen der Freiwilligen aufzutreten. Denn erst diese wird einmal eine klare Antwort auf die bange Frage geben, ob die Freiwilligen die Nachhut eines sterbenden oder bereits die Vorhut eines werdenden Europa gewesen sind.

SCHICKSAL UND ERBE

Am letzten Tage, dem 9. Mai 1945 stehen wir Offiziere[58] des SS-Panzergrenadier-Regiments „Deutschland" zum letzten Male vor unserm Regimentskommandeur, der folgende Worte zu uns spricht: „Meine Herren! Ich lese Ihnen die letzte Funkmeldung an unsere Division vor:

„Das Regiment Deutschland, von allen Verbindungen abgeschnitten, ohne Nachschub, mit 70 Prozent Verlusten an Mannschaften und Material am Ende seiner Kräfte, muß kapitulieren. Morgen wird das Regiment erhobenen Hauptes in die Gefangenschaft marschieren. Das Regiment, das den Namen „Deutschland" tragen durfte, meldet sich ab."

Auf der Rückfahrt denken wir alle das gleiche. Jetzt sollst Du es Deinen Soldaten sagen. Das ist das Schlimmste. Dort sind unsere Jungens. Wenn sie nur nicht fragen! Ich habe Angst. Aber sie schlafen ja. Im Flur liegen sie, auf der Treppe, in jedem Winkel, in der Stube. Ich setze mich an den Tisch mit den Karten und Papieren. Da liegt ein Buch. Wer mag es wohl dorthin gelegt haben? Ich schlage es auf und lese: „Der Wanderer" von Friedrich v. Schiller. Erst lese ich leise, dann spreche ich die Worte mit und spüre, daß das Licht, das in meinen Augen lebt, in meiner Stimme lebendig wird.

Ein Wanderer ist der Mensch, vorwärts getrieben von seinen Idealen. Er kämpft sich durch das Leben hindurch, schwimmt gegen den Strom, kämpft und kämpft, bis seine Kräfte erlahmen und er in der trägen Masse der Lauen und

---

[58] Aus einem Bericht des holländischen Freiwilligen, Leutnant der Waffen-SS van Tienen.

Gleichgültigen stolpert und von ihr zertreten wird. Er ist wie ein Wildbach, der in den sattgetrunkenen See niederstürzt und dessen Spiegel doch nur kräuseln kann.

So geht es dem Menschen, der alles gibt, was in ihm ist, alles opfert, was er hat und dann erkennen muß, daß alles umsonst war.

Als ich aufblicke, sehe ich, daß sie aufgewacht und ihre Augen feucht sind. Dann sitzen wir beisammen und schweigen. Wir warten ängstlich auf die erste Stunde des Morgenlichts, das unsere Gesichter erhellen wird, in denen dumpfe Augen wie die geschlossenen Fenster eines Totenhauses stehen. Oh, die Nacht war immer eine gute Freundin des Soldaten. Wie oft hatte sie uns Entlastung gebracht, wenn der Tag schier zu schwer war. Wie oft ermöglichte sie uns den Rückweg, wenn es nicht anders ging.

In dieser Nacht weilen unsere Gedanken in der Vergangenheit. Ich sehe mich als 18-jährigen Jungen, der mit einigen Hunderten von Niederländern und ebenso vielen Deutschen der Anfang des Regiments „Westland" war. Dann kamen immer mehr Niederländer, Dänen, Norweger, Flamen, Schweizer und Schweden, Finnen und Esten. Unser Regiment wuchs. Mit „Nordland" und „Germania" gehörte es zur Freiwilligen-Division „Wiking". Und es zeigte sich, daß diese Söhne der besetzten Länder ihr Leben etwa nicht nur für Deutschland einsetzten, sondern für die Unabhängigkeit und Freiheit ihrer eigenen Völker kämpfen wollten, daß auch sie als Offiziere deutsche Truppen befehligten und daß in den Tausenden und Abertausenden, die sich aus den verschiedensten Gründen freiwillig gemeldet hatten, in der Härte des Krieges ein gemeinsames Ziel und eine gemeinsame Aufgabe erwuchs, Aller Heimat zu verteidigen gegen die Macht, die nicht nur Deutschland, sondern ihre eigenen Völker bedrohte, deren Geist, Vergangenheit und Gegenwart sie aus tiefster Überzeugung vertraten.

Ja, sie waren von ihrer Aufgabe überzeugt, diese Frei-

willigen. Sie wußten genau, wofür sie kämpften. Für jeden, der fiel, sprang ein Neuer aus den besetzten Gebieten in die Bresche. Und sie waren genau so gute Soldaten, wie jene, die ihre Völker einst besetzt hatten. In nichts standen sie hinter den Deutschen zurück, mit denen sie die gleiche Uniform und die gleichen Auszeichnungen trugen. Und wenn ein Niederländer zum Angriff rief, dann folgten ihm die Deutschen genau so, wie umgekehrt. Wenn eine Sowjetkugel traf, dann war es gleich, ob einer in seinem letzten Atemzuge stöhnte: „Vive la Patrie" oder „Leve het Vaderland". Denn diese Kugel traf Europa.

So muß ich es nunmehr als Niederländer den Deutschen sagen, die den Ärmelstreifen „Deutschland" tragen. Wie soll ich es nun anfangen. Mich beschlich ein banges Gefühl, als ich am nächsten Morgen vor ihre Front trete. Da fiel mir auf einmal ein, daß ja jeder dieser Männer eigentlich ein „strategischer Punkt" sei, den ich halten müsse. Dann kamen mir die Worte ganz von selbst. Ich sah es an ihren Körpern, wie sie sich beugten, als ich von der Niederlage sprach und ihre Augen heller wurden, als ich ihnen sagte, daß kein Opfer in der Geschichte umsonst sei.

Dann kamen die Wagen. Noch genauer in den Abständen, als sonst. Noch aufgerichteter sitzen die Grenadiere. In vorbildlicher Haltung fahren wir nach Westen. Dort sind Amerikaner. Erregt stehen sie am Wegrand. Einer winkt und zeigt mit dem Arm immer wieder nach Westen. Da – ein Schrei, der sich durch die endlose Kolonne fortpflanzt! Jedem, der ihn hört, klopft das Herz laut und wild. „Die Russen kommen!" Hunderte von Malen haben sie dem Tod ins Auge gesehen, hundertemal die Russen geschlagen. Jetzt aber sind sie . . . waffenlos.

Drohend richten russische Panzer ihre Kanonen auf uns. Schon vor einem Jahr hatten die Alliierten die Grenze zwischen Ost und West gezogen und hier ist noch sowjetisches Gebiet. Doch warum haben uns die Amerikaner den Treib-

stoff geschickt? Bedauerten sie schon, daß sie das Land so schnell verschenkten? An beiden Seiten der Straße gehen die Amerikaner in Anschlag. Reichen sich Ost und West so die Hand? Doch es fällt kein Schuß. In schneller Fahrt rollen wir über die Brücke, die nun die Grenze zweier Welten geworden ist. Drüben steige ich ab und denke daran, daß diese Brücke vielleicht eine der letzten ist, die Ost und West noch miteinander verbindet. Auch sie ist brüchig.

Ein grauer Schleier fällt über das Land und verhüllt die Narben dieser Erde, die einmal wieder heilen werden. Langsam, ganz langsam zwar, denn diese Erde ist nicht mehr jung.

In der Dämmerung sehe ich die Gesichter meiner Kameraden vorüberziehen. Fünf Jahre sind wir gemeinsam einen Weg gegangen, an dem wie Meilensteine die Gräber stehen. Wie oft haben wir alle miteinander einmal von diesem Tage geträumt, an dem wir nach Hause kommen werden. Damals ahnten wir nicht, daß wir fünf Jahre kämpfen und dann so enden sollten. Und an diesem 10. Mai ahnte ich ebensowenig, daß ich noch weitere fünf Jahre meines Lebens opfern mußte. Das aber wußte ich auch in diesem Augenblick schon. Auch Dich wird das Leben zu weiterem Kampf auffordern – an diesem oder jenem strategischen Punkt. D e n n e s k e n n t k e i n e n l e t z t e n T a g , e s s e i d e n n , e s h ö r e s e l b e r a u f .“

Fünf Jahre lang hatten die Freiwilligen ein Bündnis mit dem Tode geschlossen. Wie sollten nun Gefangenschaft und Hunger, Kerker und Martern noch Männer erschrecken, die das Leben schon überwunden hatten! Doch soll man hier alle die Schändungen an Leib und Ehre noch einmal schildern, die den Freiwilligen angetan wurden? Wäre das in ihrem Sinne?

Gewiß war es bitter, daß sie zu Hause in die Kerker geworfen wurden. Es war unfaßlich, daß Offiziere und Soldaten, die mit Genehmigung ihres Souveräns freiwillig gekommen waren, nunmehr von ihrer Regierung dafür bestraft wurden. Haben sie denn gegen ihre Heimat gekämpft und nicht auch für sie?

War es Schuld, daß Krankenschwestern des Roten Kreuzes nach den Grundsätzen ihrer internationalen Organisation Verwundete pflegten und Nächstenliebe übten, anstatt zu Hause tatenlos herum zu sitzen? Auch sie wurden eingesperrt, die tapfersten am längsten.

War es nicht eine bittere Groteske, daß Freiwillige, die ihr Land und Volk auf eigenem Heimatboden verteidigt hatten, wie Estlands und Lettlands junge Söhne, hinter Stacheldraht büßen mußten, was ihre Gefangenenwärter als heilige Menschenrechte verkündeten? Mögen auch Haß- und Rachegefühle damals in den Freiwilligen ein willkommenes Opfer gesehen haben, heute würde es kein Freiwilliger wünschen, eine beginnende Entwicklung zu stören, welche die Menschen und Völker in einer Front zusammen zu führen beginnt, die sie selber erstrebten.

Doch was auf der roten Seite der Gegnerschaft mit den Freiwilligen, ja überhaupt den Waffenlosen geschah, wird als Barbarismus dieser Zeit ewig in der Geschichte verzeichnet bleiben.

Waren das noch Menschen, die in Prag deutsche Kinder in Feuerlöschbehältern ertränkten und ihre Mütter aus den Fenstern stürzten, die wehrlose Gefangene mit Stacheldraht zusammenbanden und sie in die Moldau warfen oder die Freiwilligen ohne Unterschied der Nation mit Benzin übergossen und sie als lebendige Fackeln an den Masten und Laternen über der goldenen Stadt leuchten ließen [59]?

Und was mit den Gefangenen der Volksdeutschen SS-Freiwilligen-Division „Prinz Eugen" bei Samobor geschah, werden die Täter dermaleinst vor einem höheren Richter zu verantworten haben.

Doch als Zeichen der Verblendung oder als Schwäche vor den roten Verbündeten sei von dem Schicksal berichtet, das die Kosaken traf und den Kern eines Volkes, dem Freiheit und Ehre

---

[59] Siehe Jürgen Thorwald: „Das Ende an der Elbe".

Gesetz war, einem Gegner zum Opfer brachte, der diese Werte der Menschheit gar nicht achtet.

Im September 1944 waren in Norditalien 16 000 kosakische Flüchtlinge angekommen, deren Zahl sich durch Einzelgruppen auf 25 000 vergrößert hatte. 7000 Waffenträger kamen hinzu, die in Kosakenregimentern gegliedert waren. Im Po-Gebiet waren zudem die Asherbeidszaner der 162. „Turk"-Division im Partisanenkampf eingesetzt. Um Paluzzo hatten sich die Kaukasier unter Sultan Keletsch-Girej gesammelt. Unter dem Druck der militärischen Ereignisse und der zunehmenden Aktivität der Partisanen hatten sich die Flüchtlinge entschlossen, Oberitalien zu verlassen und über den Blöcken-Paß nach Österreich zu wandern. Sie kamen nach Lienz, wo die dort bereits angekommenen Engländer die Flüchtlinge unterbrachten und ihrem Ataman Domanow das Versprechen gaben, niemand von ihnen den Sowjets auszuliefern. Die Kosaken waren glücklich und fühlten sich in Sicherheit. Nur der alte Kosakengeneral Krassnow war skeptisch. Als den Kosaken die Pferde und Geldmittel genommen wurden und sie auf ihre Beschwerde mit der lakonischen Erklärung beschieden wurden, daß sie Gefangene der Briten und ihr Eigentum damit britisches Eigentum geworden sei, wurden sie stutzig. Die Zweifel mehrten sich, als der Kosakengeneral Schkuro, ein aus dem ersten Bürgerkriege berühmter Truppenführer, in Lienz überraschend verhaftet wurde. Am 28. Mai wurden alle Kosakenoffiziere zu einer wichtigen Konferenz bestellt. Freudig bewegt, putzten sie Uniform und Stiefel, legten Orden an und wiegten sich in Hoffnung. Sie ließen ihre Angehörigen in Sorgen zurück.

Auch das XV. Kosaken- Kavallerie-Korps hatte die Grenzen Österreichs überschritten. Zwar hatte die jugoslawische 8. Tito-Armee dem General v. Pannwitz Kenntnis von der abgeschlossenen Kapitulation gegeben und weitere Truppenbewegungen verboten. Dennoch hatte der General seine Divisionen aufsitzen und nach Norden abmarschieren lassen. Am 9. Mai waren die Kosaken auf österreichischem Boden auf die Vorhuten der 11. britischen Panzerdivision gestoßen, die ihnen das Überschreiten ihrer Linien gestattete. Im Raume Klagenfurt, Völkermarkt und Neumarkt zogen sie unter. Am 24. Mai wählten sie dann auf Geheiß der Engländer und in Gegenwart eines englischen Obersten einen Ataman. Es war General v. Pannwitz. An diesem Tage erklärte Pannwitz noch in freudiger Erregung, daß ein Vertreter der britischen Armee die Kosaken in britische Obhut genommen habe. Zwei Tage später war der General verhaftet, die Kosaken in ein Gefangenenlager gebracht und die Offiziere von ihnen getrennt.

„Auf Grund der zwischen der Regierung seiner Königlichen Majestät und der Regierung der Union der Sozialistischen Sowjet-Republiken getroffenen Vereinbarung werden alle Kosaken, Offiziere und Soldaten mitsamt ihren Familien den sowjetischen Behörden übergeben", wurde ihnen eröffnet [60]. Mit Gewalt wurden die Offiziere auf Lastkraftwagen verladen und nach Judenburg gebracht. Die Soldaten folgten ihnen zu der Stadt an der Mur, auf dessen linkem Ufer die sowjetischen Posten standen.

In Lienz waren die Offiziere des Kosaken-Stans in Stärke von 38 Generalen, 350 Stabsoffizieren und 1700 Offizieren nach Spittal gefahren und in vorbereitete Gefangenenlager eingeliefert worden. Dort hatte ein britischer Offizier den Generalen Domanow und Tichotzkij erklärt:

„Ich bitte allen Offizieren mitzuteilen, daß sie in Übereinstimmung mit der zwischen den Militärbehörden des Vereinigten Königreiches und der Sowjet-Union getroffenen Vereinbarung den sowjetischen Militärbehörden zur Verfügung gestellt werden. Die Abfahrt aus Spittal erfolgt um vier Uhr früh."

Am nächsten Morgen kamen die Wagen. Der alte General Krassnow blieb in seiner Baracke und wurde herausgeholt. Unter starker Bewachung wurden die 2000 mit sechzig Lastkraftwagen nach Judenburg gebracht. Das war die Konferenz von Spittal.

---

[60] Siehe Josef Mackiewicz: „Tragödie an der Drau", S. 223 ff.

Am 1. Juli begann das Kesseltreiben auf die Kosaken längs der Drau von Lienz bis Oberdrauburg. Die Kosaken versammelten sich in Prozessionen zu Dauergottesdiensten. Doch englische Soldaten trieben sie auseinander. Schüsse peitschten. Die Menge floh in die Wälder. Viele sprangen in den Fluß. Gebete erklangen. Ikonen wurden den Briten entgegengehalten. Choräle stiegen zum Himmel. Dann aber zerrte man die Menschen auf die bereitstehenden Lastkraftwagen, die sie zu einer langen Reihe von verdrahteten Waggons brachten, die schon bereit standen, das Kosakenvolk nach Sibirien zu bringen.

Am 16. Januar 1947 erschien in der westlichen Presse folgende Meldung:

> *Radio Moskau machte am 16. Januar Mitteilung von dem Urteil des Militärkollegiums des Obersten Gerichts der UdSSR, daß in dem Prozeß gegen die ehemaligen Generale der weißen Armee Krassnow P. M., Schkuro, Sultan Keletsch-Girej, Krassnow S. M., Domanow sowie den deutschen General Helmuth v. Pannwitz gefällt wurde, die wegen Spionagetätigkeit und Teilnahme an einer bewaffneten Organisation, die sich gegen die UdSSR richtete, angeklagt waren. Alle Angeklagten bekannten sich schuldig. Auf Grund des Artikels I. des Ukas des Präsidiums des Obersten Sowjet vom 19. April 1943 wurden alle Angeklagten zum Tode durch den Strang verurteilt. Das Urteil wurde vollstreckt.*

Zu den schon nach Sibirien deportierten 200 000 Kalmücken, 200 000 Tschetschenen und Inguschen, 150 0000 Karatschaiern und Balkaren, sowie 400 000 Wolgadeutschen kamen nunmehr 40 000 Kosaken hinzu [61]. Mit ihnen wurde der Kern eines freiheitsliebenden Volkes einer kurzsichtigen Politik geopfert.

Generalleutnant Helmuth v. Pannwitz starb so, wie er gelebt hat, ohne Furcht und Tadel. „I c h h a b e m i t m e i n e n

---

[61] Siehe Josef Mackiewicz: „Tragödie an der Drau", 1957, Bergstadt-Verlag München.

K o s a k e n e i n B ü n d n i s f ü r i m m e r g e s c h l o s s e n. J e t z t w i l l i c h a u c h i h r l e t z t e s S c h i c k s a l m i t i h n e n t e i l e n[62]."

*

Das Schicksal hatte den lettischen, estnischen und ukrainischen Freiwilligen schon hart zugesetzt, als sie im Rückzuge auf deutschen Boden angekommen waren. Sie hatten ihre Heimat im Kampf durchquert. Jeder Kilometerstein, an dem sie vorübergekommen waren, hatte ihnen gezeigt, daß sie sich mehr und mehr von ihr entfernten. Obwohl physisch erschöpft, waren sie seelisch ungebrochen geblieben. Denn sie hatten erkannt, daß sie ihr Schicksal nicht ändern konnten. Eine ganze Welt hatte gegen sie gestanden. Ihnen war es nur übrig geblieben, zu kämpfen und zu leiden. Immer hatten sie in den Weiten Rußlands, von Leningrad bis Stalingrad gegen eine erdrückende Übermacht kämpfen müssen und waren an der Oder, in Pommern und in Berlin genau so tapfer und treu geblieben, wie einst, als auch ihnen der Stern des Sieges geleuchtet hatte. Ein lettischer Freiwilliger[63] schreibt über ihr Schicksal:

„Als der Krieg zu Ende ging wußten wir, daß wir unsere Heimat für längere Zeit nicht mehr wiedersehen würden. Diese harte Einsicht hat uns nicht gebrochen. Denn wir wußten, daß unser ganzer Kampf für unser Land und für ein freies Europa nur dann sinnvoll gewesen war, wenn wir die Hoffnung niemals aufgaben, daß auch unsere Heimat einmal die Freiheit zurückgewinnen würde. Als der Mai 1945 kam, mußten wir in die Gefangenschaft wandern. Wir hatten physisch unter Hunger und äußerer Not und psychisch unter der Verleumdung als Kriegsverbrecher und Nazis zu

---

[62] Das letzte Lebensjahr Helmuth v. Pannwitz's in der Lubjanka schildert der verstorbene deutsche Rundfunksprecher Hans Fritzsche in einem Brief an Frau v. Pannwitz. Siehe Anlage.

[63] Bericht des lettischen Oberleutnants Valdis Redelis.

leiden. Unsere ganze äußere Welt war aufs schrecklichste zerstört. Aber dennoch blieb unsere Seele stark, weil wir wußten, daß wir um unsere engere lettische und größere europäische Heimat gekämpft haben. Unser Gewissen war rein.

Anfang 1946 kamen wir in das Lager Cedelgem in Belgien. Die Gefangenschaft war hart. Aber dennoch waren wir glücklich, noch weiter weg von den Sowjets zu sein, die alles versuchten, um uns in ihre Hände zu bekommen. Zwar hungerten wir bei 200 Gramm Brot am Tage und froren im kalten Nebel. Aber wir dachten an unsere kurländischen Kameraden, die in sowjetischer Gefangenschaft waren und an unsere Brüder und Schwestern in der Heimat, gegen deren Leiden unsere gering erschienen. Eines Tages kam zu uns ein amerikanischer Geistlicher lettischer Herkunft, von dem wir erfuhren, daß unsere ehemaligen Gegner das Phänomen der Sowjetmacht in seiner ganzen Unerbittlichkeit zu erkennen begannen. Sollte unser Kampf doch nicht umsonst gewesen sein?

Wir schufen in der Gefangenschaft eine Soldatenkameradschaft „Daugavas Vanagi", die sich heute über die ganze Welt, wo immer auch Letten wohnen mögen, verbreitet hat und reichen Segen stiftet. Auch gründeten wir unsere lettische Sektion der „Boyscouts" wieder, der die Mehrzahl unserer Freiwilligen angehört hatte. Unsere geistige Welt hatte also keinen Schaden erlitten.

Oft kamen sowjetische Missionen in unser Lager, um uns zur Rückkehr nach Lettland zu überreden. Aber wir kannten sie und wußten uns nun sicher im Schutze unserer Gewahrsamsmacht. Wir wollten eher die harte Gefangenschaft erdulden und lieber nur Brot und Salz essen, als noch einmal den Fuß über die Grenze des Arbeiter-Paradieses zu setzen. Nach unserer Entlassung standen wir vor der bangen Frage, was wir nun tun sollten. Wir hatten kein Zuhause mehr und betraten deshalb das Land, aus dem unsere Kriegskameraden stammten. Wir gingen nach Deutschland und galten dort als Fremde. Zudem ächtete man uns als Freiwillige der Waffen-SS. Wir gingen zu den Lagern, in denen unsere Landsleute wohnten. Aber viele von ihnen hatten vergessen, daß sie selbst nicht in Sicherheit wären, wenn wir es ihnen durch unser Blut und unser Opfer nicht ermöglicht hätten. So standen wir auf der Straße vor neuen Kreuzwegen und wußten nicht, wo wir unser Haupt zum Schlafen niederlegen sollten. Bei den deutschen Behörden galten wir als Ausländer und Kriegsverbrecher, die keine Hilfe verdienten. Selbst die Lagertore der UNRRA waren für uns verschlossen.

Das also war das Ergebnis eines Ringens, in dem wir unsere Heimat und auch Deutschland vor dem Los der Knechtschaft bewahren wollten. Man hat es uns nicht leicht gemacht. Aber das Leben geht weiter und irgendwann und irgendwo gab es auch für uns einen neuen Anfang.

Nicht viel anders war das Schicksal der Esten und Ukrainer, die sich irgendwo in der weiten Welt eine bescheidene Existenz geschaffen haben.

Doch alle Mühsale des täglichen Lebens wogen gering gegenüber den Versuchen, den Freiwilligen die Ehre abzuschneiden und ihr sauberes Soldatentum zu schmälern, auf das sie mit Recht stolz sein konnten. Zwar konnten die Beschimpfungen wie Landesverräter, Prätorianer oder Landsknechte, es nicht treffen. Denn sie waren es nicht. Wenn aber Wehrwissenschaftler im Namen der Wissenschaft in ebenso unbekümmerter, wie überheblich snobistischer Art zu behaupten wagen – und zwar nicht etwa in Einzelfällen –, daß diese Runenmänner, „*die* – typisches Merkmal des Kriegertums – *unter magisch-totemistischen Zeichen und als Gläubige eines Führermythos in den Kampf zogen, schlechthin Ausgesonderte waren*", konnte man solchen Wissenschaftlern nur ihre völlige Unkenntnis des Frontgeschehens zu Gute halten und auf die Worte: „*Das Zerstörerische ihrer Besessenheit, das auch vor der eigenen Existenz nicht*

Halt machte und das realistische Kalkül ablehnte, widerspricht der Rationalität einer sinnvollen Kampfführung. Ihre Mißachtung der durch Sittengesetz und Standesehre dem soldatischen Tun gezogenen Grenzen ist unvereinbar mit der sittlichen Verantwortung, unter der jedes legitime Kämpfertum steht[64]," nur mit den Worten Scharnhorsts antworten, der in einer ähnlichen Zeit wie dieser den kalten Realisten geantwortet hat: „*Ein Mensch, der nur ein kalter Rechner ist, verfällt dem kalten Egoismus. Auf der Poesie ruht die Sicherheit der Throne*"

*

Als die Freiwilligen im Sommer 1941 an der Seite der Deutschen zum Kampf gegen den roten Imperialismus angetreten waren, hatten sie das Erbe eines geschichtlichen Vorgängers übernommen, an dessen soldatischer Wiege die Freiheit Pate gestanden hatte. Französische Volontairs waren 1792 zum ersten Male an die Grenzen ihres Vaterlandes geeilt, als die Freiheit ihres Volkes und Staates bedroht war und hatten den Konskribierten erst das Feld geräumt, als die Trikolore und Napoleons Adler über die Landesgrenzen hinaus getragen wurden.

Ihr Freiheitsideal war im 20. Jahrhundert auf das soziale Gebiet ausgedehnt worden, ohne den bisherigen nationalen Charakter einzubüßen. Überall dort, wo Freiwillige um die Freiheit ihrer unterdrückten Völker rangen und an der Errichtung ihrer jungen Staatswesen Anteil hatten, entstanden – wie in Finnland und Polen, Lettland und Estland – Staaten der sozialen Ordnung und freiheitliche demokratische Regierungsformen, unter denen jeder seinen Platz nach seiner Leistung finden konnte.

Auch in den Regierungen der Siegerstaaten des ersten Weltkrieges sprach man damals viel von der Freiheit und prokla-

---

[64] Siehe Werner Picht: „Vom Wesen des Krieges und Kriegswesen der Deutschen", Seite 247 und 248.

Kriegsblinde lettische Freiwillige im Lazarett von Prag im März 1945

Feldgottesdienst der lettischen, in Schweden internierten Freiwilligen, vor ihrer Auslieferung an die Sowjets im Sommer 1948

Gefangenenlager Nr. 2227 in Cedelgem (Belgien) mit lettischen Freiwilligen

Camp 380 in Jeneifa (Ägypten), ein Gefangenenlager mit Freiwilligen

mierte feierlich das freie Selbstbestimmungsrecht der Völker, ohne es zu verhindern, daß an manchen Stellen Europas zahlreiche Menschen in ein fremdes Volkstum hineingezwungen und durch die Gewalt der Wirtsvölker in ihren Freiheiten geschmälert wurden. Damals konnte auch eine Macht entstehen, die den Begriff der Freiheit zwar proklamierte, sie aber dennoch ständig mit Füßen trat, ohne daß sich eine Hand dafür rührte, die Unterdrückten zu schützen. Die jungen Randstaaten mußten alle ihre Kräfte aufbieten, um den roten Feind zurückzuschlagen. Polen konnte ihn noch gerade vor den Toren seiner Hauptstadt abfangen, während die Ukraine die wiedergewonnene Freiheit nach heldenhaftem Kampf wieder verlor, ohne von der freien Welt Hilfe zu erhalten.

Konnten also die Menschen der jüngeren Generation noch an die kraftvolle Verteidigung jener Ideale glauben, die jedem jungen Menschen teuer sind? War es verwunderlich, daß sie das Wachsen jener zerstörerischen Macht mit Besorgnis wahrnahmen, die keine Gelegenheit vorübergehen ließ, um auch in ihren Heimatländern Zwietracht zu säen? Während die Regierungen in seltsamer Lethargie abseits standen, drängten zudem alle dynamischen Kräfte bereits über die nationalen Grenzen hinaus und bemühten sich, die menschlichen Beziehungen – und sei es auch nur auf eine Basis des gegenseitigen ökonomischen Nutzens – zu verbreitern und eine kontinentale Verständigung auf zahlreichen Gebieten zu fördern. Auch die Freiheitsidee durchbrach die nationalen Schranken und wuchs immer mehr in einen universalen Rahmen hinein, zumal auch der Gegner der Freiheit die universelle Unterwerfung der Welt unter seine Lebensgesetze zielbewußt verfolgte

Nur so ist also das Phänomen zu erklären, daß junge Menschen, die ihre Heimat über alles liebten, die Besetzung ihres Landes in Kauf nahmen und an der Seite des bisherigen Gegners dem Erzfeind der Freiheit entgegentraten, ohne lange zu prüfen, ob die Regierung ihres Partners nicht selbst deren Gesetze verletzte.

Im Kreise ihrer Kameraden fanden die Freiwilligen Menschen ähnlichen Geistes mit gleichen Idealen, die vor der Schwäche und den Fehlern ihrer Regierenden keineswegs die Augen verschlossen, wenn sie deren Verfehlungen auch nicht voll übersahen. Sie hatten den Blick aber auf das Ganze gerichtet und seit langem erkannt, daß der entbrannte Kampf *um die letzten Werte des menschlichen Daseins ging*, an dessen Ende nur mehr die Renaissance oder der Untergang der schöpferischen Kräfte dieser Welt stehen konnten.

Am Beispiel des russischen Volkes erkannten dann die Freiwilligen die Zerstörung der Eigenseele durch den absoluten Staatswillen und das vermessene Unterfangen, einen Massenmenschen von gleichen Instinkten, gleicher Gedankenwelt und gleichem Lebensstil zu erzeugen, der sich ihnen allerorts bereits als stumpfe und einförmige, graue Masse präsentierte.

Die Tatsache, daß diese hemmungslose Staatsmacht, die sich noch offiziell zu Marx bekannte und die befreite, klassenlose Gesellschaft als ihr höchstes Ziel pries, später mitten im Frieden und auf fremden Staatsgebiet – wie in Ostberlin und Budapest – mit Panzern gegen Arbeiter vorging, die nur jene Freiheit und jene Menschenrechte forderten, kennzeichnet am deutlichsten die Verwilderung einer Idee, welche die Ausbeutung der Menschen abschaffen wollte und unter diesen Vorzeichen die schlimmste Sklaverei der Geschichte aufrichtete und hat nach dem Verlust des Krieges zu einer späten Rechtfertigung des Einsatzes und der Opfer jener Freiwilligen geführt, die diesen diabolischen Charakter schon früher erkannt hatten.

So hat ihr Instinkt die Freiwilligen nicht in die Irre geführt. Im Kampf gegen den totalen Feind der Freiheit waren sie zu Freiheitskämpfern universalen Charakters und damit auch zu Verteidigern ihrer Völker geworden. An dem Anschauungsunterricht, den sie beim russischen Volk erhalten hatten, erkannten sie das Gesicht dieses Gegners bis in die letzten Einzelheiten und haben diese Erkenntnisse als Erbe in die Nachkriegszeit herübergenommen.

Zugleich aber erfuhren sie, daß Volkstum, Nation und Religion ewige Werte sind, die keine weltliche Macht mit List oder Gewalt zu zerstören vermag.

Über 240 Jahre waren seit dem Versuch Mazzeppas vergangen, an der Seite Karls XII. von Schweden die Ukraine aus der Gewalt der Zaren zu befreien. Nach zweihundertjähriger Unterdrückung und planmäßiger Russifizierung lebte der Freiheitswille des ukrainischen Volkes mit einer Stärke und Leidenschaft ohnegleichen wieder auf, als das Zarenreich 1917 zusammengebrochen war. Fast über Nacht schuf Petljura ein selbständiges, ukrainisches Staatswesen und eine demokratische Verfassung, erweckte das ukrainische Volksleben und brachte die alte Kultur zum Aufleben. Er errichtete eine Armee, die gegen feindliche Übermacht Jahre hindurch standhielt und ihr schließlich dennoch weichen mußte. 23 Jahre später brach das Freiheitssehnen mit elementarer Gewalt erneut hervor, als die Deutschen einmarschierten. Trotz aller Enttäuschungen hatte dieses Volk den Kampf um sein Volkstum und seine nationale Selbständigkeit zu keiner Stunde aufgegeben. Ukrainische Männer schufen mitten im Kriege eine ukrainische Untergrund-Armee, die noch fünf Jahre nach dem Kriege für die Freiheit ihres Volkes und gegen den Bolschewismus kämpfte. Auch heute noch hält das ukrainische Volk – mit Millionen in den sibirischen Lagern – am Glauben auf die Erfüllung ihrer nationalen Ziele fest.

Mit solchen Erfahrungen verbanden die Freiwilligen die Erkenntnis, daß auch die Religion sich durch jahrzehntelange Unterdrückung nicht aus dem Herzen der Menschen herausreißen läßt. Wo immer in der Sowjetunion dem Volk die Freiheit der Religionsausübung wiedergegeben wurde, erwachte das religiöse Bewußtsein zu neuem Leben. Und schließlich erfuhren die Freiwilligen an sich selbst den bitteren Verlust der Heimat und begriffen dabei am stärksten, welchen kostbaren Schatz sie verloren hatten. Das so vertiefte Ordnungsbild in seinem Innern ergänzte der Freiwillige durch das starke Erlebnis von der

Gleichwertigkeit und menschlichen Verbundenheit seiner west- und osteuropäischen Kameraden. Wie leicht war es doch, in einem integrierten Verbande die Grenzen der nationalen Herkunft zu überwinden und sich in eine Gemeinschaft einzuordnen, die von gleichem Geist und gleichen Idealen getragen wurde! Wie wenig störten die Sprachverschiedenheiten das Zusammenleben mit Kameraden, die im Kampf bereit waren, Not und Tod miteinander zu teilen. Wie schnell lernte man sich in der Gefahr doch kennen und schätzen! Wie stark entfalteten sich dann auch die kriegerischen Eigenschaften bei Angehörigen von Völkern, die in jahrhundertelangem Wohlleben verweichlicht schienen und wie glücklich ergänzten sich die Eigenarten der Nationalitäten und paßten sich einander an. Da waren die Niederländer, immer unverzagt, überlegt im Angriff und hart in der Verteidigung, die Dänen, etwas starrer vielleicht und verschlossener, doch im Kampf bis zum Letzten zuverlässig und festhaltend, die Flamen, die Norweger, die Schweizer, einer wie der andere dem anderen gleichwertig als Soldat, als Kamerad und Krieger, die Wallonen und Franzosen, die Spanier, draufgängerisch, ehrgeizig und rücksichtslos gegen sich selbst – zu jedem Einsatz bereit, die Letten, die Esten, die Ukrainer, die Finnen und nicht zuletzt die Volks-, Reichsdeutschen und die Österreicher. Alle waren sie bei richtiger Führung und Ausbildung dem roten Massensoldat turmhoch überlegen und haben diese Überlegenheit immer wieder bewiesen.

Welcher Kontinent besitzt Soldaten von solcher Qualität und solcher Gleichwertigkeit? Bei solchen Soldaten, mögen sie eingezogen oder freiwillig sein, braucht Europa um seine Sicherheit keine Sorge zu haben. Und mit ihnen allen wetteiferten die hochwertigen Krieger des Kosakentums und der kaukasischen, freiheitsliebenden Bergstämme und Völker. Bei allen war die Freiheit das letzte Ziel ihres Kampfes.

Bei allen aber entwickelten sich militärische Tugenden von seltener Stärke und Konzentration. Denn ihre Disziplin war freiwillig. Sie gehorchten, weil sie Gehorsam für nötig hielten und übten harte Selbstzucht, weil sie in den Krisen des Kampfes ohne sie nicht auskamen. Deshalb gab es auch niemals ein Chaos bei ihnen, mochte die Lage auch noch so hoffnungslos sein und kein Versagen. Weil sie selbst Verantwortung fühlten und in ihr gebunden waren, forderten sie von ihren Führeren Achtung vor ihrer Leistung und brachten dem Vorbild Vertrauen und Dankbarkeit entgegen. In ihrem Soldatentum paarten sich höchste kriegerische Leistung mit freiem Menschentum, das sie bis zur letzten Stunde bewahrten.

In den Reihen der Freiwilligen herrschte eine fast sprichwörtliche Kameradschaft, die den jüngsten Soldaten mit dem höchsten General in fast persönlicher Weise verband. Das war nicht leere Mundkameradschaft, die im nationalsozialistischen Deutschland schon zu einer stereotypen Formel des Sprachgebrauchs geworden war, sondern die Kameradschaft der Tat, die zu geben, zu helfen und zu opfern bereit war. Deshalb konnten es Verwundete oder Kranke kaum abwarten, gesund zu werden, um zu ihrer alten Truppe zurückzukehren. Ein langes Herumsitzen in der Heimat hätten sie als Verrat an ihren Kameraden am Feinde betrachtet. Sie waren gegen Jedermann hilfsbereit, halfen ihren wehrpflichtigen Kameraden des Heeres, wo sie es konnten und teilten mit ihnen, wo sie dazu Gelegenheit hatten.

Aber sie waren sich auch ihres eigenen Wertes wohl bewußt und duldeten keine Verunglimpfung ihres Soldatentums, die ihnen damals auch kaum begegnete. Sie waren stolz auf ihr Freiwilligentum, von dem sie damals schon wußten, daß es am ehesten in der Lage war, den sturen, vom unerbittlichen Gewaltwillen rücksichtsloser Befehlshaber vorwärtsgetriebenen Massen eines proletarischen Klassenheeres mit fanatischem Glauben an die kommende Weltrevolution erfolgreich die Stirn zu bieten. Denn ihre Überzeugung an die höhere Ordnung und Sittlichkeit ihrer eigenen inneren Welt war grenzenlos. So ist es geradezu ein Paradoxon der Zeitgeschichte, daß man die Freiwilligen zu einem Zeitpunkt einsperrte, als das größte Wehrpflichtheer aller Zeiten sich anschickte, Europa, dessen Grenzen jene verteidigten, mit Gewalt niederzuhalten und sich dabei nicht scheute, gegen eigene freiheitsdurstige Gesinnungsgenossen mit Panzern vorzugehen. Aber auch Napoleon versklavte ja einst Europa mit Konskribierten, während Freiwillige für die Freiheit kämpften. Freiheit und freiwillig wachsen ja aus einer Wurzel.

Kriege sind nicht nur zerstörerische Phänomene. Sie tragen zugleich gebärenden Charakter. Nirgends wird das „Stirb und Werde" offenbarer, als im geistigen Ablauf elementarer Erschütterungen, von denen der Krieg nur ein Teil ist.

Im letzten Endkampf gegen den anstürmenden Bolschewismus erlebten die Freiwilligen in ihren Reihen die höchste menschliche Solidarität und erkannten in den Kämpfen an der Oder, in Berlin und an der ganzen Front im Zentrum Europas den Sinn ihres freiwilligen Kämpfertums und freiwilligen Opfers mit eindringlicher Klarheit.

Wie eine Vision stand es vor ihren brechenden Augen:

EUROPA MUSS LEBEN

Freiwillige sprechen

Aus den Briefen des Oberleutnants der Waffen-SS Tankmar Freiherr v. Oeynhausen

gef. am 23. November 1941 in der Ostukraine

An seine Frau: *Im Felde, 31. August 1941*

... Bis vor kurzem konnte ich das Deutschlandlied niemals mitsingen, weil ich geweint hätte, wenn ich den Mund aufgemacht hätte. Sieh, ich bin viel leichter nach Frankreich gezogen, als nach Rußland. Vielleicht hätte ich nicht geheiratet, wenn ich gewußt hätte, wie schwer es ist. Unser Kampf hier ist uns viel bewußter und zu einer sehr harten und bitteren Schule geworden, aus der ich – das walte Gott – auch einmal härter zurückkommen werde. Wenn man so viele Menschen hat sterben sehen, dann wird einem erst die Allmacht Gottes so recht klar. Dann erkennt man, daß die eigene Arbeit nur ein kleines Rädchen in einem großen Getriebe ist. Uns macht diese Erkenntnis nicht etwa schwach und klein. Sie ist es vielmehr, die uns ein großes Überlegenheitsgefühl gibt und dem Tode ruhig entgegensehen läßt. Das führt denn dazu, daß unsere Jungens, als sie einmal – nur ganze Zehn an der Zahl – von einer Kompanie Russen angegriffen wurden, einfach „Hurrah" riefen, lachend zum Gegenstoß antraten und den ganzen Spuk in fünf Minuten verjagten. So sind unsere Jungens, unvorstellbar groß und tapfer. Wenn sie nach Hause kommen, wird man sie in zehn Jahren nicht mehr kennen. Dann aber werden sie es wieder gewesen sein, die ohne ein Wort zu sagen, an irgend einer Arbeitsstelle stehen werden, ohne etwas anders zu verlangen, als Leben und Arbeit. Es ist so wunderbar, dieses einfache Heldentum fern von Auszeichnungen und Ritterkreuzen wachsen und werden zu sehen. Dies Erleben bleibt und kann uns niemals verloren gehen.

An einen Freund: *Im Felde, 1. September 1941*

Lieber Master,
gestern kam Deine Karte mit Deiner Verlobungsanzeige. Herzlichen Glückwunsch. Ich finde es sehr vernünftig von Dir, sich ein Zuhause zu schaffen und wünsche Dir für diesen Abschnitt Deines Lebens Ruhe und Glück. Von der Hochzeitsfeier mußt Du aber eine anständige Flasche für Deinen Tankmar aufheben. Vergiß nicht, wie unglaublich staubig die Straßen in Rußland sind und wie heiß die Sonne in der Ukraine brennt.

Augenblicklich liegen wir südlich von Kiew am Dniepr und harren der Dinge, die da kommen sollen. Wir werden alles tun, was man von uns verlangt. Nur meine junge Frau wüßte ich gern endlich in Sicherheit vor den englischen Bombern und Vater aus der englischen Gefangenschaft befreit. Wir erkennen die großen Linien dieses Kampfes und treten immer wieder mit einem ungeheuren Vertrauen zum Angriff an, wenn es befohlen wird.

Du kannst Dir gar keinen Begriff von dem Elend in diesem Arbeiter- und Bauernparadies machen. Ich glaube, daß von den sieben Millionen Kommunisten in Deutschland jetzt etwa ein bis zwei Millionen an Ort und Stelle sehen, wie sie belogen und betrogen wurden. Ich selber habe immer die Propaganda unserer Regierung in Rechnung gestellt und geglaubt, daß sie zu schwarz male, muß aber heute einsehen, daß sie uns die Zustände eher zu hell, als zu dunkel geschildert hat. Es ist unvorstellbar, daß es so verkommene Länder überhaupt gibt.

So, nun zu Ende. Trink bei Gelegenheit einen stillen Schluck auf unsere eisernen Männer, die heute laut lachen, wenn die Russen sie in vielfacher Übermacht einmal anzugreifen versuchen.

In alter Kameradschaft

Dein Tankmar

Im Felde, den 9. September 1941

An seine Mutter:

... Immer muß ich Euch mit Bleistift schreiben; aber in diesem Arbeiter- und Bauernparadies ist Tinte ein recht rarer Artikel.

Der Russe kennt nur Parteisekretäre, Rüstungsarbeiter und Soldaten. Alles andere ist Masse für ihn. Die Bevölkerung ist so stumpf, daß sie an dem Geschehen keinerlei Anteil nimmt. Nur wenn es um das eigene nackte Leben geht, werden die Menschen ängstlich. Mütter wissen seit Jahren nicht, wo der Mann oder die Kinder stecken. Eine erzählte mir gestern mit ruhigstem Gesicht, daß ihr Mann in einem Haus verbrannt sei und ihr Sohn beim Überlaufen von den Bolschewisten erschossen wurde.

Deine beiden letzten Briefe habe ich erhalten. Jetzt bist Du wieder in deiner Güte beim Sammeln für Gerdas Hunger. Liebe Mutti, Du sollst aber auch ein wenig an Dich selbst denken. Wenn ich einmal nach Hause komme, möchte ich Dich noch genau so lebendig und mit ungebrochenem Idealismus antreffen, wie früher. Vielleicht haben wir das dann alle bitter nötig. Gerda ist jung und hilft sich schon selbst. Sonst wäre sie nicht meine Frau. Sie hat einen tadellosen Kern. Die Selbständigkeit wird schon mit der Zeit kommen. Ich bin ein wenig stolz, sie bekommen zu haben. Mein Gott, wie wird es schön sein, wenn wir nach Hause kommen, alle wieder beisammen sind und ich Vatis Freude über Gerda dann sehen werde. Unser bester Kavalier! Na, bis dahin hat es noch Zeit. Der Winter wird uns wohl hier behalten.

Wir müssen gegenüber dem Osten immer weiter wachsam bleiben, denn Stalin und seine Marschälle wollen keine Ruhe. Sie beseelt nach meiner Meinung nur ein ungeheurer Machthunger. Sie denken garnicht daran, den Wohlstand ihres Landes zu heben und das Volk in Ruhe arbeiten zu lassen. Sie wollen nur herrschen. Auf welche Weise, ist ihnen völlig gleichgültig. Doch genug davon. Ich wollte Dir nur damit sagen, daß unser Kampf hier um mehr geht, als nur um den Bolschewismus. Die Masse der Deutschen wird das wohl erst in Jahren begreifen.

Im Felde, 15. September 1941

An seine Mutter:

... Es geht mir gut und sonst läuft alles planmäßig. Über den Bach (den Dniepr) sind wir weg. Weiter gibt es nichts zu berichten. Bleib gesund und fröhlich. Wir stehen in guter Hand.

Am 4. Dezember 1941 teilte Oberst Hans Adolf v. Arenstorf, 16. Panzer-Division, der Mutter des Oberleutnants der Waffen-SS, Tankmar Freiherr v. Oeynhausen mit, daß ihr Sohn am 23. November in der Ostukraine gefallen sei.

Aus den Briefen eines verschollenen volksdeutschen Freiwilligen aus Bessarabien!

17. Juni 1942

An einen Freund:

... Wie Du weißt, habe ich mich als Freiwilliger zur Waffen-SS gemeldet und bin am 15. April einberufen worden. Die Ausbildungszeit ist bald abgelaufen. Wenige Wochen werden vergehen, bis wir an der Ostfront sein werden. Aber ich gehe gern. Denn dieser Kampf ist notwendig. Zugleich weiß ich, daß er Opfer fordert. Was ist schon dabei, wenn ich nicht wiederkehre. Dann bin ich nichts anderes gewesen, als Träger einer lebendigen und blühenden Heimat. Mögen dann auch viele an unsern Gräbern achtlos vorbeigehen, einige werden sich doch vor ihnen in Ehrfurcht beugen.

Im Felde, 30. September 1942

... Wo ich bin, da spiegeln sich Millionen von Tannengipfeln im roten Schein der Abendsonne. Die Nächte sind kalt und finster und in diesen dunklen Nächten liegt der Soldat in Wasser und Sumpf auf der Wacht für die Heimat. Die Kleider sind naß. Der Körper friert. Vielen wird der Nebel im Morgengrauen zum Leichentuch. Wenn ich draußen vor dem Drahtverhau liege und auf den Feind warte, klingen manchmal heimatliche Lieder aus dem armseligen Bunker hinter mir. Meine Kameraden singen. Nie waren die Lieder so schön, nie klangen sie mir so vertraut, als in diesen Stunden.

Im Felde, 18. März 1943

... Drückt Dich auch bitterer Schmerz, so trage ihn aufrecht, damit Dein Stolz nicht zerbricht. Denn im Stolz liegt Kraft.

Im Felde, 14. April 1943

... Wem die Möglichkeit gegeben ist, sein Leben aus einer aufgezwungenen Unterdrückung herauszureißen, auch wenn es gegen die Gesetze geht, denen man unterworfen ist, dann zögere man nicht. Denn man wird um die Nichtausführung einmal Reue tragen.

Im Felde, 29. September 1943

... Niemand soll an seinen Hoffnungen zweifeln oder sie gar lästern, auch wenn sie uns unerfüllt bleiben, denn wir haben wenigstens die Freude des Wartens gehabt.

Im Felde, 17. Mai 1944

... Wieder will ich Dir von meiner Heimat erzählen. Glaube mir, es ist garnicht so leicht zu wissen, daß jetzt Kriegshorden durch das einst so friedliche Land hinwegziehen. Die Zeit meiner Jugend steigt immer beherrschender in mir auf. Ich liebe meine Heimat zu sehr, als daß ich nicht von ihr sprechen möchte.

Welch ein Glück war es, an der Seite meines Vaters abends vom Felde nach Hause zu gehen, wo schon Mutter und Schwestern, vor dem Hof sitzend, auf uns warteten. Draußen unter dem großen Baum vor der Tür war schon der Tisch gedeckt, der in zufriedener Runde bald leer gegessen war.

Bei uns war es Sitte, daß wir jungen Burschen im Sommer draußen schliefen. Dann setzten wir uns auf das Bett im Garten und sangen unsere alten Lieder. Nachbarsleute kamen dazu. Dieser brachte eine Gitarre, jener ein Schifferklavier mit. Wenn sie schlafen gingen, trat ich oft vor das Hoftor und lauschte in das stille Dorf hinein. Eine enge Gemeinschaft, die unter vieler fremder Bedrückung schwer zu tragen hatte, schlief nach des Tages Arbeit. Sie mußten leiden, weil sie Deutsche waren. Dennoch liebten sie die Scholle, weil sie das Erbe der Väter war.

Im Felde, 21. November 1944

... Wenn Deutschland verliert, sind nicht unsere Feinde, sondern wir selbst daran Schuld. Obwohl ich mir garnicht so unpolitisch vorkomme, vermeide ich jedes politische Gespräch, weil ich noch ein Suchender bin. Augenblicklich kann ich nichts Anderes und Besseres tun, als für den Sieg zu kämpfen.

Aus den Briefen eines unbekannten Flamen

Im Felde, 12. August 1942

– Warum wir Flamen deutsche Uniformen anziehen, ist nicht mit ein paar Worten zu sagen. Gewiß, der Weckruf war der Kampf gegen den Bolschewismus. Vor dem Kriege hatten Bücher und Rundfunk, Kirche und Schulen jahrelang vor ihm gewarnt und uns Jungen gesagt, daß sein Sieg das Ende unserer Zivilisation bedeute. Wir Flamen hatten das zwar verstanden. Aber in Flandern gab es so gut wie gar keine Kommunisten. Bei uns war es der jahrhundertelange Kampf der Flamen für unser Volkstum, der den Ausschlag gab.

Seit dem 11. Juli 1302, wo die Gemeindemilizen aus Gent und Brügge die französische Ritterschaft schlugen und Frankreichs Herrschaft über uns zerbrachen, haben wir uns immer wieder gegen die Unterdrückung durch das französische Wesen wehren müssen. Weil sie dagegen protestierten, wurden Unschuldige verurteilt und hingerichtet. Die Prozesse gegen sie wurden in französischer Sprache geführt, so daß sich die Flamen, wie z. B. Concke und Goethals im Jahre 1866 nicht verteidigen konnten.

Während des ersten Weltkrieges standen wir Flamen treu zu unserem Staat. Als wir aber dann unsere Gleichberechtigung verlangten, wurden unsere Sprecher als Aufrührer zur Zwangsarbeit verurteilt. So wuchs bei uns der flämische Nationalismus, zu dem ich mich bekannt habe. Als 1940 deutsche Soldaten nach Belgien kamen, fiel es mir wie Schuppen von den Augen. Jahrelang hatte uns die offizielle Propaganda vorgeredet, in Deutschland herrsche Materialmangel und Hungersnot. Die deutschen Soldaten bezichtigte man der Unmenschlichkeit. Die Offiziere nannte man eine streng abgesonderte Kaste, die ihre Soldaten wie Vieh behandelten. Als ich die Wirklichkeit kennen lernte und schließlich der Kampf gegen Europas Feind, den Bolsche-

wismus, wirklich begann, da wußte ich auf einmal, daß wir uns unsere Freiheit verdienen müssen und daß uns die Gleichberechtigung nicht als Geschenk in den Schoß fällt. Wir müssen uns mit der Waffe bewähren, wenn wir als flämisches Volk anerkannt werden wollen.

Aus den Briefen heimgekehrter Freiwilliger an den Verfasser

Ein Wallone schreibt:

den 8. September 1957

Wir jungen Wallonen, zwischen einer germanischen und romanischen Kultur aufgewachsen, standen seelisch immer zwischen den Fronten der Vergangenheit. Als der Krieg gegen die Sowjetunion begann, erkannten wir auf einmal, wo unser Platz war. Jetzt gab es für uns keinen Unterschied mehr zwischen Flamen, Wallonen und Deutschen. Wir entschieden uns gegen den Bolschewismus und damit für Europa.

Seit 1945 gibt es in Europa kein Land mehr, das nicht mit dem Blut aller Europäer gedüngt ist. Ob in Tscherkassy Deutsche unter den französisch gegebenen Befehlen wallonischer Kommandeure kämpften oder im Brückenkopf von Altdamm Deutsche, Wallonen und Niederländer Wellenbrecher der bolschewistischen Flut waren, wir alle wußten, daß wir jetzt nur noch gemeinsam gegen den drohenden Untergang zu stehen hatten.

Aber wir hatten wohl zu früh europäisch gedacht. Ich könnte Bücher schreiben über die Jungen, die sich dafür opferten. Ich könnte von dem Bergarbeiter Gillis aus Charleroi berichten, der das Eiserne Kreuz 1. und 2. Klasse, die Nahkampfspange, das Verwundetenabzeichen trug und von seinen Taten. Er war nur Einer von Vielen. Ohne Rücksicht auf Nation oder Religion kämpften sie alle Schulter an Schulter mit den Deutschen in den weiten Steppen des Ostens, weil sie genau wußten, wofür sie es taten und daß es notwendig war. Wird es heute noch ebenso sein?

Ein Schweizer schreibt:

den 8. Dezember 1957

Mein Vater kämpfte als Hauptmann unter Denikin. Meine Mutter starb in Kiew im Gefängnis der GPU.

Zu Hause in der Schweiz hatte ich als junger Mensch oft Gelegenheit an Diskussionen teilzunehmen, die sich um den Gedanken „Pan-Europa" drehten. Ich selbst wurde dabei Europäer und Antibolschewist. Deshalb meldete ich mich auch 1941 freiwillig zum Kampf gegen den Bolschewismus. Ich wurde schwer verwundet, stand aber 1945 wieder als Panzermann an der Front in Ungarn. Am 9. Mai sprengte ich meinen Panzer bei Dippoldiswalde, schlug mich unter schweren Entbehrungen durch die Tschechoslowakei durch, geriet in sowjetische Gefangenschaft, floh nach Westen, kam in amerikanische Gefangenschaft und floh erneut, trieb mich als Arbeiter in Westfalen herum und kehrte im Mai 1946 in meine Heimat zurück. Dort wurde ich zu zweieinhalb Jahren Zuchthaus verurteilt. Nach der Strafverbüßung zusammen mit Einbrechern und Totschlägern aller Art, begann für mich der Kampf ums Dasein. Ich weiß nicht, wie oft ich aus Verzweiflung zu der Pistole meines Vaters greifen wollte, der im Januar 1944 in der Ukraine umgebracht worden war.

Aber jetzt zeigte es sich, welch einen kostbaren Besitz ich doch noch hatte. Meine Kameraden schrieben mir und richteten mich auf. Auch meine deutschen Kameraden hatten mich nicht vergessen. Sie waren jetzt da. Ihre Briefe gaben mir neuen Lebensmut.

Auch der Gedanke an unsere Ziele wurde wieder in mir lebendig. Alle, die wir einst Seite an Seite im Kampf standen, trugen ja doch schon damals ein neues Europa in unserem Herzen. Wir waren eins. Waren der Anfang, das Samenkorn. Wir haben die Möglichkeit der europäischen Einigkeit durch die Tat bewiesen. Immer wird der Gedanke uns erfüllen, daß alles das, was wir unter so großen Opfern und Leiden erstrebten, nicht umsonst gewesen sein kann und daß der Kamerad von damals noch lebt und genauso da ist, wie früher. Wie hieß es doch damals:
„Denn Gott gab jedem Kämpfer den Kameraden bei."

Aus einer Gedenkrede des Freiwilligen van der Hout auf seinen gefallenen Zugführer, den Leutnant der Waffen-SS Olaf Westra

In den nacht van 6 op 7 Grasmaand 1942 trof het Nederlandsche Legioen een harde slag. Leutnant der Waffen-SS Olav Westra vond dien nacht in een gevecht van man tegen man den heldendood.

Met zijn Zug deel uitmakende van een aflossing voor de troepen in de meest vooruitgeschoven stellingen van ons Legioen, kwam hij juist aan op het oogenblik, dat het den Bolsjewisten gelukt was, enkele huizen in het door ons bezette dorp to veroveren.

Onmiddellijk werd een krachtige tegenaanval ondernomen, waarbij kameraad Westra, als altijd vooraan, sneuvelde aan het hoofd van zijn Zug.

De Russen werden bij dezen tegenaanval weer uit het dorp geslagen en lieten minstens tachtig dooden achter, terwijl talrijke gevangenen werden gemaakt.

Westra viel, zooals hij leefde: als een voorbeeld voor allen, die hem kenden. Bij het afscheid van zijn kameraden, die nog eenigen tijd in rustiger stellingen bleven, prees hij zichzelf gelukkig, dat hij juist toevallig twee dagen tevoren bij deze compagnie, die naar voren ging, werd overgeplaatst. Wij zagen hem ook dezen dag gaan, zooals wij hem bij menige andere onderneming hadden zien gaan, met dezelfde vanzelfsprekendheid, dezelfde eenvoud, dezelfde levendige blijheid.

Niemand van ons, en ook hijzelf niet, scheen er ooit aan te denken, dat deze jonge, eeuwig optimistische en levensblije kerel eens niet levend zou kunnen terugkeeren, hoewel hij bij een vorige onderneming reeds licht werd gewond. Voor zijn moedig gedrag, bij verschillende ondernemingen, ontving hij ook het Izerne Kruis IIe klasse, dat hij echter nimmer meer zou kunnen dragen.

Wel zelden zal een verlies in onze rijen zoo diepe en algemeene ontroering hebben gewekt als dit. Bewust of onbewust zagen wij allen, zijn Nederlandsche en zijn Duitsche kameraden, in hem het type van den jongen Nederlandschen officier, die Nederland zoo noodig heeft. Onder de officieren was hij een der jongsten – hij werd 19–8–1916 geboren – maar tevens een der ijverigsten en der kundigsten.

Het vertrouwen, dat hij door zijn eerlijke geestdrift en zijn oprechte bescheidenheid bij allen won, schonk hij ook anderen.

Hij had hart voor zijn mannen, maar was rechtvaardig hard, als de omstandigheden het eischten en na iedere teleurstelling stond hij weer even oprecht en ongebroken als voorheen.

7 Augustus 1941 kwam hij te Debica bij het Nederlandsche Legioen. Hij kon zich slechts daar werkelijk op zijn plaats voelen, waar om de toekomst van Europa met de wapens in de hand werd gestreden: aan het Oostfront.

Toen wij het lichaam van dezen jongen held aan de Russische aarde hebben toevertrouwd, hebben wij het gedaan met de belofte zijn geest en zijn grootheid levend te houden, zijn leven, zijn rechtlijnigheid en zijn levensblijheid steeds voor te houden aan onze nieuwe jeugd en aldus zijn offer vruchtbaar te maken voor, Volk en Vaderland, die hij onder alle omstandigheden heeft gediend met den hoogsten inzet zijner persoonlijkheid als geen ander.

Hij blijft v a n en b y ons, die zijn levenswerk moeten voleinden.

Anlage 1
Anteil westlicher Freiwilliger am Ostfeldzug

I

Es standen am Feinde[65]:

Holländer	ca. 55 000
Flamen	23 000
Franzosen	20 000
Wallonen	20 000
Norweger	6 000
Dänen	6 000
Schweizer	800
Schweden	300
Lichtensteiner	80
Sonstige	200

II
Anteil der baltischen Völker am Ostfeldzuge

1.	Letten	31 450	in der Front
		15 000	mobile Polizeitruppen
		900	bei Kriegsmarine
		650	bei fliegenden Verbänden der Luftwaffe

[65] Alle Freiwilligen dienten in der Waffen-SS. Die Zahl der Freiwilligen bei Marine und Luftwaffe ist in vorstehender Aufstellung nicht einbegriffen. Die von Felix Kersten in seinem Buch „Totenkopf und Treue" genannten Ziffern sind offensichtlich zu hoch, die des Generalobersten a. D. Hausser und des Herrn Brill vor dem Internationalen Kriegstribunal in Nürnberg zu niedrig geschätzt.

Dazu kommen rund 40 000 Letten im rückwärtigen Polizeidienst, bei der Organisation Todt und die Flakhelfer.

Im Kriegs- und Kriegshilfsdienst waren etwa 80 000 Letten tätig.

2.	Esten	20 000	Freiwillige in der Front
		10 000	Gezogene als Einzelverbände beim Heer
		9 000	Grenzschutzeinheiten

Insgesamt waren etwa 50 000 Esten im Kriegs- und Kriegshilfsdienst tätig. Die Zahlen des estnischen Selbstschutzes und des rückwärtigen Polizeiaufgebotes sind nicht aufgeführt [66].

III

Der Anteil der Ukrainer am zweiten Weltkriege

In der Front: 20 000.

Die Zahl der im Hilfsdienst stehenden Ukrainer ist unbekannt.

IV

Sonstige

Italiener	eine Division in der Waffen-SS	
Turkestaner	in Brigadestärke	
Kaukasier	25 000	
Asherbeidschaner und Turkvölker	20 000	in Heer

V

Kosaken

In der Front: ca. 30 000.

---

[66] Die Zahlen der Letten beruhen auf Angaben des lettischen Oberleutnants Redelis, die der Esten auf Mitteilungen des estnischen Oberleutnants Riipalu, der Gruppe IV auf Berechnungen nach Unterlagen des Generalleutnants a. D. Debes.

Anlage 2
Anteil der Volksdeutschen fremder Staatsangehörigkeit am zweiten Weltkriege [67]

I

1. In der Slowakei wohnten 150 000 Volksdeutsche;
davon dienten 5 000, also 3,5 Prozent bei der Waffen-SS,
237, also 0,16 Prozent beim Heer.
2. In Ungarn wohnten 1 250 000 Volksdeutsche;
davon dienten 22 000, also 1,8 Prozent bei der Waffen-SS,
1 700, also 0,1 Prozent beim Heer.
3. In Rumänien wohnten 537 000 Volksdeutsche;
davon dienten 54 000, also 10 Prozent bei der Waffen-SS,
6 000, also 1,1 Prozent beim Heer.
4. Im Banat wohnten 150 000 Volksdeutsche;
davon dienten 20 000, also 13 Prozent bei der Waffen-SS,
602 beim Heer.
5. In Kroatien lebten 175 000 Volksdeutsche;
davon dienten 17 000, also 10 Prozent bei der Waffen-SS,
1 400, also 1 Prozent beim Heer.

II

Die Freiwilligen aus dem südöstlichen Raum hatten sich

1. 1941/42 ohne Rücksicht auf die Zustimmung ihrer Wirtsländer zur deutschen Kriegswehrmacht gemeldet.
2. 1943 wurde ein zwischenstaatliches Abkommen mit Rumänien, 1944 ein Staatsvertrag mit Ungarn geschlossen. Seitdem besaßen die Freiwilligen die Zustimmung ihrer Staatsregierungen für den deutschen Wehrdienst.

---

[67] Die Angaben stützen sich auf Unterlagen des Ostinstituts in München.

Anlage 3

Über den Geist innerhalb der Freiwilligen hat sich am 2. April 1948 der Hauptmann Karl Ossenkop, heute Pastor in Dortmund-Schüren, folgendermaßen geäußert:

„Als ich Frühjahr 1944 zum III. SS-Panzerkorps als Ia des Artillerie-Kommandeurs 138 kommandiert wurde, stellte ich gleich – das war mein besonderer Eindruck, nachdem ich während des Krieges eine große Anzahl Divisionen und Korps kennengelernt habe – eine wohltuende Kameradschaft fest. Die Rangunterschiede waren im Gegensatz zu Heeresverbänden keine Grenzen von Mensch zu Mensch. Es gab keine pedantischen Formen, die ängstlich innegehalten wurden. Das führte nicht zur Zuchtlosigkeit, sondern zu einer freiwilligen Disziplin, wie ich sie selten erlebt habe. Da gab es keinen Zwang und erst recht keinen Terror. Die bekannte hohe Einsatzbereitschaft des Korps entstammte nicht einem blinden Gehorsam gegenüber den Befehlen der Führung, sondern dem einmütigen Bewußtsein, ein Bollwerk gegen den Bolschewismus zu bilden, der, wie es jetzt deutlich ist, die Gefahr für die westliche Kultur darstellt.
Ich habe auch keine Truppe kennengelernt, in der freimütiger Personen der damaligen Regierungsgewalt und der Partei kritisiert wurden. So habe ich auch meine Gedanken jedem Angehörigen des Korps gegenüber offen darlegen können. Man fühlte sich gerade bei diesem Korps völlig frei."

Anlage 4

Abschrift

Panzerarmee – Armeeoberkommando 1
Abt. I c / A O Nr. 4627/41 g.

Auszug aus dem Feindnachrichtenblatt Nr. 40

2. *Anlage zum Feindnachrichtenblatt Nr. 40, auszugsweise Abschrift der Vernehmung des Kommandierenden Generals des Roten XXVII. Armee-Korps, Generalmajor Artemenko*

Generalmajor Artemenko, Paul, geb. 1896 in Ssumy (Ukr.), war im Jahre 1917 zum russischen Heer eingezogen worden.

Artemenko schildert die große Feuerkraft der deutschen Truppen und führte auf das gute Zusammenspiel von Feuer- und Stoßkraft die enormen Erfolge zurück. Besonderen Respekt nötigt ihm das „ausgezeichnet geleitete Feuer der deutschen Granatwerferbatterien“ ab.

Generalmajor Artemenko findet, über die Schwächen der deutschen Kampfweise befragt, die Angriffstaktik als zu schematisch. Es gäbe bei den Deutschen nur drei Fälle: Angriff am frühen Morgen, mittags und abends, dazwischen könnte man sich vollkommen in Sicherheit wiegen, weil da nie ein Angriff erfolge. Würde ein Abendangriff durchgeführt, so wußte die Rote Führung, daß dieser nur der Erkämpfung von günstigen Ausgangsstellungen für einen weiteren Angriff am nächsten Morgen dienen sollte. Man hat die Erfahrung gemacht, daß die Deutschen auf jeden Fall bei Anbruch der Dunkelheit den Kampf einstellten und wenn die Fortführung des Kampfes zu noch so großen Erfolgen geführt hätte. Auf diese Weise seien die Roten einigemale vor völliger Vernichtung bewahrt worden. Im Gegensatz hierzu kämpfen die Roten ohne Nachtruhe und Verpflegung weiter, wenn sich ein Erfolg anbahnt. Durch die von den Deutschen gewährte Atempause in der Nacht gewannen sie aber Zeit, sich wieder zu sammeln und der weitere Angriff am nächsten Tage kostete den Deutschen wieder viel Blut, das sie sich sonst gespart hätten. Generalmajor Artemenko meint, daß die Ausrüstung von Sturmgeschützen mit Scheinwerfern vorteilhaft wäre, weil man dann auch die Verfolgung während der Nacht fortsetzen könne, was zweifellos in den meisten Fällen zum Zusammenbruch der Roten Streitkräfte geführt haben würde.

Das XXVII. Armee-Korps stand zwischen Terterow und Sdwish der SS-Division „Wiking" gegenüber. Die Kampfkraft von „Wiking" bezeichnete er als ganz fabelhaft. Eine Abteilung dieser SS würde mühelos seine besten Regimenter zerschlagen. Man atmete auf, als die SS abgelöst wurde und fand einen ganz großen Gegensatz bei einer anderen Infanterie-Division vor, die gegen die SS ganz stark abfiel.

Das Tempo unseres Vormarsches bezeichnet Artemenko als stetig und gut organisiert. Über die Wirkung der Artillerie befragt, meinte er, daß man sich seitens der Roten fast mit Sicherheit schon im vornherein darüber klar war, welche Räume die deutsche Artillerie beschießen würde. Hatte die deutsche Artillerie einmal das Feuer eröffnet, so konnte man fast sicher sein, daß sie immer wieder das Feuer auf diese Räume legen würde und man konnte zwischen den Räumen massierte Bewegungen ausführen, ohne in Gefahr zu kommen, beschossen zu werden.

Nach Ansicht Artemenkos ist ein Angriff, der von den Deutschen im Zusammenwirken von Infanterie, Artillerie und Luftwaffe durchgeführt wird, von keinem Heer der Welt aufzuhalten. In den meisten Fällen brach beim Großeinsatz von Fliegern bei den Roten die Panik aus.

Über die Wirkung der deutschen Propaganda befragt, sagte er aus:

Die beste Propaganda für das Überlaufen waren die aus der Gefangenschaft zurückgekehrten Roten. Diese erzählten, wie gut es ihnen bei den Deutschen gegangen wäre. Als man diese Gefahr bei der russischen Führung erkannte, traf man Gegenmaßnahmen.

Alle Rückkehrer wurden sofort isoliert (die gleiche Maßnahme wurde, wie ein eben aufgefundenes Schriftstück beweist, auch bei der Luftwaffe durchgeführt. Auf deutschem Gebiet notgelandete Flieger, die sich wieder zu den Roten durchschlugen, wurden sofort isoliert, auch wenn ihr Aufenthalt nur wenige Stunden betragen hatte und sie durften nicht mehr bei ihrer Einheit Dienst tun).

Bei dem Stabe Artemenkos war eine 40 Mann starke Sonderabteilung NKWD, die ausschließlich die Aufgabe der Bespitzelung der Offiziere hatte. Sie hatte den Auftrag, falls seitens der Offiziere Absicht zur Übergabe oder zum Überlaufen bestand, diese sofort niederzuschießen, gleich welchen Ranges sie seien. Artemenko war es nur unter größten Mühen möglich, diese Leute durch Herumwandern in den Wäldern abzuschütteln. Er wartete dann mit seinem Sohne und einigen anderen Offizieren seines Stabes auf das Eindringen der Deutschen in den Wald, um sich zu ergeben.

Über das Weiterführen des Kampfes von Sibirien aus äußert er sich auch sehr skeptisch. Dort stünden alles in allem höchstens 30 bis 40 Divisionen (mit der Fernostarmee zusammen). Auch die Kaukasusstreitkräfte wären nicht sehr bedeutend. Der Roten Armee fehle es vor allem an Infanterie. Die aktiven Stämme seien durchweg vernichtet und mit dem nicht ausgebildeten Einsatz wäre nichts anzufangen. Es war ferner die Bildung von Panzerkorps vorgesehen. Die Stäbe waren schon gebildet, doch kamen keine Truppen, so daß auch dieses wieder fallen gelassen wurde. Die Infanterie sei ohne Angriffsgeist, dieser würde durch die bekannten Mittel (Schießen der Kommissare, sowie andere Druckmittel) erzeugt. Es bestehe kein Glauben an den Sieg und damit sei der Krieg schon im vornherein verloren.

Zusatz der Division:

Es handelt sich um SS-Regiment „Nordland," Rollbahn Nord, nordostwärts Belaja Zerkow.

Anlage 5

Brief an Frau v. Pannwitz

Hans Fritzsche
13a Eichstätt in Bayern
Arbeitslager *17. Februar 1950*

Sehr geehrte gnädige Frau!

Es ist mir eine große, wenn auch schmerzliche Freude, Ihnen etwas von den Umständen zu berichten, unter denen Ihr verstorbener Mann in Moskau lebte.

Da ich aus Ihrem Brief vom 9. Februar entnehme, daß Sie das Buch von Hildegard Springer lasen, darf ich an die dort gegebene Schilderung anknüpfen. Der Gefangene in der Lubjanka kam, wenn er nicht in Einzelhaft saß, nur mit den anderen Bewohnern seiner Zelle zusammen. Mit diesen allerdings konnte er sich unterhalten, soviel er wollte. Flüsternd oder mit halber Zimmerlautstärke.

Ich bin dem General v. Pannwitz nie begegnet, traf aber umso öfter auf seine Spuren. Sie beeindruckten mich tief. Als ich aus meiner im Buch geschilderten Stehzelle mehr tot als lebendig in die Zelle 37 verlegt wurde, in der sechs Betten standen, war die erste Frage, die mir am nächsten Morgen gestellt wurde, ein russischer Satz, in dem der Name General v. Pannwitz vorkam. Der Frager war der im Buch geschilderte Tenor der Petersburger Oper. Der Satz, den er sprach, alarmierte den auch schon erwähnten sonst etwas lethargischen russischen General, der seit 1942 dort saß, ohne ein Urteil zu bekommen.

Auf unwahrscheinlichen Umwegen über Deutsch, Französisch, Englisch, Griechisch und Latein bekam ich heraus, was man von mir wissen wollte: Ob ich den General v. Pannwitz kenne. Er sei ein feiner Mann, ein bedeutender Mann, ein guter Kamerad, ein guter Mensch. Der Tenor kramte in seinem Bett herum und brachte eine Zigarre zum Vorschein, ein gutes Kraut. Fast feierlich erzählte er mir, die stamme von P., der vor mir in meinem Bett gelegen habe. Er wolle den Glimmstengel aufheben bis zum Geburtstag seines Söhnchens und dann rauchen. Ich erlebte diesen Tag noch und durfte auch mal einen tiefen Lungenzug machen. Dann wurde das gute Stück gelöscht und für den nächsten besonderen Tag aufgehoben. Feuer bekam man von den Wächtern großzügig nach Belieben.

Nach meiner Erinnerung – erst einige Zeit später – kam dann der weißrussische General, von dem Sie schreiben. Ich zerquäle mir den Kopf vergeblich nach seinem Namen. Krasnow kann es nicht gewesen sein, denn den hätte ich gleich mit seinem Buch in Zusammenhang gebracht und dann nicht mehr vergessen. So blieben Skuro und Domanow übrig. Aber ich weiß es nicht mehr. Der Mann war ca. sechzig Jahre alt, hatte einen grauen, ehemals rötlichen Backenbart, ebensolches dünnes Haupthaar und war unter mittelgroß. Man nannte ihn nur mit Vor- und Vatersnamen. Auch diese sind mir entfallen. Sein Tod ist im Buch geschildert. Nach dem Ende der russischen Revolutionskämpfe, in denen er sich einen blutigen Namen gemacht hatte, lebte er in Prag und Paris. Bei der Kapitulation von 1945 versprachen ihm die Engländer den Abtransport nach Australien oder Neuseeland und lieferten ihn nach seiner Schilderung unmittelbar am selben Tag noch den Russen aus. Nach seinem Eintreffen in der Zelle 37 bekamen die an sich schon lebhaften Gespräche über General v. Pannwitz einen neuen Auftrieb. Der kleine Kosak hörte sich die Berichte fast mit Verachtung an, um dann die viel besseren Beweise für die Vorbildlichkeit des Menschen und des Mannes

Pannwitz auszupacken, die er besaß. Ich erlebte staunend im Spiegel dieses irgendwo sehr einfachen, guten und kindlichen Menschen, welche Leuchtkraft von einem „anständigen Kerl" selbst im Gefängnis noch ausgehen kann. Es gab in unserer Zelle fast keinen Gesprächsgegenstand, über den es nicht zu Meinungsverschiedenheiten kam – das Lob auf Pannwitz war einstimmig.

Bitte glauben Sie nicht, daß ich hier in guter Absicht übertreibe. Sie können diese Angaben wörtlich nehmen.

Der Zufall ließ mich aber noch mehr erfahren. Eines Tages kam der General v. Niedermaier in die Zelle 37 – frisch aus der Anstalt, in der er mit General v. Pannwitz zusammen gelegen hatte. Da erst, also im August 1945, stellte sich heraus, daß Ihr verstorbener Mann nicht mehr in der Lubjanka lag, wie wir alle noch vermuteten, sondern im Budjirki-Gefängnis. Niedermaier berichtete, daß sie mindestens zu einem halben Dutzend in einem Raum lagen, der schwarz gestrichen war. Sie bekamen sehr gutes Essen, im Gegensatz zur Lubjanka. Niedermaier freute sich mit mir an der schwärmerischen Verehrung, die Ihr Gatte genoß.

Etwas später kam ein weiterer Zufallsbote aus der Zelle von v. Pannwitz, der offenbar auf ähnlichen Wegen inzwischen von meiner Anwesenheit in Moskau gehört hatte, obwohl wir uns, wie gesagt, nicht kannten. Dieser Zufallsbote, über den man vielleicht noch später sprechen kann, übermittelte mir im Auftrage Ihres Mannes die Namen derjenigen früheren deutschen Amts- und Würdenträger, die sich den Russen zur Ausspionierung, ja zur Provozierung ihrer mitgefangenen Landsleute zur Verfügung gestellt hatten ... Sicher hatte Ihr Mann jedem vertrauenswürdigen Zellenkameraden denselben Auftrag gegeben und einer konnte ihn übermitteln. Das war für mich sehr wertvoll.

Wir alle – alle waren damals der Ansicht, daß Ihrem Gatten kein Prozeß gemacht würde, aber daß gebürtige Russen nur mit dem Tode zu rechnen hätten. Erst viel später erfuhr ich in Nürnberg von dem tragischen Ende. Heute bin ich – verzeihen Sie, gnädige Frau – weit davon entfernt, das Ende als tragisch zu betrachten. Es ist tausendmal besser als unabsehbare Unfreiheit oder Selbstmord, zumal wenn es gekrönt ist von dem Respekt des Gegners. Diese Achtung vor Ihrem Mann fand ich sogar in manchen Verhören bestätigt.

Ihr sehr ergebener
gez.: Hans Fritzsche

Anlage 6

Militärischer Werdegang des Verfassers in Stichworten

Aus einer in Ostpreußen ansässig gewesenen Salzburger Emigrantenfamilie stammend, Eintritt im März 1914 nach bestandener Reifeprüfung als Fahnenjunker in das 5. (ostpreußische) Infanterie-Regiment v. Boyen Nr. 41 in Tilsit.

Mit dem Regiment ins Feld, Fähnrich. Kämpfe an der ostpreußischen Grenze, bei Tannenberg, an den masurischen Seen und in Litauen. November 1914 schwerverwundet. 27. 1. 1915 Leutnant mit Patent vom 18. Juni 1913. Eisernes Kreuz II. Klasse. Nach Wiederherstellung in die Festungs-MG-Abt. 1 versetzt. Frühjahr 1916 an die kurländische Front. Kompanieführer in der Maschinengewehr-Scharfschützen-Abteilung 46. Kämpfe an der Düna. Angriff und Einnahme von Riga. Eisernes Kreuz I. Klasse. 1918 in gleicher Stellung Teilnahme an der großen Schlacht in Frankreich. Kämpfe bei Wytschaete, im Houthoulster Wald und am Kemmel. Abwehrschlachten zwischen Arras und Noyon. Demobil in Danzig.

Januar 1919 Kompanieführer im ostpreußischen Freiwilligenkorps. 1921 Reichswehrinfanterie-Regiment 1. 1922 Wehrkreisprüfung bestanden. Ausfall des Führergehilfenlehrganges. 1923 bis 1930 in verschiedenen Stäben, inzwischen sechs Generalstabsreisen unter Leitung der Obersten Freiherr v. Fritsch, Feige, v. Bonin, Höppner und v. Reichenau. 1. Dezember 1927 zum Hauptmann befördert. Regiments-Adjutant I.-R. 1 in Königsberg. 1932 Kompanie-Chef im Regiment, 1933 als Ausbildungsleiter zur Landespolizei-Inspektion West unter Versetzung zu den Offizieren zur besonderen Verwendung des Chefs der

Heeresleitung. Dezember 1933 Abschied aus der Reichswehr erbeten und mit dem Charakter als Major und der Uniform des 1. preußischen Infanterie-Regiments erhalten.

1934 Ausbildungsreferent beim Chef des Ausbildungswesens in Berlin. August 1934 Chef des Ausbildungsamtes. Nach Auflösung infolge proklamierter Wehrfreiheit April 1935 Überführung in die SS-Verfügungstruppe – Bataillonskommandeur III/SS-Regiment 1 in Ellwangen-Jagst. Juni 1936 Regiments-Kommandeur SS-Regiment „Deutschland“ in München.

1938 bis 1940 Teilnahme an den Einsätzen in der Tschechei, in Polen und in Frankreich. – Spange zum EK I und II. – Ritterkreuz des Eisernen Kreuzes. – November 1940 Generalmajor der Waffen-SS und Divisions-Kommandeur der 5. SS-Panzergrenadier-Division „Wiking“, – 1941 mit der Division ins Feld. – Kämpfe in der Ukraine und im Don-Bas. – Deutsches Kreuz in Gold. – Januar 1942 zum Generalleutnant befördert. – Kämpfe in der Kuban-Steppe und im Kaukasus. – November 1942 Führer des III. (Brandenburgischen) Panzerkorps. – Eichenlaub zum Ritterkreuz, – Februar 1943 Kämpfe bei der Heeresgruppe Don. – Mai 1943 Kommandierender General des III. SS-Panzerkorps. – Kämpfe vor Leningrad, an der Narwa und in Estland. – August 1944 Schwerter zum Ritterkreuz – Kämpfe in Kurland. – Januar 1945 Oberbefehlshaber der 11. Armee – Kämpfe in Pommern und an der Oder. – März 1945 Oberbefehlshaber der 11. Panzerarmee – April 1945 Kommandierender General des III. SS-Panzerkorps. Alsdann kurzfristig Oberbefehlshaber der Armeegruppe Steiner – Kämpfe nördlich Berlin und in Mecklenburg.

3. Mai 1945 in englische Gefangenschaft – 27. April 1948 aus Gefangenschaft und Internierung entlassen.

Wohnhaft in München. Als Schriftsteller tätig.

Werke: „Die Wehridee des Abendlandes“, 1952; „Von Clausewitz bis Bulganin“, 1956; „Die Freiwilligen, Idee und Opfergang“, 1958; ein Roman in Vorbereitung, 1958.

Anlage 7

NAMEN-REGISTER

Die Bilder stammen vorwiegend aus Privatbesitz und ferner aus dem Bild-Archiv Weber, Augsburg, sowie vom Ullstein Bilder-Dienst, Berlin.

Printed in Great Britain
by Amazon